Deutsche Bürgerkunde

Deutsche Bürgerkunde

Kleines Handbuch des politisch Wissenswerten

für jedermann

von

Georg Hoffmann und Ernst Groth

Sechste, vermehrte Auflage
36. bis 39. Tausend

Leipzig
Fr. Wilh. Grunow
1910

Druck von Oscar Brandstetter in Leipzig.

Vorwort zur ersten Auflage

In einer Zeit, wo Staat und Gemeinde an den einzelnen Bürger immer dringender die Forderung stellen, an den mannigfaltigsten Aufgaben unsers öffentlichen Lebens tätig mitzuwirken, beobachten ernste Männer schon längst mit Sorge, wie wenig noch die Kenntnis der bestehenden öffentlichen Einrichtungen Gemeingut unsers Volks geworden ist. Vielleicht hängt der den Deutschen, im Vergleich mit andern Nationen, nachgesagte Mangel an Staatssinn mit der geringen Kenntnis des eignen Staats zusammen.

Das vorliegende Büchlein macht den Versuch, diese Kenntnis in weiten Kreisen unsers deutschen Volkes, womöglich schon von der Schule ab, zu verbreiten. Die Verfasser haben sich bemüht, unsre öffentlichen Einrichtungen kurz, gemeinverständlich und anschaulich darzustellen. Auf reine Doktorfragen sind sie nicht eingegangen.

Es liegt in der Natur der Sache, wenn in einem Buche, das sich an alle Deutschen wendet, die Verhältnisse des Reichs den breitern Raum einnehmen. Doch sind auch die Einrichtungen der Einzelstaaten und der Gemeinden berücksichtigt und die wichtigsten Verschiedenheiten wenigstens aus den größern Bundesstaaten hervorgehoben.

Die Verfasser haben nicht vom Standpunkt irgend einer politischen Partei aus geschrieben. Sie meinen und hoffen vielmehr, daß mit der wachsenden Kenntnis der Grundlagen unsers Staatslebens die Parteigegensätze sich mildern, die Liebe zum Vaterlande und das Staatsbewußtsein sich kräftigen werden.

Leipzig, am 9. April 1894

Vorwort zur sechsten Auflage

Die Notwendigkeit wiederholter starker Neuauflagen scheint zu beweisen, daß das Interesse an unsern öffentlichen Einrichtungen in erfreulichem Wachsen begriffen ist. Die Verfasser haben sich auch in der vorliegenden Auflage darauf beschränkt, die Neuerungen der Gesetzgebung seit der letzten Auflage zu berücksichtigen. Die Zitate der wichtigeren einzelstaatlichen Gesetze unter dem Texte sind beibehalten und vervollständigt. Sie werden manchem, der genauere Auskunft sucht, namentlich manchem Berufs- und Selbstverwaltungsbeamten als Wegweiser im Labyrinthe der modernen Gesetzgebung nicht unwillkommen sein. Die Tendenz — oder vielmehr die Tendenzlosigkeit des Buchs ist die alte geblieben.

Leipzig, am 6. September 1909

Reichsgerichtsrat **Georg Hoffmann**

Professor Dr. **Ernst Groth**

Inhalt

Abkürzungen:

Anw = Anweisung; **Art** = Artikel; **B** = Beschluß; **Bad** = Badisch; **Bay** = Bayerisch; **Bek** = Bekanntmachung; **BG** = Bundesgesetz; **BGB** = Bürgerliches Gesetzbuch; **E** = Entschließung; **Ed** = Edikt; **EG** = Einführungsgesetz; **Elß** = Elsaß-Lothringisch; **Erl** = Erlaß; **G** = Gesetz; **GG** = Gesetze; **GewO** = Gewerbeordnung; **Hess** = Hessisch; **HGB** = Handelsgesetzbuch; **KabO** = Kabinettsorder; **KO** = Konkursordnung; **KrO** = Kreisordnung; **KVO** = Kaiserliche, Königliche Verordnung; **PolStrGB** = Polizeistrafgesetzbuch; **PolVerwG** = Polizeiverwaltungsgesetz; **Pr** = Preußisch; **RG** = Reichsgesetz; **RGewO** = Reichsgewerbeordnung; **RVerf** = Reichsverfassung; **Sächs** = Sächsisch; **StrGB** = Strafgesetzbuch; **StrPO** = Strafprozeßordnung; **Verf** = Verfassung Verfügung; **VerwO** = Verwaltungsordnung; **VO** = Verordnung; **Württ** = Württembergisch; **u. sp.** = und später; **Z** = Ziffer; **ZPO** = Zivilprozeßordnung.

1

Gemeinde, Staat und Reich

Die Formen, in denen sich das öffentliche Leben des großen Ganzen, des einzelnen Heimatsstaats, der Heimatsgemeinde bewegt, sind nicht das Leben selbst. Die Form kann schön und zweckmäßig sein, das in ihr rinnende Leben aber träg und trübe dahinschleichen. Umgekehrt mag das Volksleben prächtig und kräftig auch unter alten, unschönen, verwitterten Formen gedeihen. Der Geist macht lebendig. Und doch sind auch die Formen einst vom Geiste geschaffen worden. Halb unbewußt entstanden, um den Bedürfnissen der menschlichen Gemeinschaft zu dienen, sind sie von Geschlecht zu Geschlecht fortgebildet worden. So sollte uns die heutige Form der Gemeinde, des Staats, des Reichs, auch wo wir an ihr auszustellen finden, doch als das Ergebnis des geschichtlichen Werdegangs ehrwürdig, zum mindesten sollte sie jedem Volksgenossen in seinen Grundzügen bekannt sein.

I. Die Gemeinde

Treten wir aus der Familie, dem Hause oder Besitztum hinaus, so stehen wir auf Gemeindeland. Die **Gemeinde**, die Stadt- oder Landgemeinde ist es, die uns zunächst umgibt. Ihr und somit der Gesamtheit der Gemeindebewohner gehören die öffentlichen Straßen und Plätze, von ihr werden sie unterhalten, beleuchtet, geschmückt. Von den Gebäuden stehen gewöhnlich die stattlichsten, die öffentlichen Gebäude, im Gemeindebesitz. Als Rathäuser, Schulen aller Art, als Museen, Bibliotheken, Theater, als Kranken-, Siechen-, Waisen- und Armenhäuser, als Feuerwehrdepots, Markthallen, Schlachthäuser, Gasanstalten, Elektrizitätswerke, Sparkassen u. s. w. führen sie uns vor Augen, wie mannigfaltig die Aufgaben sind, die heute die Gesamtheit zum Besten der einzelnen Gemeindeangehörigen übernommen hat. Wir finden so die Gemeinde für allerlei geistige und leibliche Bedürfnisse, für Erziehung, Unterricht, Gesundheit, Bequemlichkeit, ja selbst für edlere Unterhaltung ihrer Bewohner in einem Umfange besorgt, wie auf eigne Hand und aus eignen Mitteln selbst der reichste von ihnen nicht imstande wäre.

Gemeindeanstalten

Kirchengemeinden

Neben der bürgerlichen oder politischen Gemeinde bestehen die kirchlichen Gemeinschaften der verschiednen Bekenntnisse, die als **Kirchengemeinden**, Parochien, für die religiösen Bedürfnisse ihrer Mitglieder selbst sorgen. Sie bauen und erhalten ihre Kirchen, sie leiten mit den Geistlichen und den aus der Kirchengemeinde erwählten weltlichen Vertretern (Gemeindekirchenräten, Kirchenvorständen) ihre Angelegenheiten selbständig, wenn sie auch zur bürgerlichen Gemeinde, ja selbst zu einzelnen bürgerlichen Personen, z. B. den Kirchenpatronen, in mannigfachen Rechtsverhältnissen stehen.

Gemeindeverwaltung

In der **Selbstverwaltung**, wie sie zu Anfang des 19. Jahrhunderts, für Preußen z. B. durch Freiherrn von Stein mit der Städteordnung vom 19. November 1808 wieder ins Leben gerufen wurde, wird die Bürgerschaft selbst zur tätigen Mitwirkung an der Gemeindeverwaltung herangezogen. Je größer aber die Gemeinde, um so größer die Anzahl der Personen, die in ihrem Dienste für ihre verschiednen öffentlichen Zwecke im Ehrenamte oder berufsmäßig, als **Gemeindebeamte** tätig sind. Die städtische Beamtenschaft kann zu einem kleinen Heere anwachsen. Um so notwendiger ist dann auch, daß sie gegliedert, geleitet und beaufsichtigt wird. Sie braucht mit technischen und Verwaltungskenntnissen ausgerüstete Ober- und Unterbeamte, sie braucht vor allem einen obersten Leiter an ihrer Spitze, den Bürgermeister, Gemeindevorsteher, Schultheiß oder wie sonst sein Name sein mag.

Gemeindevertretung

In den überaus mannigfaltig gestalteten deutschen Gemeindegrundgesetzen (Städte- und Gemeindeordnungen, Ortsstatuten) pflegt genau bestimmt zu sein, was der Bürgermeister allein anordnen darf, und wann er an die Zustimmung einer andern Körperschaft gebunden ist. Der Bürgermeister ist deshalb überall mindestens mit einer solchen Körperschaft, Kollegium (Gemeinderat, Gemeindeausschuß) umgeben. Er ist Vorsitzender dieser Körperschaft, er beruft sie zu regelmäßigen Versammlungen ein, wo jedes Mitglied Sitz und Stimme hat, wo über alles, was zum Besten der Gemeinde geschehen soll, beraten und schließlich nach Stimmenmehrheit entschieden wird. Bei kleinern, namentlich bei den ländlichen Gemeinden, genügt ein solches Kollegium. In den größern Stadtgemeinden pflegen es zwei Kollegien zu sein. Das eine, der Magistrat, Stadtrat, bildet dann gewissermaßen die Stadtregierung mit dem Bürgermeister als Vorsitzendem an seiner Spitze. Die Stadtverordneten, Bürgervorsteher, Gemeindebevollmächtigten, Bürger- oder Gemeindeausschußmitglieder vertreten dagegen die gesamte Bürgerschaft. Beide Kollegien müssen, nach Mehrheitsbeschlüssen, nicht bloß in sich, sondern auch eins mit dem andern einig sein, wenn eine für die Stadt wichtige Angelegenheit erledigt werden soll.

Geschäftsgang

Wenn z. B. der Bürgermeister, weil es an gutem Trinkwasser mangelt, die Stadt mit einer Wasserleitung zu versehen wünscht, so wird er wohl zunächst den Gedanken mit seinen technischen Beamten für Tief- und

Hochbau, d. h. für Bauten unter und über der Erdoberfläche besprechen, vielleicht auch mit auswärtigen erfahrnen Kennern. Er wird mit den Grundbesitzern verhandeln, in deren Gebiet die Quellen liegen. Er läßt einen Plan entwerfen, eine möglichst genaue Kostenberechnung aufstellen und bringt die Sache im Magistrat zur Sprache. Findet der Gedanke bereits im Ratskollegium keine Mehrheit, so bleibt er eben nur Gedanke. Ist der Rat aber damit einverstanden, so kommt die „Vorlage" nun an die Stadtverordneten. Diese verlangen wahrscheinlich noch eine Reihe von Aufklärungen, die ihnen mündlich oder schriftlich vom Rate gegeben werden. Sie setzen, da es sich um eine wichtige und kostspielige Frage handelt, einen Ausschuß, eine Kommission oder Deputation aus ihrer Mitte nieder, die die Sache eingehend prüft und dann der Stadtverordnetenversammlung, dem Plenum, Bericht erstattet. Schließlich nehmen die Stadtverordneten, wenn auch mit Änderungen, Erweiterungen, Beschränkungen oder Bedingungen, die Vorlage an. Ist der Rat mit der so „amendierten" Vorlage in ihrer letzten Gestalt einverstanden, so beginnt er mit der Ausführung, ohne daß die Stadtverordneten weiter daran mitwirken, indem er das Werk entweder selbst, in eigner „Regie" herstellt oder es im ganzen oder im einzelnen an Privatunternehmer vergibt und, wenn alles beendet ist darüber den Stadtverordneten Rechnung legt.

Gemeindemitglieder

Der Gemeinde gehören alle Einwohner, d. h. alle Personen an, die ihren Wohnsitz darin haben, gleichviel ob sie mit Grundbesitz angesessen sind oder nicht. Zur Teilnahme an den Gemeindeangelegenheiten, insbesondre an den Gemeindewahlen sind aber in der Regel nur die Gemeindebürger berechtigt. Der Einwohner erlangt das Gemeindebürgerrecht entweder von selbst, wenn er die Staatsangehörigkeit des betreffenden Bundesstaats (S. 68) besitzt, wirtschaftlich selbständig ist, ein gewisses Lebensalter, meist das 24., auch 25. Lebensjahr erreicht hat, seit einer bestimmten Zeit (1—2 Jahre) in der Gemeinde wohnt, seinen Verpflichtungen gegen die Gemeinde nachgekommen ist, einen bestimmten Steuersatz entrichtet u. dergl. (so in den meisten preußischen Provinzen, der Pfalz, in den badischen Städten). Oder das Gemeindebürgerrecht wird ihm, wenn er darum nachsucht und die obigen Bedingungen erfüllt, von der Gemeinde verliehen (so in Sachsen, Württemberg, in den Landgemeinden Badens, in Hannover, Kurhessen, Nassau und erschwert im rechtsrheinischen Bayern). Nach Ablauf einer gewissen Zeit kann er auch verpflichtet sein, um das Bürgerrecht nachzusuchen (in Sachsen nach 3 Jahren, Hannover). Der Gemeinde ist vielfach auch gestattet, für die Verleihung ein Einzugs-, Einkaufs- oder **Bürgerrechtsgeld** zu erheben, wogegen dem neuen Gemeindebürger auch die Teilnahme an den Gemeindenutzungen (Stiftungen, Allmende u. dergl.) gebührt. Personen, die sich um die Gemeinde verdient gemacht haben, können zu **Ehrenbürgern** ernannt werden.

Gemeindewahlen

Die Gemeindevertretung soll aus kenntnisreichen, erfahrnen und vertrauenswürdigen Männern bestehen. Die Gemeindemitglieder, um deren Wohl und Wehe und um deren — Geldbeutel es sich bei allen Gemeindeangelegenheiten handelt, haben die geeigneten Personen zu Gemeindevertretern zu wählen. Nur bei den kleinsten Gemeinden kommt es vor, daß die Gesamtheit der Gemeindeglieder, die **Gemeindeversammlung**, ohne weiteres selbst die Gemeindevertretung bildet. Wer zur Teilnahme an der Wahl berechtigt ist, in welchen Formen und nach welchen Grundsätzen sie sich vollziehen soll, darüber hat eine noch über der Gemeinde stehende Gemeinschaft, der Staat, Bestimmungen getroffen.

Regelmäßig ist das aktive Wahlrecht an den Besitz des Gemeindebürgerrechts geknüpft. Es ist entweder für alle Berechtigten gleich (Bayern, Württemberg, Elsaß-Lothringen), oder es bestehen Abstufungen nach der Höhe des jährlichen Kommunalsteuersatzes. So gilt in den meisten preußischen Provinzen, in Baden, statutarisch auch in Sachsen das sogen. Dreiklassensystem, bei dem die Wähler nach Bruchteilen des gesamten Steueraufkommens in drei besondre Abteilungen geschieden sind, deren jede ihre besondern Abgeordneten in die Gemeindevertretung entsendet. Auch der Grundbesitz ist zuweilen im Wahlrecht besonders bevorzugt. Selbst Personen, die nicht in der Gemeinde wohnen, aber darin angesessen sind oder ein Gewerbe betreiben (Forensen), können das Wahlrecht haben.

Das passive Wahlrecht ist oft dadurch eingeschränkt, daß mindestens die Hälfte der Gemeindevertreter in der Gemeinde mit Grundbesitz angesessen sein (Preußen, Sachsen) oder zu den Höchstbesteuerten gehören muß (Hessen). Die Wahl geschieht in den meisten preußischen Provinzen öffentlich und mündlich, in den übrigen Bundesstaaten geheim und schriftlich, meist auf 6, aber auch auf 3 bis 9 Jahre und so, daß in gewissen Zwischenräumen je nur ein Teil der Gewählten wieder aus dem Kollegium ausscheidet.

Das Haupt der Gemeinde wird regelmäßig nicht unmittelbar von den Gemeindewählern (in der Urwahl), sondern erst mittelbar von den Gemeindevertretern gewählt. Auch die Mitglieder des Rats pflegen durch Wahlen des andern Kollegiums auf Zeit oder Lebensdauer, als besoldete Gemeindebeamte oder als unbesoldete Mitglieder ernannt zu werden.

Gemeindeobrigkeit

Von den Veranstaltungen, durch die die Gemeinde dem Wohle ihrer Glieder zu dienen sucht, war schon die Rede. Um aber auch dem Schaden wehren zu können, der dem Gemeinwohl aus der Lässigkeit, Selbstsucht, ja sogar Böswilligkeit der Einzelnen droht, muß die Gemeinde auch mit der Gewalt ausgerüstet sein, ihre Bürger zum Handeln oder Dulden zu zwingen. So kann die Gemeinde im Interesse der vielleicht eng zusammengedrängten Bewohner nicht zulassen, daß jeder, wenn auch auf seinem eignen Grundstücke, Gebäude nach Gutdünken errichtet, die Straßen verengt oder verkrümmt, Luft und Licht verbaut oder gesundheitsschädliche Mietwohnungen herrichtet (Bauordnungen). Sie erläßt Vorschriften über Benutzung der öffentlichen Straßen und Plätze, Brücken, Schleusen und über den Marktverkehr, bekümmert sich im Interesse der öffentlichen Gesundheit um das Bestattungswesen, die Düngerstätten, die Flußläufe und tritt gemeiner Gefahr durch Feuers- und Wassersnot sowohl vorbeugend als helfend entgegen. Sie erläßt für alle diese Zwecke Vorschriften, Regulative, wacht darüber, daß sie befolgt werden, und bestraft die Übertreter; wie denn auch die veröffentlichten oder ausgerufnen Bekanntmachungen der Gemeindeobrigkeit gewöhnlich eine Androhung von Geld- oder Haftstrafen enthalten.

Gemeindefinanzen

Es ist klar, daß die Gemeinde zu allen ihren Anstalten, ja zur Verwaltung selbst, die eine größere Gemeinde notgedrungen besonders angestellten bezahlten Beamten überlassen muß, Geld braucht. Im Interesse einer geordneten Verwaltung hat sie alljährlich einen Gemeindehaushaltsplan aufzustellen und über die Gemeinde-Einnahmen und Ausgaben jährlich Rechnung zu legen. Das Vermögen, das die Gemeinde in ihren Straßen, Plätzen, öffentlichen Gebäuden besitzt, bringt ihr nichts ein, ja die bloße Instandhaltung erfordert jährlich neue Ausgaben. Vielleicht besitzt die Gemeinde eigne Vermögensstücke, die ihr einen Ertrag abwerfen, Kämmereivermögen,

z. B. Landgüter, Zinshäuser, Forsten und Felder, oder sie zieht Zinsen von ausgeliehenen Geldern und Wertpapieren, vielleicht auch Gewinn aus Bergwerken und industriellen Unternehmungen, an denen sie mit beteiligt ist (Stammvermögen). Die Regel ist freilich, daß solche Einnahmen bei weitem nicht die Ausgaben decken. Die Gemeinde wendet deshalb ihre Wohltaten wenigstens denen, die sie bezahlen können, nicht unentgeltlich zu. Sie erhebt Verpflegungskosten von den Einliegern ihrer Krankenhäuser, Gebühren von den Benützern ihrer Markthallen und Schlachthäuser, Schulgeld, Gas- und Wasserzins, sie bedingt sich Abgaben von den Straßenbahngesellschaften, denen sie ihre Straßen zur Benutzung überläßt, sie fordert Sporteln oder Taxen für bestimmte einzelne obrigkeitliche Mühewaltungen. Sie bezieht endlich auch staatliche Zuschüsse insbesondre für das Schul- und Armenwesen, den Straßenbau u. dergl.

Da aber auch diese Einnahmen meist nicht hinreichen werden, so ist sie genötigt, den Fehlbedarf durch Gemeindesteuern von den einzelnen Mitgliedern aufzubringen. Von den Arten und Formen dieser Steuern wird später die Rede sein, da die Gemeinde bei ihrer Besteuerung noch auf zwei andre Steuernehmer, Staat und Reich, Rücksicht zu nehmen hat. Ebenso wie diesen bleibt auch der Gemeinde noch ein letzter Notbehelf, die Veräußerung von Gemeindevermögen und das Schuldenmachen, namentlich wenn es sich um einmalige starke Ausgaben für Zwecke handelt, die auch den spätern Geschlechtern zu gute kommen, z. B. Wasserleitungen, Kanalisationen, und billigermaßen auch mit auf ihre Schultern gelegt werden.

Gemeindegebiet

Die Grenzen der Gemeindegewalt decken sich regelmäßig mit den Grenzen des Gemeindegebiets, Weichbilds oder Gemeindebezirks. Es kommt aber auch vor, daß gewisse Teile dieses Gebiets, z. B. die meisten Rittergüter Norddeutschlands, der Gemeindegewalt ausdrücklich entzogen sind und selbständige Gutsbezirke mit besondern gemeindeähnlichen Rechten und Pflichten bilden.

II. Der Staat

Ist die Gemeinde die Form für die auf engerm Raum zusammenwohnende Gemeinschaft der Stadtbürger oder Dorfgenossen, so verkörpert sich im Staate mit seinem weitern, viele einzelne Stadt- und Landgemeinden umfassenden Gebiete die Volksgemeinschaft, wie sie in den einzelnen Ländern geschichtlich zusammengewachsen ist. Es kann vorkommen, daß Gemeinde und Staat ein und dasselbe sind. So verhielt es sich mit dem alten Athen, mit Rom in seinen ersten Anfängen und mit den zahlreichen Reichsstädten des alten Reichs. Ähnlich steht es noch heute mit den drei Hansestädten Lübeck, Bremen und Hamburg, die große Gemeinden und zugleich Staaten sowie selbständige Glieder des Reiches sind, wenn auch in ihren Gebieten noch eine Anzahl kleinerer und größerer Gemeinden bestehen.

Staat und Gemeinde

Wie der Staat aus der Notwendigkeit hervorgegangen ist, ganze Landschaften zusammenzufassen zur Erreichung höherer Ziele, als sich die einzelne Gemeinde stecken könnte, so dient er, einmal begründet, auch fortgesetzt dazu, die gemeinsamen Bedürfnisse der in ihm vereinigten Staatsbürger zu befriedigen. Es ist daher natürlich, daß sich die Wirksamkeit des Staats in vielen Stücken mit der der Gemeinde berührt. Wir erblicken denn auch in den Städten staatliche Lehranstalten, Universitäten, Staatsmuseen, Staatsbibliotheken, staatliche Kranken- und Irrenhäuser, Versorgungsanstalten aller Art, die der Gesamtheit der

Staatsbürger dienen. Die eignen Gemeindeangelegenheiten überläßt zwar der Staat den Gemeinden zur eignen Verwaltung oder Selbstverwaltung. Er behält sich aber auch hierüber ein mehr oder minder weitgehendes Aufsichtsrecht sowie die Bestätigung der von der Gemeinde erwählten Bürgermeister und Gemeindevorsteher vor. Er prüft und entscheidet, wenn sich ein Gemeindeglied durch eine Verfügung der Gemeinde in seinen Rechten verletzt glaubt und deshalb durch Klage, Beschwerde oder Rekurs die Hilfe des Staates anruft. Er tritt in Fällen der Not, z. B. bei Überschwemmungen, hilfreich für die Gemeinde ein, er überträgt aber auch der Gemeinde eine ganze Anzahl von Geschäften, die eigentlich nur seinen, den Staatsinteressen dienen. So läßt er von den Gemeindesteuerkassen auch die Staatssteuern mit erheben, er legt den Gemeinden die Pflicht auf, die Befolgung der Staatsgesetze mit zu überwachen, er überträgt ihnen deshalb neben der sogenannten Wohlfahrts- auch die Sicherheitspolizei, d. h. die Fürsorge gegen drohende und die Verfolgung begangner Verbrechen, soweit er sich nicht eigner Polizeibeamten (Gendarmerie, Landjäger) hierzu bedient. Der Staat fordert auch die Dienste der Gemeinde bei den öffentlichen Wahlen für Staat und Reich, läßt sie die Listen der Wehrpflichtigen (Stammrollen) führen, legt ihnen, wenn auch gegen Entschädigung, die Einquartierung der Truppen, die Lieferung von Naturalien, Transportmitteln auf und dergleichen mehr.

Staatsaufgaben

Andre Angelegenheiten, an denen die Gemeinden kein näheres eignes Interesse haben, und die zugleich ihre Kräfte übersteigen würden, nimmt der Staat von vornherein in seine stärkere Hand. Er baut und unterhält die großen Verkehrsstraßen, die Schiffahrtskanäle, er hat heute meist auch die Eisenbahnen in seinen Besitz gebracht, er korrigiert, baggert, überbrückt die großen Ströme, er hebt durch Austrocknen von Sümpfen, Aufforsten von Ödland die Bodenkultur, er übernimmt die Versicherung der Gebäude gegen Brandschaden, er findet tausend Mittel und Wege, durch Belehrung, Aufmunterung, Unterstützung der einzelnen Berufsklassen Ackerbau, Gewerbefleiß, Handwerk, Künste und Wissenschaften zu fördern.

Staatsgesetze

Doch nicht bloß materielle Güter sind es, die der Staat seinen Bürgern sichert und vermittelt. In seinen Gesetzen sind die Regeln für das Zusammenleben der einzelnen Bürger und ihre Pflichten gegen den Staat als das im Laufe der Jahrhunderte gewordne Recht niedergelegt. Schon die Erkenntnis, daß sich in unserm dichtbewohnten Lande einer in den andern schicken muß, daß rücksichtsloses Verfolgen der eignen Interessen zum Kriege aller gegen alle führen würde, muß uns dazu anhalten, die Rechte jedes Volksgenossen zu achten, wenn wir auch von ihm die gleiche Achtung für uns beanspruchen wollen. Der Staat legt aber auch ausdrücklich allen seinen Untertanen die Gehorsamspflicht auf. Er straft die Übertreter, die sich an Leben, Freiheit, Ehre, Eigentum des Mitbürgers oder am Staate selbst vergreifen, mit Kriminalstrafen. Er verbietet Eigenmacht und Selbsthilfe. Er hat seine Gerichte dazu bestellt, Privatstreitigkeiten über Mein und Dein zu entscheiden, und er leiht dem, der Unrecht erlitten hat, seine Hilfe, das Recht wieder zu erlangen.

So ist der Staat auch eine sittliche Macht, und er ist schon hierdurch darauf gewiesen, gegen andre sittliche Mächte im Volksleben, so vor allem gegen die Religion, nicht gleichgültig zu bleiben. Deshalb liegt ihm daran, seine Beziehungen zu den großen kirchlichen Gemeinschaften zu regeln und jedem Staatsbürger die ungestörte Ausübung seiner Religion zu gewährleisten.

Staatsverwaltung

Noch weniger als die Gemeinden kann der Staat alle die großen Aufgaben, die er heute in seinen Bereich gezogen hat, ohne große Mittel erfüllen. Die Staatsfinanzen müssen deshalb eine seiner dringendsten Sorgen sein. Wichtig ist aber auch, wie er die ganze **Staatsverwaltung** zu organisieren, d. h. in einzelne Zweige zu teilen und innerhalb der Zweige wieder zu gliedern versteht. Diese Teilung geschieht nach räumlichen und nach sachlichen Rücksichten. Wir finden daher das Staatsgebiet, je nach seinem Umfange, in einzelne Provinzen, die Provinzen wieder in Regierungsbezirke, diese in kleinere Verwaltungsbezirke oder Kreise geteilt, von denen die kleinsten immer noch eine Mehrzahl von Einzelgemeinden umfassen. Auch diese Einzelgemeinden können sich wiederum für gemeinschaftliche Zwecke in Kommunalverbände zusammenschließen. An der Spitze dieser einzelnen Gebietsteile stehen die höhern und niedern Staatsverwaltungsbeamten mit ihren Hilfskräften. Derselben Einteilung pflegen auch die Gerichtssprengel angepaßt zu sein (s. Anhang).

Dezentralisation

Der Staat überträgt nun die meisten seiner Geschäfte, je nach ihrer Wichtigkeit, den verschiednen Provinzial-, Regierungs- und Kreisbehörden, ja auch den einzelnen Gemeinden oder Gemeindeverbänden selbst. Nicht bloß, um die oberste Staatsverwaltung zu entlasten, sondern zugleich in der weisen Erkenntnis, daß die Bedürfnisse der einzelnen Landesteile an Ort und Stelle besser als vom Sitze der Regierung aus übersehen, beurteilt und gefördert werden können. Aus diesem Grunde zieht er auch zur Beratung und Beschlußfassung über solche Angelegenheiten erfahrne eingesessene Bürger mit hinzu, die von den Gemeinden aufwärts durch Wahlen in die Kreis-, Bezirks- oder Provinzialversammlungen und in deren Ausschüsse abgeordnet worden sind und damit auch auf dem staatlichen Gebiete den Grundsatz der Selbstverwaltung verwirklichen. Die oberste Staatsverwaltung kann sich daher meist mit der Aufsicht über die ihr untergeordneten Behörden, Instanzen und über die Gemeindeverwaltungen begnügen. Bei Streitigkeiten, in denen es sich wegen einander gegenüberstehender Rechte um eine besonders unparteiische Entscheidung handelt, haben die meisten deutschen Bundesstaaten auch ein besondres, dem gerichtlichen nachgebildetes Verwaltungsstreitverfahren[1] eingeführt.

Ministerien

Die verschiedenen Zweige der Staatsverwaltung ergeben sich aus den Namen der Ministerien: Verwaltung, Justiz, Finanzen, Kultus, öffentliche Arbeiten, Eisenbahnen, Landwirtschaft, Handel und Gewerbe. Vom Ministerium der äußern Angelegenheiten und von dem nur in Preußen, Sachsen, Württemberg und Bayern bestehenden Kriegsministerium wird beim Reiche zu sprechen sein. Die Minister sind, jeder für seinen Zweig (Ressort), die obersten Staatsbeamten und damit zugleich die obersten Vorgesetzten der übrigen in Beamtenklassen eingeteilten Staatsdiener. Einer von ihnen, der Ministerpräsident, führt in den gemeinsamen Beratungen der Minister, im Staatsministerium, den Vorsitz und nimmt in der Regel als sogenannter leitender Minister eine bevorzugte Stellung ein. Der aus hohen Beamten und anerkannten Sachkundigen zusammengesetzte Staatsrat hat seit Einführung der konstitutionellen Regierungsform (S. 15) an Bedeutung verloren. Ein nach ähnlichen Grundsätzen gebildeter Volkswirtschaftsrat[2] ist seit geraumer Zeit nicht mehr tätig geworden.

[1] Pr. G v. 3. 7. 75, 30. 7. 83 u. 27. 4. 85 Bay. G v. 8. 8. 78 Sächs. G v. 19. 7. 00 u. 24. 5. 02 Württ. G v. 16. 12. 76 u. 28. 7. 06 Bad. G v. 16. 11. 99 u. 30. 7. 04 Hess. G v. 11. 1. 75

[2] Pr. VO v. 17. 11. 80 Wasserwirtschaftsrat Bay. VO v. 25. 11. 08 Bad. VO v. 14. 5. 08

Staatsoberhaupt

An der Spitze des ganzen Staates steht in allen deutschen Einzelstaaten, mit Ausnahme der schon erwähnten drei Hansestädte, der **Landesherr**: König, Großherzog, Herzog, Fürst. Er ernennt und entläßt die Minister und die höhern Staatsbeamten. Er regiert, indem er im Einklang mit der Landesverfassung und den bestehenden Gesetzen die Geschäfte des Landes führt und die Richtung vorzeichnet, in der diese Geschäfte von den Beamten geführt werden sollen, er bestimmt somit die Regierungspolitik. Die deutschen Monarchien sind erblich, und zwar nur im Mannesstamme. Ist der Landesherr durch Minderjährigkeit, andauernde Krankheit oder aus andern Gründen an der Ausübung der Regierung gehindert, so tritt als Vertreter ein **Regent** so lange an seine Stelle. Das dem Monarchen zu seinem und dem Unterhalte seines Hofstaates vom Staate überwiesene Einkommen heißt Zivilliste.

Die deutschen Landesherren und die Senate der Hansestädte sind **souverän**, d. h. sie haben niemand über sich, insoweit sie nicht einzelne ihrer Hoheitsrechte auf das Reich übertragen haben. Sie sind niemand für ihre Handlungen verantwortlich, und es heißt, der Monarch kann nicht Unrecht tun, denn er steht über dem gemeinen Strafgesetz. Und doch ist die Regierungsgewalt der deutschen Landesherren keine unbeschränkte oder absolute. Denn die eigentlichen Regierungsakte des Landesherrn sind für die Behörden, wie für den einzelnen Staatsbürger unverbindlich, wenn sie nicht die Mitunterschrift oder Gegenzeichnung des Ministers tragen, in dessen Verwaltungsgebiet sie gehören. Auf die Urteile der Gerichte übt der Landesherr, obgleich sie in seinem Namen gesprochen werden, überhaupt keinen Einfluß. Dagegen hat er das Begnadigungsrecht, zuweilen auch (nicht z. B. in Preußen, Bayern und

Baden) das Recht, ein Strafverfahren zu gunsten des Angeklagten noch vor dem Urteil durch die sogenannte Abolitionsverfügung aufzuheben oder niederzuschlagen.

Der Minister übernimmt mit seiner Unterschrift für die Verordnung des Monarchen die ganze Verantwortung, von der dieser selbst befreit ist. Er trägt diese Verantwortung namentlich gegenüber den parlamentarischen Körperschaften, dem Landtage, den Kammern, Ständen, die heute überall in Deutschland durch die Verfassung berufen sind, an der Gesetzgebung, bei Aufbringung der Staatslasten mitzuwirken und in gewissem Umfange, namentlich bei der Finanzverwaltung, die Kontrolle der Regierung auszuüben, wenn ihnen auch die Teilnahme an der eigentlichen Regierung nicht zusteht. Diese ganze, in dem Staatsgrundgesetz, der Verfassung oder Konstitution, genau bestimmte Teilung der öffentlichen Gewalten hat zu dem Namen der konstitutionellen Monarchie geführt. Zum Schutz der Verfassung pflegt bestimmt zu sein, daß der Landesherr, die Minister, alle Beamte, meist auch die Landtagsabgeordneten den Eid auf sie abzulegen haben. Für den Fall, daß zwischen der Krone und dem Parlament Streitigkeiten über die Verfassung entstehen, ist in manchen Staaten ein besondrer unabhängiger Staatsgerichtshof eingerichtet, bei dem auch die Minister unter der Anklage, die Verfassung verletzt zu haben, vom Parlament zur Rechenschaft gezogen werden können.

Konstitutionelle Monarchie

In den größern deutschen Bundesstaaten bestehen, nach dem sogenannten Zweikammersystem, je zwei parlamentarische Körperschaften. Die Art ihrer Zusammensetzung ist in der Staatsverfassung und in besondern Wahlgesetzen genau geregelt. Die ersten Kammern (Herrenhaus, Reichsrat u. s. w.) pflegen

Landesvertretung

sich aus Mitgliedern der ehemals, d. h. im alten Reiche landesherrlichen oder souveränen Familien, des sogenannten reichsständischen oder hohen Adels, gewissen Großgrundbesitzern, Vertretern der Städte, Universitäten und andrer Körperschaften, sowie aus einzelnen vom Landesherrn besonders berufnen Personen zu ergänzen. Die zweiten Kammern (Abgeordnetenhaus) gehen aus Wahlen hervor.

Wahlen

Das aktive Wahlrecht und die passive Wählbarkeit sind meist von einer gewissen, bei beiden verschieden abgestuften Steuerleistung, dem Zensus, abhängig. Die Wahlkreise sind zuweilen (Sachsen, Baden) nach Stadt und Land geschieden. Die Wahl ist eine öffentliche, wenn jeder Wähler den von ihm zu wählenden Abgeordneten laut zu nennen hat, eine geheime, wenn er den Wahlzettel geschlossen abgibt. Die Wahl ist direkt, wenn der Abgeordnete unmittelbar von den Wählern ernannt wird, indirekt, wenn diese, die Urwähler, nur die Wahlmänner zu bestimmen haben, von denen nun erst die eigentliche Wahl des Abgeordneten vorgenommen wird. Der Zeitraum, für den die Abgeordneten gewählt werden, die Wahlperiode, ist entweder für alle gleich lang, oder es scheiden in bestimmten Zwischenräumen Teile der Kammer aus, für die dann nur Ergänzungswahlen stattzufinden haben. Die Kammern werden vom Landesherrn einberufen und in der Regel mit einer Thronrede eröffnet und geschlossen. Die zweite Kammer kann jederzeit vom Landesherrn aufgelöst werden, doch ist in den Verfassungen für baldige Neuwahlen Sorge getragen.

Einzelstaaten

In Preußen[1] ist die Wahl zum Abgeordnetenhause öffentlich und indirekt. Die Urwähler jedes Wahlbezirks sind nach dem Maße ihrer Steuerleistung in drei Klassen eingeteilt, wobei für die von der

[1] Pr. VO v. 30. 5. 49, G v. 29. 6. 93 u. 28. 6. 06

staatlichen Einkommensteuer Befreiten ein sogen. fingierter Steuerbetrag von 3 Mark angenommen wird. Die Wahlmänner wählen aber nicht wie in den Gemeinden (S. 6) klassenweise für sich besondre Vertreter, sondern gemeinschaftlich in jedem Wahlkreis die ihm zugewiesne Zahl (1—3) von Abgeordneten. In Sachsen[1] ist das frühere gleiche, nur an einen Steuerzensus von 3 Mark gebundene direkte Wahlrecht jetzt durch das sogen. Pluralwahlrecht ersetzt, wobei dem einzelnen Wähler je nach Steuerleistung, Bildung (Berechtigungszeugnis für den einjährig-freiwilligen Dienst) und Alter (über 50 Jahre) bis zu 4 Wahlstimmen zustehen.

Dagegen gilt in Bayern[2], Württemberg[3] und Baden[4] das gleiche, geheime und direkte Wahlrecht aller über 25 Jahre alten Staatsangehörigen. Nur in Bayern müssen sie seit mindestens 1 Jahre eine direkte Steuer entrichtet, überdies den Verfassungseid geleistet haben. In Bayern wird ferner gefordert, daß sie seit 1 Jahre, in Baden, daß sie seit 2 Jahren die Staatsangehörigkeit besitzen oder doch seit 1 Jahre einen badischen Wohnsitz haben. In Württemberg werden neben den Abgeordneten gewisser Städte und der Oberamtsbezirke noch 6 Abgeordnete von der Stadt Stuttgart und 17 Abgeordnete vom ganzen Lande in zwei besonders gebildeten großen Wahlkreisen auf Grund schriftlicher, von beliebigen Wählervereinigungen einzureichender Wahlvorschläge nach dem Grundsatz der Listen- und Verhältniswahl (dem sogen. Proporz) gewählt.

In Hessen[5] ist das Wahlrecht bei indirekter und geheimer Wahl gleich und nur an die Entrichtung von Steuern geknüpft.

[1] Sächs. G v. 5. 5. 09 [2] Bay. G v. 9. 4. 06 [3] Württ. G v. 16. 7. 06 [4] Bad. G v. 24. 8. 04 [5] Hess. G v. 8. 11. 72 u. 6. 6. 85 (Elß.-Lothr. S. 23)

III. Das Reich

Die deutschen Staaten sind zum Deutschen Reich vereinigt. Das Jahr 1866 sah den alten deutschen Bund in Trümmer gehen und zunächst den Norddeutschen Bund erstehen, der sich im Jahre 1870/71 durch den Beitritt der Südstaaten und durch die Wiedergewinnung von Elsaß-Lothringen zum Deutschen Reich erweiterte. Heute ist uns das Reich schon ein vertrauter Begriff geworden. Wir sehen seine Farben schwarz-weiß-rot in allen deutschen Landen, sein Symbol, der Reichsadler, ziert viele öffentliche Gebäude unsrer Städte, und jede Münze trägt ihn aufgeprägt. Man mag durch die deutschen Gauen aus einem Lande in das andre wandern, und man wird kaum die Landesgrenzen gewahr werden.

Reichsverfassung

Die deutschen Fürsten und die drei Hansestädte haben in der Verfassung des Deutschen Reichs „einen ewigen Bund zum Schutze des Bundesgebietes und des innerhalb desselben gültigen Rechtes, sowie zur Pflege der Wohlfahrt des deutschen Volkes“ geschlossen. Gewiß ist, daß die deutschen Einzel-, Bundes- oder Gliedstaaten heute im Deutschen Reich zu einer weit engern und innigern Gemeinschaft als im alten Reich oder im Deutschen Bunde vereinigt sind. Die deutschen Fürsten und Staaten, auch der König von Preußen, haben in ihren eignen Gebieten sicherlich genau so viel an Souveränität und Hoheitsrechten eingebüßt, als sie in der Reichsverfassung an das Reich abgetreten haben. Dafür üben sie aber auch die aufgegebnen Rechte nunmehr als „die verbündeten Regierungen“ im Reiche gemeinsam aus, sodaß man nicht sagen kann, sie seien ihnen gänzlich verloren gegangen.

Reich und Einzelstaaten

Mag nun das Reich mehr einem Staate oder einem Bunde gleichen, jedenfalls ist es kein Einheitsstaat. Die deutschen Einzelstaaten bestehen auch im

Reiche als selbständige Staaten mit großen und wichtigen Aufgaben fort, und es ist keine Frage, daß an den eigentlichen bundesstaatlichen oder föderativen Grundlagen des Reichs nicht einmal im Wege einer Verfassungsänderung gerüttelt werden dürfte. Die Verfassung sagt auch ausdrücklich, daß bestimmte im Verhältnis zur Gesamtheit festgestellte Rechte einzelner Bundesstaaten nur mit Zustimmung des berechtigten Bundesstaats abgeändert werden können. So konnte z. B. die in der Reichsverfassung vorbehaltne Freihafenstellung Hamburgs, kraft deren das hamburgische Stadtgebiet außerhalb der deutschen Zollgrenze gelassen und in Zollsachen wie Ausland behandelt wurde, im Jahre 1882 nur mit Hamburgs Zustimmung beseitigt werden. Dahin gehören auch eine Anzahl Besonderheiten, die den süddeutschen Staaten Bayern, Württemberg und Baden bei ihrem Eintritt in das Reich vorbehalten worden sind, und die unter dem Namen der Reservatrechte bekannt sind. Von ihnen wird noch später die Rede sein.

Art. 78

Art. 34

Reichsangelegenheiten

Die gemeinsamen Angelegenheiten des Reichs sind in dem wichtigen Artikel 4 der Reichsverfassung ausdrücklich festgestellt worden. Denn wie sich die Tätigkeit des Staates vielfach mit der der Gemeinde berührt, so treffen auch Reich und Einzelstaaten häufig auf demselben Gebiete zusammen. Es ist deshalb manchmal nicht leicht, zu sagen, was zur Zuständigkeit des Reichs und was zu der der einzelnen Bundesstaaten gehört. Handelt es sich aber um eine Reichsangelegenheit, so geht das einmal erlassene Reichsgesetz dem Landesgesetz unbedingt vor. Es versteht sich z. B. von selbst, daß der Einzelstaat keine besondern Maße, Münzen oder Gewichte mehr haben kann, nachdem diese Dinge vom Reiche und für das Reich einheitlich geordnet worden sind.

Reichsrecht bricht Landesrecht
Art. 2

So sind auch auf den Gebieten des Strafrechts,

Handels- und Wechselrechts, des gerichtlichen Verfahrens, des bürgerlichen Privatrechts, des Vereinsrechts die ältern Bestimmungen der Landesgesetze von selbst außer Kraft getreten, seit wir hierüber eine eigne umfangreiche Reichsgesetzgebung haben. Und wollte heute ein einzelner Bundesstaat über diese Dinge, soweit sie ihm nicht vorbehalten worden sind, abweichende Bestimmungen treffen, so dürften sie weder die Gerichte und Behörden dieses Bundesstaats befolgen, noch wären sie für die eignen Landesangehörigen bindend. Das Gesetzgebungsrecht der Einzelstaaten beschränkt sich daher in Reichsangelegenheiten von selbst auf sogenannte Ausführungsgesetze zu den darüber erlassenen Reichsgesetzen, sei es, um den Übergang aus der alten in die neue vom Reich eingeführte Ordnung zu erleichtern, oder sei es, um Lücken auszufüllen, die die Reichsgesetze mit guter Absicht zur Schonung landschaftlicher Besonderheiten gelassen haben. Es versteht sich von selbst, daß die Gesetze der Einzelstaaten, auch wenn sie Reichsangelegenheiten betreffen, in Kraft bleiben, solange das Reich von seinem Gesetzgebungsrecht nicht Gebrauch macht. Die Anwendung der Reichsgesetze ist regelmäßig Sache der Bundesstaaten. Dem Kaiser ist aber das Recht vorbehalten, die Ausführung der Reichsgesetze zu überwachen.

Art. 17 Auswärtige Angelegenheiten

Überblicken wir die dem Reich vorbehaltnen gemeinsamen Angelegenheiten, so zeigt sich als wichtigste die Sorge um die Existenz des Reichs selbst. Wie das Reich erst im Verteidigungskampf gegen einen auswärtigen Feind geboren wurde, so ist es auch Reichssache, die Unversehrtheit des Reichsgebiets, das wieder mit der Gesamtheit der einzelnen Staatsgebiete zusammenfällt, durch das Heer, die Kriegsmarine und die Festungen zu schützen. Dem Auslande gegenüber tritt auch die Person des Kaisers mit eigner Machtfülle in den Vordergrund. Er ist es, der im Namen des Reichs, nur an die Zustimmung des Bundesrats, also nicht auch an die des Reichstags gebunden, Krieg erklärt. Er kann auch im Innern, und hier selbst ohne Zustimmung des Bundesrats, wenn die öffentliche Sicherheit bedroht ist, jeden Teil des Bundesgebiets in Kriegszustand erklären. Er leitet selbständig die Beziehungen des Reichs zu den auswärtigen Staaten, die äußere Politik. Zwar besteht im Bundesrat unter dem Vorsitz von Bayern ein Ausschuß für die auswärtigen Angelegenheiten, aber ohne daß diesem Ausschuß in der Verfassung bestimmte Rechte beigelegt wären.

Art. 11

Art. 8

Der Kaiser vertritt das Reich völkerrechtlich und regelt den diplomatischen Verkehr. Er allein ist berechtigt, Frieden zu schließen, Bündnisse und andre Verträge mit fremden Staaten einzugehen. Nur wenn diese Verträge Angelegenheiten betreffen, die in der Verfassung ausdrücklich als Reichsangelegenheiten bezeichnet sind, bedarf der Kaiser, wie zu jedem Akte der Gesetzgebung, hierzu der Zustimmung des Bundesrats und der Genehmigung des Reichstags. Hierher gehören z. B. die wichtigen Zoll- und Handelsverträge mit fremden Staaten, da die Zoll- und Handelsgesetzgebung auch im Inlande dem Reich zusteht. Dagegen sind die rein politischen Bündnisverträge mit Österreich-Ungarn und Italien, die Grundlagen des Dreibundes, oder die Verträge über Abgrenzung der deutschen Schutzgebiete lediglich vom Kaiser geschlossen worden.

Innere Angelegenheiten

Die Ordnung der innern Reichsangelegenheiten hängt aufs engste damit zusammen, daß Deutschland durch die geschichtliche Entwicklung und insbesondre durch den 1833 gegründeten Zollverein schon längst ein gemeinschaftliches, von den Landesgrenzen nicht mehr beengtes, dem Auslande geschlossen gegenübertretendes Wirtschaftsgebiet geworden war. Dieser Zustand und der durch die moderne Entwicklung gesteigerte Verkehr drängten von selbst nach Bewegungsfreiheit der Bevölkerung, nach gleichen Grundsätzen für Handels- und Gewerbebetrieb, nach einheitlichem Maß-, Münz- und Gewichtswesen, nach gemeinsamer Regelung des Bank-, des Post- und Telegraphen- und des Patentwesens, nach gemeinsamem Schutz des geistigen Eigentums und nach gegenseitiger Rechtshilfe in den einzelnen Bundesstaaten. Dieselben wirtschaftlichen Bedürfnisse nötigen ferner zur Einheitlichkeit im Eisenbahnwesen, in der Herstellung von Land- und Wasserstraßen und dazu, den Binnenschiffahrtverkehr auf den großen, mehreren Staaten gemeinsamen Wasserstraßen gemeinsam zu regeln und diese Straßen selbst gemeinschaftlich im Stand zu halten. Schon vor der Errichtung des Reiches bestanden über alle diese Dinge unter den deutschen Bundesstaaten zahllose Einzelverträge, und es war beinahe selbstverständlich, daß die neugewonnene politische Einheit der Nation diese Angelegenheiten von Reichs wegen an sich zog. Daß die gemeinsame Gesetzgebung über das gesamte bürgerliche Recht, über Strafrecht, Handels- und Wechselrecht und das gerichtliche Verfahren an das Reich überwiesen worden sind, beruht ebensosehr wie auf den wirtschaftlichen Bedürfnissen auch auf dem stärker gewordnen Einheitsgefühl der deutschen Stämme. Der gemeinsame Schutz des deutschen Handels im Auslande, der deutschen Schiffahrt und ihrer Flagge zur See, die Errichtung von Reichskonsulaten stehen ebenso wie die Fragen der Kolonisation und Auswanderung in engem Zusammenhange mit der äußern Politik des Reiches.

Endlich mußte das Reich, um ihm die finanzielle Lebensfähigkeit zu sichern, auch mit dem selbständigen Besteuerungsrecht ausgestattet werden. An diese gemeinsamen Reichsangelegenheiten schließen sich noch das Militärwesen und die Kriegsmarine, die Beglaubigung von Urkunden, die Maßregeln der Medizinal- und Veterinärpolizei (Tierkrankheiten), die Bestimmungen über Presse und Vereinswesen. Aus dem Zwecke des Reichs, die Wohlfahrt des deutschen Volkes zu pflegen, ist auch von selbst die wichtige soziale Gesetzgebung des Reichs hervorgegangen.

Elsaß-Lothringen

RG v. 4. 7. 79

RG v. 18. 6. 92

Eine Sonderstellung im Reiche nehmen die 1871 ihm zurückgewonnenen Reichslande Elsaß-Lothringen ein. Sie sind heute ein Staatswesen gleich den andern Bundesstaaten, eine Monarchie, doch ohne eigentlichen Monarchen. Die landesherrlichen Befugnisse stehen dem Kaiser zu, und dieser hat sie zum guten Teil auf den in Straßburg residierenden Statthalter übertragen. Gewisse ihm verliehene außerordentliche Gewalten (der sogen. Diktaturparagraph) sind aufgehoben. Dem Statthalter stehen ein Staatssekretär, ein aus Unterstaatssekretären gebildetes Ministerium und ein Staatsrat zur Seite. Die Volksvertretung wird durch einen aus indirekten Wahlen der Bezirkstage, der Stadtvertretungen und der Landgemeinderäte hervorgegangnen Landesausschuß gebildet. Eigne Landesgesetze für Elsaß-Lothringen kommen zu stande, wenn sie übereinstimmend vom Landesausschuß, an dessen Stelle aber auch der Reichstag treten kann, vom Bundesrat und vom Kaiser oder für diesen vom Statthalter beschlossen worden sind.

Bundespflichten

Dank der endlich erreichten Einigkeit der deutschen Fürsten und Stämme sind bisher alle Bundesglieder ihren Pflichten gegen das Reich gewissenhaft nachgekommen. Da aber ein mächtiger Staatskörper nicht bloß auf den guten Willen seiner Glieder angewiesen sein kann, so ist in der Reichsverfassung auch der gegenteilige Fall vorgesehen. Der widerstrebende Bundesstaat ist mit Zwangsmaßregeln, mit

Art. 19 der Exekution bedroht, die vom Bundesrat zu beschließen und vom Kaiser zu vollstrecken ist. Nur ganz ausnahmsweise mischt sich das Reich in die

Art. 76 eignen Angelegenheiten eines Bundesstaats ein, wenn dort Verfassungsstreitigkeiten ausbrechen, die im Lande selbst nicht entschieden werden können. Gelingt es dem von einem Teile angerufnen Bundesrat nicht, den Streit gütlich auszugleichen, so spricht die Reichsgesetzgebung das letzte Wort. Auch für den Reichsangehörigen, dem in einem Einzelstaate die

Art. 77 Hilfe der Gerichte zu Unrecht verweigert worden ist (Justizverweigerung), soll der Bundesrat eintreten. Endlich ist der Bundesrat auch berufen, Streitigkeiten unter den einzelnen Bundesstaaten auf Anrufen des einen Teils zu erledigen.

Verfassungsänderung

Die Verfassung, das wichtigste Grundgesetz des Reichs, ist mitten im Kriege nach schweren Kämpfen durch Vertrag der deutschen Fürsten und freien Städte durch Beschluß des Reichstags sowohl als der Landesvertretungen der deutschen Bundesstaaten zu stande gekommen. Sie ist nach menschlichem Ermessen auf eine lange Zukunft hinaus geeignet, den nationalen Bedürfnissen gerecht zu werden. Immerhin kann sie, wie alles Menschenwerk, keine ewige Dauer beanspruchen. Sie selbst sieht daher den Fall ihrer Abänderung vor und bestimmt hierfür den Weg der Gesetzgebung. Sie erschwert aber mit weisem Bedacht die Möglichkeit der Änderung, denn schon 14 von den im Bundesrat vertretnen 58 Stimmen genügen, die geplante Änderung dadurch, daß sie sich dagegen erklären, zu Falle zu bringen.

2

Kaiser, Bundesrat und Reichstag

I. Der Kaiser

Im Spiegelsaal des Schlosses zu Versailles verkündete am 18. Januar 1871 König Wilhelm I., daß er es als eine Pflicht gegen das gemeinsame Vaterland betrachtet habe, dem Rufe der verbündeten deutschen Fürsten und Städte Folge zu leisten und die deutsche Kaiserwürde anzunehmen. „Demgemäß werden Wir und Unsre Nachfolger an der Krone Preußens fortan den Kaiserlichen Titel in allen Unsern Beziehungen und Angelegenheiten des Deutschen Reiches führen.“ Hiermit übereinstimmend überträgt die Reichsverfassung das Präsidium des Bundes dem Könige von Preußen, „welcher den Namen Deutscher Kaiser führt“. Die Kaiserwürde ist also mit der Krone Preußens so untrennbar verbunden, daß auch der verfassungsmäßige Vertreter des Königs von Preußen von selbst zur Vertretung des Kaisers im Reiche berufen ist. Bekanntlich war diese Vertretung schon einmal, nach den Attentaten des Jahres 1878, dem damaligen „Kronprinzen des Deutschen Reichs und von Preußen“ Friedrich Wilhelm übertragen. RVerf Art. 11

Wir sahen schon (S. 21), wie die dem Kaiser für seine Person durch die Verfassung beigelegte Kaiserliche Prärogative

Machtfülle, die Kaiserliche Prärogative, sich vor allem in der Vertretung des Reiches nach außen geltend macht. Aber auch im Innern stehen dem
Art. 12 Kaiser wichtige Vorrechte zu. Er beruft, eröffnet,
Art. 17 vertagt und schließt den Bundesrat und den Reichstag, er verkündet die Reichsgesetze und überwacht
Art. 18. 56 ihre Ausführung, er ernennt und entläßt die Reichsbeamten und die Reichskonsuln. Er führt schon
Art. 53 im Frieden den Oberbefehl über die deutsche Kriegsmarine, ihm allein schwören die Offiziere, Beamten und Mannschaften der Marine den Treueid. Auch
Art. 64 die Truppen der Landmacht sind verpflichtet, den Befehlen des Kaisers unbedingt Folge zu leisten,
Art. 50 und legen im Fahneneid dies Gelöbnis ab. Ihm gebührt die obere Leitung der Post- und Telegraphenverwaltung. Der Kaiser übt diese Rechte, die Kaiserliche Regierungsgewalt, namens des Reichs durch Anordnungen oder Verfügungen, meist Erlasse genannt, aus. Nur bei der Ernennung gewisser Reichsbeamten, z. B. bei Besetzung des Reichsgerichts, ist er an die Vorschläge des Bundesrats
Art. 17 gewiesen. Da diese Kaiserlichen Erlasse der Gegenzeichnung des Reichskanzlers bedürfen, so ist damit zugleich gesagt, daß sie schriftlich zu ergehen haben.

Es leuchtet aber ein, daß sich damit die Regierungstätigkeit des Kaisers im Reiche ebensowenig erschöpft, wie die des Monarchen im Staate. Der Kaiser kann selbstverständlich durch schriftliche und mündliche Anregungen aller Art, auch in hochpolitischen Dingen, auf die Entschließungen der mit ihm verbündeten Regierungen, ja in außerordentlichen Fällen auch auf die Anschauungen des deutschen Volkes einwirken. So ist es wiederholt geschehen in Form von Botschaften an den deutschen Reichstag, bei der Thronbesteigung des zweiten deutschen Kaisers in einem dem Reichskanzler amtlich mitgeteilten und veröffentlichten Regierungsprogramm. Endlich kann nicht davon die Rede sein, die wichtige Kaiserliche Tätigkeit, die sich im Verkehr mit den fremden Gesandten, in Beratungen mit dem verantwortlichen Reichskanzler, den einzelnen Reichsämtern, den Bundesratsbevollmächtigten oder mit wem sonst vollzieht, in irgendwelche verfassungsmäßig geregelte Formen zu bringen. In jedem Falle sind aber die Kaiserlichen Anordnungen und Verfügungen für die Reichsbeamten und Reichsangehörigen nur dann verbindlich, wenn sie urkundlich mit der Unterschrift des Kaisers und der Mitunterschrift des Reichskanzlers ergangen und, soweit sie die Gesamtheit der Nation angehen, auch öffentlich bekannt gemacht, publiziert worden sind.

II. Der Bundesrat

Es liegt im Wesen des Bundesstaats, daß die einzelnen Staaten, soweit sie als verbündete Regierungen gemeinschaftlich die Regierung ausüben, auch in einer besondern Körperschaft vereinigt sind. Diese Körperschaft ist der Bundesrat. Die Reichsverfassung selbst bestimmt seine Zusammensetzung. Außer Elsaß-Lothringen, das nur eine beratende Stimme führt, ist jeder der übrigen 25 Bundesstaaten mindestens mit einer Stimme im Bundesrat vertreten. Preußen allein mit 17 Stimmen, Bayern mit 6, Sachsen und Württemberg mit je 4, Baden und Hessen mit je 3, Mecklenburg-Schwerin und Braunschweig mit je 2, alle übrigen Staaten mit je einer Stimme. Die Stimme von Waldeck ist (als 18.) durch Staatsvertrag auf Preußen übergegangen. RG v. 4. 7. 79 Art. 6

Die Mitglieder des Bundesrats werden von den einzelnen Regierungen abgeordnet und heißen deshalb Bundesratsbevollmächtigte. Jede Regie- Bundesrats-Bevollmächtigte rung kann soviel Bevollmächtigte senden, als sie Stimmen führt, doch dürfen die mehreren Stimmen nur einheitlich abgegeben werden. Es kann also nicht vorkommen, daß sich z. B. von den sechs bayerischen Stimmen ein Teil für, ein andrer gegen die betreffende Vorlage entscheidet. Die Bundesratsbevollmächtigten geben ihre Stimme so ab, wie ihnen von ihrer Regierung vorgeschrieben wird. Da man sich aber erinnerte, wie endlos einst die Beratungen des alten Bundestags dadurch verschleppt wurden, daß die Bundesgesandten noch keine Weisungen, Instruktionen zu haben vorschützten, so ist bestimmt, daß nicht vertretene oder nicht instruierte Stimmen überhaupt nicht gezählt werden. Es ist deshalb denkbar, daß der Bundesratsbevollmächtigte in einer dringlichen Angelegenheit, um das Stimmrecht seines Staats im einzelnen Falle nicht ganz verloren gehen zu lassen, schließlich doch nach eigner bester Überzeugung abstimmt.

Art. 7

Art. 10

Dem Kaiser liegt es zwar ob, den Mitgliedern des Bundesrats „den üblichen diplomatischen Schutz zu gewähren". Trotzdem sind sie keineswegs Gesandte, die von den Einzelstaaten an das Reich entsandt, beim Reich beglaubigt wären, wie etwa die Frankfurter Bundesgesandten zuzeiten des ehemaligen deutschen Bundes. Denn ein Gesandter kann in dem Lande, bei dem er beglaubigt ist, nicht selbst an den Regierungsgeschäften teilnehmen.

Instruktionen

Für die Instruktionen der Bundesratsbevollmächtigten tragen in den konstitutionell regierten deutschen Bundesstaaten, wie wir gesehen haben (S. 15), die einzelstaatlichen Minister, die auch selbst zu Bevollmächtigten bestellt sein können, die Verantwortung. So kommt es, daß sich auch die deutschen Landesregierungen mannigfach mit den Reichsangelegenheiten beschäftigen, indem sie die

Minister über ihre Meinung darüber, sowie über die an die Vertreter im Bundesrat erteilten oder noch zu erteilenden Instruktionen befragen, interpellieren, oder indem sie in Form von Resolutionen, durch Abstimmung festgestellten Erklärungen, der Meinung der Kammern Ausdruck geben. Wie weit die Landesvertretungen dazu berechtigt sind, ob und inwieweit die Einzelregierungen ihren Wünschen Folge zu geben haben, richtet sich zunächst nach der Verfassung des betreffenden Einzelstaats. Eine Grenze gibt es jedenfalls: die Einzelregierungen können auch durch die Einzelparlamente nicht dazu gezwungen werden, dem Bundesvertrage selbst oder der Reichsverfassung untreu zu werden und etwa dem Reiche die von den Einzelstaaten aufzubringenden Mittel zu verweigern. Denn sie würden damit die Einmischung des Reichs in ihre Angelegenheiten und selbst die Bundesexekution gegen sich heraufbeschwören (S. 24).

Gesandte

Es ist nicht ausgeschlossen, daß die Einzelstaaten, wenn auch nicht beim Reiche, so doch bei der preußischen Präsidialmacht in Berlin Gesandte, auch sogenannte Militärbevollmächtigte halten. Denn sie haben auch von Staat zu Staat mancherlei Angelegenheiten zu ordnen, die nicht zur Zuständigkeit des Reichs gehören, und sie haben auch als Bundesstaaten ein begreifliches Interesse daran, immer mit der Präsidialmacht in Fühlung zu bleiben. Aus demselben Grunde unterhält auch Preußen bei den meisten deutschen Staaten besondre Gesandtschaften. Die Bundesstaatsgesandten in Berlin sind meist zugleich Bundesratsbevollmächtigte ihrer Staaten, doch brauchen beide Ämter nicht notwendig in einer Person vereinigt zu sein.

Kompetenz des Bundesrats RVerf Art. 7

Der Bundesrat übt vor allem gemeinschaftlich mit dem Reichstage die Reichsgesetzgebung aus. Es wäre aber falsch, ihn deswegen mit einem sogenannten Oberhaus, Herrenhaus oder einer ersten Kammer zu vergleichen. Vielmehr steht er dem Reichstage eher so gegenüber, wie in den Einzelstaaten die Ministerien der Landesvertretung. Denn der Bundesrat ist, als die geordnete Vertretung der verbündeten Regierungen, auch Inhaber einer eigentlichen Regierungsgewalt im Reiche, wie sie, in Deutschland wenigstens, keinem Oberhaus zusteht. Kraft dieser Regierungsgewalt beschließt der Bundesrat über die zur Ausführung der Reichsgesetze erforderlichen allgemeinen Verwaltungsvorschriften und Einrichtungen, sowie über Mängel, die hierbei hervorgetreten sind. Er erläßt denn auch zahlreiche und umfangreiche Verordnungen und Reglements, die meist in einem besondern Blatte, dem Reichszentralblatt veröffentlicht werden. Er hat besondre Reichszentralstellen gegründet und setzt Kommissionen zur Beratung mannigfacher Gegenstände (wie beim deutschen bürgerlichen Gesetzbuch) nieder. Er veranstaltet amtliche Erhebungen über die verschiedensten Verhältnisse, sogenannte Enqueten, wie vor Jahren über das Börsenwesen und dergleichen mehr.

Preußisches Veto — Art. 5

In gewissen Dingen sind indessen die Befugnisse des Bundesrats durch ein dem Präsidium eingeräumtes Verbietungsrecht oder Veto beschränkt. In Angelegenheiten des Militärwesens, der Kriegsmarine, gewisser indirekter Reichssteuern und des gesamten Zollwesens gibt nämlich die Stimme des Präsidiums den Ausschlag, und zwar dann, wenn es sich um Abänderung bestehender Einrichtungen handelt, das Präsidium aber sich für deren Aufrechterhaltung erklärt. Nehmen wir z. B. an, der gesamte Bundesrat, mit Ausnahme von Preußen, sowie der Reichstag seien darüber einverstanden, daß die von Reichs wegen erhobne Salz-, Tabak- oder Branntweinsteuer geändert, oder die Zölle erhöht oder erniedrigt werden sollten, so bliebe es doch beim alten, wenn auch nur die Präsidialstimmen sich dagegen erklärten. Da diese, nämlich die achtzehn preußischen Stimmen, durch den König von Preußen geleitet werden, der zugleich deutscher Kaiser ist, so ist durch dieses Vetorecht auch mittelbar noch ein weiteres wichtiges Vorrecht des Kaisers geschaffen.

Geschäftsführung des Bundesrats

RVerf Art. 7

Der Bundesrat faßt seine Beschlüsse regelmäßig mit einfacher Stimmenmehrheit, soweit nicht das soeben besprochene preußische Veto oder die Reservatrechte einzelner Bundesstaaten (S. 19) entgegenstehen. Bei Stimmengleichheit gibt die (preußische) Präsidialstimme den Ausschlag. Daß eine Verfassungsänderung schon durch vierzehn im Bundesrat dagegen abgegebne Stimmen abgewendet werden kann, ist schon gesagt worden (S. 24). In den Fragen endlich, in denen gewisse Bundesstaaten kraft ihrer Reservatrechte von der Reichsgemeinschaft, z. B. von der sogenannten Brausteuergemeinschaft, ausgeschlossen sind, haben sie auch kein Stimmrecht. Im übrigen kann jedes Bundesratsmitglied Vorschläge Art. 7 einbringen und verlangen, daß im Bundesrat darüber verhandelt werde. Es ist auch nicht daran gehindert, die abweichende Meinung seiner Regie- Art. 9 rung, selbst wenn sie im Bundesrat überstimmt worden ist, im Reichstag zu vertreten. Der Bundesratsbevollmächtigte kann aber niemals auch Mitglied des Reichstags sein.

Der Bundesrat tritt, vom Kaiser berufen, regel- Art. 12 mäßig in Berlin zu Beratungen zusammen. Er kann ohne den Reichstag, der Reichstag kann aber Art. 13 nicht ohne den Bundesrat versammelt sein. Der Bundesrat muß berufen werden, wenn ein Drittel Art. 14 der Stimmen es verlangt. Tatsächlich haben es die vielfachen Geschäfte des Bundesrats mit sich gebracht, daß er jahraus jahrein in Berlin versammelt ist und nur im Sommer in Ferien geht.

Vorsitz

Art. 15

Den **Vorsitz** im **Bundesrat** und die Leitung der Geschäfte stehen dem vom Kaiser ernannten **Reichskanzler** oder seinem Stellvertreter zu. Der Reichskanzler kann also dem Bundesrat nicht angehören, ohne vom Bundesstaate Preußen als Bundesratsbevollmächtigter bestellt zu sein, mindestens könnte er nur in dieser Eigenschaft an der Abstimmung teilnehmen. Es ist ein Reservatrecht Bayerns, den Vorsitz im Falle der Behinderung Preußens zu übernehmen.

Geschäftsordnung

Art. 8

Wie jede größere politische Körperschaft besitzt auch der Bundesrat seine **Geschäftsordnung**. Er setzt aus seiner Mitte eine Anzahl dauernder, mindestens fünfgliedriger **Ausschüsse** nieder. In allen Ausschüssen ist Preußen, in gewissen Ausschüssen sind regelmäßig auch gewisse andre Bundesstaaten vertreten. Endlich stehen dem Bundesrat zur Bewältigung seiner Geschäfte, namentlich auch zum Verkehr mit dem Reichstage die nötigen Kommissare und Hilfskräfte zur Verfügung.

So finden wir an der Verwaltung der Reichsangelegenheiten den Kaiser, den Bundesrat, den Reichskanzler, die einzelstaatlichen Regierungen, vielfach auch bestimmte Regierungsstellen (die Landespolizeibehörden) bis zu den Gemeinden herab beteiligt. Die Reichsgesetze pflegen deshalb genau vorzuschreiben, wie in jeder Reichsangelegenheit die Zuständigkeit, Kompetenz, zwischen den einzelnen Gewalten verteilt sein soll.

III. Der Reichstag

RVerf Art. 20

Wie im Bundesrat die Gesamtheit der deutschen Regierungen, so ist im Reichstage die Gesamtheit des deutschen Volkes vertreten. Die Zahl der Reichstagsabgeordneten betrug im ehemaligen Norddeutschen Bunde 297, stieg durch den Beitritt der deutschen Südstaaten auf 382 und beträgt heute, nachdem 1873 noch 15 elsaß-lothringische Abgeordnete hinzugekommen sind, überhaupt 397.

Wahlrecht Art. 20

Der Reichstag geht aus **allgemeinen** und **direkten Wahlen** mit geheimer Abstimmung hervor. Das Wahlrecht ist ein allgemeines, da jeder männliche Deutsche, der das 25. Lebensjahr zurückgelegt hat, ohne Unterschied des Besitzes, des Steuersatzes, des Berufes, des Bildungsgrades zur Wahl berechtigt ist. Ausgeschlossen vom Wahlrecht sind nur Bevormundete (Geisteskranke, Verschwender), im Konkurs befindliche Personen, sowie solche, die eigentliche, nicht bloß zur Hebung einer außerordentlichen Notlage gewährte Armenunterstützung beziehen oder ohne daß sie inzwischen zurückerstattet ist, im letzten Jahre vor der Wahl bezogen haben, endlich Personen, denen durch den Strafrichter die bürgerlichen Ehrenrechte entzogen worden sind, und zwar auf die Dauer der Entziehung. Für die zum aktiven Heer und zur Marine gehörigen Militärpersonen ruht die Berechtigung zum Wählen so lange, als sie sich bei der Fahne befinden. RG v. 5. 3. 09

Das Wahlrecht ist auch ein **gleiches**, da kein Deutscher mehr als eine Stimme abzugeben hat. Es ist endlich ein **direktes**, da der Abgeordnete von den Wählern selbst und nicht von gewählten Wahlmännern ernannt wird.

Wählbarkeit

Jeder wahlberechtigte Deutsche ist zugleich auch **wählbar**, nur muß er einem Bundesstaate mindestens seit einem Jahre angehört haben. Was unter der sogenannten Staatsangehörigkeit zu verstehen ist, wird später erörtert werden; auf den Wohnsitz kommt es dabei nicht an. Die Wählbarkeit geht sogar weiter als die Wahlberechtigung, insofern auch

Militärpersonen, wenn sie nur sonst die Alters- und übrigen Bedingungen erfüllen, zu Reichstagsabgeordneten gewählt werden dürfen. So gehörte Feldmarschall Graf Moltke, obwohl er als Soldat kein Wahlrecht hatte, doch jahrzehntelang dem Reichstag als Mitglied an.

Wahlgesetz v. 31. 5. 69

Wahlrecht und Wählbarkeit sind in einem besondern bereits für den Norddeutschen Bund erlassenen und noch jetzt gültigen Wahlgesetz geordnet. Das Gesetz bestimmt, daß auf durchschnittlich 100 000 Seelen der Bevölkerungszahl, die den Wahlen zum verfassungsgebenden (ersten norddeutschen) Reichstage zu grunde gelegen hat, ein Abgeordneter zu wählen ist. Doch muß auch auf den kleinsten Bundesstaat mindestens ein Abgeordneter entfallen. Darnach ist die Zahl der Abgeordneten auf die einzelnen Bundesstaaten verteilt worden, und bei dieser, für die Südstaaten sowie für Elsaß-Lothringen später nachgetragnen Verteilung ist es bis heute geblieben, obwohl die Seelenzahl der Deutschen seitdem um viele Millionen gewachsen ist.

Wahlkreise

Jeder Abgeordnete wird in einem besondren Wahlkreise gewählt. Ein besondres Reichsgesetz soll zwar die Abgrenzung der Wahlkreise noch bestimmen; da dieses Gesetz aber bis heute noch nicht erlassen ist, so bestehen die für die ersten Reichstagswahlen gebildeten Wahlkreise, abgesehen von geringfügigen Abänderungen durch besondre Reichsgesetze, noch heute fort und dürfen auch vom Bundesrat oder von den Einzelregierungen nicht anders abgegrenzt werden. So kommt es, daß z. B. Berlin, obwohl es seit 1867 um über eine Million Einwohner zugenommen hat, nach wie vor nur sechs Reichstagsabgeordnete wählt. Wer das Reichstagswahlrecht ausüben will, muß zur Zeit der Wahl in einem bestimmten Wahlbezirk seinen Wohnsitz haben.

Möglichst jede Gemeinde bildet einen solchen Wahlbezirk. Es können aber mehrere kleine Gemeinden in einen Bezirk vereinigt, und umgekehrt volkreiche Gemeinden in Unterbezirke zerlegt werden, von denen keiner über 3500 Seelen zählen darf.

Wahlverfahren v. 28. 5. 70 u. 28. 4. 03

Das Verfahren bei der Reichstagswahl ist im einzelnen durch ein **Wahlreglement** des Bundesrats geordnet, das aber nur mit Genehmigung des Reichstags abgeändert werden kann. Ist ein Reichstag, weil seine Dauer, die fünfjährige Legislaturperiode, abgelaufen ist, oder weil er durch Auflösung ein vorzeitiges Ende erreicht hat, nicht mehr vorhanden, so werden vom Kaiser neue Wahlen ausgeschrieben, die im ganzen Bundesgebiet an einem und demselben Tage vorzunehmen sind. Ist eine Reichstagsauflösung voraufgegangen, so darf der Wahltag nicht länger als 60 Tage hinausgeschoben werden. (RVerf Art. 25) Die Gemeindebehörden haben, sobald die Neuwahl angeordnet ist, schleunigst die Wahlliste, d. h. ein Verzeichnis aller im Bezirk wohnhaften wahlberechtigten Deutschen, anzufertigen und spätestens vier Wochen vor dem Wahltag acht Tage lang zu jedermanns Einsicht auszulegen. Jeder Wähler tut gut, die Liste einzusehen. Denn wer nicht darin steht, nicht innerhalb jener acht Tage Einsprache erhoben und dadurch die nachträgliche Aufnahme vor Schluß der Liste (dem 22. Tage nach Beginn der Auslegung) erwirkt hat, ist von der Teilnahme an der Wahl für diesmal endgültig ausgeschlossen.

Wahlhandlung

Die Leitung der Wahl wird einem **Wahlvorsteher** übertragen, der aus seinem Wahlbezirk noch einen Protokollführer und drei bis sechs Beisitzer zuzieht. Sie bilden zusammen den **Wahlvorstand**, dem kein sogenannter unmittelbarer Staatsdiener, z. B. ein Landrat, ein Gerichtsschreiber angehören darf. Die Wahlen erfolgen in der Zeit von vormittags zehn bis nachmittags sieben Uhr, der Wahlvorstand ist während der ganzen Zeit mindestens mit drei Mitgliedern ununterbrochen im Wahllokal anwesend. Das Wahlgeschäft beginnt damit, daß Beisitzer und Protokollführer vom Vorsteher mit Handschlag an Eidesstatt verpflichtet werden.

Die Wahl kann nun vor sich gehen. Der Wähler tritt ein und empfängt zunächst einen 12 zu 15 cm großen abgestempelten Umschlag aus undurchsichtigem Papier. Hiermit begibt er sich in einen Nebenraum, der nur durch das Wahllokal betretbar und unmittelbar mit ihm verbunden ist, oder an einen vom Vorstandstisch getrennten Nebentisch. In dem Nebenraum oder unter dem Schutz einer am Nebentisch getroffenen Vorrichtung legt er den Stimmzettel unbeobachtet in den Umschlag. Er tritt nun an den Vorstandstisch, nennt seinen Namen und seine Wohnung, der Protokollführer schlägt in den Listen nach und prüft die Angaben. Wenn alles stimmt, übergibt der Wähler den Umschlag mit dem Stimmzettel dem Wahlvorsteher, der ihn uneröffnet in die Wahlurne legt. Der Wahlzettel soll 9 zu 12 cm groß, von weißem, mittelstarken Schreibpapier sein und darf keine Kennzeichen haben. Ebensowenig darf der Umschlag gekennzeichnet sein. Stimmzettel, die nicht in dem abgestempelten Umschlag abgegeben werden sollten, oder ohne daß sich der Wähler zuvor in den Nebenraum oder an den Nebentisch begeben hätte, sind zurückzuweisen.

Wahlöffentlichkeit

Die Wahl ist zwar geheim, aber doch insofern auch wieder öffentlich, als es jedem Wahlberechtigten gestattet ist, soweit es die Ordnung des Wahlgeschäfts erlaubt, im Wahllokal zugegen zu sein. Wir sehen denn auch an Nebentischen Vertrauensmänner der politischen Parteien sitzen, in ihren Wahllisten streichen und notieren und, je mehr die

Wahl zum Schlusse neigt, ihre Boten entsenden, um die säumigen Wähler herbeizuholen. Diskussionen, Ansprachen und Beschlußfassungen im Wahllokale sind ausdrücklich verboten.

Um sieben Uhr abends erklärt der Wahlvorsteher die Wahl für geschlossen. Kein Stimmzettel darf jetzt mehr abgegeben werden. Der Wahlvorstand nimmt die Umschläge aus der Urne und zählt sie durch. Ein Beisitzer öffnet sie, nimmt die Stimmzettel heraus und übergibt sie dem Wahlvorsteher, der sie laut vorliest. Die Stimmen werden laut gezählt und im Protokolle vermerkt. Der Wahlvorstand entscheidet sogleich nach Stimmenmehrheit, ob ein Stimmzettel gültig ist, ob er z. B. die Person des Gewählten unzweifelhaft bezeichnet. Der Wahlvorsteher übersendet das Wahlprotokoll und die dazu gehörigen Schriftstücke dem für den ganzen Reichstagswahlkreis von der Regierung bestellten **Wahlkommissar**, behält aber die Stimmzettel und Umschläge, mit Ausnahme der für ungültig erklärten, versiegelt zurück. Der Wahlkommissar sieht am vierten Tage nach dem Wahltermin mit sechs bis zwölf von ihm einberufnen und verpflichteten Wählern und einem Protokollführer öffentlich die ihm eingesandten Protokolle durch, stellt die einzelnen Wahlergebnisse zusammen, verkündet den Ausfall der Wahl und macht ihn öffentlich bekannt. Ein großer Teil der Wahlergebnisse pflegt schon vorher, ja noch am Abend des Wahltags im ganzen Reiche bekannt zu sein. Das ist nur dadurch möglich, daß die am Ausfall der Wahlen interessierten politischen Parteien die Auszählungen der einzelnen Wahlvorstände verfolgt, zusammengetragen und sich gegenseitig mitgeteilt haben.

Wahlergebnis

Zum **Schutze des Wahlrechts** enthält das Strafgesetzbuch strenge Strafbestimmungen gegen den

StrGB 107—109

Versuch, jemand mit Gewalt oder Drohung oder durch Mißbrauch der Amtsgewalt an der Wahl zu hindern, gegen Verfälschung des Wahlergebnisses und gegen den Stimmenkauf. Auch sind in der Wahlzeit für die Verteilung von Stimmzetteln und Druck-
RGewO § 43 schriften zu Wahlzwecken die sonst geltenden polizeilichen Beschränkungen aufgehoben.

Der Gewählte muß, um als Reichstagsabgeordneter proklamiert werden zu können, in seinem Wahlbezirk die absolute Mehrheit erlangt, d. h. mindestens die Hälfte aller gültig abgegebnen Stimmen und noch eine mehr müssen sich auf seinen Namen vereinigt haben.

Stichwahl

Für den Fall, daß eine absolute Mehrheit nicht zustande kommt, ist eine zweite engere, die sogenannte Stichwahl vorgeschrieben. Der Tag der Stichwahl wird vom Wahlkommissar und zwar sofort bei Ermittlung des Wahlergebnisses auf nicht länger als vierzehn Tagen hinaus festgesetzt. Nur die beiden Kandidaten, die die meisten Stimmen erhalten hatten, kommen jetzt noch zur Wahl, alle auf andre Namen lautenden Stimmzettel sind ungültig. Auch die Wähler also, die für einen in der Minderheit gebliebnen Kandidaten gestimmt hatten, müssen sich jetzt, wenn sie sich der Wahl nicht ganz enthalten wollen, notgedrungen für den einen der beiden Kandidaten entscheiden. Die Stichwahl verläuft gerade so wie die erste Wahl. Sollten die Stimmen gleich stehen, so entscheidet das von der Hand des Wahlkommissars gezogne Los.

Der Gewählte wird vom Wahlkommissar aufgefordert, sich binnen acht Tagen über seine Wählbarkeit auszuweisen und sich über Annahme der Wahl zu erklären. Erklärt er sich nicht, so gilt die Wahl als abgelehnt. Ist er mehrfach gewählt worden (Doppelkandidatur) — denn jeder Deutsche kann für jeden Wahlkreis des deutschen Reichs als Kandidat aufgestellt werden —, so muß er sich für einen bestimmten Wahlkreis entscheiden. In dem andern Wahlkreise wird dann eine Ersatzwahl notwendig, die wieder zu einer Stichwahl führen kann, sodaß ein und derselbe Wahlkreis recht gut unmittelbar hintereinander zu vier Wahlen berufen sein kann. Nachwahlen werden auf Anordnung des Reichskanzlers veranstaltet, wenn sich im Laufe der Wahl- oder Legislaturperiode aus irgend einem Grunde, durch den Tod des Abgeordneten, durch Ungültigkeitserklärung der Wahl usw., ein Reichstagssitz erledigt hat. Ersatzwahl

Sind die Wahlen vorüber, so wird der Reichstag durch Kaiserliche Verordnung berufen, in Berlin zusammenzutreten.

Der Reichstag hat seinen Geschäftsgang und seine Disziplin durch eine Geschäftsordnung geregelt. Seine erste Aufgabe ist, sich die notwendigen Organe zur Leitung seiner Verhandlungen zu verschaffen, sich zu „konstituieren". Diese Organe bilden den Vorstand des Reichstags. Er besteht aus dem Präsidenten, den beiden Vizepräsidenten und acht Schriftführern, denen noch zwei vom Präsidenten ernannte Quästoren (Schatzmeister) für das eigne Kassen- und Rechnungswesen des Reichstags zur Seite stehen. Bei dem ersten Zusammentreten des neugewählten Reichstags führt das älteste Mitglied des Hauses als Alterspräsident den Vorsitz. Sobald durch Namensaufruf festgestellt ist, daß eine beschlußfähige Anzahl von Mitgliedern des Reichstags anwesend ist, schreitet er mit Hilfe von vier vorläufig ernannten Schriftführern zur Wahl des Präsidenten und der Vizepräsidenten. Diese müssen sich aber nach vier Wochen einer Neuwahl unterwerfen. Die nun Gewählten gelten dann für die Geschäftsordnung des Reichstags Konstituierung ganze Dauer der Session als gewählt. Es wird nämlich unterschieden zwischen der sogenannten Legislaturperiode, d. h. dem ganzen Zeitraum von fünf (früher drei) Jahren, für den die Reichstagsabgeordneten gewählt worden sind, den Sitzungsperioden oder Sessionen, d. h. dem Zeitraum, während dessen der Reichstag, wenn auch unterbrochen durch Ferien und Vertagungen, versammelt ist, und den einzelnen Sitzungen oder Sitzungstagen. Der Präsident zeigt dem Kaiser, gewöhnlich in einer Audienz des Präsidiums, die Konstituierung des Reichstags an.

Wahlprüfungen

Eins der ersten Geschäfte des Reichstags ist ferner, die Legitimation seiner Mitglieder zu prüfen, d. h. sich zu überzeugen, ob ihre Wahlen auch ordnungsmäßig erfolgt sind. Der Reichstag wird zu diesem Zwecke durch das Los, also ohne jede Rücksicht auf die Parteiangehörigkeit, sofort in sieben gleichstarke Abteilungen zerlegt. Kann sich die Abteilung über die Gültigkeit der ihr zur Prüfung zugewiesenen Wahl nicht einigen, oder sind rechtzeitig, d. h. innerhalb zehn Tagen nach Eröffnung des Reichstags Wahlanfechtungen, Proteste aus der Wählerschaft oder Einsprachen aus der Mitte des Reichstags eingelaufen, so wird die weitere Prüfung einer besondren Wahlprüfungskommission überwiesen. Diese Prüfung und die vom Reichstag eingeforderten Ermittlungen über einzelne Vorgänge bei den Wahlen können sich mitunter so weit hinausziehen, daß fast die ganze Legislaturperiode zu Ende geht, bevor die einzelne Wahl gutgeheißen (verifiziert) oder für ungültig erklärt wird. Trotzdem behalten bis dahin auch die Abgeordneten, deren Wahl beanstandet worden ist, Sitz und Stimme im Reichstag. Nicht beanstandete Wahlen werden nach Ablauf von zehn Tagen von selbst dauernd gültig.

Sitzungen

Die eigentlichen Geschäfte des Reichstags werden in den Sitzungen des Reichstags erledigt. Die Verhandlungen sind öffentlich. Jedermann hat Zutritt. Doch ist bei Strafe sofortiger Entfernung verboten, von den Zuhörertribünen herab Zeichen des Beifalls oder Mißfallens zu geben oder sonst die Ordnung und den Anstand zu verletzen. Bei störender Unruhe läßt der Präsident wohl auch die Tribüne räumen. In der Geschäftsordnung hat sich der Reichstag — im Gegensatz zur Reichsverfassung — vorbehalten, auch zu geheimen Sitzungen zusammenzutreten. Doch ist bis heute nur einmal hiervon Gebrauch gemacht worden.

Beratungsgegenstände

Die Vorlagen, die vom Bundesrat ausgearbeiteten Gesetzesvorschläge oder sonstigen Angelegenheiten, in denen es nach der Verfassung oder nach einzelnen Reichsgesetzen einer Mitwirkung des Reichstags bedarf, werden im Namen des Kaisers vom Reichskanzler an den Reichstag gebracht. Aber auch der Reichstag hat das wichtige Recht der Initiative, d. h. auch er kann in Reichsangelegenheiten dem Bundesrat Gesetze vorschlagen und ihm oder dem Reichskanzler Petitionen — zur Kenntnisnahme, zur Erwägung, zur Berücksichtigung — überweisen. Solche Gesuche oder Petitionen pflegen aus dem ganzen Reiche über alle möglichen Angelegenheiten in großer Zahl bei dem Reichstage einzugehen. Zu ihrer Prüfung hat der Reichstag eine ständige Petitionskommission niedergesetzt. Durch ein allwöchentlich ausgegebenes Verzeichnis erhält jeder Abgeordnete vom Inhalt der eingereichten Petitionen Kenntnis. Sie werden aber im Reichstage selbst nur erörtert, wenn es die Petitionskommission oder fünfzehn Mitglieder des Reichstags beantragen. So kommen verhältnismäßig nur wenig Petitionen im Reichstag selbst zur Besprechung. Wenn dies bis

Initiative

Petitionen

zum Schluß der Session oder Sitzungsperiode nicht geschehen ist, sind sie von selbst erledigt und müssen deshalb in der neu eröffneten Session dann von neuem eingereicht werden.

Lesungen

Damit die Beschlüsse des Reichstags zuvor reiflich erwogen werden, ist in der Geschäftsordnung bestimmt, daß über alle Vorlagen des Bundesrats sowie über alle förmlich eingebrachten Anträge der Reichstagsmitglieder, nachdem sie im Druck verteilt sind, drei Beratungen oder Lesungen stattzufinden haben. Nur Mitgliederanträge, die nicht Gesetzentwürfe enthalten, z. B. der Antrag, das gegen den Abgeordneten X wegen Beleidigung eingeleitete Strafverfahren einzustellen, werden in einmaliger Beratung und Abstimmung erledigt.

Die erste Lesung beschränkt sich auf allgemeine Erörterungen über die Grundsätze des vorgelegten Entwurfs. Sie kann mit der zweiten Lesung verbunden werden, wenn die Mehrheit des Reichstags damit einverstanden ist. Sie endet aber niemals mit einer Abstimmung über den Entwurf selbst, sondern nur darüber, wie er geschäftlich weiter behandelt werden soll. Bei wichtigern und umfänglichern Entwürfen pflegt nämlich zunächst eine Kommission des Reichstags mit der Vorberatung beauftragt zu werden. So wird ganz regelmäßig der weitschichtige Reichshaushaltsetat der sogenannten Budgetkommission überwiesen. Nur wenn die wesentlich unveränderte Annahme eines Gesetzentwurfs oder auch seine gänzliche Ablehnung mit einiger Sicherheit zu erwarten ist, pflegt der Reichstag ohne Kommissionsberatung sofort in die zweite Lesung einzutreten.

Kommissionen

Die Kommissionen werden von den sieben Abteilungen des Hauses (S. 40) gewählt und sind deshalb gewöhnlich 7, 14, 21 oder 28 Mitglieder stark. Sie verhandeln unter besonders erwählten

Vorsitzenden, auch wohl in mehreren Lesungen, an denen auch die Mitglieder oder Kommissare des Bundesrats teilnehmen. Die Kommissionen verhandeln wenigstens insoweit öffentlich, als auch die übrigen Mitglieder des Reichstags dabei anwesend sein dürfen. Sie erstatten dem Hause durch einen Berichterstatter vor oder in der zweiten Lesung schriftlich oder mündlich Bericht, und nun erst kommt es nach neuer Plenarberatung, an der auch die Mitglieder des Bundesrats teilnehmen, über die einzelnen Abschnitte der Vorlage und die dazu gestellten Abänderungsanträge zur förmlichen Abstimmung nach absoluter Mehrheit der Anwesenden. Werden alle Paragraphen und Anträge abgelehnt, so ist die Vorlage schon in der zweiten Lesung endgültig gefallen, und zu einer dritten Lesung kommt es dann überhaupt nicht.

Ist sie in zweiter Lesung angenommen, so kann sie doch noch in der entscheidenden dritten Lesung zu Falle kommen. Jetzt erst in der dritten Lesung neue Abänderungsanträge einzubringen, ist dadurch erschwert, daß sie von dreißig Mitgliedern unterstützt sein müssen. Am Schlusse der dritten Lesung wird mit Ja oder Nein über Annahme oder Ablehnung des ganzen Gesetzentwurfs, in der Gestalt, die er durch die einzelnen Beschlüsse erhalten hat, abgestimmt. Zwischen den einzelnen Lesungen sollen bestimmte Fristen liegen, die aber vom Reichstag abgekürzt werden dürfen.

Die Beratungen des Reichstags werden vom Beratung
Präsidenten oder von einem der Vizepräsidenten geleitet. Er bestimmt am Schlusse der Sitzung die nächste Tagesordnung. Wird widersprochen, so entscheidet der Reichstag. Der Präsident erteilt den Rednern das Wort in der Reihenfolge, in der sie sich B. v.
darum gemeldet haben. Zur Geschäftsordnung erteilt 9. 12. 02

er das Wort nach freiem Ermessen und auf die Dauer von nicht länger als 5 Minuten. Die Mitglieder des Bundesrats müssen auf ihr Verlangen jederzeit im Reichstage gehört werden. Sie können dabei auch, wie wir (S. 31) gesehen haben, Ansichten ihrer Regierung vertreten, die von der Mehrheit des Bundesrats nicht angenommen worden sind. Dasselbe Recht ist in der Geschäftsordnung auch den zur Vertretung der Bundesratsmitglieder abgeordneten Kommissarien eingeräumt und auch auf deren Assistenten ausgedehnt. Wird nach Schluß der Diskussion vom Bundesratstische gesprochen, so gilt die Beratung damit als von neuem eröffnet.

Leitung

Der Präsident ruft den Redner, wenn er abschweift, zur Sache, und wenn er die Ordnung verletzt, zur Ordnung. Wenn dies zweimal in derselben Rede erfolglos geschehen ist, kann dem Redner von der Versammlung das Wort entzogen werden. Auch andern Reichstagsmitgliedern droht, z. B. bei ungehörigen Unterbrechungen des Redners, der Ordnungsruf. Im Falle gröblicher Verletzung der Ordnung kann das Mitglied auch durch den Präsidenten von der Sitzung ausgeschlossen werden. Entfernt er sich nicht freiwillig, so hebt der Präsident die Sitzung auf. Gehen während des Ausschlusses sachliche Abstimmungen vor sich, bei denen die Stimme des Ausgeschlossenen hätte den Ausschlag geben können, so muß die Abstimmung in der nächsten Sitzung wiederholt werden. Auf schriftlichen Einspruch des Mitgliedes entscheidet der Reichstag ohne Diskussion darüber, ob die Ausweisung (oder der Ordnungsruf) gerechtfertigt war. Auf länger als auf die Dauer einer Sitzung darf kein Mitglied vom Reichstag ausgeschlossen werden. Ist die Debatte beendet, oder ist sie — auf Antrag von mindestens dreißig Mitgliedern — geschlossen wor-

B v. 16. 2. 95

den, so haben noch der Berichterstatter und der Antragsteller das Wort. Es folgen oft noch „persönliche Bemerkungen", und der Präsident schreitet nun zur Abstimmung, indem er über die einzelnen Teile der Vorlage und über die dazu gestellten Anträge mit Ja oder Nein zu beantwortende Fragen stellt.

Die Abstimmung selbst geschieht regelmäßig durch Aufstehen oder Sitzenbleiben. Ist das Ergebnis zweifelhaft und lassen sich auch durch die Gegenprobe diese Zweifel nicht heben, so kommt es zur Zählung des Hauses (vom Humor des Reichstags als Hammelsprung bezeichnet). Alle Mitglieder verlassen den Sitzungssaal und treten, je nachdem sie mit Ja oder Nein stimmen wollen, durch zwei besondre, sich gegenüberliegende Türen wieder ein. Die Eintretenden werden von je zwei an der Tür stehenden Schriftführern laut gezählt. Demnächst ertönt die Glocke des Präsidenten. Weitere Stimmen dürfen jetzt nicht mehr abgegeben werden, nur Präsident und Schriftführer stimmen selbst noch laut ab. Endlich muß auf Antrag von mindestens fünfzig Mitgliedern die namentliche Abstimmung vorgenommen werden. Sie geschieht durch Einsammlung von Abstimmungskarten, die den Namen des Abstimmenden und die Bezeichnung: „Ja", „Nein" oder „Enthalte mich" tragen.

Abstimmung

B v. 14. 11. 02

Vorlagen und Anträge aller Art können, außer wenn sie vom Bundesrat ausgehen, auch durch Übergang zur Tagesordnung erledigt werden, d. h. der Reichstag erklärt, daß er sich auf ihre Beratung überhaupt nicht einlassen wolle. Erklärt er dabei, aus welchen Gründen er dies nicht wolle („in Erwägung daß"), so heißt dies die motivierte Tagesordnung. Die „Anträge aus dem Hause", sowie die Petitionen werden regelmäßig einmal in der Woche, des Mittwochs, an dem Schwerinstag be-

Anträge

raten, so genannt nach dem Grafen v. Schwerin, der solche Sitzungen schon im preußischen Abgeordnetenhause eingeführt hatte. Über die Reihenfolge der Beratung entscheidet die Zeit des Eingangs, wobei alle in den ersten 10 Tagen der Session gestellten Anträge als gleichzeitig eingegangen gelten. Kommt über die Reihenfolge gleichzeitig eingegangener Anträge keine Einigung zustande, so entscheidet das Los.

Interpellationen

Endlich können im Reichstage auch Anfragen aller Art an den Bundesrat gerichtet werden, wenn sie von mindestens dreißig Mitgliedern unterzeichnet sind, z. B. Anfragen über den Stand gesetzgeberischer Vorarbeiten, über einzelne Vorkommnisse u. s. w. (Interpellationen). Der Präsident benachrichtigt hiervon den Reichskanzler und fordert ihn in der nächsten Sitzung zur Erklärung auf, ob und wann er die Interpellation beantworten werde. Es steht im Belieben des Bundesrats, die Antwort abzulehnen. Wird die Anfrage beantwortet, so kann sich auf Antrag von mindestens fünfzig Mitgliedern eine Besprechung anschließen, doch dürfen dabei keine Anträge gestellt werden.

Beschlußfähigkeit

RVerf Art. 28

Gültige Beschlüsse können vom Reichstage nur bei Anwesenheit „der Mehrheit der gesetzlichen Anzahl der Mitglieder", also bei Anwesenheit von mindestens 199 Mitgliedern und nur mit absoluter Stimmenmehrheit (eine Stimme mehr als die Hälfte der Stimmenden) gefaßt werden. Bekanntlich ist für gewöhnlich bei weitem nicht diese Mitgliederzahl im Reichstage versammelt. Um aber die Geschäfte vorwärts zu bringen, pflegt der Reichstag diese Tatsache mit Stillschweigen zu übergehen, obschon Präsident und Schriftführer den Namensaufruf vornehmen können, wenn sie selbst die Beschlußfähigkeit bezweifeln oder wenn ein Mitglied die Auszählung des Hauses beantragt. Stellt sich, z. B. bei namentlichen Abstimmungen die Beschlußunfähigkeit heraus, so muß die Sitzung abgebrochen werden.

Über jede Sitzung des Reichstags wird ein Protokoll aufgenommen. Bekanntlich erscheinen aber auch ausführliche stenographische Berichte, und auch die Tagespresse, der eine besondre Tribüne, die Journalistentribüne, eingeräumt ist, berichtet über die Verhandlungen mit größerer oder geringerer Vollständigkeit. Diese Berichte genießen, wenn sie wahrheitsgetreu sind, den Schutz, daß wegen ihres Inhalts, selbst wenn er an sich strafbar wäre, doch niemand zur Verantwortung gezogen werden darf. Derselbe Schutz ist im Strafgesetzbuch auch auf Verhandlungsberichte der deutschen Einzellandtage ausgedehnt. Reichstagsberichte Art. 22 StrGB § 12

Die Reichsverfassung bestimmt, daß die Reichstagsmitglieder als Vertreter des gesamten Volks an Aufträge und Instruktionen nicht gebunden sind. Die Wähler dürfen mithin den Abgeordneten keinerlei Weisungen, sogenannte imperative Mandate erteilen. Mandat Art. 29

Um ihnen völlige freie Ausübung des Mandats zu sichern, ist bestimmt, daß „kein Mitglied des Reichstage zu irgend einer Zeit wegen seiner Abstimmung oder wegen der in Ausübung seines Berufs getanen Äußerungen gerichtlich oder (wenn er Beamter wäre) disziplinarisch verfolgt oder sonst außerhalb der Versammlung zur Verantwortung gezogen werden darf“. Immunität Art. 30

Auch kann ohne Genehmigung des Reichstags kein Mitglied des Reichstags während der Sitzungsperiode zur Strafuntersuchung gezogen oder verhaftet werden, außer wenn es auf frischer Tat oder im Laufe des nächstfolgenden Tages ergriffen wird. Endlich muß jedes Strafverfahren und jede Art. 31

Untersuchungs- oder Zivilhaft gegen ein Mitglied — nicht aber auch die ihm rechtskräftig auferlegte Strafhaft — auf Verlangen des Reichstags für die
RG Dauer der Sitzungsperiode aufgehoben werden. Doch
v. 26. 3. 93 ruht auf solange auch die Strafverjährung (S. 85).

Diäten Der Reichstagsabgeordnete darf als solcher von
RG keiner Seite Besoldung beziehen. Er erhält jedoch
v. 21. 5. 06 in der Zeit von 8 Tagen vor Beginn bis 8 Tage nach Schluß der Sitzungsperiode freie Fahrt auf den deutschen Eisenbahnen. Ferner bezieht er aus der Reichskasse eine jährliche, vom 1. Dezember bis 1. April und am Tage der Vertagung oder Schließung in Raten zahlbare Aufwandsentschädigung von 3000 Mk. Hiervon werden ihm jedoch für jeden Tag, an dem er der Plenarsitzung ferngeblieben ist oder, wenngleich anwesend, an einer namentlichen Abstimmung (S. 45) nicht teilgenommen hat, 20 Mk. abgezogen. Zum Nachweise der Anwesenheit hat er sich während der Dauer der Sitzung in eine Anwesenheitsliste einzutragen. Die sog. Doppelmandatare verlieren für jeden Tag, an dem sie im Reichstag anwesend sind und keinen Abzug erleiden, den Anspruch auf Bezug der Vergütung, der ihnen als Mitglied einer andern gleichzeitig versammelten politischen Körperschaft zukommt. Wird ein Mitglied, während der Reichstag versammelt ist, neu gewählt oder scheidet es vorzeitig aus, oder wird der Reichstag aufgelöst, so beziehen die Mitglieder seit Fälligkeit der letzten Rate — die neu gewählten vom Tage des Eintritts bis zur nächsten Rate und an deren Stelle — ein Tagegeld von 20 Mk. für jeden Tag der Anwesenheit in der Plenarsitzung.

Beamte Da auch Reichs- und Staatsbeamte — nur
Art. 9 Mitglieder des Bundesrats nicht — dem Reichstag angehören können, und da immerhin der Fall denkbar wäre, sie möchten für ihre Haltung im Reichs-

tage durch Begünstigungen im Amte belohnt werden, so bestimmt die Verfassung, daß der Beamte, der in ein mit Rang- oder Gehaltserhöhung verbundnes Amt eintritt, Sitz und Stimme im Reichstag verliert und seine Stelle nur durch neue Wahl wieder erlangen kann. Dasselbe gilt, wenn ein Reichstagsmitglied, das nicht Beamter oder vielleicht nur Gemeindebeamter war, in ein besoldetes Reichs- oder Staatsamt übertritt. Art. 21

Schutzbestimmungen

Auch dadurch ist ein besondrer Schutz des Reichstags wie aller deutschen gesetzgebenden Versammlungen geschaffen, daß das Unternehmen, sie zu sprengen, sie zur Fassung oder Unterlassung von Beschlüssen zu nötigen oder ihre Mitglieder gewaltsam zu entfernen, und daß die gewaltsame Verhinderung von Abgeordneten an der Berufsausübung im Strafgesetz mit Zuchthaus oder hoher Festungsstrafe bedroht ist. StrGB §§ 105. 106

Der Kaiser beruft den Reichstag, und zwar mindestens alljährlich, er schließt ihn, wenn die Aufgaben der Session erledigt sind, er kann ihn auch vertagen, jedoch auf länger als 30 Tage und mehr als einmal in derselben Session nur mit Zustimmung des Reichstags. Die Auflösung des Reichstags vor Beendigung der Legislaturperiode wird nicht vom Kaiser, sondern unter seiner Zustimmung vom Bundesrat beschlossen. Es wurde bereits erwähnt, daß der Auflösung die Neuwahlen auf dem Fuße folgen müssen. Denn innerhalb 60 Tagen müssen die Wähler, innerhalb 90 Tagen muß der Reichstag versammelt werden. Art. 13 Art. 26 Art. 24 Art. 25

3

Reichskanzler und Reichsbehörden

I. Der Reichskanzler

Der Reichskanzler ist der vom Kaiser ernannte oberste Reichsbeamte, dem im Bundesrat der Vorsitz und die Leitung der Geschäfte zustehen (S. 32), der den Verkehr des Bundesrats mit dem Reichstag vermittelt (S. 41), und der, indem er die Kaiserlichen Erlasse gegenzeichnet, sie „gültig" macht und zugleich für ihren Inhalt die Verantwortung übernimmt (S. 26).

Auf diesen wenigen Sätzen ist die ganze weittragende Stellung des deutschen Reichskanzlers aufgebaut. Der Vorsitz im Bundesrat kommt dabei vielleicht am wenigsten in Betracht. Die Bundesratsmitglieder fassen ja doch, wie wir gesehen haben (S. 28), ihre Beschlüsse nur nach den Weisungen ihrer Regierungen, und diese kann der Reichskanzler durch noch so eindrucksvolle Reden im Bundesrat
RVerf Art. 15 kaum beeinflussen. Schon die Reichsverfassung sieht denn auch vor, daß sich der Reichskanzler von jedem andern Mitgliede des Bundesrats durch schriftliche Vollmacht vertreten lassen kann. Das hierauf bezügliche bayerische Reservatrecht wurde schon erwähnt

(S. 32). Tatsächlich hat der Reichskanzler seit Bestehen des Reichs dem Bundesrat nur verhältnismäßig selten präsidiert.

Verantwortlichkeit

Der Schwerpunkt seines Amtes ruht deshalb auf dem Rechte der Gegenzeichnung und auf der Verantwortlichkeit. Er nimmt damit die Stellung des konstitutionellen Ministers (S. 15), und zwar des einzigen im Reiche ein. Diese Verantwortlichkeit besteht sowohl gegenüber dem Kaiser als dem Bundesrat und dem Reichstage.

Reichskanzler und Kaiser

Der Kaiser muß in allen der kaiserlichen Prärogative zugewiesenen Angelegenheiten (S. 26) bei jeder einzelnen Maßregel, selbst bei Ernennung der von ihm berufnen Beamten mit dem Kanzler übereinstimmen. Ist dies nicht der Fall, und will der Kaiser dennoch an der Maßregel festhalten, so bleibt ihm nur übrig, den Kanzler zu entlassen und einen neuen Kanzler zu ernennen, dessen Zustimmung er sicher ist. Umgekehrt bleibt auch dem Kanzler nur übrig, seine Entlassung zu fordern, wenn er die kaiserliche Genehmigung zu einem von ihm als notwendig erkannten Schritt, z. B. zur Berufung des Reichstags, nicht erlangen kann und die Verantwortung dafür, daß der Schritt unterbleibt, nicht tragen mag. Der Kanzler muß daher notwendig das auf grundsätzlicher Übereinstimmung beruhende Vertrauen des Kaisers besitzen. Dann finden auch Meinungsverschiedenheiten zwischen Kaiser und Kanzler einen Ausgleich.

Kommandoangelegenheiten

Es ist selbstverständlich, daß sich das Recht der Gegenzeichnung und damit die Verantwortung des Reichskanzlers nicht auf die Anordnungen des Kaisers bezieht, die er kraft des ihm zustehenden Oberbefehls über Heer und Marine in Krieg oder Frieden ergehen läßt (S. 26). Das Befehlen ist etwas so Persönliches, daß es der Befehlende mit niemand teilen kann. Es wäre auch zu widersinnig, wenn der General, dem z. B. der Kaiserliche Befehl zum Angriff überbracht wird, erst nach der Unterschrift des Reichskanzlers fragen sollte. Daraus folgt, daß der Kaiser auch bei Erlaß der Vorschriften über die Friedensausbildung der Truppen, Exerzierreglements usw. und über die Aufrechterhaltung der Disziplin (Beschwerderecht), kurz in den sogenannten reinen Kommandoangelegenheiten nicht durch einen verfassungsmäßigen Berater beschränkt sein kann.

Reichskanzler und Bundesrat

Wie der Reichskanzler dem Kaiser für genaue Vollziehung der von ihm gegengezeichneten Kaiserlichen Anordnungen haftet, so ist er andrerseits auch dem Bundesrat dafür verantwortlich, daß die von diesem der Verfassung gemäß gefaßten Beschlüsse auch wirklich ausgeführt werden, und daß die Kaiserlichen Anordnungen den verfassungsmäßigen Rechten des Bundesrats nicht zuwiderlaufen. Ausdrücklich ist ihm zur Pflicht gemacht, dem Bundesrat, und demnächst auch dem Reichstag, über die Verwendung aller Einnahmen des Reichs zur Entlastung jährlich Rechnung zu legen. Im Reiche selbst ist der Bundesrat niemand verantwortlich. Die Bundesregierungen können nur von ihren einheimischen Landesvertretungen je nach dem Stande des Landesrechts zur Verantwortung gezogen werden (S. 29).

Art. 72

Reichskanzler und Reichstag

Der Reichskanzler ist endlich auch dem Reichstag für die von ihm gegengezeichneten Kaiserlichen Regierungsakte — also nicht etwa auch für die Beschlüsse des Bundesrats — verantwortlich. Er wird sich deshalb nicht weigern können, dem Reichstage über die Verfassungs- und Gesetzmäßigkeit sowie über die Zweckmäßigkeit der durch seine Gegenzeichnung gebilligten Maßregeln Rede zu stehen. Freilich hat der Reichstag gegen den Reichskanzler keinerlei Zwangsmittel, wie er denn auch an der eigentlichen Regierungsgewalt, z. B. an der Ernennung der Beamten, nicht mitzuwirken hat. Immerhin wird es zwischen der Regierungsgewalt und den Kontrollbefugnissen der Volksvertretung nicht selten streitige Grenzgebiete geben. Jedenfalls besteht für Deutschland weder im Reiche noch in den Einzelstaaten die sogenannte parlamentarische Regierung, d. h. weder der Reichstag noch die Landesvertretungen haben das Recht, dem Kaiser oder dem Landesherrn bestimmte Personen als Leiter der Regierung aufzunötigen oder deren Amtsniederlegung zu verlangen, wenn sich eine Mehrheit des Parlaments gegen sie erklärt hat.

Da aber die Behörden und namentlich die Gerichte die Verfassungsmäßigkeit der Gesetze und die Gesetzmäßigkeit der einzelnen Verordnungen selbständig und — wenigstens soviel die Gerichte anlangt — völlig unabhängig zu prüfen und nach Befinden ihre Gültigkeit zu verneinen haben, so liegt hierin auch ein starker Schutz aller verfassungsmäßigen Gewalten, des Reichstags so gut wie des Bundesrats, des Reichskanzlers wie des Kaisers.

Reichskanzler und Reichsbeamte

Alle Politik, die Verwaltung des größten wie des kleinsten Gemeinwesens, wird nicht durch Einrichtungen, sondern durch Menschen geführt, es kommt deshalb schließlich auf diese, auf die Persönlichkeiten der Beamten das meiste an. So übt der Reichskanzler den entscheidendsten Einfluß im Reiche dadurch aus, daß er die Beamten, deren Ernennungspatente er gegenzuzeichnen hat, beruft und ständig beaufsichtigt. Da ihm die Reichsverwaltungsbeamten zum Gehorsam verpflichtet sind, und da er auch bei ihrer Entlassung mitwirkt, so trägt der

Reichskanzler mittelbar auch für alle ihre einzelnen Amtshandlungen, auch wenn er sie nur stillschweigend gutheißt, die Verantwortung.

Stellvertretung des Reichskanzlers

Es ist klar, daß sich mit dem Ausbau der Reichseinrichtungen und mit dem Fortschreiten der Reichsgesetzgebung die Geschäfte des Reichskanzlers bald so steigern mußten, daß er nicht mehr allein imstande war, sie zu übersehen. Trotzdem ist es im Reiche nicht zu der sonst in größeren Staaten üblichen Einrichtung von besondern verantwortlichen Ministern (S. 15) gekommen. Doch hat ein Reichsgesetz über die Stellvertretung des Reichskanzlers Abhilfe zu schaffen gesucht. Hiernach können die dem Reichskanzler durch die Verfassung und die Gesetze des Reichs übertragnen Obliegenheiten einschließlich der Gegenzeichnung durch Stellvertreter wahrgenommen werden, die der Kaiser auf Antrag des Reichskanzlers in Fällen der Behinderung ernennt. Es kann ein Stellvertreter allgemein für den gesamten Umfang der Geschäfte ernannt werden. Es können aber auch für diejenigen einzelnen Amtszweige, die sich in der eignen und unmittelbaren Verwaltung des Reichs befinden, die Vorstände der dem Reichskanzler untergeordneten obersten Reichsbehörden mit der Stellvertretung im ganzen Umfang oder in einzelnen Teilen ihres Geschäftskreises beauftragt werden. Dem Reichskanzler ist jedoch vorbehalten, jede Amtshandlung auch während der Dauer einer Stellvertretung selbst vorzunehmen. Den Vorsitz im Bundesrat kann er verfassungsmäßig (S. 50) einem Vertreter auch künftig nur durch schriftliche Vollmacht übertragen.

RG v. 17. 3. 78

Die Stellvertreter

Während also die Minister der Einzelstaaten selbständig vom Landesherrn, ohne Mitwirkung des Ministerpräsidenten, wenn auch wohl mit seinem Einvernehmen, und ständig ernannt werden, ernennt der

Kaiser die Stellvertreter des Reichskanzlers nur, wenn es dieser beantragt und, grundsätzlich wenigstens, nur für die Dauer seiner Behinderung. Während die Zahl und der Wirkungskreis der einzelnen Ministerien ein für allemal in den Landesverfassungen bestimmt zu sein pflegt, schafft der Kaiser auf Antrag des Kanzlers nicht nur die neuen Reichsämter, sondern bestimmt auch ihre Befugnisse. Der Reichstag kann dabei nur insoweit mitreden, als es sich um Bewilligung der hierzu notwendigen Mittel im Reichshaushaltsplan handelt.

In den Einzelstaaten haben die einzelnen Minister innerhalb ihres Amtskreises auch volle Verfügungsgewalt und Verantwortung. Weder der Ministerpräsident noch auch das Kollegium der Minister, das Staatsministerium, kann ihnen darin Vorschriften erteilen. Im Reiche wird den Vorständen der einzelnen Reichsämter von vornherein vorgeschrieben, wie weit ihr Machtbereich gehen soll. Dieser kann jederzeit erweitert oder eingeschränkt werden und der Reichskanzler kann jeden Augenblick die Geschäfte wieder ganz an sich ziehen, folglich auch jederzeit die bereits getroffenen Verfügungen wieder aufheben. Die Stellvertreter des Reichskanzlers können deshalb auch durch ihre Gegenzeichnung der Kaiserlichen Erlasse dem Kanzler selbst die Verantwortung für die Erlasse nicht abnehmen, und es ist undenkbar, daß sie sich zu seiner Willensmeinung in Gegensatz stellen.

Es bleibt also dabei, daß es im Reiche nur einen verantwortlichen Minister, den Reichskanzler, gibt, obwohl es seit 1878 fast die Regel bildet, daß die Kaiserlichen Erlasse, die Verordnungen des Bundesrats und die Reichsgesetze nicht die Unterschrift des Reichskanzlers, sondern seines Vertreters in dem betreffenden Geschäftszweige tragen. Die

Namen dieser Vertreter werden im Reichsanzeiger veröffentlicht.

Reichskanzler und Ministerpräsident

Der Kaiser ist in der Wahl des Reichskanzlers völlig unbeschränkt. Da er aber zugleich König von Preußen ist, so liegt es nahe, daß er dieselbe Person zum Reichskanzler ernennt, die ihm in Preußen als oberster Berater zur Seite steht, den preußischen Ministerpräsidenten. Denn es ist nicht wohl denkbar, daß der Kaiser auf den Rat des Reichskanzlers eine Maßregel verwirft, die er als König von Preußen auf Befürwortung seines Ministers gutgeheißen hat, und umgekehrt. So ist es gekommen, daß das Amt des Reichskanzlers mit dem des preußischen Ministerpräsidenten, von Unterbrechungen in den Jahren 1873 und 1892 bis 1894 abgesehen, immer in derselben Person vereinigt gewesen ist.

II. Die Reichsbehörden

Bei Gründung des Norddeutschen Bundes wurde als einzige Reichsbehörde zur Bearbeitung der dem Kanzler zugewiesenen Geschäfte das Bundeskanzleramt, später Reichskanzleramt, errichtet. Die auswärtigen Angelegenheiten wurden damals noch von dem preußischen Minister des Auswärtigen, der zugleich Kanzler war, geleitet, aber bald einem besondern Auswärtigen Amt übertragen.

Reichsämter

Mit Erlaß des Stellvertretungsgesetzes hat sich aus dem Reichskanzleramt das Reichsamt des Innern (zu dem auch das Statistische Amt und das Reichsgesundheitsamt gehören) entwickelt, entsprechend den Ministerien des Innern in den einzelnen Bundesstaaten. Ferner das Reichsjustizamt, unter ihm die einzige richterliche Reichsbehörde, das Reichsgericht; das Reichsschatzamt, entsprechend den Finanzministerien, neben ihm mit selbständigen Befugnissen der Rechnungshof des Deutschen Reichs, die Verwaltung des Reichsinvalidenfonds, die Reichsschuldenkommission und die Reichsbank; das Reichseisenbahnamt nebst einem besondern Reichsamt für Verwaltung der Reichseisenbahnen, d. h. der elsaß-lothringischen Bahnstrecken; das Reichspostamt zur Leitung der Post- und Telegraphenangelegenheiten; das Reichsmarineamt, von dem wieder das Oberkommando der Marine abgezweigt ist; endlich das Reichskolonialamt mit dem Oberkommando der Schutztruppen. Ein Reichskriegsamt ist neben dem preußischen und den verschiednen einzelstaatlichen Kriegsministerien (S. 13) nicht vorhanden. Ebensowenig gibt es ein Reichsamt für Kultus und Unterricht, da die kirchlichen und Schulangelegenheiten das Reich unmittelbar nicht angehen.

Staatssekretäre

An der Spitze fast aller der aufgeführten Reichsämter stehen besondere Staatssekretäre, sämtlich Vertreter des Reichskanzlers innerhalb ihres Geschäftszweigs, doch, wie wir gesehen haben, eigentlichen Ministern nicht vergleichbar. Die dem Reichskanzler beigegebene Reichskanzlei vermittelt den Verkehr des Kanzlers mit den einzelnen Ämtern. Von den einzelnen Reichsbehörden wird im Zusammenhang der folgenden Abschnitte noch näher die Rede sein.

Behörden und Beamte

Behörden sind die dauernden Einrichtungen, in denen die Staatsgewalt in die Erscheinung tritt, Beamte sind die wechselnden, bei den Behörden angestellten Personen, denen der Staat die Gewaltausübung übertragen hat. Er verlangt von ihnen, je nach der Art des Amts, eine besondre Vorbildung, gewährt ihnen in Form des Gehalts den Lebensunterhalt, nimmt aber dafür ihre Kräfte ausschließlich für sich in Anspruch.

Sie sind Staatsbürger und deshalb wie jeder andre den allgemeinen Gesetzen unterworfen. Der Staat fordert aber in besondern Gesetzen noch besondre Pflichten von ihnen. Er straft die Beamten, die das Amt zur Erlangung persönlicher Vorteile mißbrauchen (Bestechung). Er droht ihnen, wenn sie sich im Amte einer allgemein verbotnen Handlung schuldig machen (Nötigung, Körperverletzung, Urkundenfälschung, Unterschlagung u. s. w.), besonders strenge und entehrende Strafen an. Er straft aber auch den Widerstand, der ihnen in der rechtmäßigen Ausübung ihres Amts geleistet wird, als Widerstand gegen die Staatsgewalt; er bestimmt in den verschiednen Gesetzen genau die Grenzen ihrer dienstlichen Befugnisse. Er verlangt von ihnen grundsätzlich Gehorsam gegen die gesetzmäßigen Weisungen ihrer Vorgesetzten bis hinauf zum Monarchen, da nur so von einer Regierung, d. h. von einer einheitlichen Leitung gesprochen werden kann. Der Staat sichert sich diesen Gehorsam durch den Diensteid; er verlangt von ihnen, damit nicht unter der Persönlichkeit des Beamten das Ansehen des Staats selbst Schaden leide, ein achtungswürdiges Verhalten auch in ihrem Privatleben. Er läßt deshalb unlautere Personen überhaupt nicht zu Beamtenstellen zu und übt über die Beamten die Disziplinarstrafgewalt.

StrGB §§ 331—359

§§ 110—122

Reichsbeamte

RG v. 18. 5. 07

Die Rechtsverhältnisse der Reichsbeamten sind in einem besondern Reichsgesetze geordnet. Darnach wird unterschieden zwischen den Beamten, die durch den Kaiser selbst oder doch in seinem Namen durch den Reichskanzler oder durch die vom Reichskanzler ermächtigten Behörden angestellt sind (den eigentlichen Kaiserlichen oder den sogenannten unmittelbaren Reichsbeamten), und den Beamten der einzelnen Bundesstaaten, die, wie z. B. Post- und Telegraphenbeamte, Militärbeamte, den Anordnungen des Kaisers Folge zu leisten verpflichtet sind (sogenannte mittelbare Reichsbeamte). Das Reichsgesetz bezieht sich auf beide Beamtengattungen. Die Gehälter der Reichsbeamten sind, für die etatmäßigen Beamten nach Dienstaltersstufen, durch eine Besoldungsordnung, die Wohnungsgeldzuschüsse nach Orts- und Tarifklassen bemessen. RG v. 15. 7. 09

Der Beamte wird regelmäßig auf Lebenszeit, ausnahmsweise auf Widerruf oder Kündigung (diätarisch) angestellt. Der Kaiserliche Beamte schwört: „daß ich Seiner Majestät dem deutschen Kaiser treu und gehorsam sein, die Reichsverfassung und die Gesetze des Reichs beobachten und alle mir vermöge meines Amtes obliegenden Pflichten nach meinem besten Wissen und Gewissen genau erfüllen will". Anstellung VO v. 29. 6. 71

Der Beamte soll sich durch sein Verhalten in und außer dem Amte der Achtung, die sein Beruf erfordert, würdig erzeigen. Er hat Verschwiegenheit zu beobachten über die vermöge seines Amtes ihm bekannt gewordnen Angelegenheiten, deren Geheimhaltung ihrer Natur nach erforderlich oder von seinem Vorgesetzten vorgeschrieben ist, und zwar auch nachdem das Dienstverhältnis aufgelöst ist. Er ist für die Gesetzmäßigkeit seiner amtlichen Handlungen verantwortlich, kann sich also bei offenbaren Gesetzwidrigkeiten auch nicht mit der Gehorsamspflicht gegen die Weisungen des Vorgesetzten decken. Er kann deshalb auch wegen Überschreitung seiner amtlichen Befugnisse oder wegen pflichtwidriger Unterlassung von Amtshandlungen vor Gericht auf Schadenersatz belangt werden. Die Annahme von Geschenken, Nebenämter und Nebenbeschäftigungen gegen fortlaufende Vergütung sind ihm nur mit Genehmigung der obersten Reichsbehörde gestattet. Beamtenpflichten

Jeder Beamte muß sich, wenn es das dienstliche

Bedürfnis fordert, die Versetzung in ein andres Amt von nicht geringerm Rang und Diensteinkommen
Ruhestand gefallen lassen. Hört das Amt gänzlich auf, so kann er in den einstweiligen Ruhestand, auf „Wartegeld" gesetzt oder „zur Disposition gestellt" werden. Das Wartegeld beträgt dreiviertel des bisherigen Diensteinkommens, doch regelmäßig nie mehr als 12000 Mark. Eine Reihe einzeln aufgeführter höherer Beamten, bei denen es besonders darauf ankommt, daß sie sich jederzeit in völliger Übereinstimmung mit der Willensmeinung des Kaisers und der obersten Vorgesetzten befinden, können sogar jederzeit durch Kaiserliche Verfügung einstweilig in den Ruhestand gesetzt werden. Hierzu gehören der Reichskanzler selbst, die Staatssekretäre, gewisse vortragende Räte, die höhern Beamten des diplomatischen Dienstes und die Konsuln. Dem entspricht aber auch, daß der Reichskanzler und die Staatssekretäre jederzeit, selbst ohne dienstunfähig geworden zu sein, ihre Entlassung und Pensionierung fordern dürfen.

Pensionierung Die Pensionierung tritt nur dann ein, wenn der Beamte nach einer Dienstzeit von mindestens 10 Jahren zur Erfüllung der Amtspflichten körperlich oder geistig dauernd unfähig geworden ist. Sie kann auch bewilligt oder verfügt werden, wenn er das 65. Lebensjahr vollendet hat. Der Pensionssatz wird von $^{20}/_{60}$ bis zu $^{45}/_{60}$ des letzten Diensteinkommens ansteigend nach der Anzahl der zurückgelegten Dienstjahre einschließlich der aktiven Militärdienstzeit bemessen. Kriegsjahre und die Dienstzeit in gewissen außereuropäischen Ländern werden doppelt
RG gerechnet. Auch die Witwen und Waisen ver-
v. 17. 5. 07 storbner Reichsbeamten beziehen Pensionen. Die Pensionierung kann, wenn dauernde Dienstunfähigkeit eintritt, auch wider den Willen des Beamten verfügt werden. Die letzte Entscheidung, wenn der

Beamte sich hierbei nicht beruhigen will und Rekurs einlegt, gebührt dem Bundesrat.

Die Befolgung der Dienstobliegenheiten und das dem Beamten zur Pflicht gemachte achtungswürdige Verhalten wird durch Disziplinarstrafen gesichert. Sie bestehen in Ordnungsstrafen (Warnung, Verweis, Geldstrafen bis zum Belauf eines Monatseinkommens) und in der Entfernung aus dem Amte (Strafversetzung mit Verminderung des Diensteinkommens um ein Fünftel und Dienstentlassung). Ordnungsstrafen können von den Dienstvorgesetzten verhängt, dagegen darf die Entfernung aus dem Amte, wenn sie nicht zugleich Folge des strafgerichtlichen Urteils ist (Aberkennung der Fähigkeit zur Bekleidung öffentlicher Ämter), nur im förmlichen Disziplinarverfahren ausgesprochen werden. Dies ist dem gerichtlichen Verfahren nachgebildet und findet vor den Disziplinarkammern statt, die aus sieben Mitgliedern bestehen. Gegen die Entscheidung der Disziplinarkammer ist Berufung an den Disziplinarhof zulässig, der aus elf Mitgliedern zusammengesetzt ist. Bei beiden Behörden sind die Stellen der Präsidenten und die überwiegende Zahl der Mitglieder mit richterlichen Beamten besetzt.

Disziplinarverfahren

StrGB §§ 31, 35

Die vorläufige Dienstentlassung, Suspension, eines Beamten tritt stets ein, sobald er in einem gerichtlichen Strafverfahren verhaftet oder zum Amtsverlust verurteilt, oder sobald die Entlassung auch nur von der Disziplinarkammer ausgesprochen worden ist.

Suspension

Gegen Kassenbeamte besteht, um dem geschädigten Reichsfiskus schleunigen Ersatz zu sichern, ein besondres Defektenverfahren. Die vermögensrechtlichen Ansprüche der Reichsbeamten aus dem Dienstverhältnis auf Besoldung, Wartegeld, Pension, auch die Ansprüche der Hinterlassenen sind noch besonders unter den Schutz der Gerichte gestellt, wenn diese auch nicht über die Rechtmäßigkeit der Pensionierung u. s. w. selbst entscheiden dürfen.

Kolonialbeamte

VO v. 9. 8. 96 u. 23. 5. 01

GeschO v. 3. 3. 97

Durch Kaiserliche Verordnung sind die Bestimmungen des Reichsbeamtengesetzes auf die in den deutschen Schutzgebieten angestellten Landesbeamten ausgedehnt worden. Die dort zugebrachte (mindestens einjährige) Dienstzeit wird ihnen bei der Pensionierung doppelt angerechnet. In Berlin ist für sie eine besondere Disziplinarkammer und als zweite Instanz ein Disziplinarhof errichtet.

Die Beamtengesetze der einzelnen Bundesstaaten enthalten ähnliche Bestimmungen.[1] Besondre Aufmerksamkeit ist vielfach der Beschaffung von Dienstwohnungen zugewendet.[2] Auch sind von Staatswegen wenigstens die allgemeinen Grundzüge für die Anstellungs-, Besoldungs- und Pensionsverhältnisse der Gemeindebeamten geregelt.[3] Kraft Reichsgesetzes gelten für die richterlichen Beamten des Reichs und der Bundesstaaten zum Teil abweichende, auf die Unabhängigkeit der Gerichte abzielende Bestimmungen, die später noch behandelt werden sollen.

Ausführung des Beamtengesetzes

Das Reichsbeamtengesetz bietet übrigens ein Beispiel, wie die verschiednen Gewalten im Reiche und in den Bundesstaaten zur Handhabung eines Reichsgesetzes herangezogen werden können. Das Gesetz selbst ist vom Bundesrat und vom Reichstag beschlossen und durch den Kaiser verkündet. Der Reichs-

[1] Pr. G v. 21. 7. 52 u. 9. 4. 79 Bay. G v. 15. 8. 08 Sächs. G v. 3. 6. 76 Württ. G v. 28. 6. 76, 29. 7. 05 u. 1. 8. 07 Bad. G v. 12. 8. 08 Hess. G v. 21. 4. 80 u. 9. 6. 98 Elß. G v. 23. 12. 73 u. sp. Besoldungsordnungen: Pr. G v. 26. 5. 09 Bay. VO v. 6. 9. 08 Bad. G v. 12. 8. 08 [2] Pr. G v. 13. 8. 95 u. sp. Bay. G v. 31. 5. 00. [3] Pr. G v. 30. 7. 99 Sächs. G v. 30. 4. 06 Württ. G v. 5. 9. 05 Bad. G v. 3. 9. 06.

tag ist fortan nicht weiter an dem Gesetz beteiligt, nur daß auch seine eignen, vom Präsidium des Reichstags ernannten Beamten die Eigenschaft von Reichsbeamten genießen. Daß der Kaiser die Reichsbeamten ernennt und entläßt, bestimmt schon die Reichsverfassung. Das Gesetz regelt nur die Formen und Voraussetzungen für die Ernennung und Entlassung. Es überläßt dem Kaiser allein die Ordnung der Urlaubs- und Stellvertretungsverhältnisse, die Bestimmungen über Titel, Rang, Uniform, das Recht, die von den Disziplinarbehörden verhängten Strafen zu erlassen und zu mildern, und weist am Schlusse die Ausführung des Gesetzes und die nähere Bezeichnung der darin genannten Reichsbehörden Kaiserlicher Verordnung zu.

Der Bundesrat entscheidet selbständig über Rekurse pensionierter Reichsbeamten, er wählt — der Kaiser ernennt — die Mitglieder der Disziplinarkammern und des Disziplinarhofes. In letzterm müssen vier Bundesratsmitglieder vertreten sein. Dem Reichskanzler und den obersten Reichsbehörden bis herab zu den Vorstehern der untern Behörden sind eine Reihe besondrer Befugnisse zugewiesen, namentlich das Recht, Ordnungsstrafen auszusprechen, wogegen dem davon Betroffnen auch das Beschwerderecht an die obern Instanzen zusteht. Richterliche und andre Beamte des Reichsgerichts und der Bundesstaaten bilden die Mitglieder der Disziplinarbehörden. Endlich sind Streitigkeiten über vermögensrechtliche Ansprüche der Beamten und ihrer Hinterbliebnen den ordentlichen Gerichten der Bundesstaaten und in letzter Instanz dem Reichsgericht zugewiesen.

4

Die Gesetze

Von den Gesetzen ist schon gesagt worden, daß sie die staatlichen Regeln für das Zusammenleben der einzelnen Bürger und über den Pflichtenkreis des Bürgers gegen den Staat enthalten (S. 11). Die ersten Anfänge des Rechtes sind fast ohne Dazutun der kaum erst entwickelten Staatsgewalt aus der gemeinsamen Rechtsüberzeugung der Zusammenlebenden, so wie sie sich im Laufe der Zeit durch gleichmäßige Übung befestigt hatte, hervorgegangen. So ist das sogenannte Gewohnheitsrecht entstanden. Diese Rechtsbildung ist noch heute wirksam, wenn auch die Gewohnheiten nur noch auf kleinerm Gebiet als Herkommen oder als Gebräuche, namentlich Handelsgebräuche (Usancen) in Betracht kommen.

Staatsgesetze

Weit überwiegend ist aber das geschriebne Recht. Wer es zu schreiben, d. h. wer im Staate die Gesetze zu erlassen hat, wie sie zu stande kommen, und wie sie bekannt gemacht werden, ist in Deutschland überall durch die Verfassungen bestimmt. Während die Gesetzgebung in der absoluten Monarchie dem Landesherrn allein zustand, wird sie im konstitutionell regierten Staate vom Landesherrn und von der Volksvertretung gemeinsam ausgeübt. Zerfällt die Volksvertretung in zwei Kammern, so ist die Übereinstimmung des Landesherrn und beider Häuser des Landtags über den Inhalt eines Gesetzes notwendig, bevor es vom Landesherrn als Gesetz verkündet wird und damit die Gesetzeskraft erlangt.

Man könnte glauben, daß dementsprechend auch im Reiche die Übereinstimmung des Kaisers, des Bundesrats und des Reichstags zum Zustandekommen eines Reichsgesetzes erforderlich sei. Allein dem Kaiser steht nicht die Genehmigung, sondern nur die Ausfertigung und Verkündigung der vom Bundesrat und Reichstag durch übereinstimmende Mehrheitsbeschlüsse festgestellten Gesetze zu. Auf den Inhalt des Gesetzes selbst kann er nur im Bundesrat als Träger der 18 preußischen Stimmen einwirken. Es ist deshalb wohl denkbar, daß der Kaiser ein Reichsgesetz zu unterzeichnen und zu verkünden hat, das im Bundesrat gegen die preußischen Stimmen durchgegangen ist und auch im Reichstag die Mehrheit erlangt hat.

Reichsgesetze

RVerf Art. 5, 17

Die Verkündigung geschieht in einem besondern vom Reichsamt des Innern ausgegebnen Reichsgesetzblatt. Mit dem 14. Tage nach dem Ablauf des Tages, an dem das betreffende Stück des Reichsgesetzblattes in Berlin ausgegeben worden ist, erlangt das Gesetz für jedermann, gleichviel, ob es ihm bekannt geworden ist oder nicht, verbindliche Kraft. Jeder Nummer des Gesetzblatts ist deshalb der Tag der Ausgabe aufgedruckt. Das Gesetz selbst kann aber auch einen andern, frühern oder spätern Anfangstermin der Gültigkeit vorschreiben. So sind viele Reichsgesetze schon „mit dem Tage der Verkündigung" in Kraft getreten.

Art. 2

Die Reichsgesetze beginnen: „Wir Wilhelm von Gottes Gnaden Deutscher Kaiser, König von

Preußen ꝛc. verordnen im Namen des Reichs, nach erfolgter Zustimmung des Bundesrats und Reichstags, was folgt:“ und schließen: „Urkundlich unter Unserer Höchsteigenhändigen Unterschrift und beigedrucktem Kaiserlichen Insiegel. Gegeben . . . den . . . Unterschrift des Kaisers. Mitunterschrift des Reichskanzlers.“

Gesetzesdauer

Die Gesetze sind zuweilen von vornherein nur für eine bestimmte Zeitdauer erlassen und treten von selbst außer Wirksamkeit, wenn diese Zeit abgelaufen ist. So ist z. B. das sogenannte Sozialistengesetz vom 21. Oktober 1878 nach wiederholten Verlängerungen am 30. September 1890 von selbst erloschen. Meist ist aber im Gesetz keine Frist bestimmt, dann gilt es solange, bis es durch ein neues Gesetz aufgehoben wird.

Gesetz und Verordnung

Nicht alle staatlichen Gebote brauchen in der Form von Gesetzen, somit unter Zustimmung der Volksvertretung erlassen zu werden. Sie können auch von der Regierung allein oder von bestimmten Regierungsstellen, im Reiche vom Kaiser, Bundesrat, Reichskanzler, ausgehen und heißen dann Verordnungen. Das Verordnungsrecht ist sogar ein notwendiger Bestandteil der Regierungsgewalt, besonders wo es sich um die Ausführung der eigentlichen Gesetze handelt. Die Verfassungen haben zum Teil versucht, die Gebiete des Gesetzgebungs- und des Verordnungsrechts voneinander abzugrenzen. Die Reichsverfassung schweigt darüber.

Inhalt der Gesetze

Der Inhalt der Gesetze ist ebenso mannigfaltig, wie die Verhältnisse des öffentlichen und privaten Lebens. Keines von ihnen ist der Gesetzgebung grundsätzlich verschlossen, und man hat deshalb von der Allmacht des modernen Staats gesprochen. Der Staat ist aber zugleich eine sittliche Macht und würde sich endlich selbst zerstören, wenn er sich mit den andern und höhern sittlichen Mächten des Volkslebens in andauernden Widerspruch setzen wollte.

Der Staat ordnet mit Hilfe der Gesetzgebung zunächst seine eignen Grundlagen und die Beziehungen zu seinen Angehörigen: *öffentliches Recht*. Er gewährleistet durch Strafgesetze die eigne Sicherheit und die des friedliebenden Bürgers: *Strafrecht*. Er stellt durch die *Privatrechtsgesetzgebung* die notwendigen Regeln für die Beziehungen der Staatsbürger untereinander auf. Er sorgt endlich für das gemeinsame Beste durch Wohlfahrts- und *Polizeigesetze*. Bei einem Überblick über diese verschiednen Gebiete der Gesetzgebung soll auf die Gesetze, von denen in den künftigen Abschnitten nicht weiter die Rede sein wird, zugleich etwas näher eingegangen werden.

I. Öffentlich-rechtliche Gesetze

Hierzu gehört vor allem das Staatsgrundgesetz, die Verfassung, die Organisation der Staats- und Gemeindeverwaltungsbehörden (*vergl. die Anlage am Schlusse dieses Buchs*), sowie der Gerichtsbehörden, die Bestimmung ihres Wirkungskreises, der Zuständigkeit, die Formen, in denen sie die Geschäfte zu erledigen haben, das sogenannte Verfahren. Das gerichtliche Verfahren, der Prozeß, ist durch das ganze Reich einheitlich geordnet; hiervon wird im nächsten Abschnitte die Rede sein. Das eigentliche Verwaltungsverfahren weist jedoch zu große Verschiedenheiten auf, als daß hier näher darauf eingegangen werden könnte. Doch wird von der umfassenden Verwaltungstätigkeit des Staats noch viel die Rede sein.

Man hat versucht, auch die Grenzen der Staats- Grundrechte

gewalt gegenüber der bürgerlichen Freiheit in den Verfassungen festzulegen. So enthielt die Frankfurter Bundesverfassung vom 28. März 1849 sehr ausführliche „Grundrechte des deutschen Volks". Auch die meisten einzelstaatlichen Verfassungen haben gewisse allgemeine Sätze, z. B. über die Gleichheit aller Bürger vor dem Gesetz, über den Schutz der persönlichen Freiheit, die Unverletzlichkeit der Wohnung und des Eigentums, die Freiheit des religiösen Bekenntnisses u. s. w. in sich aufgenommen. Die Reichsverfassung sagt darüber nichts, doch hat sie gleich in dem 3. Artikel für ganz Deutschland ein gemeinsames Indigenat, die Reichsangehörigkeit, geschaffen, kraft dessen der Angehörige eines jeden Bundesstaats in jedem andern Bundesstaat als Inländer zu behandeln und demgemäß zum festen Wohnsitz, zum Gewerbebetriebe, zu öffentlichen Ämtern, zur Erwerbung von Grundstücken, zur Erlangung des Staatsbürgerrechts und zum Genusse aller sonstigen bürgerlichen Rechte unter denselben Voraussetzungen wie der Einheimische zuzulassen, auch in Betreff der Rechtsverfolgung und des Rechtsschutzes ihm gleich zu behandeln ist.

Reichs- und Staatsangehörigkeit
BG v. 1. 6. 70
EG z BGB Art. 41

In einem besondern Gesetze ist näher bestimmt, daß, wer in einem Bundesstaat die Staatsangehörigkeit erwirbt, damit auch zugleich die Reichsangehörigkeit erlangt. Umgekehrt kann regelmäßig niemand Reichsangehöriger sein, ohne zugleich einem bestimmten Bundesstaat als Untertan anzugehören.

Erwerb

Die Angehörigkeit zu einem Bundesstaat wird begründet durch Abstammung: die ehelichen Kinder eines Preußen, Bayern und damit Deutschen, auch wenn sie im Auslande geboren werden, sind durch Geburt auch Preußen, Bayern und damit Deutsche. Uneheliche Kinder folgen der Staatsangehörigkeit der

Mutter. Werden sie ehelich gesprochen, so erlangen sie damit die Staatsangehörigkeit des außerehelichen Vaters. Ehefrauen teilen von der Verheiratung ab die Staatsangehörigkeit des Mannes.

Jeder Angehörige des einen deutschen Bundesstaats kann durch Aufnahme die Staatsangehörigkeit eines andern Bundesstaats erlangen, ohne daß er übrigens gezwungen wäre, die alte Staatsangehörigkeit deshalb aufzugeben. Die Aufnahme darf ihm von dem andern Bundesstaate, in dem er sich niedergelassen hat, nur dann verweigert werden, wenn ihm — wovon gleich die Rede sein wird — auch der Aufenthalt verweigert werden dürfte. Endlich kann auch dem Ausländer durch Naturalisation die Staats- und damit die Reichsangehörigkeit verliehen werden. Die Anstellung im Staats-, Kirchen-, Schul- und Kommunaldienst enthält, wenn sie von der höhern Verwaltungsbehörde vollzogen oder bestätigt wird, immer zugleich die Naturalisation des angestellten Ausländers oder die Aufnahme des angestellten Deutschen in den Staatsverband des betreffenden Bundesstaats. Das Reich macht den im Reichsdienst angestellten Ausländer damit zugleich zum Staatsangehörigen des Bundesstaats, in dem der Angestellte seinen dienstlichen Wohnsitz hat. Die Ehefrau und die unter elterlicher Gewalt stehenden minderjährigen, d. h. nicht über 21 Jahre alten Kinder nehmen, mit Ausnahme verheirateter und verheiratet gewesener Töchter, ohne weiteres an der neuerworbnen Staatsangehörigkeit des Ehemanns oder Vaters teil.

Verlust

Wird bloß der Wohnsitz außerhalb des Heimatsstaats verlegt, so ändert dies an der Staatsangehörigkeit nichts. Auch Auswanderung und selbst der Erwerb einer fremden Staatsangehörigkeit hat den Verlust der deutschen Staatsangehörigkeit nicht ohne weiteres zur Folge. Sie geht, und zwar auch für Ehefrau und Kinder, erst nach 10jährigem, zuweilen auch schon nach 5jährigem Aufenthalt im Auslande verloren, der Verlust kann aber durch Eintragung in die sogenannte Matrikel des betreffenden Reichskonsuls abgewendet werden. Eine Deutsche verliert auch durch Verheiratung mit einem Ausländer die deutsche Staatsangehörigkeit.

Wenn ein Preuße in Bayern, in Hessen, in Sachsen u. s. w. die Staatsangehörigkeit erworben hat, so muß er von seinem bisherigen Heimatsstaat auf seinen Antrag aus dem Untertanenverbande entlassen werden, und zwar regelmäßig zugleich mit der Ehefrau und den in elterlicher Gewalt stehenden Kindern. Aber auch ohne den Nachweis einer neu erworbnen Staatsangehörigkeit darf ihm die Entlassungsurkunde nicht verweigert werden, es sei denn, daß er als Wehrpflichtiger sich dem Heeres- oder Flottendienst entziehen will. Militärpersonen aller Art, Offiziere des Beurlaubtenstandes und Beamte müssen zuvor ihre Dienstentlassung erwirkt haben. Die bewilligte Entlassung wird unwirksam, wenn der Entlassene nicht binnen 6 Monaten aus dem Reiche auswandert oder in einem andern Bundesstaate die Angehörigkeit erwirbt.

Jeder im Auslande lebende Deutsche, der bei Ausbruch eines Kriegs der Kaiserlichen Aufforderung zur Rückkehr nach Deutschland nicht Folge leistet, ebenso jeder Deutsche, der ohne Erlaubnis seiner Regierung in fremde, d. h. außerdeutsche Staatsdienste tritt, kann der Staats- und damit der Reichsangehörigkeit für verlustig erklärt werden.

Freizügigkeit
BG
v. 1. 11. 67

Durch das Gesetz über die Freizügigkeit sind eine Reihe Beschränkungen aufgehoben worden, kraft deren in einzelnen deutschen Staaten oder Gemeinden fremden Staats- oder Gemeindeangehörigen oder den Bekennern eines bestimmten Glaubens, namentlich den Juden, der Aufenthalt, die Niederlassung, der Gewerbebetrieb und der Erwerb von Grundeigentum verwehrt oder erschwert war. Seitdem ist jeder Reichsangehörige berechtigt, sich an jedem Orte des Reichs aufzuhalten oder niederzulassen, wo er sich eine eigne Wohnung oder ein Unterkommen zu verschaffen imstande ist, überall Grundeigentum zu erwerben, überall und unter den auch für Einheimische geltenden Bestimmungen ein stehendes Gewerbe oder das Hausiergewerbe zu betreiben. Nur bestrafte Personen können, je nach Landesrecht,[1] gewissen Aufenthaltsbeschränkungen unterworfen werden.

Die Gemeinde darf einen Neuanziehenden nur dann abweisen, wenn sie nachweist, daß er sich den notdürftigen Lebensunterhalt nicht verschaffen kann, und daß er auch von andern nicht erhalten wird. Die bloße Besorgnis vor künftiger Verarmung ist noch kein Grund zur Abweisung. Fällt der Zugezogne in den ersten 2 Jahren seines Aufenthalts der öffentlichen Unterstützung anheim, so kann ihn die Gemeinde zwar jetzt noch ausweisen. Sie darf es aber dann nicht, wenn er bloß durch vorübergehende Arbeitsunfähigkeit in Not geraten war. Die Gemeinde darf von dem Neuanziehenden keine Zugzugsgelder erheben, darf ihn aber zu den Gemeindelasten heranziehen, wenn er länger als 3 Monate im Orte bleibt. Auch den heimlich Zugezognen darf sie nicht ausweisen, sondern nur wegen unterlassner Anmeldung polizeilich bestrafen. Alles dies gilt jedoch nur zu gunsten der Reichsangehörigen. **Ausländer** unterstehen der Fremdenpolizei und können

[1] Pr. G v. 31. 12 42 § 2 Bay. G v. 23. 2. 72 Sächs. G v. 15. 4 86

schon, wenn sie „lästig fallen", aus Deutschland ausgewiesen werden.

Jesuiten-Gesetz
RG v. 4. 7. 72
Bek. v. 18. 7. 94
RG v. 8. 3. 04

Eine Beschränkung des Freizügigkeitsrechtes bestand noch für die Angehörigen des Ordens der Gesellschaft Jesu und der ihm verwandten Orden oder ordensähnlichen Kongregationen, zu denen die Redemptoristen und die Priester vom heiligen Geist nicht mehr gezählt werden. Waren sie Deutsche, so konnte ihnen der Aufenthalt in bestimmten Bezirken oder Orten versagt oder angewiesen werden. Waren sie Ausländer, so konnten sie aus dem Bundesgebiet ausgewiesen werden. Diese Bestimmungen sind jetzt aufgehoben. Das Gesetz schließt aber den Orden der Gesellschaft Jesu u.s.w. vom Gebiet des Reiches noch ausdrücklich aus, untersagt ihm die Errichtung von Niederlassungen und hat die Auflösung der bei Erlaß des Gesetzes noch bestehenden Niederlassungen angeordnet.

Paßwesen
BG v. 12. 10. 67

Im Zusammenhang mit der Freizügigkeit ist für den Aufenthalt und für Reisen innerhalb Deutschlands sowie für das Verlassen des Reichsgebiets der Paßzwang aufgehoben. Auch von Ausländern werden in der Regel keine Reisepapiere gefordert. Doch muß sich jedermann auf Erfordern über seine Person und, wenn er die daraus fließenden Rechte, z. B. das Wahlrecht, geltend machen will, auch über seine Staatsangehörigkeit ausweisen. Im Fall des Krieges, innerer Unruhen, oder wenn sonst die öffentliche Sicherheit und Ordnung bedroht sind, kann durch Kaiserliche Verordnung der Paßzwang überhaupt oder in bestimmtem Umfange wieder eingeführt werden.

Eheschließung
BG v. 4. 5. 68

Durch besondres Reichsgesetz — das jedoch für Bayern und Elsaß-Lothringen keine Geltung hat — sind auch die polizeilichen Beschränkungen der Eheschließung beseitigt. Darnach darf von Reichsangehörigen, die eine Ehe eingehen wollen, weder die Gemeindemitgliedschaft oder das Einwohnerrecht, noch die Genehmigung der Gemeinde oder der Gutsherrschaft oder des Armenverbandes, noch sonst eine obrigkeitliche Erlaubnis gefordert werden. Auch Mangel an einer Wohnung, unzureichendes Vermögen oder unzulänglicher Erwerb, erlittne Bestrafung, böser Ruf, vorhandne oder zu befürchtende Verarmung sind keine Gründe, die Eingehung der Ehe zu hindern. Nur Militärpersonen[1] — landesgesetzlich z. B. in Bayern, Württemberg und Baden Beamte,[2] auch wohl Geistliche und Lehrer — bedürfen zur Eheschließung der dienstlichen Genehmigung.

In den rechtsrheinischen Landesteilen Bayerns[3] darf die Ehe nur geschlossen werden, wenn ein Zeugnis der Distriktsverwaltungsbehörde beigebracht wird, daß gegen die Eheschließung kein im Heimatsgesetz (S. 77) begründetes Hindernis besteht. Als solche Hindernisse gelten u. a. strafrechtliche Verfolgung, Verurteilung wegen gewisser strafbarer Handlungen, wenn nicht 3 Jahre seit Verbüßung oder Erlaß der Strafe verflossen sind, Armenunterstützungen an den Mann in den letzten 3 Jahren, Steuerrückstände, Konkurs des Mannes. Solange das Verehelichungszeugnis nicht nachgebracht wird, bleibt die abgeschlossene Ehe zwar bürgerlich gültig, die Kinder und die Ehefrau erlangen aber nicht das bayerische Heimatsrecht.

In Elsaß-Lothringen bestanden schon nach französischem Gesetz keinerlei polizeiliche Beschränkungen für die Eheschließung.

Unter dem Einfluß der modernen wirtschaftlichen Entwicklung und begünstigt durch die im

[1] Pr KabO v. 20. 5. 86 [2] Bay. VO v. 28. 8. 68 Württ. G v. 28. 6. 76 Bad. G v. 24. 7. 88 [3] Bay. G v. 30. 7. 99

Unterstützungswohnsitz

RG v. 30. 5. 08

Vorstehenden wiedergegebne Gesetzgebung ist die frühere Seßhaftigkeit der deutschen Bevölkerung fast in das Gegenteil, in eine unruhige Beweglichkeit verkehrt worden. Die deutschen Großstädte namentlich weisen heute unter ihren Bewohnern eine äußerst bunte Mannigfaltigkeit deutscher Staatsangehöriger auf, die ihrer Heimat großenteils völlig entfremdet sind. Das Reich hat, mit Ausnahme jedoch von Bayern, deshalb den Grundsatz der alten Heimatsgesetzgebung, der den einzelnen wenigstens für Fälle der Not mit der Heimatsgemeinde in Verbindung hielt, aufgegeben und einen besondern Unterstützungswohnsitz geschaffen.

Im ganzen Reiche — Bayern immer ausgenommen — bestehen die einzelnen Gemeinden oder mehrere vereinigte Gemeinden und Gutsbezirke als Ortsarmenverbände. Ihnen ist die Verpflichtung auferlegt, jeden Inländer, der sich beim Eintritt der Hilfsbedürftigkeit in ihrem Bezirk befindet, zu unterstützen. Diese Unterstützung ist aber nur eine vorläufige, wenn der Hilfsbedürftige in dem Ortsarmenverbande nicht seinen Unterstützungswohnsitz hat. Wohnsitz und Unterstützungswohnsitz sind nämlich keineswegs dasselbe.

Erwerb und Verlust

Der Unterstützungswohnsitz wird erst erworben, wenn jemand nach zurückgelegtem 16. Jahre ein Jahr lang innerhalb eines Ortsarmenverbandes seinen gewöhnlichen Aufenthalt gehabt hat. Er geht verloren, sobald der Berechtigte nach zurückgelegtem 16. Jahre ein Jahr lang vom Orte seines bisherigen Unterstützungswohnsitzes abwesend ist. Der unfreiwillige Aufenthalt an einem bestimmten Orte, z. B. zum Zwecke der Strafverbüßung, der Ableistung der Militärpflicht, gilt dabei nicht als eigentlicher Aufenthalt. Ebensowenig gelten auch bloß vorübergehende freiwillige oder unfreiwillige Entfernungen als Unterbrechungen des bisherigen Aufenthalts. Die **Kinder** behalten bis zum 16. Jahre den Unterstützungswohnsitz des Vaters, und wenn dieser von der Mutter überlebt wird, den der Mutter bei. Nun erst können sie durch einjährigen Aufenthalt einen neuen Unterstützungswohnsitz erwerben oder durch einjährige Abwesenheit den elterlichen Unterstützungswohnsitz verlieren. **Ehefrauen** teilen den Unterstützungswohnsitz des Ehemanns und behalten ihn auch als Witwen oder Geschiedne bei. Von dem Tage ab, wo jemand von einem Armenverband öffentliche Unterstützung empfängt und auf solange, als er sie empfängt, **ruht** die Einjahrsfrist: der alte Unterstützungswohnsitz kann während dieser Zeit nicht verloren, ein neuer nicht erworben werden.

Armenverbände

Hat der hilfsbedürftige Inländer in der Gemeinde A., von der er Unterstützung bezieht, seinen Unterstützungswohnsitz, so fallen die Kosten dem Ortsarmenverband A. endgültig zur Last. Auch dann kann sich der Verband A. an niemand schadlos halten, wenn es sich bloß um Kur- und Verpflegungskosten auf nicht mehr als 26 Wochen handelt für Personen, die gegen Lohn oder Gehalt in einem Dienst- oder Arbeitsverhältnis stehen, oder für deren Angehörige oder für Lehrlinge.

In allen übrigen Fällen, und soweit die Krankenpflege länger als 26 Wochen dauert, muß, wenn sich herausstellt, daß der in A. unterstützte Arme in B. „unterstützungswohnsitzberechtigt" ist, der Armenverband B. dem Verbande A. die gehabten Auslagen ersetzen. B. kann aber zugleich verlangen, daß ihm nun der Bedürftige aus A. nach B. zur eignen Fürsorge zugeführt wird. Umgekehrt kann auch der Armenverband A., der den Bedürftigen zuerst unterstützen mußte, nun vom Verband B. verlangen, daß er ihm den Unterstützten — außer wenn es sich um bloß vorübergehende Arbeitslosigkeit handelt — abnimmt. Nur wenn die Ausweisung Leben und Gesundheit des Unterstützten gefährden würde, oder seine Bedürftigkeit durch Kriegsdienst oder eine rühmliche Tat verursacht war, oder wenn ihn die Ausweisung besonders hart treffen würde, kann die Überführung weder von A. noch von B. erzwungen werden.

Landarme

Es gibt nun stets eine große Anzahl Hilfsbedürftiger, die überhaupt keinen Unterstützungswohnsitz haben. Den alten haben sie verloren, dadurch daß sie länger als ein Jahr abwesend gewesen sind, einen neuen haben sie nicht erworben, weil sie sich nie länger als ein Jahr an einem Orte aufgehalten haben, oder weil sie schon vor Ablauf eines Jahres am neuen Wohnort der Unterstützung anheimgefallen sind. Auch ist es häufig ganz unmöglich, nach langen Jahren den richtigen Unterstützungswohnsitz noch zu ermitteln. In solchen Fällen tritt der Landarmenverband ein, eine Vereinigung von Ortsarmenverbänden, die entweder das ganze Gebiet eines Bundesstaats oder einzelne Provinzen oder Bezirke umfaßt, und erstattet dem Ortsarmenverbande die Kosten, die ihm durch Unterstützung des „Landarmen" entstanden sind.

Streitigkeiten

Über Streitigkeiten zwischen mehreren Armenverbänden entscheidet, wenn diese verschiednen Bundesstaaten angehören, endgültig das Bundesamt für Heimatwesen, eine in Berlin bestehende Kollegialbehörde, die außer dem Vorsitzenden mit 4 Mitgliedern besetzt ist. Zwei von ihnen und der Vorsitzende müssen die Richtereigenschaft besitzen. Sie werden sämtlich auf Vorschlag des Bundesrats vom Kaiser ernannt.

Ausländer

Die vorläufige Unterstützungspflicht der Ortsarmenverbände ist auch auf hilfsbedürftige Ausländer — zu denen in Unterstützungssachen auch Bayern gerechnet werden — ausgedehnt, die deshalb aufgewandten Kosten werden aber dem Verband immer von dem eignen Bundesstaate erstattet.

Endlich haften in allen Fällen öffentlicher Unterstützung dem betreffenden Armenverband alle die Personen, die als Eltern, Kinder, Ehegatten oder aus andern Gründen zum Unterhalt des Bedürftigen zur Zeit der Unterstützung verpflichtet und imstande waren.

Bayern

Innerhalb Bayerns[1] ist die Aufenthaltsgemeinde verpflichtet, den Hilfsbedürftigen vorläufig zu unterstützen. Hatte sich der Unterstützte bereits 6 Monate in der Gemeinde aufgehalten, und dauert seine Unterstützung nicht über 4 Wochen, so bleiben die entstandnen Kosten auf der Gemeinde liegen. Andernfalls muß die Heimatsgemeinde dafür aufkommen. Die Heimat wird von bayerischen Staatsangehörigen erworben durch Geburt in der Gemeinde, wo Vater oder außereheliche Mutter heimatsberechtigt sind oder waren, von der Ehefrau durch Verheiratung mit einem Heimatsberechtigten, durch Anstellung im Staats-, Gemeinde- und Kirchendienst, durch Erwerb des Bürgerrechts (S. 5) und durch Verleihung. Auf Verleihung hat Anspruch, entweder wer 4 Jahre lang, volljährig, freiwillig und selbständig sich in der Gemeinde aufgehalten, direkte Steuern gezahlt, seinen Gemeindeverpflichtungen nachgekommen ist und Armenunterstützung nicht bezogen hat; oder ein Bayer, wofern er sich volljährig 7 Jahre freiwillig in der Gemeinde aufgehalten und keine Armenunterstützung bezogen hat.

Trifft alles dies auf Personen zu, die bisher in Bayern heimatlos waren, z. B. auf Deutsche,

[1] Bay. G v. 30. 7. 99 u. 10. 5. 02

die aus andern Bundesstaaten zugezogen sind, so erwerben diese das Heimatsrecht in der Gemeinde auch ohne Verleihung kraft Gesetzes, und ohne daß ihnen eine Heimatsgebühr abgefordert werden darf. Die Verleihung der neuen Heimat kann statt des darauf Berechtigten auch von der bisherigen Heimatsgemeinde und bei Personen mit nur vorläufiger Heimat auch vom Staatsfiskus verlangt werden. Heimatslose können nämlich von der Staatsbehörde einer vorläufigen Heimat zugewiesen werden, für ihre Unterstützung hat aber dann auch der Staat aufzukommen.

In der bayerischen Pfalz erwirbt jemand die Heimat schon durch bloße Niederlassung, sobald er die Erwerbsabsicht bei der Gemeindebehörde erklärt und die etwa ortsübliche Heimatsgebühr entrichtet. Doch kann er der Heimat wieder verlustig gehen, wenn er innerhalb eines Jahres unterstützungsbedürftig wird. Sonst geht die einmal erworbne Heimat nur durch Erwerb einer neuen Heimat oder durch Verlust der bayerischen Staatsangehörigkeit verloren.

Im Verhältnis zwischen Bayern und dem übrigen Reiche gilt heute noch der sogenannte
v. 15. 7. 51 Gothaer Vertrag und die Eisenacher Über-
v. 11. 7. 53 einkunft. Hiernach empfangen die hilfsbedürftigen Angehörigen des einen Staats im Gebiete des andern Staats, in dem sie sich aufhalten, zwar Kur- und Verpflegungskosten, dürfen aber nebst ihren Familien dem betreffenden Heimatsstaate zugeschoben werden.

Gleichberechtigung der Konfessionen
BG v. 3. 7. 69

Durch besondres Reichsgesetz sind alle aus der Verschiedenheit des religiösen Bekenntnisses hergeleiteten Beschränkungen der bürgerlichen und staatsbürgerlichen Rechte aufgehoben. Insbesondre soll die Befähigung zur Teilnahme an der Gemeinde- und Landesvertretung und zur Bekleidung öffentlicher Ämter vom religiösen Bekenntnis unabhängig sein.

Alle Reichsangehörigen — Männer wie Frauen — haben das Recht, zu Zwecken, die den Strafgesetzen nicht zuwiderlaufen, Vereine zu bilden und sich unbewaffnet zu versammeln, ein Recht, das polizeilich nur durch Reichsgesetz beschränkt werden kann. Politische (eine Einwirkung auf politische Angelegenheiten bezweckende) Vereine haben der Polizei Satzung und Verzeichnis der Vorstandsmitglieder einzureichen. Öffentliche politische (zur Erörterung politischer Angelegenheiten bestimmte) Versammlungen sind vom Veranstalter 24 Stunden vorher der Polizeibehörde anzuzeigen, wenn sie nicht öffentlich bekannt gemacht sind. Einer Anzeige bedarf es nicht für Versammlungen der Wahlberechtigten zum Wahlbetrieb oder für Versammlungen von Gewerbtreibenden, Lohnarbeitern u. s. w. zur Erörterung von Fragen der Lohn- und Arbeitsbedingungen. Personen unter 18 Jahren dürfen nicht Mitglieder politischer Vereine und in öffentlichen politischen Versammlungen nicht anwesend sein. Jede öffentliche politische Versammlung muß einen Leiter haben, die Polizeibehörde darf höchstens zwei Beauftragte dahin entsenden, die in sechs bestimmten Fällen zur Auflösung der Versammlung berechtigt sind. Ein Verein, dessen Zweck den Strafgesetzen zuwiderläuft, kann aufgelöst werden. Öffentliche Versammlungen unter freiem Himmel und Aufzüge auf öffentlichen Straßen oder Plätzen bedürfen polizeilicher Genehmigung, die jedoch nur bei Gefahr für die öffentliche Sicherheit versagt werden darf. Die Verhandlungen in öffentlichen Versammlungen, mit Ausnahme von internationalen Kongressen und von Wahlversammlungen, sind in deutscher Sprache

Vereine
RG
v. 19. 4. 08

zu führen. Weitere Ausnahmen zugunsten fremder Sprachen können landesgesetzlich zugelassen werden. In Landesteilen, wo eine alteingesessene Bevölkerung nichtdeutscher Muttersprache mit mehr als 60 % überwiegt, ist für die nächsten 20 Jahre unter gewissen Beschränkungen der Mitgebrauch der nichtdeutschen Sprache gestattet.

II. Strafrechtliche Gesetze

Reichsstrafgesetzbuch v. 31. 5. 70

Seit Erlaß des Strafgesetzbuchs für das deutsche Reich ist die Strafgesetzgebung der einzelnen Bundesstaaten nur noch auf Steuern, Zölle, Fischerei-, Jagd-, Forst- und Feldpolizei, und auf Gesetze über den Holz- oder Forstdiebstahl beschränkt. Auch dürfen die einzelstaatlichen Strafsetzungen 2 Jahre Gefängnis nicht überschreiten.

Herrschaftsgebiet

Das Strafgesetzbuch gilt für alle im Reichsgebiet begangnen strafbaren Handlungen, auch wenn der Täter ein Ausländer ist. Ebenso für Hochverrat und Münzverbrechen, selbst wenn sie vom Ausländer im Auslande begangen sind. Der deutsche Beamte haftet dem deutschen Strafgesetz auch für die im Ausland begangnen Beamtenverbrechen; jeder Deutsche für Landesverrat und Majestätsbeleidigung, für andre im Auslande begangne Verbrechen und Vergehen jedoch nur, wenn sie auch von den Gesetzen des ausländischen Begehungsorts mit Strafe bedroht und nicht bereits von den ausländischen Gerichten abgeurteilt worden sind. Dagegen darf kein Deutscher einer ausländischen Regierung zur Verfolgung oder Bestrafung überliefert werden. Die Auslieferungsverträge beziehen sich deshalb überall nur auf Personen, die dem ausliefernden Staate nicht selbst als Untertanen angehören.

Strafarten

Das Strafgesetzbuch teilt je nach der Schwere

der angedrohten Strafe die strafbaren Handlungen, Delikte, in Verbrechen, Vergehen und Übertretungen ein. Es kennt als Strafe die durch Enthauptung zu vollstreckende Todesstrafe, aber nur für das Verbrechen des Mordes, und des Mordversuchs gegen den Kaiser und gegen den eignen Landesherrn (Hochverrat). Eine Anzahl andrer schwerer und gemeingefährlicher Verbrechen, die sonst mit lebenslänglichem Zuchthaus bedroht sind, werden, wenn sie im Kriege auf dem Kriegsschauplatz oder auf dem vom Kaiser in Kriegszustand erklärten Gebiete (S. 21) begangen werden, standrechtlich, d. h. nach rascher Aburteilung durch Militärgerichte, mit dem Tode durch Erschießen bestraft.

Von den Freiheitsstrafen ist die härteste und entehrendste die Zuchthausstrafe. Sie wird als lebenslängliche oder als zeitige, bis zu 15 jähriger, aber nie unter einjähriger Dauer erkannt. Die Gefängnisstrafe kann von einem Tag bis zu 5, bei mehreren gleichzeitig abgeurteilten Verbrechen bis zu 10 Jahren ansteigen. Die Festungshaft, bei der das Gesetz keine ehrlose Gesinnung des Täters voraussetzt, von einem Tag bis zu 15jähriger oder lebenslänglicher Dauer. Die Haft, die leichteste Freiheitsstrafe, von einem Tag bis zu 6 Wochen, bei mehreren gleichzeitig abgeurteilten Übertretungen bis zu höchstens 3 Monaten. Bei längern Zuchthaus- und Gefängnisstrafen darf der Verurteilte vorzeitig entlassen, kann aber bei schlechter Führung auch zur völligen Verbüßung der Strafe wieder eingezogen werden.

Geldstrafen werden in der Höhe von 1 Mark bis zu 15 000 Mark erkannt. Wenn sie sich, wie bei den Zoll- und Steuervergehen, nach der Höhe der hinterzognen Gefälle richten, können sie noch weit höher ansteigen. Sind sie nicht einzutreiben, so werden sie nach einem bestimmten Verhältnis in Freiheitsstrafen umgewandelt.

Neben-strafen

Als Nebenstrafe, jedoch nur neben Zuchthaus- und Gefängnisstrafe, besteht die Aberkennung der bürgerlichen Ehrenrechte. Sie hat den dauernden Verlust der aus öffentlichen Wahlen hervorgegangnen Rechte, öffentlichen Ämter, Würden, Titel, Orden und Ehrenzeichen zur Folge, auf die im Urteil bestimmte Zeit auch die Unfähigkeit, in Heer oder Marine einzutreten, die politischen Rechte, namentlich das Wahlrecht auszuüben, Vormund zu sein u. s. w. Der Ehrverlust kann auch nur auf die Unfähigkeit zur Bekleidung öffentlicher Ämter beschränkt werden. In bestimmten Fällen, z. B. bei Münzverbrechen, wiederholtem Raub und Diebstahl, Hehlerei, Wilderei, kann der Verurteilte unter Polizeiaufsicht gestellt werden, damit in seinem Aufenthaltsorte beschränkt (S. 71), als Ausländer ausgewiesen und ohne die sonst vorgeschriebnen Beschränkungen, z. B. auch zur Nachtzeit, der Haussuchung unterworfen werden. Auch die Einziehung, Konfiskation, sowohl der verbrecherisch erzeugten Gegenstände (der falschen Münzen), als der Mittel zur Begehung des Verbrechens (der geführten Waffen), ebenso das Unbrauchbarmachen von Schriften und Abbildungen sind zulässig.

Versuch

Das Gesetz belegt nur das vollendete Verbrechen mit der vollen angedrohten Strafe. Ist die Ausführung des Verbrechens begonnen, aber nicht beendet worden, ging z. B. der Schuß des Mörders fehl, so liegt nur Versuch vor. Die Strafe fällt dann milder aus, an die Stelle der Todesstrafe tritt Zuchthaus nicht unter 3 Jahren. Ja das Gesetz läßt in den Fällen der sogenannten tätigen Reue den Versuch völlig straflos, so wenn der Mörder das bereits zum Abdrücken erhobne Gewehr freiwillig wieder absetzt, oder wenn der Brandstifter den schon entfachten, aber noch nicht entdeckten Brand selbst wieder ausgießt.

Teilnahme

Wenn mehrere gemeinschaftlich, wenn auch mit verteilten Rollen, eine strafbare Handlung begehen, so werden sie sämtlich als Täter bestraft. Aber auch den nicht selbst und unmittelbar an der Ausführung der Tat beteiligten trifft Strafe. So haftet der Anstifter, der den Mörder oder Dieb oder Meineidigen durch Geschenke, Drohungen oder andre Mittel gedungen hat, gleich dem Täter. Ja der Täter kann straflos ausgehen, z. B. wenn ihn der Anstifter glauben gemacht hätte, das aus dem fremden Stall gezogne Pferd sei sein, des Anstifters Eigentum, und doch kann der Anstifter, der sich diesen Irrtum des Täters zu nutze machte, die Diebstahlsstrafe treffen. Der Gehilfe, der die Tat nicht als seine Tat will, aber dem Täter zur Erreichung seines Zweckes förderlich ist, z. B. dem Mörder wissentlich das Gift verkauft, büßt, wie beim Versuch, mit einer mildern Strafe.

Strafausschließungsgründe

Niemand kann bestraft werden, wenn er für die als Verbrechen erscheinende Tat nicht verantwortlich ist, vielleicht gar nichts von ihr weiß, sei es, daß er geisteskrank, oder nur vorübergehend bewußtlos, vielleicht völlig betrunken oder schlaftrunken, unzurechnungsfähig war. Auch den betrachtet das Gesetz als willen- und deshalb straflos, der durch unwiderstehliche Gewalt oder schwere Bedrohung mit augenblicklicher Leibes- und Lebensgefahr für ihn oder seine nächsten Angehörigen zum Verbrechen gezwungen worden ist. Werde ich rechtswidrig angegriffen, so darf ich mich zur Wehr setzen, auch darf und soll ich jedem so bedrängten Nebenmenschen Hilfe leisten (Notwehr). Zwar soll ich die Verteidigung nach der Schwere des Angriffs bemessen, ich werde z. B. den mit der flachen Hand nach mir schlagenden Gegner nicht ohne weiteres niederschießen dürfen. Doch gilt auch die Überschreitung der Notwehr als straflos, wenn sie in Bestürzung, Furcht oder Schrecken über den Angriff geschieht. Ich kann endlich in Lagen kommen, wo ich mein oder meiner Angehörigen Leib und Leben nur auf Kosten des Lebens oder der Gesundheit eines Dritten retten kann. Ich klammere mich z. B. im Schiffbruch an eine Planke, ein Unglücksgefährte auch, die Planke kann aber höchstens einen Mann tragen. Damit wir nicht beide verderben, stoße ich den andern in die Fluten. Das Strafgesetz nennt dies Notstand, und im Notstand begangne Handlungen sind nicht strafbar.

Jugendliche Verbrecher

Wohl werden auch von Kindern schwere und selbst raffinierte Verbrechen begangen. Der Staat begnügt sich aber, so lange das Kind nicht das zwölfte Jahr vollendet hat, mit Erziehungs- und Besserungsmaßregeln, er nimmt auch im Wege der Fürsorgeerziehung (S. 100) nachlässigen Eltern und Vormündern die Erziehungsgewalt ab. In jedem Falle wird der jugendliche, d. h. der über 12, aber noch nicht über 18 Jahre alte Verbrecher mit geringern Strafen belegt als der Erwachsene, auch in den meisten Bundesstaaten von besonders ausgewählten Schöffengerichten und Strafkammern, möglichst unter Mitwirkung von Vormundschaftsrichtern abgeurteilt (Jugendgerichtshöfe). Das Gesetz läßt einen jungen Menschen sogar ganz straflos, wenn er noch nicht die volle geistige Reife, die „zur Erkenntnis der Strafbarkeit seiner Handlung erforderliche Einsicht" erlangt hat.

Strafverfolgung

Der Staat schreitet heute gegen jede strafbare Handlung, von der er Kenntnis erlangt, durch seine Beamten „von Amts wegen" ein; ja es wäre ein schweres, mit Zuchthaus bedrohtes Beamtenverbrechen, wenn die hierzu berufnen Beamten — Polizei und Staatsanwaltschaft — die Strafverfolgung wissentlich unterlassen sollten. Bei gewissen leichtern Vergehen hat jedoch der Staat so wenig Interesse an der Bestrafung des Übeltäters und zugleich so viel Rücksicht auf die Empfindungen des Verletzten, daß er nur auf dessen Antrag verfolgt oder straft. Hierher gehören die Beleidigungen, leichten Körperverletzungen, Sachbeschädigungen, Hausdiebstähle u. s. w. Der Strafantrag muß dann innerhalb 3 Monaten gestellt und kann, wenn einmal gestellt, in der Regel nicht zurückgenommen werden. Da endlich der Lauf der Zeit selbst schon für jede strafbare Handlung schließlich Vergessenheit bringt, überdies die Aburteilung der Tat, deren Zeugen vielleicht verschollen oder verstorben sind, immer schwieriger wird, so kennt das Strafgesetzbuch Verjährung sowohl der Strafverfolgung als auch der Strafvollstreckung. Die Zeiträume sind je nach der Schwere des Verbrechens verschieden bemessen.

Einzelnes

In 290 Paragraphen beschäftigt sich das Strafgesetzbuch mit den einzelnen strafbaren Handlungen. Die Unzuchtsvergehen sind besondrer Gegenstand der Gesetzgebung geworden. Ebenso ist die Verfolgung und Bestrafung von Majestätsbeleidigungen auf gewisse schwere Fälle beschränkt. Das Gesetz bezeichnet genau, worin jede strafbare Handlung besteht, gibt ihre Begriffsmerkmale, ihren Tatbestand. So begeht einen Raub, „wer mit Gewalt gegen eine Person oder unter Anwendung von Drohungen mit gegenwärtiger Gefahr für Leib oder Leben eine fremde bewegliche Sache einem andern in der Absicht wegnimmt, sich dieselbe rechtswidrig anzueignen". Niemand darf wegen einer

RG v. 25. 6. 00

RG v. 17. 2. 08

Handlung mit Strafe belegt werden, für die nicht, schon ehe sie begangen worden war, im Gesetz Strafe angedroht war. Die Androhung geschieht nur nach der Art der Strafe und nach einem Höchst- und Mindestbetrag, für den Raub z. B. Zuchthaus (von 1 bis 15 Jahren). Zwischen beiden im einzelnen Falle die gerechte Strafe zu finden, ist Sache des Richters.

Das Gesetz kennt Strafschärfungsgründe, z. B. den Rückfall bei Diebstahl, Betrug und Hehlerei für die dritte, beim Raub schon für die zweite Bestrafung. Es kennt aber bei vielen Delikten auch mildernde Umstände, die den Richter ermächtigen, noch unter das Mindestmaß der Strafe herabzugehen.

Die meisten strafbaren Handlungen setzen eine vorsätzliche Begehungsweise (Dolus) voraus, d. h. der Täter muß alle die einzelnen vom Gesetz für strafbar erklärten Tatumstände gekannt oder sie doch als möglicherweise vorhanden angenommen und sich gleichwohl zur Tat entschlossen haben (dolus eventualis). Wäre dies nicht der Fall, hätte sich jemand etwa an einem Beamten vergriffen, den er für eine Privatperson hielt, so wäre er nicht des Widerstands gegen die Staatsgewalt, wenn auch vielleicht der Körperverletzung schuldig. Bei gewissen Handlungen straft aber das Gesetz nicht bloß den Vorsatz, die böse Absicht, sondern auch schon die Nachlässigkeit oder Fahrlässigkeit. Der schlafende Kutscher, der mit seinem Geschirr ein Kind überfährt, hat nicht Mord, der Zeuge, der, ohne sein Gedächtnis anzustrengen, eine falsche, wenn auch leichtfertig für wahr gehaltene Aussage beeidet, hat nicht Meineid begangen. Wohl aber werden sie wegen fahrlässiger Tötung, fahrlässigen Falscheids bestraft. Nur wenn ein unglücklicher, nicht vorauszusehender Zufall den Erfolg verursacht hätte, es spränge z. B. während einer Fechtübung die Spitze meiner Klinge ab und durchbohrte das Herz eines Zuschauers, so wäre eine strafrechtliche Verantwortung überhaupt nicht vorhanden.

Besondere Reichsstrafgesetze

RG v. 24. 5. 80 u. 19. 6. 93 — v. 14. 5. 79 — KO v. 20. 5. 98 — RG v. 3. 7. 93 — RG v. 9. 4. 00

In besondern Reichsgesetzen sind unter Strafe gestellt der *Wucher*, die wucherische Ausbeutung der Notlage des Leichtsinns oder der Unerfahrenheit eines andern mit Bezug auf ein Darlehn oder Stundung einer Geldforderung (Geldwucher) oder auf ein andres zweiseitiges Rechtsgeschäft, z. B. wucherische Viehleihe (Sachwucher), namentlich wenn der Wucher gewerbsmäßig betrieben wird; die *Verfälschung von Nahrungsmitteln*, Genußmitteln und Gebrauchsgegenständen; der einfache, auch der durch Aufwand, Spiel und Börsenspekulationen (Differenzhandel) oder durch unordentliche Buchführung verschuldete und der betrügliche *Bankerutt*; der Verrat militärischer Geheimnisse (das sogenannte *Spionagegesetz*); die Entziehung fremder *elektrischer Arbeit* aus einer elektrischen Anlage oder Einrichtung.

RG v. 9. 6. 84 — v. 15. 6. u. 20. 7. 93

Das Gesetz gegen den verbrecherischen und gemeingefährlichen Gebrauch von Sprengstoffen, das sogenannte *Dynamitgesetz*, stellt deren Herstellung und Vertrieb, auch den bloßen Besitz unter strenge, im Bundesrat vereinbarte polizeiliche *Aufsichtsbestimmungen*, bedroht ihre Übertretung und die gemeingefährliche Anwendung von Sprengstoffen, sowie die Beihilfe dazu mit harten, zumeist Zuchthausstrafen, und setzt die Todesstrafe darauf, wenn bei vorsätzlichen, durch Anwendung von Sprengstoffen verübten Verbrechen ein Mensch getötet worden ist, und der Täter einen solchen Erfolg hätte voraussehen können, selbst wenn er ihn nicht beabsichtigte, vielleicht nur schrecken wollte. Schon die öffentliche Aufforderung zu den sogenannten Dynamitverbrechen, ihr öffentliches Rühmen und Anpreisen ist mit Zuchthausstrafe bedroht. Auch das Unterlassen der Anzeige eines geplanten Dynamitverbrechens ist für jeden, der von dem Vorhaben Kenntnis erhalten hatte, strafbar.

Preßrecht

RG v. 7. 5. 74

Das Preßgesetz — für Elsaß-Lothringen s. S. 90 — enthält über die durch die Presse begangnen strafbaren Handlungen mehrfach vom gemeinen Strafrecht abweichende Bestimmungen. Da es nämlich in den sogenannten periodisch, d. h. täglich, wöchentlich oder monatlich erscheinenden Druckschriften im allgemeinen nicht üblich ist, den Verfasser zu nennen, und da seine Ermittlung dem Strafrichter nur selten gelingt, so darf er sich ohne weiteres an den Redakteur halten und diesen als Täter bestrafen, wenn nicht besondre Umstände die Annahme der Täterschaft ausschließen. Dafür, daß der Redakteur jederzeit bekannt ist, sorgt die Bestimmung, daß sein Name auf jeder Nummer, jedem Stück oder Heft der periodischen Zeitschrift genannt sein muß. Hiervon muß der Polizeibehörde vor Beginn der Austeilung das sogenannte Pflichtexemplar abgeliefert werden.

Gelingt es dem Redakteur, solche besondre Umstände, z. B. Krankheit, plötzliche Reisen, besondre Geschäftsüberbürdung nachzuweisen, aus denen hervorgeht, daß er von der strafbaren Stelle keine Kenntnis erlangt und nicht Täter hat sein können, so erwartet ihn gleichwohl noch eine, wenn auch mildere Bestrafung. Erst wenn er beweisen kann, daß trotz Anwendung pflichtgemäßer Sorgfalt der strafbare Inhalt übersehen worden ist, oder daß es überhaupt unmöglich gewesen ist, diese Sorgfalt anzuwenden, bleibt er straffrei.

Ist der Redakteur nicht erreichbar, so hält sich das Gesetz der Reihe nach an den Verleger, den Drucker und endlich an den Verbreiter der Druckschrift (Sortimentsbuchhändler, Kolporteur, Austräger u. s. w.). Jede dieser Personen kann sich, durch denselben Unschuldsbeweis, der auch dem Redakteur gestattet ist, von der Verantwortung befreien. Sie kann aber auch schon dadurch die Strafverfolgung von sich abwenden, daß sie den Verfasser oder Einsender (bei nicht periodischen Druckschriften auch den Herausgeber) oder einen ihrer Vormänner in der Reihe (Drucker, Verleger, Redakteur) so nachweist, daß dieser innerhalb eines deutschen Bundesstaats gefaßt werden kann oder doch, wenn er inzwischen gestorben ist, hätte gefaßt werden können. Wenn freilich bewiesen werden kann, daß alle oder mehrere der soeben genannten Personen an der strafbaren Druckschrift als Mittäter, Anstifter oder Gehilfen beteiligt waren, so kann keiner der Mitschuldigen die Verantwortung auf den andern abschieben, sie werden vielmehr, je nach dem Grade ihrer Beteiligung, sämtlich als Teilnehmer bestraft.

Diesen Erschwerungen stehen aber auch wichtige Privilegien der Presse gegenüber. Von der unbedingten Straflosigkeit wahrheitsgetreuer Parlamentsberichte war schon die Rede (S. 47). Alle durch die Presse begangnen Verbrechen und Vergehen, selbst Hoch- und Landesverrat nicht ausgenommen, sowie alle preßpolizeilichen Zuwiderhandlungen verjähren in der kurzen Frist von 6 Monaten. Keinem Deutschen darf die Befugnis zum Preßgewerbe, zur Herausgabe und zum Vertrieb von Druckschriften entzogen werden. Nur ausländische periodische Druckschriften dürfen nach zweimaliger Verurteilung auf nicht länger als 2 Jahre vom Reichskanzler unterdrückt werden. Für Zeiten des Kriegs und der Kriegsgefahr gelten Ausnahmebestimmungen.

Kraft des Berichtigungszwangs muß der Redakteur auf Verlangen einer beteiligten Behörde oder Privatperson eine Berichtigung der in einer periodischen Zeitschrift mitgeteilten Tatsachen, ohne Einschaltungen und Weglassungen kostenfrei in der nächsten Nummer aufnehmen, wenn die Berichtigung vom Einsender unterzeichnet ist, keinen strafbaren Inhalt hat und sich auf tatsächliche Angaben beschränkt. Nur soweit der Raum des berichtigten Artikels überschritten wird, sind die üblichen Einrückungsgebühren zu bezahlen.

Amtliche Schriftstücke eines Strafprozesses dürfen vor der öffentlichen Verhandlung oder vor Beendigung des Verfahrens von der Presse nicht veröffentlicht werden.

RG v. 13. 6. 02 Durch besondres Gesetz ist für Preßdelikte der sogenannte fliegende Gerichtsstand beseitigt. Wird der Tatbestand einer strafbaren Handlung durch den Inhalt einer im Inland erschienenen Druckschrift begründet, so ist als Gericht der begangenen Tat nur dasjenige Gericht zur Aburteilung zuständig, in dessen Bezirk die Druckschrift erschienen ist. Bloß in den Fällen der mit Privatklage verfolgten Beleidigung kann der Beleidigte auch das Gericht seines Wohnsitzes oder gewöhnlichen Aufenthaltsorts anrufen, wenn die Druckschrift auch in dessen Bezirk verbreitet worden ist.

Elsaß-Lothringen Für Elsaß-Lothringen gilt das deutsche Preßgesetz mit mehrfachen Abweichungen als Landesgesetz.[1] Das Ministerium kann reichsausländische Druckschriften ohne weiteres verbieten. Druckschriften, die in einer den öffentlichen Frieden gefährdenden Weise die Grundlagen der bestehenden Staats-

[1] G v. 13. 8. 98

ordnung angreifen oder in sittlicher oder religiöser Beziehung Ärgernis zu geben geeignet sind, dürfen nicht feilgeboten oder verbreitet werden. Auch besteht für Eigentümer periodischer Zeitschriften die Pflicht zur Kautionsleistung.

III. Privatrechtliche Gesetze

Verhältnis zum öffentlichen Recht

Das öffentliche und das Strafrecht erteilt durchweg zwingende Vorschriften und läßt für Privatverabredungen keinen Raum. Kein Wahlvorsteher dürfte einen erst 24 Jahre alten Deutschen zur Urne lassen. Niemand kann einem andern das Recht einräumen, ihn zu töten oder sein Gehöft wegzubrennen. Geschähe es doch, so würde der Staat dessen unerachtet sein Gebot mit Zwangsmaßregeln und Strafen durchsetzen. Die privatrechtlichen Vorschriften überlassen umgekehrt alles den Beteiligten und treten nur dann in Geltung, wenn diese nicht selbst über ihre gegenseitigen Rechtsverhältnisse Bestimmung getroffen haben. Ich kann z. B. mit meinem Abmieter über die Benutzung des vermieteten Grundstücks, Zahlung des Mietzinses, Kündigungsfristen u. s. w. alles mögliche vereinbaren; nur was wir nicht vereinbart haben, ergänzt das Gesetz. Auch wo das Privatrecht zwingende Rechtssätze aufstellt, begnügt es sich damit, den etwa entgegenstehenden Verabredungen die Gültigkeit abzusprechen oder den Zuwiderhandelnden für schadenersatzpflichtig zu erklären. So mißbilligt das Privatrecht zwar Spiel und Wette, es geht aber nicht weiter, als daß es dem, der das Gewonnene nun mit Hilfe der Gerichte einfordern will, das Klagerecht abspricht. Dem durch Körperverletzung, Sachbeschädigung oder andre „unerlaubte Handlungen" Verletzten gewährt es den Anspruch auf Heilungskosten, Entschädigung, entgangnen Gewinn, Wiederherstellung der beschädigten Sache und Ausgleichung des Schadens durch Geld. So ist der Wucher, wie erwähnt wurde, zwar auch mit öffentlichen Strafen bedroht. Privatrechtlich ist der Wucherer aber nur verpflichtet, die wucherisch erlangten Vorteile mit Zinsen herauszugeben; er selbst kann nur das wirklich Geleistete zurückfordern.

BGB v. 18. 8. 96 — Seit dem 1. Januar 1900 ist für das ganze Reich das seit 1874 in wiederholten Entwürfen vorbereitete Bürgerliche Gesetzbuch in Kraft getreten.

Allgemeiner Teil des Bürgerlichen Gesetzbuchs — Bei der Umfänglichkeit des Stoffs kann hier nur ein flüchtiger Abriß von seinem Inhalt gegeben werden. Das Gesetz ist für Menschen, Personen geschrieben. Jeder Mensch ist von Vollendung der Geburt bis zu seinem Tode rechtsfähig. Verschollene können für tot erklärt werden. Erst mit der Volljährigkeit, die mit dem vollendeten 21. Lebensjahre eintritt, ist jemand im vollen Umfange geschäftsfähig. Kinder sind bis zum 7. Jahre überhaupt nicht, Minderjährige nur beschränkt, in der Regel nur mit Beistand ihres gesetzlichen Vertreters imstande, sich durch Verträge Verpflichtungen aufzuerlegen. Mindestens 18 Jahre alten Minderjährigen kann durch Volljährigkeitserklärung die volle Geschäftsfähigkeit beigelegt, umgekehrt kann sie Volljährigen im Wege der Entmündigung (wegen Geisteskrankheit, Geistesschwäche, Verschwendung und Trunksucht) wieder entzogen werden. Das Gesetz kennt, indem es dem Staate selbst (Fiskus), Gemeinden und Vereinigungen aller Art eigne Vermögensrechte beilegt, auch künstliche, sogen. juristische Personen. Es handelt weiter von den Sachen, ihren Bestandteilen und Früchten, vom Zustandekommen der Rechtsgeschäfte und Verträge. Für manche Rechtsgeschäfte verlangt es die Beobachtung gewisser Förmlichkeiten, z. B. beim Grundstückskauf oder beim Schenkungsversprechen, daß der Vertrag gerichtlich oder notariell beurkundet, beim Mietvertrag, wenn er auf länger als 1 Jahr geschlossen wird, daß er schriftlich vollzogen werde. Irren sich die Beteiligten beim Abschluß von Rechtsgeschäften über die Bedeutung ihrer Willenserklärungen, z. B. will A. dem B. seinen Rappen abkaufen, B. glaubt aber mit A. über den Braunen handelseinig geworden zu sein, ist vielleicht bei diesem Irrtum auch Betrug im Spiele, so sagt das Gesetz, was nun geschehen soll. Bedingungen und Zeitbestimmungen würden, wenn das Gesetz nicht nachhülfe, viel Zweifel erregen. Damit nicht endlose Rechtsunsicherheit herrsche, bedroht endlich das Gesetz den, der zu lange mit der Klage zögert, mit dem Verluste seines Anspruchs, mit kürzerer oder längerer Verjährung. Auch über das Recht und die Grenzen der Selbstverteidigung und Selbsthilfe sind Bestimmungen gegeben.

§§ 313, 518

§ 566

Recht der Schuldverhältnisse

Im Recht der Schuldverhältnisse bestimmt das Gesetz, indem es jedoch den Parteivereinbarungen daneben weiten Spielraum läßt, was auf Grund der einzelnen Rechtsverhältnisse oder Verträge vom Schuldner geleistet werden muß und vom Gläubiger gefordert werden darf, was geschehen soll, wenn die Leistung unmöglich wird (z. B. das bereits verkaufte, aber noch nicht übergebne Pferd verendet), welche Folgen den vertragsbrüchigen oder auch nur säumigen, mit der Leistung in Verzug geratnen Schuldner treffen; aber auch, wie es gehalten werden soll, wenn der Gläubiger die ihm angebotne Leistung, das ihm verkaufte oder zugeführte Pferd, nicht annehmen will. Im Vertrage verpflichtet sich nur der eine Teil, dem andern etwas zu leisten (z. B. Schenkung), oder

beide Teile schulden sich gegenseitig Leistung und Gegenleistung (z. B. Wohnung und Mietzins im Mietvertrage). Auch für Dritte kann ich eine Leistung versprechen oder mir ausbedingen. Draufgabe und
§ 343 Vertragsstrafen, diese mit richterlichem Ermäßigungsrecht, dienen dazu, die Verträge noch wirksamer zu machen. Aus besondern Gründen und wenn ich mir das Recht dazu vorbehalten habe, kann ich auch vom Vertrage zurücktreten. Das Gesetz sagt, was zur ordnungsmäßigen Erfüllung einer Schuld, bei Geldschulden zur Zahlung gehört, oder auf welche andre Weise (z. B. durch Aufrechnung, wenn A. und B. sich einander gegenseitig 100 Mark schulden, oder durch Hinterlegung) Forderungen erlöschen können. Es setzt den Zinsfuß auf 4 Prozent fest, sofern nichts andres bestimmt ist, und gibt eine gesetzliche Kün-
§§ 246, 247 digungsfrist von 6 Monaten, wenn mehr als 6 Prozent vereinbart sind.

Eine Forderung kann durch Abtretung auf einen neuen Gläubiger, eine Schuld durch Schuldübernahme auf einen neuen Schuldner übergehen. Es können sich auch hüben und drüben mehrere als Gläubiger oder Schuldner, nach Teilen der Forderung oder jeder auf das Ganze (solidarisch) berechtigt oder verpflichtet gegenüberstehen, so namentlich, wenn durch Erbgang mehrere Personen an die Stelle des einen Teils treten. Der Veräußerer muß dafür einstehen, daß der Erwerber einer Sache sie auch wirklich behalten kann, daß sie ihm kein Dritter als sein Eigentum abnimmt, auch daß sie nicht an geheimen
KV Mängeln leidet, so namentlich beim Viehhandel.
v. 27. 3. 99

Die Vertragsfreiheit ist in wichtigen Stücken durch das Gesetz beschränkt. Die Verpflichtung des
§§ 617—619 Dienstberechtigten, den Dienenden bei Verrichtung der Dienste gegen Gefahren für Leben und Gesund-
§ 544 heit zu schützen, oder die des Hauswirts, für eine

die Gesundheit nicht gefährdende Beschaffenheit der Wohnung einzustehen, kann auch durch Verträge nicht erlassen werden. Das Gesetzbuch ordnet eingehend eine lange Reihe einzelner Schuldverhältnisse („Kauf bricht nicht Miete"). Gewisse Leistungen, z. B. die aus Irrtum an den unrechten Gläubiger gezahlte Schuld, dürfen zurückgefordert werden, da niemandem eine „ungerechtfertigte Bereicherung" zu gute kommen soll. Aus unerlaubten Handlungen, und zwar schon, wenn jemand „in einer gegen die guten Sitten verstoßenden Weise einem andern vorsätzlich Schaden zufügt", folgt die Verpflichtung, Schadenersatz zu leisten. Auch der Willenlose, selbst das Kind unter 7 Jahren, muß den Verletzten unter Umständen wenigstens nach Billigkeit schadlos halten. Die Schadensersatzpflicht des Tierhalters ist neuerdings eingeschränkt, diejenige für Unfälle bei dem Betrieb von Kraftfahrzeugen durch ein besonderes Gesetz geregelt worden.

§ 571

§ 826

§ 829

RG v. 30. 5. 08

RG v. 3. 5. 09

Sachenrecht

Im Sachenrecht regelt das Recht die Beziehungen nicht eigentlich zu den Menschen, sondern unmittelbar zu den körperlichen Dingen der Außenwelt, zu Grundstücken (Immobilien) und beweglichen Sachen. Das Gesetz schützt mich im Besitz, wenn ich, sei es auch für einen andern (den Pfandschuldner, den Vermieter u. dgl., den bloß „mittelbaren" Besitzer), die tatsächliche Gewalt über die Sache habe. Ja aus dem „Eigenbesitz", d. h. wenn ich die Sache als mir gehörende besitze, kann durch Ersitzung wirkliches Eigentum werden. Sonst erlange ich das Eigentum, wenn ich die Sache nur gutgläubig zum Eigentum übergeben erhalten habe, es sei denn, daß sie dem wahren Eigentümer gestohlen, verloren oder sonst abhanden gekommen war. Ich kann aber auch an der herrenlosen Sache, z. B. dem Wilde, das ich mir berechtigtermaßen aneigne, an den Früchten, die

§§ 932, 935

ich von meinem Acker ernte, als erster Eigentum er-
§§ 965 ff. werben. Für den Fund gelten besondre Vorschriften. Das Eigentum kann auch mehreren zugleich nach Bruchteilen als Miteigentum zustehen.

Die Grundstücke sind heute überall genau vermessen und in Karten, Flurbücher und Steuerkataster eingetragen. Für den Rechtsverkehr mit Grundstücken sind heute fast in allen deutschen Staaten besondre Grundbücher angelegt. Die zusammen mit dem Bürgerlichen Gesetzbuch in Kraft getretene
RG v. 20. 5. 98 u. 14. 7. 05 Grundbuchordnung bestimmt über die Einrichtung der Grundbücher, die Hypotheken-, Grundschuld- und Rentenschuldbriefe und über das Verfahren vor den Grundbuchämtern. Für Privat- und Kleinbahnen können, indem ihr gesamtes Vermögen als sogen. Bahneinheit zusammengefaßt wird, besondre Bahngrundbücher[1] angelegt werden. Nur wer im Grundbuch als Eigentümer eines bestimmten Grundstücks eingetragen steht, hat daran, so nimmt das Recht an, „vermutet" es, das Eigentum und darüber die volle Verfügungsgewalt. Freilich hat das Gesetz auch dieser Gewalt Grenzen gezogen, aus Rücksicht auf den Nachbar, dem ich das Licht nicht verbauen, den ich nicht mit Rauch und Ruß belästigen darf, dem ich, wenn er sonst nicht in sein Grundstück hinein könnte, sogar einen Notweg einräumen müßte. Auch durch Verträge oder alte verjährte Rechte andrer kann ich auf mancherlei Weise in meinem Eigentum beschränkt sein. So kann jemandem das veräußerliche und vererbliche Recht zustehen, auf oder unter der Oberfläche meines Grundstücks ein Bauwerk — nur nicht ein bestimmtes Stockwerk meines Gebäudes — zu haben (Erbbaurecht). Oder mein Nachbar darf seinen Balken auf meine Mauer auflegen, sein Vieh über mein Feld treiben (Grund-

[1] Pr. G v. 8. 7. 02 Württ. G. v. 23. 6. 06

dienstbarkeiten), oder er kann von meinem Obstgarten, ja von meinem ganzen Vermögen die Früchte ziehen (Nießbrauch), er hat das Vorkaufsrecht an meinem Grundstück, oder den Wohnungsauszug oder den Altenteil, oder ich habe ihm bestimmte Gefälle in Geld oder in Naturalien zu leisten (Reallasten).

Zur Sicherheit meines Gläubigers kann ich ihm meine Sachen als Pfand übergeben. Zahle ich nicht, so muß ich geschehen lassen, daß er sich durch öffentliche Versteigerung aus ihrem Erlöse bezahlt macht. Will ich ihm mein Grundstück verpfänden, so muß ich ihm eine Hypothek oder eine Grundschuld oder, wenn es sich um bestimmte, in regelmäßig wiederkehrenden Terminen zu zahlende Geldsummen handelt, eine Rentenschuld bestellen. Der Bauwerksunternehmer hat gesetzlich das Recht, die Einräumung einer Sicherungshypothek auf dem Baugrundstück des Bestellers zu verlangen. Nähere Bestimmungen zur Sicherung von Bauforderungen sind in einem besondern Gesetz getroffen. Alle diese Belastungen müssen im Grundbuch auf dem für das Grundstück bestimmten Blatte eingetragen sein. § 648 RG v. 1. 6. 09

Zur Befriedigung des Gläubigers kann das Grundstück vom Richter in Zwangsverwaltung genommen, oder im Zwangsversteigerungsverfahren öffentlich verkauft werden, doch nur um das sogen. „geringste Gebot", d. h. so, daß die dem Gläubiger vorgehenden (ältern) Rechte und die Kosten des Verfahrens jedenfalls gedeckt sein müssen. Auch Schiffe, die in das Schiffsregister eingetragen sind, können in dieser Weise versteigert werden. RG v. 20. 5. 98

Familienrecht

Im Familienrecht sind zunächst die ehelichen Rechtsverhältnisse bestimmt. Seit dem Gesetze über die Beurkundung des Personenstandes und die Eheschließung wird in Deutschland die Ehe vor dem RG v. 6. 2. 75 u. 14. 4. 05 EG z. BGB Art. 46

staatlich bestellten **Standesbeamten** geschlossen. Der Ehemann muß volljährig, also in der Regel mindestens 21, die Ehefrau mindestens 16 Jahre alt sein; bis zum 21. Jahre ist die Genehmigung des Vaters oder, wenn dieser verstorben ist, der Mutter und des etwa bestellten Vormunds notwendig. Zwischen gewissen nahen Verwandten ist die Ehe verboten; die Witwe darf eine neue Ehe in der Regel nicht vor Ablauf von 10 Monaten eingehen. Der Standesbeamte erläßt zunächst durch öffentlichen Aushang das Aufgebot. Kommen keine Ehehindernisse zu seiner Kenntnis, so erklärt er in Gegenwart von zwei Zeugen die Verlobten, nachdem sie die Frage, ob sie die Ehe miteinander eingehen wollen, bejaht haben, nunmehr kraft des Gesetzes für rechtmäßig verbundne Eheleute und trägt die Ehe in das Heiratsregister ein. (Die Geburten beurkundet der Standesbeamte zu einem besondern Geburts-, die Todesfälle zum Sterberegister.)

Die Ehe kann, wenn wesentliche Formen der Eheschließung verletzt oder wesentliche Ehehindernisse übersehen worden sind, für nichtig erklärt oder als ungültig angefochten, sie kann auch aus wichtigen
§§ 1565-1569 Gründen durch gerichtliches Urteil geschieden werden wegen Ehebruchs, Lebensnachstellungen, böslicher Verlassung oder tiefer Zerrüttung des ehelichen Verhältnisses, verschuldet durch schwere Verletzung der durch die Ehe begründeten Pflichten oder durch ehrloses und unsittliches Verhalten, endlich wegen schwerer und hoffnungsloser Geisteskrankheit von über 3jähriger Dauer. Dem Mann steht die Entscheidung in allen das gemeinsame eheliche Leben betreffenden Angelegenheiten, der Frau die Leitung des gemeinschaftlichen Hauswesens zu.

§§ 1354, 1356 Es ist natürlich, daß infolge der engen ehelichen Lebensgemeinschaft auch die Vermögensrechte der beiden Ehegatten miteinander in nahe Beziehungen treten. Diese Beziehungen, das eheliche Güterrecht, können sich auch künftig sehr verschiedenartig gestalten. Regelmäßig hat der Mann Verwaltung und Nutznießung am eingebrachten Gut, dem Frauenvermögen, die Frau kann aber unter Umständen Gütertrennung verlangen. Die Ehegatten können auch, vor und während der Ehe, durch gerichtlichen oder notariellen Ehevertrag die allgemeine Gütergemeinschaft oder die Errungenschaftsgemeinschaft (als Gesamtgut gilt nur das während der Ehe erworbne Vermögen) oder die Fahrnisgemeinschaft (Gemeinschaft des Errungenschafts- und des beweglichen Vermögens) vereinbaren. Der Ehevertrag ist in das öffentliche Güterrechtsregister des Amtsgerichts einzutragen.

Das Gesetz bestimmt weiter über den durch Verwandtschaft und Schwägerschaft gegebnen natürlichen Personenkreis der engern und weitern Familie, über die gegenseitige Unterhaltspflicht der Eltern und Abkömmlinge sowie der Ehegatten, über die Aussteuer der Tochter und die Ausstattung der Kinder. Es spricht nicht mehr von einer väterlichen, sondern von der elterlichen Gewalt, die zunächst zwar dem Vater, nach seinem Tode aber, unter Umständen auch schon bei Lebzeiten, der Mutter zusteht, der ein „Beistand" zur Seite gestellt werden kann. Mit der elterlichen Gewalt ist die Nutznießung des Kindesvermögens verbunden. Die Rechtsverhältnisse der unehelichen Kinder, ihre Legitimation durch Eheschließung und Ehelichkeitserklärung, die Annahme an Kindesstatt sind geordnet. Minderjährigen, die nicht unter elterlicher Gewalt stehen, oder Volljährigen, die entmündigt sind (S. 92), wird ein Vormund bestellt. Die Fürsorge des Vormundschaftsgerichts, an dessen Stelle auch ein Familienrat unter dem Vorsitze des Vormundschaftsrichters treten kann, ist genau geregelt. Sie kann sich auch auf eheliche Streitigkeiten und auf Mißbräuche der elterlichen Gewalt erstrecken. In besonderen Fällen wird eine Pflegschaft bestellt.

Das Vormundschaftsgericht beschließt auch von Amts wegen oder auf Antrag der Verwaltungsbehörden die Fürsorgeerziehung verwahrloster Minderjähriger und deren Unterbringung bei geeigneten Familien oder in besondere Erziehungs- und Besserungsanstalten auf öffentliche Kosten.[1]

Erbrecht

Das Erbrecht beruht entweder auf gewissen Verwandtschaftsverhältnissen und auf der Ehe: gesetzliche Erbfolge der Verwandten, der überlebenden Ehegatten, bei erblosen Nachlässen des Fiskus. Oder auf letztem Willen: Testament und Erbvertrag. Die Erbschaft geht auf den berufenen Erben ohne weiteres über, er hat aber das Recht, die Erbschaft auszuschlagen. Hat er sie einmal angenommen oder die Ausschlagungsfrist (6 Wochen) versäumt, so haftet er, jedoch in der Regel nur mit dem Nachlasse selbst, nicht mit dem eigenen Vermögen, für die Nachlaßverbindlichkeiten. Die unbeschränkte Haftung wird
§§ 1975 ff. am sichersten durch die Nachlaßverwaltung abgewendet. Er oder die mehreren Miterben haben gegen jeden, der ihnen die Erbschaft vorenthält, den Erbschaftsanspruch auf Herausgabe des Nachlasses.

Durch letzten Willen können eine einzige Person oder auch mehrere, gemeinschaftlich oder nacheinander (Nacherben) oder für den Wegfall des ersten Erben (Ersatzerben) eingesetzt, die Erben können mit gewissen Zuwendungen an dritte Personen (Vermächtnissen) oder mit andern Bestimmungen (Auflagen) beschwert sein. Der Erblasser kann zur Verwaltung und Vertei-

[1] Pr. G v. 2. 7. 00 Bay. G v. 10. 5. 02 Sächs. G v. 1. 2. 09 Württ. G v. 29. 12. 99 u. 11. 11. 05 Bad. G v. 16. 8. 00 Hess. G v. 30. 9. 99 Elß. G v. 22. 12. 99

lung des Nachlasses oder zur Vollziehung seiner Anordnungen einen Testamentsvollstrecker bestellen. Das Testament wird in ordentlicher Form vor dem Richter oder einem Notar errichtet, oder es besteht in einer von dem Erblasser unter Angabe des Ortes und Tages eigenhändig geschriebnen und unterschriebnen Erklärung (Privattestament). Für besondre Fälle (Epidemien, Seereisen u. dgl.) läßt das Gesetz auch erleichterte Formen zu. Das sogen. militärische Testament bleibt auch künftig in Kraft. Gemeinschaftliche Testamente können nur von Ehegatten errichtet, Erbverträge nur vor Richter oder Notar geschlossen werden. Gewissen nahen Angehörigen (Abkömmlingen, Eltern, Ehegatten) darf der Erblasser den Erbteil nicht ganz entziehen, er muß ihnen wenigstens den Pflichtteil zuwenden, es sei denn, daß besondre Enterbungsgründe vorliegen. Der Erbteil kann auch wegen Erbunwürdigkeit oder durch Erbverzicht verwirkt sein. Die angefallene Erbschaft kann vom Erben auch als Ganzes verkauft werden (Erbschaftskauf).

§ 2231

RG v. 2. 5. 74 § 44

EG Art. 44

Das Einführungsgesetz zum Bürgerlichen Gesetzbuch regelt zunächst das sogen. internationale Privatrecht, d. h. die Grundsätze, nach denen die Rechtsverhältnisse der Deutschen im Auslande und der Ausländer in Deutschland von den deutschen Gerichten beurteilt werden sollen. Auf dem Gebiete der Eheschließung, der Ehescheidung und der Trennung von Tisch und Bett sowie der Vormundschaft über Minderjährige haben sich in dem Haager Abkommen die meisten europäischen Staaten über gemeinsame Regeln verständigt.

Einführungsgesetz

RG v. 18. 8. 96

Bek. v. 24. 6. 04

Das Einführungsgesetz bestimmt weiter in 98 Artikeln, welche privatrechtlichen Vorschriften der Landesgesetze auch künftig neben dem Bürgerlichen

Gesetzbuch in Kraft bleiben sollen, so z. B. das Wasserrecht[1] und schließt mit einer Reihe von Übergangsbestimmungen.

IV. Polizeigesetze

Polizeigewalt

Das Preußische Landrecht bezeichnet es als Amt der Polizei, „die nötigen Anstalten zur Erhaltung der öffentlichen Ruhe, Sicherheit und Ordnung und zur Abwendung der dem Publiko oder einzelnen Mitgliedern desselben bevorstehenden Gefahren zu treffen“. Zur Erreichung dieser Zwecke muß die Polizeigewalt mit Zwangs-(Exekutiv-)Befugnissen ausgestattet sein. Diese Befugnisse in das richtige Verhältnis zur allgemeinen bürgerlichen Freiheit zu setzen, ist ein Hauptbestreben der heutigen Gesetzgebung. So bestimmt z. B. das preußische Gesetz über die allgemeine Landesverwaltung,[1] daß die Behörden das Recht haben, die von ihnen zu erzwingende Handlung, sofern es tunlich ist, auf Kosten des Verpflichteten durch einen Dritten ausführen, z. B. die gefahrdrohende Mauer durch einen Maurermeister abtragen zu lassen. Wenn die Handlung durch Dritte nicht geleistet werden kann, oder wenn die Kosten der Ausführung durch Dritte nicht beizutreiben sind, oder wenn es sich endlich um Unterlassungen, z. B. um das Verbot eines baupolizeilich noch nicht genehmigten Bauwerks handelt, so sind die Behörden berechtigt, Geldstrafen von verschieden bemessner Höhe, der Regierungspräsident bis zu 300 Mark und, für den Fall des Unvermögens, Haft bis zu 4 Wochen, anzudrohen. Erst wenn die einzelne polizeiliche Anordnung sonst nicht ausführbar ist, darf unmittelbarer Zwang, z. B. Vertreibung der Arbeitsleute von der Baustelle, angewendet werden.

[1] Bay. G v. 23. 3. 07 Sächs. G v. 12. 3. 09 Württ. G v. 1. 12. 00 Bad. G v. 26. 6. 99 u. 19. 10. 06 Hess. G v. 30. 9. 99 u. 15. 7. 08. [2] Pr. G v. 30. 7. 83

Den Verwaltungsbehörden steht aber auch innerhalb der durch die Gesetze gezognen Grenzen ein allgemeines Polizeiverordnungsrecht zu, durch das der Gesamtheit oder gewissen Personenkreisen schon im voraus bestimmte Handlungen geboten oder verboten werden können. So kann durch Polizeiverordnung den Hausbesitzern die Reinhaltung der Bürgersteige aufgegeben und das Anbringen belästigender Vorrichtungen vor den Erdgeschossen untersagt sein. Darüber, inwieweit die Organe der Selbstverwaltung (S. 13) bei Erlaß solcher Verordnungen mitzuwirken, welche Rechtsmittel (Beschwerden, Rekurse) dem Betroffnen zustehen sollen, bestimmen die Gesetze.[1] Die Behörden der einzelnen Bundesstaaten haben sich bei Vollstreckung von Verwaltungs- und Vermögensstrafen, ebenso bei Einziehung öffentlicher Abgaben Hilfe zu leisten. Polizeiverordnungen RG v. 9. 6. 95

Durch Reichsgesetz ist vorgeschrieben, daß die eignen Strafbefugnisse der Polizeibehörden sich nur auf Übertretungen erstrecken, daß sie mithin keine höheren Strafen als 150 Mark Geldstrafe, Haft aber nur bis zu 14 Tagen verhängen dürfen. Auch kann jeder, der wegen Zuwiderhandlung von der Polizeibehörde mit einer Strafverfügung belangt worden ist, auf gerichtliche Entscheidung antragen und förmliche Aburteilung verlangen. Strafverfügungen StrPO § 453

Auf die unendliche Mannigfaltigkeit der polizeilichen Gesetze und Verordnungen näher einzugehen, ist hier unmöglich. Von der Sicherheits- und der gerichtlichen Polizei wird noch die Rede sein. Die verschiednen Zweige der sogenannten Wohlfahrtspolizei, als da sind: Straßen-, Wege-, Markt-, Strom-, Schiffahrts-, Hafen-, Wasser-, Fischerei-, Einzelstaaten

[1] Pr. KrO v. 13. 12. 72 G v. 30. 7. 83 Bay. PolStrfGB v. 26. 12. 71 u. sp. Sächs. A.-G v. 28. 1. 35 G v. 21. 4. 73 Württ. PolStrfGB v. 27. 12. 71 u. 4. 7. 98 Bad. PolStrfGB v. 21. 10. 63 Hess. KrO v. 12. 6. 74

Jagd-, Gewerbe-, Feuer-, Bau-, Gesundheits-, Gesindepolizei u. s. w. sind in den Einzelstaaten sehr ausführlich geregelt. Doch haben z. B. verschiedne Bestimmungen des Privatrechts, namentlich des Dienstvertrags, seit Inkrafttreten des Bürgerlichen Gesetzbuchs auch auf das *Gesinderecht* Anwendung zu leiden. Namentlich ist das Züchtigungsrecht der EGz.BGB Art. 95 Dienstherrschaften gegen das Gesinde für ganz Deutschland beseitigt. Ein besondres Gesetz regelt RG v. 3. 5. 09 den Verkehr von *Kraftfahrzeugen*. Ebenso sind nach einer unter den Bundesregierungen getroffenen Verständigung für das ganze Reich gemeinsame Vorschriften über den Radfahrverkehr erlassen.

Im einzelnen sei erwähnt, daß in manchen Bundesstaaten für Fragen des Gesundheitswesens innerhalb der Gemeinden *Gesundheitskommissionen* unter Mitwirkung beamteter Ärzte[1] oder doch für das Wohnungswesen besondre Wohnungskommissionen und Wohnungsinspektoren[2] bestehen. Auch die Feuerbestattung[3], die ungeschmälerte Erhaltung baulicher und landschaftlicher Schönheiten[4], der Schutz gemeinnütziger Quellen[5] sind staatlich geordnet.

Reichspolizeigesetze

Schon das alte deutsche Reich hatte eine ziemlich ausführliche Reichspolizeiordnung. Von neuen *Reichspolizeigesetzen* ist hervorzuheben, daß seit Anfang des Jahres 1872 in Deutschland die öffent- BG v. 1. 7. 68 lichen *Spielbanken* ohne Entschädigung aufgehoben worden sind und neue weder konzessioniert noch geduldet werden dürfen. Das geschäftsmäßige RG v. 4. 7. 05 Vermitteln von Wetten für öffentliche *Pferderennen* ist verboten. Nur Vereinen zur Förderung der Landespferdezucht darf der Betrieb eines Wett-

[1] Pr. G v. 16. 9. 99 u. 15. 7. 07 [2] Bay. VO v. 10. 2. 01 u. 21. 8. 06 Württ. Verf. v. 21. 5. 01 u. 18. 5. 07 Bad. VO v. 1. 9. 07 Hess. G v. 7. 8. 02 [3] Sächs. G v. 29. 5. 06 Hess. G v. 19. 8. 99 [4] Pr. G v. 2. 6. 02 Bay. VO v. 6. 9. 08 Sächs. G v. 10. 3. 09 Württ. G v. 28. 7. 06 Hess. G v. 16. 7. 02 [5] Pr. G v. 14. 5. 08

unternehmens gestattet werden. Seit dem 1. April 1875 ist im ganzen Reiche der Impfzwang eingeführt. RG v. 8. 4. 74

Ein besondres Gesetz beschäftigt sich mit der Bekämpfung gemeingefährlicher Krankheiten (Aussatz, Cholera, Fleckfieber, Gelbfieber, Pest, Pocken). RG v. 30. 6. 00 Jeder Krankheitsfall muß der Polizeibehörde angezeigt werden, die durch beamtete Ärzte Untersuchungen, da nötig Leichenschau vornehmen läßt und die erforderlichen Schutzmaßregeln (Beobachtung, Isolierung der Kranken, Einschränkung des Verkehrs mit den die Krankheit verbreitenden Gegenständen, der Messen und Märkte, des Schiffahrtsverkehrs, Desinfektion u. s. w.) anordnet. Dabei ist die Entschädigung hierdurch benachteiligter Personen aus öffentlichen Mitteln vorgesehen. Vorbeugend werden die Wasserversorgungseinrichtungen und die Fortschaffung von Abfallstoffen durch staatliche Aufsichtsbeamte ständig überwacht. Die oberste Leitung liegt in den Händen des Reichskanzlers, der sich hierbei besondrer von ihm bestellter Kommissare sowie des Reichsgesundheitsamts (S. 56) und eines diesem beigegebnen, vom Bundesrat gewählten Reichsgesundheitsrats bedienen kann.

Über Maßregeln gegen Pest, Cholera und Gelbfieber ist zu Paris ein internationales Abkommen getroffen worden. v. 3. 12. 03 Die beteiligten Regierungen haben sich dabei zu gegenseitigen Mitteilungen von entstehenden Seuchenherden und zur Veröffentlichung der getroffenen Schutzmaßregeln verpflichtet. Diese bestehen in dem Verbote der Einfuhr gewisser ansteckender Gegenstände, Desinfektion der Schiffe, der Eisenbahnwagen, des Reisegepäcks und der Waren, Überwachung der angekommenen Reisenden und in strenger Kontrolle des Schiffsverkehrs an gewissen besonders gefährdeten

Punkten (Mekka-, Pilgerfahrten usw.). Quarantänemaßregeln zu Lande sind grundsätzlich untersagt.

Der Verkehr mit Nahrungs- und Genußmitteln, mit Spielwaren, Tapeten, Farben, Eß-, Trink-
RG und Kochgeschirren und mit Petroleum steht unter
v. 14. 5. 79, 25. 6. u. 5. 7. 87 dem Schutz besondrer Reichsgesetze. Für gesundheitsschädliche Fälschungen und Verfälschungen sind schwere, wenn der Tod eines Menschen dadurch verursacht war, bis zu lebenslänglichem Zuchthaus ansteigende Strafen angedroht. Weißer oder gelber
RG v. 10. 5. 03 Phosphor darf zur Herstellung von Zündhölzern und andern Zündwaren nicht verwendet werden. In den Einzelstaaten bestehen unter der Leitung geprüfter Nahrungsmittel-Chemiker Anstalten zur technischen Untersuchung von Nahrungs- und Genußmitteln.

RG v. 15. 6. 97 Das sogen. Margarinegesetz bestimmt, daß Margarine, Margarinekäse oder Kunstspeisefett bei der Herstellung, Aufbewahrung und Feilbietung von Butter, Butterschmalz und Käse getrennt zu halten und auch äußerlich kenntlich zu machen sind. Der
Bek. v. 1. 3. 02 Bundesrat kann den gewerbemäßigen Verkauf echter Butter untersagen, deren Fettgehalt nicht eine bestimmte Grenze erreicht oder deren Wasser- oder Salzgehalt eine bestimmte Grenze überschreitet.

RG v. 3. 6. 00 Das zum Genusse für Menschen bestimmte Fleisch (von Rindvieh, Schweinen, Schafen, Ziegen, Pferden und Hunden) muß, außer bei Notschlachtungen und wenn anscheinend gesundes Fleisch nur im Privathaushalt des Besitzers verwendet werden soll, vor und nach der Schlachtung untersucht werden (Fleischbeschau). Als Beschauer sind approbierte Tierärzte und sonst genügend vorgebildete Personen für besondre Beschaubezirke amtlich bestellt. Untauglich befundnes Fleisch darf überhaupt nicht, bedingt taugliches nur wenn es brauchbar gemacht ist und nur mit einer dies erkennbar machenden Bezeichnung, Pferdefleisch immer nur unter seinem wahren Namen in Verkehr gebracht werden. Aus dem Zollausland dürfen Würste und sonstige Gemenge aus zerkleinertem Fleisch, sowie Fleisch in luftdicht verschlossenen Büchsen u. s. w. überhaupt nicht, im übrigen darf bis auf weiteres frisches und zubereitetes Fleisch nur unter besondern Beschränkungen eingeführt werden.

Als Wein gilt nur das durch alkoholische Gärung aus dem Safte der frischen Weintraube hergestellte Getränk. Der Verschnitt von Erzeugnissen verschiedener Herkunft oder Jahre ist, außer bei Dessertweinen, gestattet. Auch der Zusatz von Zucker (Zuckerwasser bis zu $1/5$ der ganzen Flüssigkeit) ist bedingungsweise zulässig. Doch darf gezuckerter Wein nicht unter einer Bezeichnung feilgehalten werden, die auf Reinheit des Weines oder auf besondre Sorgfalt bei Gewinnung der Trauben deutet (Naturwein, Auslese). Auch darf der gezuckerte Wein nicht, auch nicht andeutungsweise als Wachstum eines bestimmten Weinbergsbesitzers bezeichnet werden. Der Weinhändler muß dem Abnehmer auf Verlangen mitteilen, ob der Wein gezuckert ist oder nicht. Sonstige Zusätze bei der Kellerbehandlung sind nach näherer Anordnung des Bundesrats gestattet. Getränke aus Fruchtsäften, Pflanzensäften oder Malzauszügen dürfen im Verkehr nur in entsprechenden Wortverbindungen als Wein bezeichnet werden. Schaumweine müssen die Bezeichnung des Landes tragen, wo sie auf Flaschen gefüllt sind. Zur Durchführung dieser Vorschriften ist eine scharfe Keller- und Bücherkontrolle, sowie die Entnahme von Proben durch Beamte und beeidete Sachverständige vorgesehen.

RG v. 7. 4. 09

B. v. 9. 7. 09

Die Herstellung, Einfuhr, das Feilhalten und der Verkauf künstlicher Süßstoffe ist ganz verboten,

RG v. 7. 7. 02

soweit nicht besondre Ausnahmen für medizinische und wissenschaftliche Zwecke nachgelassen sind.

RG v. 30. 5. 08 u. 19. 3. 02

Dem Vogelschutz dient ein besondres Reichsgesetz sowie eine in Paris getroffene Übereinkunft der meisten europäischen Staaten.

Auch das Reichsstrafgesetzbuch enthält in seinen letzten von den Übertretungen handelnden Paragraphen eine lange Reihe einzelner Polizeivorschriften, von denen der § 360 Ziffer 11: „wer ungebührlicherweise ruhestörenden Lärm erregt, oder wer groben Unfug verübt" vielleicht am meisten bekannt geworden ist.

5

Die Gerichte

Der Staat hat die ihm obliegende Aufgabe, die unter den einzelnen Staatsbürgern entstehenden privatrechtlichen Streitigkeiten (S. 91) zu entscheiden und die in seinen Strafgesetzen (S. 80) verpönten Handlungen zu ahnden, besondern Behörden, den Zivil- und Strafgerichten übertragen. Die Gerichte sprechen Recht im Namen des Staatsoberhauptes, das Reichsgericht im Namen des Reichs. Sie sind aber, indem sie das Recht schöpfen, nur auf das Gesetz, als die einzige Quelle des im Staate geltenden Rechts angewiesen. Deshalb steht an der Spitze des deutschen Gerichtsverfassungsgesetzes: „Die richterliche Gewalt wird durch unabhängige, nur dem Gesetze unterworfne Gerichte ausgeübt".

Justiz und Verwaltung

Die Rechtspflege, Justiz, ist damit scharf geschieden von der Verwaltung, die sich zwar auch in dem Rahmen des Gesetzes zu bewegen hat, deren Tätigkeit im einzelnen aber weniger durch feste Gesetze, als durch die Rücksicht auf Zweckmäßigkeit und das allgemeine Beste bestimmt wird. In Deutschland ist deshalb heute überall die Justiz auch äußerlich von der Verwaltung getrennt. Den deutschen Gerichten dürfen andre Gegenstände der Verwaltung als die der eignen, der sogenannten Justizverwaltung, nicht übertragen werden.

Verwaltungsstreitverfahren

Es ist freilich manchmal nicht leicht zu sagen, ob die einzelne Angelegenheit vor die Gerichte oder vor die Verwaltungsbehörden gehört. Wenn ich z. B. seit dreißig und mehr Jahren das Recht habe, von meinem Gehöft über den Gemeindeanger nach dem gegenüberliegenden Garten zu gehen, und die Gemeinde nun den ganzen Zwischenraum mit einem Schulneubau ausfüllt, habe ich mich dann, wenn ich das nicht leiden will, an den Landrat, Amtshauptmann, Bezirkshauptmann u. s. w., d. h. an die Verwaltungsbehörden zu wenden, oder muß ich mit der Gemeinde einen förmlichen Prozeß vor dem Landgericht führen? Umgekehrt, wenn die Gemeinde keinen andern Platz zur Verfügung hat, wie kann sie mich zwingen, auf mein Recht zu verzichten, ja sogar noch ein Stück meines Gartens zu opfern, mich „enteignen"?[1] Habe ich dafür Entschädigung zu beanspruchen, wie hoch und vor welcher Behörde? Gerade für solche und ähnliche Fälle besteht in den meisten deutschen Staaten das dem gerichtlichen nachgebildete **Verwaltungsstreitverfahren** (S. 13) mit einem obersten **Verwaltungsgerichtshof**, Oberverwaltungsgericht, als höchster Instanz.

Kompetenzkonflikt

Es kann auch geschehen, daß solche Fälle gleichzeitig von der einen Seite vor die Gerichte, von der andern vor die Verwaltungsbehörde gebracht werden, und daß sich beide, Gericht wie Verwaltung, für zuständig oder unzuständig, d. h. zur Entscheidung berufen oder nicht berufen erklären. Dann entsteht ein sogenannter positiver oder negativer **Kompetenzkonflikt**, und es bedarf des Ausspruchs einer obersten Staatsbehörde, des sogenannten **Kompetenz-**

[1] Pr. G v. 11. 6. 74, bez. der Ostmarken G v. 20. 3. 08 Bay. G v. 17. 11. 37 Sächs. G v. 24. 6. 02 Württ. G v. 20. 12. 88 Bad. G v. 24. 12. 08 Hess. G v. 30. 9. 99 Elß. G v. 20. 6. 87 f. d. Schutzgebiete Afrikas u. der Südsee: KVO v. 14. 2. 03

gerichtshofs, der entweder dem Gericht oder der Verwaltung die Entscheidung über die Streitsache endgültig überträgt.[1]

Konflikt

Man nennt es aber auch Konflikt, wenn in einzelnen Bundesstaaten die Verwaltungsbehörden beanspruchen, daß ein öffentlicher Beamter, der wegen angeblich gesetzwidriger Amtshandlungen vor dem Zivil- oder Strafgericht zur Rechenschaft gezogen werden soll, dem Gericht entzogen werde, und damit den „Konflikt erheben". Wo dies gestattet ist (Preußen, Bayern, Baden, Hessen, Elsaß-Lothringen), muß zuvor vom obersten Verwaltungsgerichtshof des betreffenden Bundesstaats, und wenn dort keiner besteht, vom Reichsgericht festgestellt werden, ob der zu verfolgende Beamte pflichtwidrig gehandelt hat. Wird dies verneint, so ist ein gerichtliches Verfahren gegen ihn ausgeschlossen.

Gerichtsbarkeit

Die sogenannte streitige Gerichtsbarkeit umfaßt erstens die eigentlichen bürgerlichen Rechtsstreitigkeiten, bei denen sich regelmäßig zwei Parteien, der Kläger und der Beklagte, gegenüberstehen, und zweitens die Strafsachen.

Freiwillige Gerichtsbarkeit u. Grundbuchordnung
RGG v. 20. 5. 98 u. 5. 3. 06
Schutzgebiete: KVO v. 22. 11. 02

Den Gerichten sind aber auch durch die Landesgesetze gewisse nichtstreitige Geschäfte zugewiesen, die sogenannte freiwillige Gerichtsbarkeit. Bei dieser handelt es sich entweder um die staatliche Fürsorge für Personen, die deren besonders bedürftig sind (das Vormundschaftswesen), oder um Führung öffentlicher Bücher, Register, Listen in Angelegenheiten, die für jedermann oder doch für jeden Beteiligten jederzeit offen liegen sollen (Grund- und Hypothekenbücher, Handelsregister, Schiffs-, Güterrechts-, Vereinsregister), oder um den Beistand des

[1] Pr. VO v. 1. 8. 79 u. G v. 22. 5. 02 Bay. G v. 18. 8. 79 Sächs. G v. 3. 3. 79 Württ. G v. 25. 8. 79 Bad. G v. 30. 1. 79 Hess G v. 8. 9. 79

Staats zur Abwicklung und Beurkundung besonders wichtiger Rechtsgeschäfte (Nachlaß- und Teilungssachen, Testamente, Errichtung und Beglaubigung von Urkunden u. s. w.).

Notare

Diese letztern Geschäfte hat der Staat auch wohl besondern, vom Staat mit „öffentlichem Glauben" ausgestatteten Personen, den Notaren übertragen; er hat auch, je nach den verschiednen Landesgesetzen, das Notariat mit der Rechtsanwaltschaft verbunden.

I. Gerichtsverfassung

Gerichte

Gerichtsverfassungsgesetz RG v. 20. 5. 98, 20. 3., 5. 6. 05 u. 1. 6. 09

Seit dem 1. Oktober 1879 bestehen für die ordentliche streitige Gerichtsbarkeit, d. h. für den Zivil- und Strafprozeß, sowie für das Konkursverfahren im ganzen Reiche gleichmäßig organisierte Gerichte: die Amtsgerichte, Landgerichte, Oberlandesgerichte und das Reichsgericht.

Staatsgerichte

Alle Gerichtsbarkeit wird vom Staate, also in ihren Gebieten von den einzelnen Bundesstaaten, beim Reichsgericht vom Reiche ausgeübt. Damit hat die sogenannte Privat- oder Patrimonialgerichtsbarkeit, die früher den Städten, den Standesherren, den Rittergütern zustand, von selbst aufgehört und ist auf die betreffenden Bundesstaaten übergegangen. Nur in Württemberg und Baden bestehen noch die sogenannten Gemeindegerichte für Rechtsstreitigkeiten unter Gemeindegenossen über nicht mehr als 60 Mark, doch so, daß beide Parteien noch die Berufung auf den ordentlichen Rechtsweg haben.

Sondergerichte

Von einer Anzahl noch jetzt bestehender besonderer Gerichte, so von den Militärgerichten, Gewerbegerichten, Kaufmannsgerichten, Konsulargerichten, den sogenannten Ablösungskommissionen u. s. w. wird in anderm Zusammenhange noch die Rede sein.

Die ordentlichen Gerichte sind mit **Richtern** besetzt, die für das ganze Reich eine gleichmäßige **Ausbildung** genossen haben müssen. Sie müssen nämlich mindestens ein dreijähriges Studium der Rechtswissenschaft auf einer Universität, darunter mindestens drei Halbjahre auf einer deutschen Universität hinter sich haben; ferner die erste oder Universitätsprüfung (Zwischenprüfung nach frühestens 3 Semestern[1]) abgelegt und endlich nach einer praktischen Dienstleistung von mindestens drei Jahren (dem Vorbereitungsdienst) eine zweite, die Assessorprüfung bestanden haben, wenn sie nicht bereits ordentliche öffentliche Rechtslehrer an einer deutschen Universität gewesen sind. Die Richter

Die Richter werden auf **Lebenszeit** ernannt und zwar vom Landesherrn, beim Reichsgericht, dessen Mitglieder das 35. Lebensjahr zurückgelegt haben müssen, auf Vorschlag des Bundesrats vom Kaiser. Sie können wider ihren Willen nur kraft richterlicher Entscheidung und aus gesetzlich[2] bestimmten Gründen dauernd oder zeitweise ihres Amtes enthoben oder an eine andre Stelle oder in den Ruhestand versetzt werden. Die **Disziplinarbehörden** (S. 61) über richterliche Beamte dürfen nur aus Richtern zusammengesetzt sein. Wegen vermögensrechtlicher Ansprüche aus dem Dienstverhältnis auf Gehalt, Ruhegehalt u. s. w. darf keinem Richter der Rechtsweg verschlossen werden. Die Gehaltsbezüge sind für alle oder doch für gewisse Richterklassen nach Dienstaltersstufen gesetzlich gewährleistet.[3] RG v. 15. 7. 09

Die **Amtsgerichte** sind **Einzelgerichte**, d. h. bei den Amtsgerichten, mögen sie mit einem oder Einzelgerichte

[1] Bay. VO v. 4. 7. 99 [2] Pr. G v. 7. 5. 51, 26. 3. 56 u. 9. 4. 79 Bay. G v. 26. 3. 81 Sächs. G v. 20. 3. 80 Württ. G v. 28. 6. 76 Bad. G v. 24. 7. 88 Hess. G v. 31. 5. 79 Elß. G v. 13. 2. 99 [3] Pr. G v. 26. 5. 09 Bay. G v. 5. 12. 08 Sächs. G v. 29. 6. u. 10. 7. 08 Bad. G v. 9. 7. 94 Hess. G v. 9. 6. 98 Elß. VO v. 3. 8. 08

mehreren Amtsrichtern besetzt sein, werden die einzelnen streitigen Sachen regelmäßig nur von einem einzigen Richter verhandelt und entschieden. In Strafsachen stehen ihm aber gewöhnlich noch zwei Laienrichter mit Sitz und Stimme zur Seite, die Schöffen, von denen noch die Rede sein wird.

Kollegialgerichte

Die Landgerichte, die Oberlandesgerichte und das Reichsgericht verhandeln und entscheiden dagegen immer nur im Kollegium, d. h. in einer Zusammensetzung von mehreren Richtern, die ihre Beschlüsse nach Stimmenmehrheit zu fassen haben. Zu diesem Zwecke sind sie in einzelne Abteilungen gegliedert, die bei den Landgerichten Kammern, bei den Oberlandesgerichten und bei dem Reichsgerichte Senate heißen.

Die Kammern sind, wenn es sich um die Entscheidung von bürgerlichen Rechtsstreitigkeiten oder Zivilsachen handelt, mit 3, in Strafsachen regelmäßig mit 5, ausnahmsweise mit nur 3 Richtern besetzt; die Senate der Oberlandesgerichte immer mit 5, die des Reichsgerichts immer mit 7 Richtern. Einer der drei, fünf oder sieben Richter führt ständig den Vorsitz und heißt bei den Landgerichten Landgerichtsdirektor, bei den Oberlandesgerichten und dem Reichsgerichte Senatspräsident.

Gerichtsvorstand

An der Spitze des Amtsgerichts steht der dienstaufsichtsführende Amtsrichter, an der Spitze der Kollegialgerichte ein Präsident, der aber, soweit er als Richter mit tätig ist, auch nur einer einzelnen Kammer oder einem einzelnen Senate als Vorsitzender angehört.

Justizaufsicht

Die Gerichte zu beaufsichtigen, namentlich darüber zu wachen, daß die Geschäfte rasch und ordnungsmäßig erledigt werden, steht in den einzelnen Bundesstaaten den Justizministern und in ihrem Auftrage den Präsidenten, beim Reichsgericht dem

Reichskanzler oder seinem Stellvertreter, dem Staatssekretär des Reichsjustizamts (S. 56) zu. Die Aufsicht darf sich aber niemals auf Eingriffe in die Entscheidungen der Gerichte, selbst wenn sie offenbar falsch wären, erstrecken. Nicht einmal dem Landesherrn oder dem Kaiser steht, abgesehen vom Niederschlagungs- und Begnadigungsrechte (S. 14), zu, in die Entscheidungen selbst und ihre Vollstreckung einzugreifen (Kabinettsjustiz).

Präsidium

Selbst der mittelbare Einfluß, den die Justizverwaltungen etwa dadurch auf die Rechtsprechung ausüben könnten, daß sie die einzelnen Gerichtsabteilungen aus bestimmten einzelnen Richtern zusammensetzten, ist ihnen bei den Kollegialgerichten entzogen. Denn über Verteilung des Vorsitzes in den einzelnen Kammern und Senaten haben der Präsident des Gerichtshofes und die einzelnen Direktoren und Senatspräsidenten selbständig nach Stimmenmehrheit zu entscheiden. Ebenso, jedoch mit Zuziehung des ältesten Rats am Landgericht, der beiden ältesten Räte am Oberlandesgericht, der vier ältesten Räte am Reichsgericht, über Verteilung der Geschäfte auf die einzelnen Gerichtsabteilungen, sowie über Verteilung der Gerichtsmitglieder selbst auf die einzelnen Kammern und Senate. Präsident, Direktoren oder Senatspräsidenten und älteste Räte bilden gemeinsam das Präsidium. Die Verteilung gilt jedesmal auf die Dauer eines Geschäftsjahres und darf nur aus besondern Gründen geändert werden.

Hilfsrichter dürfen dem Reichsgericht überhaupt nicht, den Kollegialgerichten nur auf Antrag des Präsidiums und nur auf bestimmte Zeit beigeordnet werden. Die Ständigkeit des Gerichts wird auch noch dadurch gewahrt, daß bei Behinderung des Vorsitzenden der älteste Rat der Kammer oder des Senats, bei Behinderung eines Mitglieds sein im voraus bestimmter Stellvertreter einzutreten hat.

In besonders großen Landgerichtssprengeln können für den Bezirk eines oder mehrerer Amtsgerichte auch außerhalb des Landgerichtssitzes Strafkammern errichtet und auch mit Amtsrichtern als Mitgliedern besetzt werden. Umgekehrt können Mitglieder des Landgerichts gleichzeitig Amtsrichter in ihrem Bezirke sein.

Instanzenzug

Auch die Gerichte sind, wie die Verwaltungsbehörden, nach Instanzen gegliedert. In jeder Rechtsangelegenheit hat jeder Beteiligte die Möglichkeit, gegen die Entscheidung des untersten Gerichts mindestens die Entscheidung des nächsthöhern, im Instanzenzug übergeordneten Gerichts anzurufen (Rechtsmittel).

Amts- und Schöffengerichte

Die Amts- und Schöffengerichte haben in Zivil- und Strafsachen nur die Gerichtsbarkeit erster Instanz.

Landgerichte

Die Landgerichte sind zwar als zweite Instanz den Amtsgerichten übergeordnet, insofern gegen die Urteile der Amtsgerichte Berufung an die Zivilkammer, gegen die Urteile der Schöffengerichte Berufung an die Strafkammer des Landgerichts zulässig ist. Sie haben aber zugleich die erstinstanzliche Gerichtsbarkeit in allen wichtigen Zivilsachen (regelmäßig wenn der Wert des Streitgegenstands mehr als 300 Mark beträgt), nicht minder in der großen Masse der mittlern Strafsachen.

Der Einteilung der strafbaren Handlungen in Verbrechen, Vergehen und Übertretungen (S. 81) lag ursprünglich die Absicht zu Grunde, ein für allemal die Verbrechen den Schwurgerichten, die Vergehen den Landgerichten, die Übertretungen den Amts- und Schöffengerichten zur Aburteilung zuzuweisen. Tatsächlich entscheiden aber die Schöffengerichte, außer über die Übertretungen, auch über zahlreiche leichtere Vergehen, ebenso die Strafkammern der Landgerichte, außer über die schwereren Vergehen, noch über eine große Anzahl von Verbrechen. Nur ein verhältnismäßig kleiner Kreis der schwersten Verbrechen ist den bei den Landgerichten periodisch zusammentretenden Schwurgerichten verblieben. RG v. 5. 6. 05

Oberlandesgerichte

Die 29 deutschen Oberlandesgerichte sind mit 14 auf die einzelnen preußischen Provinzen, mit 5 auf Bayern, mit je einem auf Sachsen, Württemberg, Baden, Hessen, beide Mecklenburg, Oldenburg, Braunschweig, die thüringischen Staaten, die Hansestädte und Elsaß-Lothringen verteilt. Sie sind tätig: im Zivilprozeß als zweite oder Berufungsinstanz in den zuerst vor dem Landgericht anhängig gemachten Zivilsachen (gegen die Berufungsurteile der Landgerichte in Zivilsachen gibt es kein weiteres Rechtsmittel); im Strafprozeß als dritte oder Revisionsinstanz in den Strafsachen, die in erster Instanz von den Amts- oder Schöffengerichten und in zweiter Instanz von den Strafkammern der Landgerichte entschieden worden sind. Das Oberlandesgericht in Berlin (Kammergericht) ist als Revisionsgericht ausschließlich zuständig, soweit es sich um Verletzung preußischer Landesstrafgesetze handelt.[1]

Reichsgericht

Das Reichsgericht mit dem Sitz in Leipzig, ist nur ausnahmsweise als erste und zugleich letzte Instanz tätig, und zwar bei den Verbrechen des gegen Kaiser und Reich begangnen Hochverrats und Landesverrats und des Verrats militärischer Geheimnisse. Der erkennende Gerichtshof wird in solchen Fällen aus dem vereinigten zweiten und dritten Strafsenat des Reichsgerichts gebildet.

[1] Pr. G v. 24. 4. 78 § 50

Sonst entscheidet das Reichsgericht: im Zivilprozeß als **dritte** oder Revisionsinstanz, und zwar in den Zivilsachen, die von den Landgerichten in der ersten, von den Oberlandesgerichten in der Berufungsinstanz entschieden worden sind, jedoch grundsätzlich nur, wenn es sich um Reichsrecht handelt und zugleich der Wert des Streitgegenstandes unschätzbar ist oder 2500 Mark übersteigt. Im Strafprozeß entscheidet das Reichsgericht als **zweite** oder Revisionsinstanz in den von der Strafkammer oder dem Schwurgericht in erster Instanz abgeurteilten Strafsachen. Eine Berufung gegen das Urteil dieser Gerichte, etwa an das Oberlandesgericht, gibt es nicht.

RG v. 5. 6. 05

Das **Reichsgericht** übt über seine Mitglieder durch Plenarbeschlüsse selbst die **Disziplinargewalt** (S. 61) und entscheidet selbst über ihre unfreiwillige Versetzung in den Ruhestand. Um eine möglichst **einheitliche Rechtsprechung** zu gewährleisten, ist bestimmt, daß die einzelnen Senate des Reichsgerichts nicht ohne weiteres von einer frühern Entscheidung eines andern Senats abgehn dürfen. Vielmehr hat in solchen Fällen eine besonders geordnete Beschlußfassung der vereinigten Zivil- oder Strafsenate oder des Reichsgerichtsplenums vorauszugehen.

Für das Rechtsmittel der **Beschwerde**, das jedoch nicht gegen Urteile, sondern nur gegen andre Entscheidungen der Gerichte, z. B. gegen die Festsetzung der Prozeßkosten, verweigerte Zeugengebühren u. s. w. gegeben ist, gilt ein besondrer Instanzenzug.

Oberstes Landesgericht

Bayern[1] hat von der Ermächtigung Gebrauch gemacht, die an sich vor das Reichsgericht gehörigen Revisionen und Beschwerden in bürgerlichen Rechtsstreitigkeiten, soweit es sich nicht um Ansprüche auf Grund des Bürgerlichen Gesetzbuchs, Handelssachen,

[1] Bay. G v. 23. 2. 79

Urheber-, Muster-, Warenzeichenschutz, Patentsachen u. s. w. handelt, einem eignen in München errichteten Obersten Landesgericht zuzuweisen.

Umgekehrt haben Preußen und die meisten andern Bundesstaaten auf dem Wege Kaiserlicher Verordnungen mit Zustimmung des Bundesrats dem Reichsgericht die oberste Entscheidung in bürgerlichen Rechtsstreitigkeiten auch in Fällen überlassen, wo es sich um das nur in diesen Bundesstaaten gültige Landesrecht handelt. § 6 EG zur ZPO v. 26. 9. 79

Laiengerichtsbarkeit

Entsprechend altdeutscher Überlieferung nehmen auch nichtrechtsgelehrte Richter, Laien, in großem Umfange an der Rechtsprechung der deutschen Gerichte teil, allerdings nur in den untern Instanzen und nicht bei den ausschließlich aus Berufsrichtern zusammengesetzten Strafkammern. Die Amtsgerichte entscheiden in Strafsachen als Schöffengerichte mit dem Amtsrichter als Vorsitzendem und zwei ihm völlig gleichberechtigten Schöffen als Beisitzern. In den schwersten Streitfällen ist die Schuldfrage, d. h. die Beantwortung der Frage, ob der Angeklagte sich wirklich in der ihm zur Last gelegten Weise gegen das Gesetz vergangen habe, zwölf Geschworenen übertragen. Der aus drei Berufsrichtern bestehende Gerichtshof ist an ihren Wahrspruch gebunden und hat nur die Strafe zu bestimmen. Schöffen Geschworene

Wahlverfahren

Schöffen und Geschworene bekleiden ihr Amt als Ehrenamt und erhalten nur Vergütung der Reisekosten. Sie werden durch den Amtsrichter in Gemeinschaft mit einem Staatsverwaltungsbeamten und sieben Vertrauensmännern aus den Urlisten ausgewählt, die vom Gemeindevorsteher aufgestellt sind und alle über 30 Jahre alten, unbescholtnen, wenigstens zwei Jahre in der Gemeinde wohnhaften Deutschen enthalten sollen. Die gewählten Schöffen werden in die Jahresliste übertragen und nehmen in der durch das Los bestimmten Reihenfolge an den Gerichtssitzungen teil.

Die Geschworenen werden zunächst auf die **Vorschlagsliste** gebracht, aus dieser werden sie durch das Landgericht in die **Geschworenen-Jahresliste** ausgewählt. Aus der Jahresliste wiederum werden zwei Wochen vor Beginn der Schwurgerichtssitzungen (Assisen) 30 Geschworene zur **Spruchliste** ausgelost. Aus diesen 30 endlich wird vor Beginn jeder einzelnen Sitzung durch das Los, und so, daß Staatsanwaltschaft und Angeklagter dabei das Ablehnungsrecht ausüben, die aus 12 Geschworenen bestehende **Geschworenenbank** gebildet.

Kammern für Handelssachen

In der Zivilgerichtsbarkeit wirken Laien nur bei den Kammern für Handelssachen als **Handelsrichter** mit. Solche Kammern können je nach Bedürfnis für ganze Landgerichtsbezirke oder abgegrenzte Teile des Bezirks, auch außerhalb des Landgerichtssitzes, errichtet werden. Sie entscheiden mit einem rechtsgelehrten Richter als Vorsitzendem und zwei Handelsrichtern als Beisitzern. Die Handelsrichter werden auf gutachtlichen Vorschlag der Handelskammern, von denen noch zu sprechen sein wird, auf die Dauer von je drei Jahren ernannt und haben während der Dauer ihres Ehrenamts alle Rechte und Pflichten richterlicher Beamten. Von den **Kaufmannsgerichten** wird später im Zusammenhange mit den Gewerbegerichten die Rede sein.

RG v. 20. 3. 05

Staatsanwaltschaft

Das Strafverfahren lag ehedem allein in den Händen des Gerichts. Heute sind jedoch die Verfolgung strafbarer Handlungen und die hierzu notwendigen Ermittlungen einer besondern vom Gericht losgelösten Behörde, der **Staatsanwaltschaft**, übertragen. Das Gericht wird mit der Strafsache erst befaßt, wenn die Staatsanwaltschaft bei ihm Anklage erhoben hat. Man spricht sogar von dem **Anklagemonopol** der Staatsanwaltschaft, weil nur sie allein — von den Fällen der Privatklage bei Beleidigungen und leichten Körperverletzungen abgesehn — ein Strafverfahren gegen einen bestimmten Verdächtigen in Gang bringen kann. Lehnt der Staatsanwalt strafrechtliches Einschreiten ab, und bleibt auch die Beschwerde an den Oberstaatsanwalt fruchtlos, so kann der durch das behauptete Verbrechen Verletzte — also nicht jedermann aus dem Volke — noch die Entscheidung des Oberlandesgerichts anrufen. Wenn dies so beschließt, dann muß der Staatsanwalt die Anklage erheben.

Bei jedem Gericht soll eine Staatsanwaltschaft bestehn. Demgemäß sind beim Reichsgericht der **Oberreichsanwalt** und mehrere **Reichsanwälte**, bei den Oberlandesgerichten sowie bei den Landgerichten ein oder mehrere **Staatsanwälte**, bei den Amts- und Schöffengerichten ein oder mehrere **Amtsanwälte** vorhanden.

Dienstverhältnisse

Während den Regierungen das Recht entzogen ist, die Entscheidungen der Gerichte zu beeinflussen, sind dagegen die staatsanwaltschaftlichen Beamten an die dienstlichen Anweisungen ihrer jeweiligen Vorgesetzten bis hinauf zu den Landesjustizverwaltungen, die Reichsanwaltschaft an die des Reichskanzlers gebunden. In Hochverratssachen (S. 117) kann auch der Oberreichsanwalt an alle staatsanwaltschaftlichen Beamten des Reichs verfügen. Die Beamten des Polizei- und Sicherheitsdienstes sind **Hilfsbeamte** der Staatsanwaltschaften und, wenigstens innerhalb gewisser Beamtenklassen, verpflichtet, den staatsanwaltschaftlichen Anordnungen Folge zu leisten. Die Staatsanwälte — nicht auch die Amtsanwälte — müssen die Befähigung zum Richteramte (S. 113) besitzen. Gericht und Staatsanwaltschaft sind sich übrigens gleichgeordnet und gegenseitig voneinander unabhängig.

Rechtsanwaltschaft

Rechtsanwaltsordnung RG v. 1. 7. 78

In einem besondern Gesetze sind die Verhältnisse der Rechtsanwaltschaft geordnet. In Deutschland besteht die freie Advokatur, da jeder, der in einem Bundesstaat die Fähigkeit zum Richteramt (S. 113) erlangt hat, von der Landesjustizverwaltung in diesem Bundesstaat zur Anwaltschaft zugelassen werden muß und in jedem andern Bundesstaat zugelassen werden kann, es sei denn, daß besondre, seine Ehrenhaftigkeit oder seine körperliche und geistige Fähigkeit betreffende Gründe entgegenstehen. Die Rechtsanwaltschaft ist jedoch lokalisiert, da der Rechtanwalt, in Zivilsachen wenigstens, regelmäßig nur bei einem bestimmten Gerichte zugelassen wird und am Sitze dieses Gerichts auch seinen Wohnsitz nehmen soll. Der Anwalt schwört, sobald er zugelassen ist, in öffentlicher Gerichtssitzung den Eid, „die Pflichten eines Rechtsanwalts gewissenhaft zu erfüllen". Er wird darauf in die Anwaltsliste des Gerichts eingetragen und erhält hiermit die Befugnis zur Ausübung der Rechtsanwaltschaft.

Die Rechtsanwälte sind nicht Beamte, aber gleich diesen zu gewissenhafter Berufsausübung und zu achtungswürdigem Verhalten verpflichtet. Wenn sie diese Pflichten verletzen, können sie im ehrengerichtlichen Verfahren mit Warnung, Verweis oder Geldstrafe bis zu 3000 Mark bestraft, auch ganz von der Rechtsanwaltschaft ausgeschlossen werden. Sie sind innerhalb des Oberlandesgerichtsbezirks zu einer Anwaltskammer vereinigt. Der Vorstand der Kammer bildet das Ehrengericht; über diesem steht als zweite Instanz der Ehrengerichtshof, der aus dem Präsidenten und drei Mitgliedern des Reichsgerichts sowie drei Mitgliedern der besondern beim Reichsgericht bestehenden Anwaltskammer zusammengesetzt ist.

Die Rechtsanwälte beim Reichsgericht werden vom Präsidium des Reichsgerichts (S. 115) nach freiem Ermessen zugelassen und dürfen vor andern Gerichten überhaupt nicht auftreten.

Den Gerichtsschreibern ist die Besorgung des Aktenwesens und die Protokollführung, den Gerichtsvollziehern die Zustellung von Schriftstücken an Parteien, Zeugen u. s. w. sowie die Zwangsvollstreckung (Pfändung) übertragen. Gerichtsschreiber und Gerichtsvollzieher

Die deutschen Gerichte leisten sich auf Ersuchen gegenseitig Unterstützung, Rechtshilfe. Rechtshilfe Die Gerichtssprache ist die deutsche. Es muß deshalb, so oft ein Beteiligter des Deutschen nicht mächtig ist, ein vereideter Dolmetscher zugezogen werden. Dolmetscher

Die der Urteilsfällung vorangehenden Verhandlungen der erkennenden Zivil- wie der Strafgerichte sind öffentlich. Öffentlichkeit Nur aus Rücksicht auf die Gefährdung der öffentlichen Ordnung, insbesondre der Staatssicherheit, oder auf die Gefährdung der Sittlichkeit kann die Öffentlichkeit ausnahmsweise ausgeschlossen, es kann auch, soweit das aus Rücksichten auf die Staatssicherheit geschieht, allen bei der Verhandlung anwesenden Personen (den Angeklagten, Zeugen u. s. w.) die Schweigepflicht auferlegt werden. Doch müssen auch in solchen Fällen das ergangne Urteil, regelmäßig auch die Urteilsgründe öffentlich verkündet werden.

Während der vom 15. Juli bis 15. September dauernden Gerichtsferien werden nur dringende Geschäfte, Feriensachen, erledigt. Gerichtsferien

II. Zivilprozeßverfahren

Zivilprozeßordnung RG v. 20. 5. 98, 5. 6. 05 u. 1. 6. 09

Das Verfahren in *bürgerlichen Rechtsstreitigkeiten* beruht auf dem Grundsatze der *Mündlichkeit*, insofern dem Gericht das gesamte Streitmaterial von den Parteien in freier Rede und Gegenrede vorgetragen wird. Dies schließt aber nicht aus, daß die Verhandlung durch *Schriftsätze* vorbereitet wird. Namentlich nimmt jeder Prozeß regelmäßig mit einer schriftlich erhobnen Klage seinen Anfang. Es ist Sache der Parteien, wieviel sie dem Gericht von ihrem Streitverhältnis mitteilen und seiner Entscheidung unterbreiten wollen (*Verhandlungsmaxime*). Nur innerhalb dieser Grenze sorgt das Gericht für die Aufklärung des Sachverhalts. Die Parteien können jederzeit vom Prozeß abstehen. Es ist deshalb auch nur ihre Sache, ihn weiter zu betreiben (*Prozeßbetrieb durch die Parteien*). Nur im Amtsgerichtsprozeß werden die Termine von Amtswegen bestimmt.

Alle Einzelheiten werden am besten an der Hand eines praktischen Falles dargestellt, der mit Absicht verwickelt gedacht ist. Die große Masse der Fälle verläuft äußerst rasch und einfach, so daß sie in einem oder zwei Terminen abgetan sind.

Nehmen wir an, A. habe dem B. ein Darlehn von 601 Mark gewährt, könne es nicht zurückerhalten und wolle nun Klage gegen den B. erheben. Wären es nur 600 Mark, so könnte er sich zu diesem Zweck an das *Amtsgericht* seines Wohnorts X. wenden und die Klage zu Protokoll des Gerichtsschreibers erklären oder sie auch selbst schriftlich einreichen. Der Gerichtsschreiber würde dann die Zustellung der Klage an den Gegner und die Ladungen zu dem Verhandlungstermine besorgen. A. und B. könnten dann in mündlicher Verhandlung selbst ihren

Prozeß vor dem Amtsrichter in X. durchführen. Da aber der Betrag 600 Mark übersteigt, so belehrt der Gerichtsschreiber den A., daß er sich an das Landgericht nach Z. wenden und sich dort durch einen Rechtsanwalt vertreten lassen müsse.

Mahnverfahren

Er empfiehlt aber dem A., es doch zuerst mit dem Mahnverfahren zu versuchen, das er ohne Rücksicht auf den Betrag der Forderung und ohne Anwaltszwang hier bei dem Amtsgericht betreiben könne. Das Amtsgericht X. erläßt denn auch auf A.s Antrag an den B. einen Zahlungsbefehl, den der Gerichtsschreiber dem B. durch den Gerichtsvollzieher zustellen läßt, der sich hierzu wiederum der Post bedient. B. erhebt jedoch Widerspruch beim Amtsgericht X., zwar erst nach Ablauf der im Zahlungsbefehl gesetzten einwöchigen Frist, aber noch bevor sich A. den Vollstreckungsbefehl und damit die Ermächtigung zur zwangsweisen Beitreibung der 601 Mark hatte erteilen lassen. Da der Zahlungsbefehl also nichts geholfen hat, so muß sich A. nun doch an das Landgericht nach Z. wenden.

Landgerichtsprozeß

Er gibt deshalb einem in Z. wohnhaften Rechtsanwalt Auftrag zur Klage. Dieser fertigt die Klageschrift an und läßt sie dem Vorsitzenden der Zivilkammer des Landgerichts zur Terminsbestimmung vorlegen. Darauf läßt er die Klage mit der Terminsbestimmung und mit der Ladung, in dem Termin zu erscheinen, dem B. durch den Gerichtsvollzieher zustellen, indem er den B. zugleich auffordert, auch seinerseits einen Rechtsanwalt zu bestellen.

Prozeßbetrieb

Im ersten Termin vor der Zivilkammer wird die Sache A. gegen B. aufgerufen, als sie an die Reihe kommt, es meldet sich aber niemand anwesend, da die Anwälte aus irgend einem Grunde verhindert sind. Das Gericht legt darauf die Akten einfach beiseite und wartet, bis der Anwalt des A. einen neuen

Termin erwirkt und die Ladung dazu abermals durch den Gerichtsvollzieher dem B. hat zustellen lassen.

Versäumnisverfahren

Im zweiten Termin erscheint der Anwalt des Klägers A., nicht aber der Beklagte B., oder der B. ist zwar zur Stelle, hat aber keinen Anwalt mitgebracht. Der klägerische Anwalt trägt nun in freier Rede die Klage vor, weist nach, daß die Klageschrift dem B. rechtzeitig zugestellt, und daß er auch zu dem heutigen Termin geladen worden ist. Das Gericht verkündet darauf sofort ein den B. zur Zahlung von 601 Mark nebst Zinsen und Kosten verurteilendes Versäumnisurteil und erklärt es für vorläufig vollstreckbar, da der klägerische Anwalt glaubhaft nachweist, B. wolle sich seinen Verbindlichkeiten durch Auswanderung oder dergleichen entziehen.

In der Tat erscheint schon am nächsten Tage bei B. der Gerichtsvollzieher. Um der Pfändung zu entgehen, zahlt ihm B. die ganze ausgeklagte Summe. Er wendet sich aber, was er gleich hätte tun sollen, nun auch seinerseits an einen Rechtsanwalt in Z. und läßt durch diesen rechtzeitig, d. h. innerhalb zwei Wochen, gegen das Versäumnisurteil durch einen Schriftsatz Einspruch einlegen. Der Kläger wird darauf vom Gericht zu einem neuen, dem dritten Verhandlungstermin geladen.

Schriftsätze

Da nun auf beiden Seiten Rechtsanwälte bestellt sind, so ist die Vermittlung des Gerichtsvollziehers für die Zustellungen jetzt nicht mehr notwendig, die Rechtsanwälte tauschen vielmehr die weitern Schriftsätze selbst untereinander aus. Bereits im Einspruchsschriftsatz hatte der Anwalt des Beklagten B. ausgeführt, daß sich dieser vor dem Landgericht Z. überhaupt nicht verklagen lassen wolle, da er sich in dessen Bezirk nur vorübergehend aufhalte und vielmehr im Landgerichtsbezirke N. seinen eigentlichen Wohnsitz habe. Er hatte aber zugleich für alle Fälle behauptet, die 601 Mark vom A. nicht als Darlehn empfangen, sondern geschenkt erhalten zu haben. Hätte er sie endlich wirklich geborgt, so sei er doch nicht zur Rückzahlung verpflichtet, da er damals erst $20\frac{3}{4}$ Jahre alt, somit minderjährig gewesen sei.

In dem dritten Verhandlungstermin weist der Anwalt des Beklagten B. dem Gericht nach, daß er den Einspruch rechtzeitig bei Gericht eingelegt hat. Wäre dies nicht der Fall, so wäre das zugestellte Versäumnisurteil nunmehr rechtskräftig geworden, der Prozeß wäre damit zu Ende, und das Gericht würde sich auf neue Verhandlungen überhaupt nicht mehr einlassen. Der Nachweis wird jedoch geführt, und nun wird es so angesehen, als ob das Versäumnisurteil, obschon es bereits vollstreckt ist, überhaupt nicht ergangen sei.

Unzuständigkeitseinrede

Die Anwälte verhandeln nun in freier Rede und Gegenrede, zunächst aber bloß über den bereits schriftlich angekündigten Einwand, ob denn B. überhaupt vor dem Landgericht Z. Recht zu leiden habe, d. h. über die sogenannte prozeßhindernde Einrede der Unzuständigkeit. Kläger A. beruft sich darauf: er habe dem beklagten B. die 601 Mark seinerzeit in X. gezahlt, und sich ausbedungen, daß sie ihm dort auch zurückzuzahlen seien. Habe der Beklagte in X. nicht den Gerichtsstand des Wohnsitzes, so habe er doch ganz gewiß den des Erfüllungsorts. Dieser Meinung ist auch die Zivilkammer, sie erläßt ein Zwischenurteil, in dem sie die Einrede verwirft, sich für zuständig erklärt, und nun erst beginnt die Verhandlung über die Hauptsache.

Mündliche Verhandlung

A. legt nun dem B. eine förmliche, mit seinem Namen unterschriebne Darlehnsschuldurkunde über die 601 Mark vor, B. bestreitet aber, daß die Unterschrift von ihm herrühre. A. bringt noch andre unzweifelhaft echte Schriftstücke von der Hand des B. bei und will durch Gutachten eines Schriftsachverständigen, also durch Schriftenvergleichung beweisen, daß auch die Unterschrift unter der Urkunde echt sei. Das Gericht beschließt durch Beweisbeschluß, den Sachverständigen zu hören. Sein im nächsten, dem vierten Termin mündlich und eidlich erstattetes Gutachten lautet zweifelhaft. A. schiebt nunmehr dem B. hierüber den Eid zu, d. h. er verlangt, daß B. beschwören soll, er habe die Unterschrift nicht gegeben. B. nimmt den Eid an, d. h. er erklärt sich zum Eide bereit. Das Gericht fordert auch den Eid durch weitern Beweisbeschluß, und B. leistet den Eid.

Jetzt beantragt A., die Zeugen O. und P. sowie den eignen Bruder des B. darüber als Zeugen zu vernehmen, daß er dem damals allerdings noch minderjährigen B. die 601 Mark zum Darlehn gegeben, nicht geschenkt habe, und daß auch sein Vormund hiermit einverstanden gewesen sei. B. bestreitet dies und bezieht sich ebenfalls auf das Zeugnis seines Bruders. Durch neuen Beweisbeschluß ordnet das Gericht die Vernehmung der drei Zeugen an, der Gerichtsschreiber erläßt die Zeugenladungen.

Beweisaufnahme

Im fünften Termin versichern O. und P. als Zeugen eidlich, die Parteien hätten um die fragliche Zeit bereits auf sehr gespanntem Fuße gelebt, sie könnten deshalb nicht glauben, daß A. dem B. die 601 Mark geschenkt habe. Den Vormund haben sie damals darüber klagen hören, daß die Erziehung des B. soviel Geld koste, er habe dem B. geheißen, sich selbst irgendwo mindestens 600 Mark zu borgen. Der Bruder des Beklagten wird zunächst darüber belehrt, daß er als naher Verwandter der Partei das Recht habe, das Zeugnis ganz zu verweigern. Er erklärt, dann zeuge er auch nicht, und wird entlassen.

B. macht sich nun doch auf die Möglichkeit seiner Verurteilung gefaßt und rückt für diesen Fall mit einer Gegenforderung von 900 Mark gegen den A. ins Feld. Und zwar will er, als er bei A. als Verkäufer in Diensten gestanden habe, von A. eines Tages einen Schlag in das Auge erhalten haben, der ihn zu längerer ärztlicher Behandlung genötigt und ihn verhindert habe, eine ihm damals gerade angebotne günstigere Stellung anzunehmen. Er rechnet 200 Mark Kurkosten, 300 Mark entgangnen Gewinn und außerdem eine billige Entschädigung von 400 Mark. Er will sich, wenn er verurteilt werden sollte, das Darlehn der 601 Mark auf die 900 Mark kürzen lassen, beantragt aber durch **Widerklage**, den Kläger A. zur Zahlung von mindestens 299 Mark an ihn, den Beklagten, zu verurteilen.

Verteidigungsmittel

BGB § 847

Der Anwalt des A. ist auf diesen Einwand nicht vorbereitet und beantragt deshalb **Vertagung** der Verhandlung. Im sechsten Termin bestreitet er die sämtlichen neuen Behauptungen, beantragt aber zugleich, diesem Prozeß jedenfalls ein Ende zu machen und dem B. zu überlassen, ob er die gar nicht hierher gehörigen Schadenersatzansprüche in einem besondern Nachverfahren verfolgen wolle.

Das Gericht beschließt demgemäß und verkündet **Endurteil** dahin: Kläger habe noch zu schwören, daß er dem Beklagten die 601 Mark gegen sein Versprechen, sie zurückzuzahlen, als Darlehn gegeben und nicht geschenkt habe. Für diesen Fall werde Beklagter künftig verurteilt werden, dem Kläger die 601 Mark nebst Zinsen zu 4 Prozent seit ... zu zahlen, auch die Prozeßkosten zu tragen. Wenn Kläger nicht schwöre, so werde seine Klage abgewiesen, und die Prozeßkosten würden ihm auferlegt werden. Die Entscheidung über die Aufrechnung werde vorbehalten.

Endurteil

Das schriftlich ausgefertigte Urteil enthält außerdem noch im Tatbestand eine kurze Wiedergabe der sämtlichen Verhandlungen und die Entscheidungsgründe. In diesen sagt das Gericht, daß es die Klagdarstellung zwar für sehr wahrscheinlich, aber doch nicht für voll bewiesen gehalten habe und deshalb noch einen richterlichen (d. h. einen vom Gericht auferlegten) Eid des Klägers fordern müsse.

Berufungsverfahren

Der Anwalt des A. stellt dieses Urteil seinem Kollegen für B. in Abschrift zu und wartet ab, ob B. innerhalb Monatsfrist Berufung einlege. Dies geschieht.

Die Akten gehen nun an den Zivilsenat des Oberlandesgerichts. Dort müssen beide Parteien wieder durch neue, beim Oberlandesgericht zugelassne Anwälte (S. 122) vertreten sein. Im Verhandlungstermin vor dem Oberlandesgericht wird von den Anwälten das Urteil des Landgerichts vorgetragen, es werden neue Verteidigungsmittel geltend gemacht und neue Beweisanträge gestellt. Das Oberlandesgericht hört einen Teil der Zeugen und Sachverständigen selbst ab und läßt andre durch das Amtsgericht ihres Wohnorts vernehmen. Schließlich weist es auf Berufung des Beklagten die Klage unbedingt ab, weil nicht bewiesen sei, daß außer dem Vormund auch das Vormundschaftsgericht seine Genehmigung zur Aufnahme des streitigen Darlehns gegeben habe. Zugleich legt es dem Kläger die Gerichtskosten beider Instanzen und die Kosten der vier in der Sache tätig gewordnen Anwälte auf, ordnet auch an, daß A. die bereits durch Pfändung erlangten 601 Mark dem B. wieder zurückzuzahlen habe. Der Prozeß ist damit endgültig erledigt und könnte nur ausnahmsweise aus ganz besondern Gründen wieder aufgenommen werden.

BGB § 1822 Nr. 8

Nehmen wir jedoch an, das streitige Darlehn

betrage mehr als 2500 Mark, und der Anspruch sei zugleich nach Reichsrecht oder doch nach sogenanntem revisibeln Landesrecht (S. 119) zu beurteilen, so könnte sich der abgewiesene Kläger noch mit dem Rechtsmittel der Revision an das Reichsgericht wenden. Revisionsverfahren

Auch vor dem Zivilsenat des Reichsgerichts findet öffentliche mündliche Verhandlung statt, es gibt aber hier keine neuen tatsächlichen Behauptungen mehr, auch keinerlei Beweisaufnahme. Das Reichsgericht prüft nur, ob das Oberlandesgericht das Gesetz richtig angewendet habe. Es findet nun, das Oberlandesgericht hätte noch genauer prüfen sollen, ob B. nicht in einem nach erreichter Volljährigkeit an A. geschriebnen Briefe die Aufnahme des Darlehns genehmigt habe. Es hebt deshalb das oberlandesgerichtliche Urteil auf und weist die Sache zur anderweitigen Verhandlung an das Oberlandesgericht zurück. BGB § 1829

Diese neue Verhandlung schließt nun mit einem neuen Urteil, wodurch das erste landgerichtliche Urteil bestätigt wird. B. könnte dagegen von neuem Revision an das Reichsgericht einlegen, versäumt aber die Monatsfrist, und nun erst wird das Urteil des Landgerichts rechtskräftig. Dem Kläger A. wird vor dem Landgericht der ihm auferlegte Eid abgenommen, und B. wird nunmehr, da er die ihm vorbehaltene Aufrechnung (S. 120) nicht weiter verfolgt, endgültig verurteilt.

In dem angenommenen Falle war bereits das erste vom Landgericht erlassne Versäumnisurteil vollstreckt worden, da es ausdrücklich für vorläufig vollstreckbar erklärt worden war. Regelmäßig ist die Vollstreckung erst zulässig, wenn das Urteil rechtskräftig ist, d. h. durch Rechtsmittel (Berufung und Revision) nicht mehr angefochten werden kann. Zwangsvollstreckung

Die Zwangsvollstreckung ist Sache des Gerichtsvollziehers. Sie geschieht durch Pfändung von Sachen (wobei jedoch dem Schuldner gewisse unentbehrliche Stücke gelassen werden müssen) und durch deren Versteigerung, oder auch indem der Gläubiger außenstehende Forderungen des Schuldners, aber regelmäßig nicht Arbeits- oder Dienstlohnforderung u. dgl., gerichtlich mit Beschlag belegen läßt.

BG v. 21. 6. 69 u. RG v. 29 3. 97

Einzelnes

Gegen böswillige Schuldner können auch schon vor der Klagerhebung Arreste und einstweilige Verfügungen erlassen werden, auch der Personalarrest, d. h. die Verhaftung des Schuldners ist unter gewissen Umständen zulässig. Armen Parteien wird das Armenrecht und damit die vorläufige Befreiung von den Prozeßkosten bewilligt. Für besonders verwickelte Prozesse ist ein vorbereitendes protokollarisches Verfahren vor einem beauftragten Richter des Kollegialgerichts vorgesehen.

Ehesachen, d. h. Rechtsstreitigkeiten, die die Trennung, Ungültigkeit oder Nichtigkeit einer Ehe oder die Wiederherstellung des ehelichen Lebens zum Gegenstande haben, gehören vor die Landgerichte. Hier ist auch die Staatsanwaltschaft, die sonst nichts mit den Zivilsachen zu tun hat, zur Mitwirkung berechtigt.

Besondre Vorschriften bestehn für die Entmündigung von Geisteskranken, Trunksüchtigen, Verschwendern (S. 92). Die erste Entschließung ist den Amtsgerichten zugewiesen, sie kann aber durch Klage beim Landgericht, ebenfalls unter Mitwirkung der Staatsanwaltschaft, angefochten werden.

Amtsgerichtsprozeß

Die Verhandlung der Zivilprozesse vor dem Amtsgericht verläuft ebenso wie vor dem Landgericht, nur daß die Parteien nicht durch Rechtsanwälte vertreten zu sein brauchen und dafür eine ausgiebige Unterstützung durch den Amtsrichter zu erwarten haben. Gegen die Zivilurteile der Amtsgerichte gibt es nur ein einziges Rechtsmittel, die Berufung an die Zivilkammer des Landgerichts.

Zur Erleichterung der gegenseitigen Rechtsverfolgung haben die meisten europäischen Staaten zu Haag ein Abkommen zur Regelung von Fragen des Zivilprozesses abgeschlossen. v. 17. 7. 05

III. Strafprozeßverfahren

Strafprozeßordnung RG v. 1. 2. 77

Auch im Strafprozeß gilt der Grundsatz der Mündlichkeit (S. 124), jedoch nur für die letzte entscheidende Verhandlung, auf der das Urteil beruht. In dieser Verhandlung muß auch das Gericht den Angeklagten und alle Zeugen selbst vor sich gesehen und gehört haben (Unmittelbarkeit). Das Gericht hat kein andres Bestreben, als der Wahrheit auf den Grund zu kommen. Von der Verhandlungsmaxime (S. 124) kann deshalb hier nicht die Rede sein. Der Hauptverhandlung geht ein mehr oder weniger ausgedehntes schriftliches Verfahren voraus, das zum Teil nur in die Hände des Staatsanwalts gelegt ist. Wir wählen auch hier die Darstellung eines umständlicher verlaufenden praktischen Straffalles.

Ermittlungsverfahren

In der Nacht vom 5. zum 6. August brennt die Scheune des Halbhüfners Jensen zu Erlbach nieder. Gendarm und Amtsvorsteher sind noch in der Nacht zur Stelle und forschen nach der Entstehung des Feuers. Unter den Zuschauern macht sich ein verwahrloster Fremder durch höhnische Reden und durch große Brandflecke an seinem Beinkleid auffällig. Die Beamten fragen ihn nach Namen und Herkunft. Er nennt sich Schulze und verweigert trotzig jede Antwort. Die Beamten nehmen ihn darauf als ver-

Vorläufige Festnahme — dächtig **vorläufig fest** und befördern ihn im Laufe des Tages in das Amtsgerichtsgefängnis. Dem Amtsrichter und dem Staatsanwalt am Landgericht erstatten sie gleichzeitig schriftliche Anzeige.

Vernehmung des Beschuldigten — Der Amtsrichter läßt den Gefangenen spätestens am nächsten Tage vorführen, befragt ihn ausführlich über seine persönlichen Verhältnisse und erfährt dabei, daß er nicht Schulze, sondern Adler heiße, auch schon wegen Bettelns und Landstreichens bestraft sei. Der Amtsrichter eröffnet ihm darauf, daß er der Brandstiftung beschuldigt sei, und fragt ihn, ob er auf diese Beschuldigung etwas erwidern wolle. Adler leugnet, den Brand angelegt zu haben. Er habe in einer nahen Feime genächtigt und sei selbst erst durch den Feuerlärm munter geworden. Das Beinkleid mit den Brandflecken habe er vor acht Tagen in Berlin in einem chemischen Laboratorium erbettelt. Der Gerichtsschreiber nimmt hierüber ein Protokoll auf, das dem Beschuldigten vorgelesen, von ihm genehmigt und von allen unterzeichnet wird.

Haftbefehl — Der Amtsrichter findet, daß dringende Verdachtsgründe gegen den p. Adler vorhanden seien. Da ein Verbrechen (Brandstiftung) Gegenstand der Untersuchung bildet, der Beschuldigte auch nach seinem eignen Geständnis als Landstreicher umherzieht, so erläßt der Amtsrichter gegen Adler schriftlichen **Haftbefehl**, verkündet diesen dem Verhafteten und eröffnet ihm dabei, daß ihm das Rechtsmittel der Beschwerde dagegen zustehe. Adler wird abgeführt.

Inzwischen ist der **Staatsanwalt** angekommen. Auch er läßt sich den Adler vorführen, stellt Fragen an ihn und begibt sich sodann mit dem Amtsrichter und dem Gerichtsschreiber auf die Brandstelle.

Augenschein — Diese wird genau besichtigt. Während die Gerichtsbeamten über den Befund ein Protokoll aufnehmen, befragt der Staatsanwalt eine Anzahl vom Gendarm ermittelter Personen über die nähern Umstände, unter denen das Feuer ausgekommen ist, und macht sich Notizen über ihre Aussagen. Alles deutet auf Brandstiftung. Auch der Besitzer Jensen wird, und zwar auf Antrag des Staatsanwalts, durch den Amtsrichter ausführlich vernommen. Es fällt auf, daß er erst kurz vorher ziemlich hoch versichert hatte, und der Gendarm berichtet, daß man im Dorfe hierüber allerlei Vermutungen habe. Der Staatsanwalt beauftragt ihn mit genauern Nachforschungen.

Requisitionen

Er hat die Akten mit sich genommen und läßt sofort durch ein an das Polizeipräsidium Berlin gerichtetes Ersuchsschreiben, dem Adlers Beinkleid beigepackt ist, Erörterungen über den von Adler behaupteten Erwerb anstellen. Diese verzögern sich, der Staatsanwalt beantragt daher beim Amtsrichter vor Ablauf der ersten Woche Verlängerung des Haftbefehls auf eine zweite Woche und vor Ablauf dieser auf noch fernere zwei Wochen.

Inzwischen geht von dem Ortsvorsteher des württembergischen Geburtsorts auf Antrag ein Strafregisterauszug Adlers mit zahlreichen Vorbestrafungen ein. (Alle im Reich von Gerichten und Polizeibehörden erkannten Strafen werden nämlich einer Behörde des Geburtsorts mitgeteilt.) Zugleich antwortet aber das Berliner Polizeipräsidium, daß sich Adlers Angaben bestätigen; ein Aufwärter des ermittelten Laboratoriums habe das brandfleckige Beinkleid wieder erkannt, rekognosziert. Auch der Gendarm hat weiteres Belastungsmaterial gegen Adler nicht ermitteln können.

Bek. v. 16. 6. 82 u. 9. 7. 96

Einstellung des Verfahrens

Der Staatsanwalt stellt darauf die Erörterungen gegen Adler, soweit es sich um Brandstiftung handelt, ein. Adler wird jedoch auf Weisung des Staatsanwalts von dem Amtsanwalt noch vor dem Amtsgericht der Übertretung (S. 108) ange-

Verfahren wegen Übertretung

klagt, da er sich einem zuständigen Beamten gegenüber des falschen Namens Schulze bedient und sich überdies des Bettelns und Landstreichens schuldig gemacht habe. Da Adler dessen vollkommen geständig ist, erläßt der Amtsrichter entweder gegen ihn einen Strafbefehl, oder verurteilt ihn, ohne erst Schöffen zuzuziehen, sofort nach der Vorführung. Er erhält zwei Wochen Haft, die durch die Untersuchungshaft für verbüßt erachtet werden.

Inzwischen mehren sich aber die Verdachtsgründe gegen den Besitzer Jensen. Die geschädigte Versicherungsgesellschaft behauptet, daß er seine Erntevorräte viel zu hoch versichert und seinen Verlust bedeutend übertrieben habe. Da Jensen zwar für geizig gilt, sonst aber gut beleumundet ist, auch die Beschuldigung, selbst den Brand angelegt zu haben, entrüstet zurückweist, so lehnt der Staatsanwalt ab, gegen ihn einzuschreiten.

Beschwerde des Verletzten

Die Versicherungsgesellschaft beschwert sich hierüber bei der Oberstaatsanwaltschaft, wird dort ebenfalls abgewiesen und ruft nunmehr, durch einen Rechtsanwalt, die Entscheidung des Oberlandesgerichts an (S. 121). Dies läßt sich die Akten vorlegen, hört den Beschuldigten Jensen, läßt durch den Amtsrichter noch einige Punkte ermitteln und beschließt, daß wider Jensen allerdings die öffentliche Klage wegen Brandstiftung zu erheben sei.

Öffentliche Klage

Die Staatsanwaltschaft beantragt nun, da es sich um ein vom Schwurgericht abzuurteilendes Verbrechen handelt, beim Untersuchungsrichter des Landgerichts die Voruntersuchung gegen Jensen. Der Untersuchungsrichter findet die Verdachtsgründe so erheblich, daß er den Angeschuldigten, auch ohne daß es der Staatsanwalt beantragt hatte, nach der ersten Vernehmung mittels Haftbefehls in Untersuchungshaft nimmt. Jensen erhebt hierüber

Haftbeschwerde

Beschwerde an die Strafkammer des Landgerichts und, als diese abgewiesen wird, weiter an den Strafsenat des Oberlandesgerichts. Dort hat er insoweit Erfolg, als das Oberlandesgericht seine Freilassung gegen 5000 Mark Sicherheit anordnet.

Sicherheitsleistung

Da es eine weitere Beschwerde, etwa an das Reichsgericht, nicht gibt, so verschafft sich Jensen die Bürgschaft seines wohlhabenden Nachbars Lüden und wird nun auf freien Fuß gesetzt.

Voruntersuchung

In der Voruntersuchung vernimmt der Untersuchungsrichter mit Zuziehung des Gerichtsschreibers die verschiednen Belastungs- und Entlastungszeugen, auch Sachverständige, nicht eidlich, zu Protokoll. Es entsteht der Verdacht, Jensen möge eine noch unbekannte Person zur Anlegung des Feuers angestiftet haben. Er beauftragt daher den Gendarm mit Durchsuchung der Jensenschen Wohnung nach verdächtigen Briefschaften.

Durchsuchung

Der Gendarm zieht, da der Untersuchungsrichter selbst nicht zugegen sein kann, einen Gemeindebeamten oder zwei Gemeindemitglieder dabei hinzu, findet aber nichts. Der Untersuchungsrichter hatte auch bei der Post die für Jensen eingehenden Briefe, Sendungen und Telegramme mit Beschlag belegen lassen, jedoch ebenfalls erfolglos.

Beschlagnahme

Da die Sachverständigen darin übereinstimmen, das Feuer müsse an seinem Entstehungsherde mindestens eine Stunde lang vor dem Ausbruch geglimmt haben, so kommt schließlich alles darauf an, ob Jensen wirklich, wie er behauptet, erst eine Viertelstunde vorher nach Hause gekommen ist. Eine Magd hatte dies bereits als Zeugin bestätigt, der Untersuchungsrichter traut ihr aber nicht.

Vereidung der Zeugen

Da ihm kein andres Mittel zur Herbeiführung einer wahrheitsgemäßen Aussage übrig bleibt, nimmt er dieser Zeugin ausnahmsweise schon in der Voruntersuchung den Zeugeneid ab. Der Angeschuldigte Jensen war inzwischen trotz der Sicherheitsleistung wieder zur Haft gebracht worden, weil er auf ergangne Ladung ohne genügende Entschuldigung ausgeblieben war. Jetzt setzt ihn der Untersuchungsrichter mit Zustimmung des Staatsanwalts auf freien Fuß, da ihn beide nicht mehr für schuldig halten.

Außerverfolgsetzung

Trotzdem müssen die Akten noch der Strafkammer vorgelegt werden, und diese beschließt nach dem Antrag des Staatsanwalts, den Jensen nunmehr außer Verfolgung zu setzen.

Vom wahren Täter ist noch immer keine Spur. Da finden die Zimmerleute im Brandschutt einen ausgeglühten sechsläufigen Revolver, dessen auffallende Damaszierung noch erkennbar ist. Das Jensensche Gesinde erinnert sich, diesen Revolver im Besitz eines zu Neujahr abgezogenen Dienstknechts namens Meyer gesehn zu haben. Zugleich wird bekannt, daß eben dieser Meyer am Abend vor dem Brande im Nachbardorf bei seiner Geliebten gesehen worden ist. Auch soll er nach seiner Entlassung schwere Drohreden gegen seinen frühern Dienstherrn Jensen ausgestoßen haben.

Der Staatsanwalt beantragt nun beim Untersuchungsrichter gegen Meyer Haftbefehl und Voruntersuchung und erläßt auf Grund des Haftbefehls gegen Meyer, dessen Aufenthalt nicht zu ermitteln ist, einen Steckbrief.

Steckbriefe

Meyer wird denn auch bald darauf in einem mährischen Orte aufgegriffen, nach Erledigung der nötigen Formalitäten und, da er Deutscher ist, auf Grund der bestehenden Staatsverträge von Österreich ausgeliefert und in das Landgerichtsgefängnis übergeführt. Meyer leugnet hartnäckig.

Anklageverfahren

Die Beweismittel gegen ihn mehren sich aber, und nach Schluß der Voruntersuchung reicht der Staatsanwalt bei der Strafkammer eine

Anklageschrift ein, in der er beantragt, gegen Meyer wegen vorsätzlicher Brandstiftung das Hauptverfahren vor dem Schwurgericht zu eröffnen. Der Vorsitzende der Strafkammer läßt dem Angeschuldigten eine Abschrift der Anklageschrift zustellen, bestellt ihm einen Rechtsanwalt als Verteidiger und gibt ihm eine kurze Frist, wenn er noch Anträge zu stellen habe. Die Strafkammer beschließt sodann, Meyer als Angeklagten vor das Schwurgericht zu verweisen.

Eröffnung des Hauptverfahrens

Nach zwei Monaten tritt bei dem Landgericht das Schwurgericht zusammen, unter dem Vorsitz eines vom Präsidenten des Oberlandesgerichts ernannten Richters nebst zwei Mitgliedern des Landgerichts als beisitzenden Richtern. Die zur Aburteilung des Angeklagten Meyer bestimmte Sitzung, die Hauptverhandlung, beginnt in Gegenwart des Gerichtshofs, des Staatsanwalts, des Gerichtsschreibers, des Angeklagten und seines Verteidigers zunächst mit der Bildung der Geschwornenbank (S. 120). Die zwölf Geschwornen nehmen ihre Plätze ein und leisten den Eid: „daß sie die Pflichten eines Geschwornen getreulich erfüllen und ihre Stimmen nach bestem Wissen und Gewissen abgeben wollen“. Die geladnen Zeugen und Sachverständigen werden aufgerufen, die Zeugen werden aber zunächst sämtlich wieder in das Zeugenzimmer geschickt. Der Revolver liegt auf der Gerichtstafel. Der Angeklagte wird über seine persönlichen Verhältnisse vernommen, der Strafkammerbeschluß über Eröffnung des Hauptverfahrens wird verlesen, der Vorsitzende befragt den Angeklagten, ob er auf die erhobne Beschuldigung etwas erwidern wolle. Meyer beteuert seine Unschuld, widerruft sogar sein früheres Geständnis, daß der Revolver in seinem Besitz gewesen sei, obgleich es ihm der Vorsitzende aus den Akten vorhält.

Hauptverhandlung vor dem Schwurgericht

Nun treten die Zeugen einzeln vor, leisten vor ihrer Vernehmung den **Zeugeneid**, erstatten ihre Aussagen und antworten auf verschiedne Fragen, die ihnen, auch von den Gerichtsmitgliedern, dem Staatsanwalt, dem Verteidiger und von einzelnen Geschwornen vorgelegt werden. Der Verteidiger hat noch einige neue Zeugen mit zur Stelle gebracht; auch sie werden sämtlich vernommen. Nach dem Ausfall der Beweisaufnahme bequemt sich Meyer jetzt zu dem Geständnis, daß er allerdings in der Brandnacht in der Scheune kampiert habe. Er habe aber den Brand nicht vorsätzlich angelegt, es sei ihm nur, als er Licht geschlagen habe, das brennende Streichholz aus Versehen zu Boden gefallen und habe das Stroh in Flammen gesetzt. In der Bestürzung sei er davon gelaufen. Die Beweisaufnahme wird wieder aufgenommen, um auch diese Behauptungen möglichst aufzuklären, und endlich geschlossen.

Beweisaufnahme

Der Vorsitzende verliest nun die von ihm entworfnen, an die Geschwornen zu stellenden **Fragen**. Sie lauten: 1. „Ist der Angeklagte schuldig, in der Nacht vom 5. zum 6. August zu Erlbach ein Gebäude, welches fremdes Eigentum war, vorsätzlich in Brand gesetzt zu haben?" und für den Fall, daß diese Frage verneint werde, als **Hilfsfrage**: 2. „Ist der Angeklagte schuldig, in der Nacht vom 5. zum 6. August zu Erlbach durch Fahrlässigkeit den Brand eines Gebäudes, welches fremdes Eigentum war, herbeigeführt zu haben?" Auf Antrag des Verteidigers wird zur ersten Frage noch die **Nebenfrage** eingeschaltet: „Sind mildernde Umstände vorhanden?"

Fragen

Nun erhält der **Staatsanwalt** das Wort. Er faßt die Ergebnisse der Hauptverhandlung zusammen und beantragt, die erste Frage zu bejahen, die zweite und die Frage nach dem Vorhandensein mildernder Umstände zu verneinen. Der **Verteidiger** verwendet

Schlußvorträge

sich umgekehrt für Verneinung der ersten und für Bejahung der zweiten Frage. Werde Frage 1 bejaht, so beantrage er wenigstens mildernde Umstände zuzubilligen. Der Staatsanwalt erwidert, auch der Verteidiger spricht ein zweites Mal, der Angeklagte Meyer hat das letzte Wort; er bleibt dabei, nur fahrlässig gehandelt zu haben.

Rechtsbelehrung

Nunmehr setzt der Vorsitzende den Geschwornen die Bedeutung der einschlagenden §§ 308 und 309 des Strafgesetzbuchs auseinander, namentlich den Begriff des Vorsatzes und der Fahrlässigkeit (S. 86). Er entläßt die Geschwornen mit einer Abschrift der gestellten Fragen in das Beratungszimmer und sorgt dafür, daß es ohne seine Erlaubnis kein Geschworner verlasse, auch daß keine dritte Person darin eintrete.

Wahrspruch

Die Geschwornen wählen zunächst einen Obmann und beraten unter seiner Leitung. Da sie den Vorsitzenden verschieden verstanden haben, so kehren sie inzwischen noch einmal in den Sitzungssaal zurück und erhalten vom Vorsitzenden erneute Rechtsbelehrung. Endlich wird abgestimmt. Für Bejahung der ersten Frage finden sich nur 7 von 12 Stimmen, sie gilt deshalb als verneint. Die zweite Frage wird nun mit mehr als 7 Stimmen bejaht. Der Obmann gibt darauf im Sitzungssaal mit den Worten: „Auf Ehre und Gewissen bezeuge ich als den Spruch der Geschwornen" den Spruch kund. Er wird dem nunmehr eingeführten Angeklagten verlesen. Staatsanwalt und Verteidiger werden von neuem über die Höhe der zu verhängenden Strafe — denn nur darum handelt es sich noch — gehört. Der Gerichtshof zieht sich zur Beratung zurück.

Urteil

Da der jüngste Richter für 1 Jahr Gefängnis (das höchste zulässige Strafmaß), der nächstältere für 10 Monate und der Vorsitzende für 8 Monate stimmen, so erkennt das Gericht in dem nun verkündeten Urteile, daß der Angeklagte (indem er stillschweigend von der Anklage der vorsätzlichen Brandstiftung freigesprochen wird) wegen fahrlässiger Brandstiftung mit 10 Monaten Gefängnis bestraft werde, auch die Kosten des Verfahrens zu tragen schuldig sei. Der Vorsitzende teilt noch die Gründe des Urteils mündlich mit, und damit schließt die Sitzung.

Verfahren vor der Strafkammer

Wäre der Angeklagte Meyer von vornherein nur der fahrlässigen Brandstiftung verdächtig gewesen, so würde er nicht vor die Geschwornen, sondern nur vor die fünf Richter der Strafkammer gestellt worden sein. Eine förmliche Voruntersuchung wäre dann nicht nötig gewesen, auch würde ihm nicht notwendig ein Verteidiger bestellt worden sein. Im übrigen würde aber das Verfahren, ohne Mitwirkung von Geschwornen, genau ebenso verlaufen sein.

Revision

Gegen das Urteil des Schwurgerichts wie der Strafkammer steht dem Angeklagten keine Berufung zu. Er kann also nicht verlangen, daß ein höheres Gericht nochmals die erhobnen Beweise prüfe und von neuem über seine Schuld oder Unschuld entscheide. Er kann aber, und ebenso kann die Staatsanwaltschaft das Rechtsmittel der Revision an das Reichsgericht einlegen, wenn behauptet wird, daß das Urteil auf einer Verletzung des Gesetzes beruhe, z. B. daß die Öffentlichkeit der Verhandlung ohne gesetzlichen Grund ausgeschlossen, ein zur Stelle gebrachter Zeuge nicht vernommen worden wäre, oder daß sich die Strafkammer über den Rechtsbegriff der Fahrlässigkeit geirrt hätte.

Der Angeklagte muß die Revision zu Protokoll des Gerichtsschreibers anmelden oder, wenn er sie schriftlich einreicht, durch einen Rechtsanwalt unterzeichnen lassen. In der öffentlichen Sitzung vor dem Strafsenat des Reichsgerichts hält einer der sieben Richter, der **Berichterstatter**, einen Vortrag über den Sachstand, der Reichsanwalt und der Verteidiger nehmen das Wort; nach nichtöffentlicher Beratung verkündet der Vorsitzende das **Urteil** entweder dahin, daß die Revision verworfen, oder daß das vorige Urteil aufgehoben und die Sache zur nochmaligen Verhandlung an dasselbe Gericht oder auch an ein andres Gericht desselben Bundesstaats zurückgewiesen werde.

Strafvollstreckung

Erst wenn kein Rechtsmittel mehr zulässig ist, wird das Urteil **rechtskräftig** und nunmehr durch die Staatsanwaltschaft **vollstreckt**. Das Todesurteil jedoch erst, wenn die Entschließung des Staatsoberhaupts, in Reichsgerichtssachen des Kaisers, ergangen ist, von dem Begnadigungsrechte keinen Gebrauch machen zu wollen. Die deutschen Regierungen haben sich über Grundsätze verständigt, nach denen von der **bedingten Begnadigung**, d. h. vom Straferlaß Gebrauch gemacht werden soll unter der Bedingung, daß sich der Verurteilte innerhalb einer bestimmten Bewährungsfrist nicht von neuem straffällig macht. Diese Begnadigung soll, nachdem sich auch das erkennende Gericht hierüber geäußert hat, vorzugsweise jugendlichen Personen, bereits mit Freiheitsstrafe Belegten aber nur in besondern Fällen zugute kommen.

Verfahren vor dem Schöffengericht

Auch vor dem **Schöffengericht** nimmt die Hauptverhandlung denselben Verlauf wie vor der Strafkammer. An Stelle des Staatsanwalts tritt hier der **Amtsanwalt**. Die Schöffen leisten den Eid nur einmal in der ersten Sitzung des Geschäftsjahres, an der sie teilnehmen. Das Vorverfahren ist bedeutend einfacher gestaltet, in besonders leichten und einfachen Fällen kann der Amtsrichter auch **ohne Schöffen** entscheiden (S. 136). Gegen die Urteile der Schöffen- und Amtsgerichte haben Amtsanwalt und Angeklagter aber Berufung an die Strafkammer des Landgerichts.

Einzelnes Beleidigungen und leichte Körperverletzungen zu verfolgen, ist regelmäßig Sache des Verletzten selbst, der dann, ohne daß die Staatsanwaltschaft mitwirkt, als Privatkläger auftritt. Gegen Abwesende, außer wenn sie sich der Wehrpflicht entzogen haben, findet regelmäßig keine Hauptverhandlung statt. Nur ganz ausnahmsweise können Angeklagte vom Erscheinen in der Hauptverhandlung entbunden werden. Es kann aber auch verhandelt werden, ohne daß überhaupt eine bestimmte Person beschuldigt ist, so z. B. wenn eine unzüchtige Schrift eingezogen und vernichtet werden soll (objektives Strafverfahren). Endlich kann auch die bereits rechtskräftig entschiedne Sache wieder aufgenommen und nochmals verhandelt werden, wenn sich zu Gunsten des Angeklagten neue wichtige Beweismittel herausstellen, oder wenn schwere und strafbare Verstöße gegen das Gesetz begangen, Beweisurkunden gefälscht, falsche Zeugnisse beschworen worden waren, oder auch wenn der Freigesprochne später ein glaubwürdiges Geständnis ablegt.

Entschädigung unschuldig Verurteilter RG v. 20. 5. 98 Stellt sich im Wiederaufnahmeverfahren die Unschuld des Angeklagten heraus oder doch soviel, daß ein begründeter Verdacht gegen ihn nicht mehr vorliegt und wird er deshalb freigesprochen oder in Anwendung eines milderen Strafgesetzes mit geringerer Strafe belegt, so kann er Entschädigung aus der Staatskasse verlangen, wenn die erkannte Strafe bereits ganz oder teilweise vollstreckt war. Doch darf er seine Verurteilung nicht selbst vorsätzlich herbeigeführt oder durch grobe Fahrlässigkeit verschuldet haben. Wird die Entschädigung verweigert, so kann er Klage gegen die Staatskasse erheben.

Auch für erlittene Untersuchungshaft kann Ersatz

des Vermögensschadens beansprucht werden, wenn der Verhaftete im Strafverfahren freigesprochen oder durch Beschluß des Gerichts außer Verfolgung gesetzt ist, sofern das Verfahren seine Unschuld ergeben oder dargetan hat, daß gegen ihn ein begründeter Verdacht nicht vorliegt. Der Entschädigungsanspruch ist aber ausgeschlossen nicht bloß im Falle vorsätzlichen oder fahrlässigen Verschuldens, sondern auch dann, wenn die zur Untersuchung gezogene Tat eine grobe Unredlichkeit oder Unsittlichkeit in sich schloß, im Zustande der Trunkenheit begangen war oder der Vorbereitung einer strafbaren Handlung diente, endlich dann, wenn es sich um gewisse anrüchige und bereits bestrafte Personen handelt.

Entschädigung für Untersuchungshaft RG v. 14. 7. 04

IV. Konkursverfahren

Ein Kaufmann oder Gewerbtreibender kann, wenn seine Außenstände nicht pünktlich eingehen und sein Kredit erschöpft ist, leicht in Zahlungsverlegenheiten kommen, obwohl in seinen Büchern die Aktiven die Passiven übersteigen, also Überschuldung nicht vorliegt. Kommt es soweit, daß er seine Wechsel nicht mehr einlösen, seine Angestellten und Arbeiter nicht mehr bezahlen kann u. s. w., so liegt Zahlungsunfähigkeit und jedenfalls Zahlungseinstellung vor. Dann bleibt ihm nichts übrig, als selbst auf dem Amtsgericht den Konkurs anzumelden. Vielleicht hat auch schon einer seiner Gläubiger dort den Antrag gestellt, über sein Vermögen das Konkursverfahren zu eröffnen, und er muß, vor das Amtsgericht vorgeladen oder auch vorgeführt, die Zahlungsunfähigkeit einräumen.

Konkursordnung RG v. 20. 5. 98

Zahlungseinstellung

Sollte freilich das vorhandne Vermögen, die Konkursmasse, so gering sein, daß voraussichtlich nicht einmal die Konkurskosten daraus gedeckt werden,

Eröffnung des Konkurses

so lehnt das Amtsgericht die Eröffnung des Konkurses ab. Wenn nicht, so beschließt es die Eröffnung, ernennt den X. zum Konkursverwalter, setzt ihm vielleicht auch die drei meistbeteiligten Gläubiger als Gläubigerausschuß zur Seite und erläßt den offnen Arrest, d. h. niemand darf mehr an den in Konkurs verfallnen, den Gemeinschuldner, zahlen, vielmehr hat sich jeder an den Konkursverwalter zu wenden. Das Amtsgericht setzt zugleich einen Termin zur endgültigen Wahl des Konkursverwalters und Gläubigerausschusses an, Wahltermin, bestimmt die Frist, bis zu der die Gläubiger ihre Forderungen bei Gericht anmelden sollen, und beraumt einen zweiten Termin an zur Prüfung der angemeldeten Forderungen, den Prüfungstermin. Dies alles wird im Reichsanzeiger und im Amtsblatt des Amtsgerichts bekannt gemacht. Die bei Gericht bekannten Gläubiger erhalten noch besondre Mitteilungen.

Konkursverwalter

Es ist nun Sache des Konkursverwalters, das vorhandne Vermögen aufzuzeichnen und an sich zu nehmen, die Bücher abzuschließen und die ersten notwendigen Maßregeln zu treffen, z. B. das offne Geschäft weiter zu führen oder zu schließen. Mit Genehmigung des Gerichts oder des Gläubigerausschusses kann er auch dem Gemeinschuldner für sich und seine Familie eine gewisse Summe zum notwendigen Lebensunterhalt aussetzen.

Wahltermin

Im Wahltermine gibt der Verwalter eine vorläufige Übersicht über den Stand der Masse und wird nebst dem bestellten Gläubigerausschuß von den versammelten Gläubigern wiedergewählt — wenn sie nicht einen neuen Verwalter und einen anders zusammengesetzten Gläubigerausschuß bestellen. Zugleich wird endgültig entschieden, ob das Geschäft fortgeführt oder geschlossen werden soll.

Inzwischen gehen beim Amtsgericht die Anmeldungen der Gläubiger ein, der Gerichtsschreiber trägt sie in eine *Tabelle*, der Konkursverwalter versilbert die Masse, so gut es geht, durch öffentliche Versteigerung oder durch Ausverkauf und zieht die Außenstände wenn nötig durch Klagen ein.

Prüfungstermin

Im *Prüfungstermine* werden die von den Gläubigern angemeldeten Forderungen der Reihe nach erörtert. Der Konkursverwalter und einzelne Gläubiger können der Anmeldung widersprechen; dann muß der Betreffende in einem Prozesse die Richtigkeit seiner Forderung nachweisen, auf „Feststellung" klagen. Hat ein Gläubiger den Prüfungstermin versäumt, so kann ein neuer Termin, aber auf seine Kosten, angesetzt werden.

Konkursgläubiger

An und für sich können alle *Konkursgläubiger* nur gleichmäßige Befriedigung verlangen, es kann z. B., wenn 10000 Mark in der Masse liegen und 20000 Mark Schulden vorhanden sind, jeder nur 50 Prozent *Dividende* erhalten. Hätte sich ein Gläubiger etwa vorsichtigerweise vor Ausbruch des Konkurses noch rasch befriedigen lassen, so würde er, wenn das Rechtsgeschäft vom Konkursverwalter *angefochten* wird, das Empfangne wieder an den Konkurs herauszahlen müssen. Namentlich ist das Gesetz streng gegen Ehegatten und nahe Verwandte des Gemeinschuldners — sowie jedes Schuldners auch außerhalb des Konkurses —, wenn sie vor der Konkurseröffnung oder vor der fruchtlosen Auspfändung des Schuldners von diesem Vermögensstücke erhalten haben.

Anfechtung

RG v. 20. 5. 98

Vorrechte

Gewisse Gläubiger genießen jedoch ein gesetzliches *Vorrecht*, z. B. Dienstboten und Angestellte wegen des rückständig gelassenen Lohnes. Ebenso bleibt z. B. den Hypothekengläubigern das Recht, sich aus den ihnen verpfändeten Grundstück des Gemeinschuldners abgesondert zu befriedigen. Auch versteht sich von selbst, daß Gegenstände, die gar nicht zum Vermögen des Gemeinschuldners gehören, ihm vielleicht nur geliehen sind, von dem Eigentümer zurückverlangt, ausgesondert werden dürfen. Ebensowenig braucht sich ein Gläubiger am Konkurse zu beteiligen, der zwar vom Gemeinschuldner 100 Mark zu fordern hat, ihm aber selbst auch 100 Mark schuldet (Aufrechnung S. 94). Endlich haben die sogenannten Massegläubiger, z. B. die Arbeiter, die bei Aufräumung des Warenlagers mit geholfen haben, Anspruch auf volle Bezahlung.

Verteilung

Ist die ganze Konkursmasse oder doch der größte Teil zu Gelde gemacht, so kann nun an die Verteilung unter die Gläubiger gegangen werden. Der Verwalter entwirft mit dem Gläubigerausschuß einen vorläufigen oder sogleich den endgültigen Verteilungsplan, macht die Hauptsummen öffentlich bekannt und schüttet, wenn kein Widerspruch erfolgt, die verfügbare Masse aus. Die letzte derartige Verteilung ist die Schlußverteilung. Er legt darauf im Schlußtermin Rechnung über seine Verwaltung, und nun wird vom Gericht das Konkursverfahren aufgehoben.

Zwangsvergleich

Nach abgehaltnem Prüfungstermin kann auf Vorschlag des Gemeinschuldners zwischen den (nicht bevorrechteten) Konkursgläubigern auch ein Zwangsvergleich geschlossen werden. Der Gemeinschuldner darf jedoch nicht flüchtig sein, oder die eidliche Anzeige seines Vermögens, den Offenbarungseid verweigert, oder sich des betrüglichen Bankerotts schuldig gemacht haben. Über den Zwangsvergleichsvorschlag wird in einem besondern Vergleichstermin verhandelt. Der Vergleich kommt zustande, wenn die Mehrzahl der im Termin vertretnen Gläubiger dafür stimmt, und die Zustimmenden zugleich mindestens drei Vierteile der Gesamtsumme aller angemeldeten Forderungen in sich vereinigen. Das Gericht hat ihn jedoch zu verwerfen, wenn er den Gläubigern nicht mindestens 20 Prozent ihrer Forderungen gewährt und dies Ergebnis durch unredliches oder leichtsinniges Verhalten des Gemeinschuldners herbeigeführt ist. Wird der Vergleich bestätigt, so müssen sämtliche nicht bevorrechtete Gläubiger, auch wenn sie im Termin nicht vertreten waren, und selbst wenn sie sich gar nicht im Konkurs gemeldet hatten, mit dem festgestellten Prozentsatz ihrer Forderungen endgültig vorlieb nehmen.

Einstellung des Konkurses

Auch während des Konkurses kann das Verfahren eingestellt werden, wenn der Gemeinschuldner die Zustimmung aller angemeldeten Gläubiger beibringt, oder wenn sich jetzt erst herausstellt, daß die Masse nicht die Kosten deckt.

* * *

Gerichtskosten

Die Tätigkeit der Gerichte ist grundsätzlich nicht unentgeltlich, wenn auch in Strafsachen die Gerichtskosten nur verhältnismäßig selten von dem Verurteilten einzubringen sind. Ein besondres Gerichtskostengesetz regelt die Höhe der Gebühren. Sie sind meist in Pauschsätzen nach dem Werte des Streitgegenstandes oder nach der Höhe der erkannten Strafen bemessen. In Zivilsachen haben die Parteien die Gerichtskosten sogar vorschußweise zu bezahlen. Kommt es in Strafsachen zur Freisprechung, so fallen die Kosten der Staatskasse zur Last. (RG v. 20. 5. 98 u. 1. 6. 09)

Auch für die Rechtsanwälte und die Gerichtsvollzieher sowie für die Entschädigung der Zeugen und Sachverständigen bestehen besondre durch Reichsgesetz erlassene Gebührenordnungen. (RGG v. 20. 5. 98 u. 1. 6. 09)

6

Heer und Marine

I. Das Reichsheer

RVerf. Art. 63 Nach der Reichsverfassung bildet die gesamte Landmacht des Reichs ein einheitliches Heer, das in Krieg und Frieden unter dem Befehl des Art. 58 Kaisers steht. Die Kosten und Lasten des gesamten Kriegswesens des Reichs werden von allen Bundesstaaten und ihren Angehörigen gleichmäßig getragen, so daß weder Bevorzugungen, noch besondre Belastungen (Prägravationen) einzelner Staaten oder Art. 67 Klassen grundsätzlich zulässig sind. Ersparnisse an dem Militäretat fallen unter keinen Umständen einer einzelnen Regierung, sondern jederzeit der Reichskasse zu.

Trotzdem ist das deutsche Heer auch heute noch nicht in dem strengen Sinne einheitlich, wie die deutsche Kriegsmarine. Während diese als Kaiserliche Marine ausschließlich vom Kaiser zusammengesetzt, organisiert und befehligt wird (S. 26), wäh- Art. 53 rend die Marinemannschaften nur für den Kaiser eidlich in Pflicht genommen werden, unterscheidet Kontingente die Reichsverfassung einzelne Kontingente des Art. 66 Reichsheers und überläßt den Bundesfürsten und den Senaten der freien Städte als Kontingentsherren oder Chefs aller ihren Gebieten angehörenden Truppenteile, grundsätzlich wenigstens, die Ernennung der Offiziere ihrer Kontingente. Der in das Heer eintretende Deutsche leistet seinem Landesherrn, d. h. dem Staatsoberhaupt des Bundesstaats, in dem er staatsangehörig ist (S. 68), auch dann den Fahneneid, wenn er außerhalb des einheimischen Staats in einem andern Kontingente der Dienstpflicht genügt. Die vom König von Preußen als dem obersten Kriegsherrn der preußischen Armee für diese ergehenden Anordnungen in der Administration, Verpflegung, Bewaffnung und Ausrüstung sind für die nichtpreußischen Kontingente nicht ohne weiteres verbindlich, sondern werden ihren Kommandeuren durch den Bundesratsausschuß für das Landheer und die Festungen (S. 32) nur „zur Nachachtung in geeigneter Weise mitgeteilt". Art. 63

Kontingentsherren

Art. 66

Tatsächlich haben zwar alle deutschen Staaten, mit Ausnahme von Bayern, Sachsen und Württemberg, in besondern mit Preußen abgeschlossenen Konventionen das Recht der Offiziersernennung auf den König von Preußen übertragen. Den Kontingentsherren ist aber jedenfalls das Recht verblieben, die ihren Gebieten angehörigen Truppenteile jederzeit zu inspizieren; sie genießen die mit der Stellung als Chefs dieser Truppenteile verbundnen Ehren und sind befugt, zu polizeilichen Zwecken nicht bloß ihre eignen Truppen zu verwenden, sondern auch alle andern Truppenteile des Reichsheers zu requirieren, die in ihrem Gebiet dauernd untergebracht, disloziert sind. Auch stehen sie zu allen darin garnisonierenden oder vorübergehend dahin kommandierten Truppen im Verhältnis eines kommandierenden Generals mit entsprechender Disziplinarstrafgewalt.

Allen deutschen Kontingenten gegenüber (wegen Bayern siehe S. 154) steht dem Kaiser nicht nur der Oberbefehl im Kriege, sondern auch im Frieden das

Der Kaiser als Bundesfeldherr Art. 63

Recht und die Pflicht zu, dafür Sorge zu tragen, daß alle Truppenteile vollzählig und kriegstüchtig vorhanden sind, und daß Einheit in der Organisation und Formation, in Bewaffnung und Kommando, in der Ausbildung der Mannschaften, sowie in der Qualifikation der Offiziere hergestellt und erhalten wird. Zu diesem Zwecke ist er berechtigt, sich jederzeit durch Inspektionen von der Verfassung der einzelnen Kontingente zu überzeugen und die Abstellung der dabei vorgefundnen Mängel anzuordnen. Diese Anordnung ist für Sachsen und Württemberg formell dem Landesherrn übertragen, dem der Kaiser etwa vorgefundne sachliche und persönliche Mängel „mitteilt". Auch „wird" der Kaiser die Personen der nach Württemberg zu entsendenden Inspekteure dem Könige vorher „bezeichnen".

Der Kaiser bestimmt ferner den Präsenzstand — hierbei freilich durch ein besondres Gesetz gebunden —, die Gliederung und Einteilung der Kontingente des Reichsheers, sowie die Organisation der Landwehr, und hat das Recht, innerhalb des Bundesgebiets die einzelnen dauernd mit Truppen zu belegenden Orte, die Garnisonen, zu bestimmen. Auf dieses Recht, das Dislokationsrecht, hat er jedoch in den mit den einzelnen Staaten abgeschlossenen Militärkonventionen insoweit meist verzichtet, als für die Dauer friedlicher Verhältnisse die einheimischen Truppen in der Regel im eignen Lande verbleiben sollen. Sachsen und Württemberg ist auch das Recht der Garnisonbestimmung vorbehalten. Der Kaiser ordnet endlich auch die kriegsbereite Aufstellung (Mobilmachung) eines jeden Teils des Reichsheers an.

Das Recht des Kaisers, auch im Frieden jeden Teil des Bundesgebiets, wenn die öffentliche Sicherheit bedroht ist, in Kriegszustand zu erklären, ist schon erwähnt worden (S. 21). Nach einem preußischen Gesetze,[1] das für solche Fälle bis zum Zustandekommen eines besondern Reichsgesetzes maßgebend sein soll, wird die Erklärung des Belagerungszustands bei Trommelschlag oder Trompetenschall verkündet und außerdem öffentlich bekannt gemacht. Mit diesem Augenblicke geht die vollziehende Gewalt an die Militärbefehlshaber über. Ihren Anordnungen, für die sie persönlich verantwortlich sind, haben alle Zivilverwaltungs- und Gemeindebehörden Folge zu leisten. Der Militärbefehlshaber kann zur Aburteilung der Verbrechen des Hoch- und Landesverrats, des Aufruhrs, Widerstandes und einer Anzahl andrer Verbrechen oder Vergehen (s. auch S. 81) **Kriegsgerichte** niedersetzen. Sie bestehen aus zwei vom Vorstande des örtlichen Zivilgerichts zu bezeichnenden richterlichen Beamten und drei vom Militärbefehlshaber ernannten Offizieren. Ein Kriegsgerichtsrat ist ihnen als Berichterstatter beigegeben. Das Kriegsgericht verhandelt unter dem Vorsitz des einen richterlichen Beamten mündlich und in der Regel auch öffentlich. Verteidigung ist zulässig. Die Beweise werden sofort erhoben; das Urteil, das auf die gesetzliche Strafe, auf Freisprechung oder Verweisung an den ordentlichen Richter lautet, wird sogleich verkündet und binnen 24 Stunden, ohne daß ein Rechtsmittel dagegen zulässig wäre, vollzogen. Nur die Todesurteile unterliegen zuvor der Bestätigung des kommandierenden Generals. Mit Aufhebung des Belagerungszustands gehen alle noch schwebenden Untersuchungssachen auf die ordentlichen Gerichte über.

Belagerungszustand
Art. 61

Das dem Kaiser zustehende Recht, die Höchstkommandierenden der Kontingente zu ernennen, ist für **Württemberg** auf den Landesherrn mit Vor-

Ernennung der Offiziere
Art. 64

[1] Pr. G v. 4. 6. 51

behalt kaiserlicher Zustimmung übertragen, für Sachsen wird es „auf Grund der Vorschläge" des Königs ausgeübt. Das Recht, die Offiziere zu ernennen, die mehr als die Truppen eines Kontingents befehligen, kommt Bayern, Württemberg und Sachsen mit eignen Kontingentsverwaltungen gegenüber nicht in Frage. Für die übrigen Staaten ist es gegenstandslos, da der Kaiser kraft der mit ihnen abgeschlossenen Militärkonventionen ohnedies sämtliche Offiziere ernennt. Doch ist für Sachsen und Württemberg wenigstens die Ernennung der Generale und der irgendwelche Generalsstellungen versehenden Offiziere von der jedesmaligen Zustimmung des Kaisers abhängig. Der Kaiser ernennt alle Festungs-
Art. 65 kommandanten. Er ist auch berechtigt, Festungen innerhalb des Bundesgebiets anzulegen, und für
Art. 64 die im Reichsdienst oder im preußischen Heere oder in andern Kontingenten zu besetzenden Stellen Offiziere aller Kontingente zu wählen. In der mit Württemberg abgeschlossnen Militärkonvention ist die regelmäßige gegenseitige Abkommandierung preußischer und württembergischer Offiziere auf die Dauer von 1—2 Jahren, auch die gänzliche Versetzung der beiderseitigen Offiziere vorgesehen.

Sonderstellung Bayerns

Versailler Vertrag v. 23. 11. 70

Nur das bayerische Heer bildet einen in sich geschlossnen Bestandteil des deutschen Reichsheers mit selbständiger Militärhoheit des Königs von Bayern, im Kriege aber — und zwar vom Beginn der Mobilmachung ab — unter dem Befehle des Kaisers. Die im Bündnisvertrage zugesicherte volle Übereinstimmung des bayerischen mit dem deutschen Heere in bezug auf Organisation, Formation, Ausbildung, Gebühren, sowie die einheitliche Bewaffnung und Ausrüstung ist von Bayern längst durchgeführt. Das Recht und die Pflicht der Inspektion (S. 152) steht dem Kaiser zwar auch dem bayerischen Kontingent gegenüber zu, doch „wird er sich über die Modalitäten der jeweiligen Vornahme und über das Ergebnis dieser Inspektionen mit dem Könige von Bayern ins Einvernehmen setzen". Die Kriegsbereitschaft (Mobilmachung) wird für das bayerische Kontingent nicht unmittelbar vom Kaiser, sondern „auf dessen Veranlassung" durch den König von Bayern angeordnet. Die kaiserliche Befugnis zur Erklärung des Belagerungszustands (S. 152) ist für Bayern bis zum Zustandekommen des hierüber noch zu erlassenden Reichsgesetzes hinausgeschoben. Die Anlegung von Festungen in seinem Gebiete wird Bayern im Wege jeweiliger spezieller Vereinbarungen zugestehen. Die Verpflichtung der bayerischen Truppen zu unbedingtem Gehorsam gegen den Kaiser tritt nur im Kriege ein und ist nur mit dieser Einschränkung in den bayerischen Fahneneid aufgenommen. Endlich werden die Bedürfnisse des bayerischen Kontingents zwar durch das Reich im Reichshaushaltsetat bereitgestellt, aber dort nur mit einer ganzen Summe ausgeworfen, die nach dem Verhältnis des bayerischen zu dem übrigen deutschen Heere bemessen wird. Diese Summe wird verausgabt durch Spezialetats, die Bayern mit der heimischen Landesvertretung zu vereinbaren hat.

Die für das **sächsische** und das **württembergische Kontingent** geltenden Besonderheiten beruhen auf den mit beiden Staaten abgeschlossnen **Militärkonventionen**. v. 7. 2. 67 u. 21/25. 11. 70

II. Militärgesetzgebung

Bereits durch die norddeutsche Bundes- und demnächst durch die Reichsverfassung wurde die gesamte **preußische Militärgesetzgebung** nebst den zu ihrer Ausführung, Erläuterung oder Ergänzung er- Art. 61

lassnen Reglements, Instruktionen und Reskripten in allen Bundesstaaten, nur Bayern und zum Teil Württemberg ausgenommen, eingeführt. An ihre Stelle ist seitdem fast in allen Stücken, und nunmehr auch für Bayern und Württemberg verbindlich, die Reichsgesetzgebung getreten.

Die Grundlage für die Ordnung der Wehrpflicht, sowie für die Organisation des Heers selbst, seiner Ergänzung und der Dienstpflicht, im aktiven Heer wie im Beurlaubtenstande, bilden die Gesetze betreffend die Verpflichtung zum Kriegsdienst und das Reichsmilitärgesetz.

BG. v. 9. 11. 67

RG v. 2. 5. 74

Friedenspräsenzstärke

An der Spitze des Militärgesetzes steht die Feststellung der Friedenspräsenzstärke, d. h. der Kopfzahl der im Frieden unter den Fahnen befindlichen Soldaten. Sie war bereits in der Reichsverfassung bis zum 31. Dezember 1871 auf ein Prozent der Bevölkerung von 1867 normiert worden und ist seit Erlaß des Reichsmilitärgesetzes von 1874 auf längere Zeitperioden, (Septennat, Quinquennat) festgestellt worden. Gegenwärtig ist bestimmt, sie solle vom 1. April 1905 ab, wo sie 495500 Köpfe betrug, als Jahresdurchschnittsstärke allmählich derart erhöht werden, daß sie im Laufe des Rechnungsjahres 1909 die Zahl von 504665 Gemeinen, Gefreiten und Obergefreiten erreicht und im Laufe des Rechnungsjahrs 1910 auf 505839 erhöht wird. Die Einjährig-Freiwilligen kommen hierauf nicht in Anrechnung. Die Zahl der Offiziere, Ärzte, Beamten und Unteroffiziere ist jährlich im Reichshaushaltsetat festzusetzen. Von dem Inhalt dieser Gesetze und der darauf gegründeten Wehr-, Heer- und Marineordnung wird noch die Rede sein. Die Gehälter der Offiziere einschl. der Sanitätsoffiziere und Marineingenieure sind in der Besoldungsordnung festgestellt.

Art. 60

RG v. 15. 4. 05

RG v. 15. 7. 09

Besondre Gesetze regeln die Pensionierung der Offiziere und Sanitätsoffiziere, sowie die Versorgung der Unterklassen des Reichsheeres, der Marine und der Schutztruppen. Der Pensionsanspruch steht Offizieren und Sanitätsoffizieren des Friedensstandes auf Lebenszeit zu, wenn sie nach einer Dienstzeit von mindestens 10 Jahren zur Fortsetzung des aktiven Militärdienstes dauernd unfähig geworden sind und deshalb daraus ausscheiden müssen. Bei kürzerer Dienstzeit und soweit es sich um Offiziere des Beurlaubtenstandes handelt, ist Voraussetzung, daß der Betreffende infolge einer Dienstbeschädigung zu jedem Militärdienst unfähig geworden ist. Die Pension steigt, jedoch in den höheren Dienststellen nach dem 30. Dienstjahre verlangsamt von $^{20}/_{60}$ bis zu $^{45}/_{60}$ des zuletzt bezogenen pensionsfähigen Diensteinkommens. Im Falle besondrer Bedürftigkeit kann bei den Stellen bis zum Hauptmann aufwärts eine Pensionsbeihilfe gewährt werden. Hierzu kommt, und zwar auch bei Militärbeamten, gegebenenfalls die Verstümmelungszulage, die Kriegszulage, und bei Kriegspensionären vom 55. Lebensjahre ab die Alterszulage. Dieselben Grundsätze gelten bei den Offizieren und Deckoffizieren der Marine. Die Kriegszulage gebührt ihnen auch bei Dienstbeschädigungen, die sie auf dienstlichen Seereisen oder infolge klimatischer Einflüsse in außereuropäischen Ländern erleiden. Bei Offizieren der Schutztruppen in den afrikanischen Schutzgebieten tritt an Stelle der Kriegszulage die Tropenzulage.

Pensionsgesetze RGG v. 31. 5. 06

Für jeden Krieg wird ein Jahr (Kriegsjahr) zur wirklichen Dienstzeit hinzugerechnet. Ebenso werden der dienstliche Aufenthalt in außereuropäischen Ländern, längere Seereisen in außereuropäischen Gewässern und die Dienstzeit bei den Schutztruppen in der Regel doppelt gerechnet. Die Pension erlischt, ruht oder vermindert sich in besonderen Fällen, so namentlich, wenn der Empfänger im Zivil- oder Gendarmeriedienst Anstellung findet.

Unteroffiziere und Gemeine haben Anspruch auf Militärrente, wenn und solange ihre Erwerbsfähigkeit infolge einer Dienstbeschädigung aufgehoben oder um wenigstens 10 Prozent gemindert ist. Hatten sie sich über die gesetzliche Dienstzeit hinaus zum aktiven Dienst verpflichtet (Kapitulanten), so gebührt ihnen nach 8jähriger Dienstzeit die Rente auch ohne Dienstbeschädigung schon wegen geminderter Erwerbsfähigkeit. Nach 18jähriger Dienstzeit steht ihnen stets die lebenslängliche Rente zu. Die Rente wird nach Hundertsteln einer zwischen 540 und 900 Mark abgestuften Vollrente berechnet. Auch ihnen kommt das Kriegsjahr und in den oben angegebenen Fällen die doppelte Berechnung der Dienstzeit zugute. Ebenso gebührt ihnen die Kriegszulage, die Verstümmelungszulage, die Alterszulage, und bei den Schutztruppen statt der Kriegs- die Tropenzulage.

Militäranwärter

Kapitulanten erwerben durch 12jährige Dienstzeit oder, wenn sie wegen körperlicher Gebrechen entlassen sind, schon früher den Anspruch auf den Zivilversorgungsschein, falls sie zum Beamten würdig und brauchbar erscheinen. Der Anstellungsschein kann auch an rentenberechtigte Nichtkapitulanten neben der Rente bewilligt werden. Mit Gewährung des Zivilversorgungsscheins oder gewisser an seine Stelle tretender Abfindungen, jedenfalls durch Anstellung im Zivildienst, gilt die berufliche Erwerbsunfähigkeit als entschädigt. Die Inhaber des Zivilversorgungsscheins sind als Militäranwärter
v. 20. 6. 07 nach vom Bundesrat aufgestellten Grundsätzen bei Besetzung der mittleren, Kanzlei- und Unterbeamtenstellen der Reichs-, Staats- und Kommunalbehörden,

der Invalidenversicherungsanstalten, sowie der städtischen und gewisser andrer öffentlicher Institute, jedoch ausschließlich des Forstdienstes, vorzugsweise zu berücksichtigen.

Auch die Witwen und Waisen von Angehörigen des Reichsheers, der Marine und der afrikanischen Schutztruppen haben Anspruch auf Gewährung der allgemeinen Versorgung und nach Befinden der Kriegsversorgung. Endlich sind die Grundsätze der Unfallversicherung, von der noch zu sprechen sein wird, auf Militärpersonen ausgedehnt. RG v. 17. 5. 07 RG v. 18. 6. 01

Zur Sicherstellung der durch den deutsch-französischen Krieg dem Reiche erwachsenen Pensionslasten wurde der französischen Kriegskostenentschädigung der Betrag von 187 Millionen Talern entnommen und einem besondern Fonds, dem Reichsinvalidenfonds, überwiesen. Die Verwaltung des Reichsinvalidenfonds wird vom Reichskanzler geführt. Aus dem Fonds werden bestritten die Pensionsgebührnisse für die infolge des Krieges von 1870/71 invalide oder dienstunfähig gewordenen Militärpersonen und Beamten des Heeres und der Marine, die gesetzlichen Beihilfen für die Hinterbliebenen der 1870/71 Gefallenen und Verstorbenen sowie die Beihilfen an die Witwen solcher Invaliden. Reichsinvalidenfonds RG v. 1. 6. 09

Die für die Staaten des Norddeutschen Bundes den Militärpersonen zugestandne weitgehende Befreiung von Kommunalanlagen ist später wenigstens dahin eingeschränkt worden, daß das außerdienstliche Einkommen der im Offiziersrang stehenden Militärpersonen und die Pension der zur Disposition gestellten Offiziere nach Maßgabe der Landesgesetze zu den Gemeindeabgaben herangezogen werden dürfen. Kommunalsteuerbefreiung VO v. 22. 12. 68 RG v. 28. 3. 86

Das Reich fordert von seinen Bewohnern, außer

der Erfüllung der persönlichen Dienstpflicht, noch eine Anzahl sachlicher Leistungen, für die jedoch grundsätzlich aus Reichsmitteln Entschädigung geleistet wird.

Quartierleistung BG v. 25. 6. 68 RG v. 21. 6. 87 Die **Quartierleistung** für die bewaffnete Macht während des Friedenszustands liegt zunächst den Gemeinden und selbständigen Gutsbezirken ob, sowohl für garnisonierte Truppen, solange sie noch nicht in besondern Dienstgebäuden, Kasernen, untergebracht sind, als bei Kantonnierungen, Märschen und Kommandos. Die Unterverteilung auf die einzelnen benutzbaren Räumlichkeiten geschieht durch die Gemeindevorstände oder besondre Gemeindedeputationen nach den von ihnen aufgestellten Katastern und Ortsstatuten. Die Entschädigung für gewährtes Quartier, **Servis**, wird nach festen Tarifsätzen vergütet, die für jeden deutschen Ort nach der Servisklasse bemessen wird, der dieser Ort durch eine nach gewisser Zeit zu revidierende **Klasseneinteilung** zugewiesen ist.

Naturalleistungen RG v. 24. 5. 98 u. 9. 6. 06 An **Naturalleistungen** können durch Vermittlung der Gemeinden für die bewaffnete Macht in Anspruch genommen werden: Vorspann von den Besitzern von Zugtieren und Wagen, Naturalverpflegung durch den Quartiergeber, Verabreichung von Fourage durch die Besitzer von Fouragebeständen. Die Vergütung richtet sich für die Naturalverpflegung nach gesetzlich bestimmten, sonst nach den üblichen oder nach Durchschnittssätzen. Ebenso kann die Kriegsmarine im Notfalle die Stellung von Schiffsfahrzeugen zu Truppen- und Materialientransporten an und von Bord der Kriegsschiffe von den Besitzern solcher Fahrzeuge fordern. Den Besitzern kultivierter, bei den Truppenübungen beschädigter Grundstücke werden die **Flurschäden** nach Schätzung Sachverständiger vergütet.

Die Eisenbahnverwaltungen sind jederzeit zu

Truppentransporten nach einem vom Bundesrat festzustellenden Tarif verpflichtet. Nähere Bestimmungen hierüber sind in der Friedens- und in der Kriegstransportordnung für die Eisenbahnen erlassen.

Vom Tage der Mobilmachung ab tritt eine erhöhte Leistungspflicht der Gemeinden oder besondrer größerer Lieferungsverbände für die Kriegsquartier- und Naturalleistungen ein, namentlich auch für Beschaffung der Mobilmachungspferde. Kriegsleistungen RG v. 13. 6. 76

Den Besitzern von Grundeigentum in der nächsten Umgebung befestigter Plätze, den sogenannten Festungsrayons, sind in der Benutzung ihrer Grundstücke, namentlich bei Veränderungen in der Bodenoberfläche, bei Bauten und andern Anlagen über und unter der Erde mehr oder weniger weitgehende Beschränkungen auferlegt. Vom Zeitpunkt der kriegerischen Instandsetzung, der Armierung der Festung ab haben sie innerhalb der Rayons auch die bis dahin geduldeten Anlagen niederzulegen, um die Verteidigungsfront der Festung frei zu machen. Die Entscheidung über Zulässigkeit der Anlagen ist der Kommandantur, mit Rekurs an eine vom Kaiser berufne ständige Militärkommission, die Reichsrayonkommission, übertragen. Die benachteiligten Grundbesitzer werden aus Reichsmitteln entschädigt. Rayongesetz RG v. 21.12.71

Zu allen diesen Gesetzen sind zahlreiche, bis in die kleinsten Einzelheiten eingehende Instruktionen, Regulative u. dgl. erlassen.

In einem besondern Gesetze sind auch die Militärbrieftauben und der Brieftaubenverkehr im Kriege unter Schutz gestellt. RG v. 28. 5. 94

Für die Armee und Marine sowie für die Schutztruppen in den afrikanischen Schutzgebieten

Militär-strafgesetzbuch RG v. 20. 6. 72 KVO v. 26. 7. 96

gilt ein besondres für das ganze Reich erlassenes Militärstrafgesetzbuch. Es beschäftigt sich indessen nur mit den sogenannten militärischen Verbrechen und Vergehen der Militärpersonen, d. h. der Personen des Soldatenstandes und der Militärbeamten. Die sonstigen von Militärpersonen begangnen strafbaren Handlungen werden zwar auch von den Militärgerichten, aber nach dem allgemeinen Strafgesetz (S. 80) abgeurteilt. Der Beurlaubtenstand untersteht dem Militärstrafgesetz nur in der Zeit, in der er sich im Dienste befindet.

Die Strafvorschriften des Gesetzes beziehen sich auf militärischen Hoch-, Landes- und Kriegsverrat, Gefährdung der Kriegsmacht im Felde, Fahnenflucht, Selbstbeschädigung und Vorschützung von Gebrechen, Feigheit, Verstöße gegen die militärische Unterordnung (Subordinationsvergehen), Mißbrauch der Dienstgewalt, im Felde begangne Verbrechen gegen Person und Eigentum, Verletzung besondrer Dienstverpflichtungen, sowie auf die Militärbeamtendelikte. Die Strenge der militärischen Strafgesetze erhöht sich, wenn die strafbare Handlung vor versammelter Mannschaft, im Felde, noch mehr, wenn sie vor dem Feinde begangen wird (Kriegsgesetze). Strafen sind: die durch Erschießen zu vollstreckende Todesstrafe, Gefängnis und Festungshaft bis zu lebenslänglicher oder 15 jähriger Dauer, und Arrest (gelinder, mittlerer und strenger Arrest, bei Offizieren Stubenarrest) bis zu 6 Wochen. Besondre Ehrenstrafen: Entfernung aus Heer oder Marine, gegen Offiziere: Dienstentlassung, gegen Unteroffiziere oder Gemeine: Versetzung in die zweite Klasse des Soldatenstandes, gegen Unteroffiziere: Degradation. Die allgemeinen Bestimmungen des bürgerlichen Strafgesetzes (S. 80) gelten auch für die Beurteilung militärischer Verbrechen und Vergehen, jedoch mit mancherlei Verschärfungen. So gibt es z. B. keine Berücksichtigung jugendlichen Alters, die Verletzung einer Dienstpflicht aus Furcht vor Gefahr steht der vorsätzlichen Verletzung gleich, selbstverschuldete Trunkenheit ist bei Subordinationsvergehen und bei im Dienst begangnen strafbaren Handlungen kein Strafmilderungsgrund. Dem Militärstrafgesetz unterliegen in Kriegszeiten auch andre als deutsche Militärpersonen, so die Kriegsgefangnen, auf dem Kriegsschauplatz auch Ausländer, namentlich feindliche Einwohner.

Militärgerichtsbarkeit

RG v. 1. 12. 98

Seit dem 1. Oktober 1900 besteht für das ganze Reich ein einheitlich geordnetes Militärstrafverfahren. Der **Militärgerichtsbarkeit** sind auch die Personen des Beurlaubtenstandes unterworfen, soweit sie den Militärstrafgesetzen unterstehen (S. 162), Offiziere auch wegen Zweikampfs u. s. w., ferner Angehörige des Beurlaubtenstandes wegen Beleidigungen, Körperverletzungen und Herausforderungen, deren sie sich innerhalb eines Jahres nach Beendigung der Militärgerichtsbarkeit wegen in der Dienstzeit widerfahrner Behandlung gegenüber einem Vorgesetzten schuldig machen.

Die Ausübung der Gerichtsbarkeit ist dem Gerichtsherrn und den erkennenden Gerichten übertragen. Als solche bestehen die **Standgerichte** mit einem Stabsoffizier als Vorsitzenden, einem Hauptmann und einem Oberleutnant als Beisitzern. Ferner die **Kriegsgerichte** in der Besetzung mit einem Kriegsgerichtsrat und vier Offizieren, in schwereren Straffällen mit 2 Kriegsgerichtsräten und 3 Offizieren. Hierbei steht dem rangältesten Offizier der Vorsitz, dem dienstältesten Kriegsgerichtsrat die Führung der Verhandlung zu. Sodann die bei den Generalkommandos und dem Oberkommando der Marine bestehenden **Oberkriegsgerichte** in der Besetzung mit 2 Oberkriegsgerichtsräten und 5 Offizieren unter derselben Verteilung des Vorsitzes und der Führung der Verhandlung. Endlich das **Reichsmilitärgericht** mit dem Sitze in Berlin. An seiner Spitze steht als Präsident ein vom Kaiser ernannter General oder Admiral mit dem Range als kommandierender General. Ihm steht jedoch nur die Leitung der Geschäfte zu, an der Rechtsprechung selbst hat er nicht teilzunehmen. Das Reichsmilitärgericht entscheidet in Senaten, die regelmäßig mit 4 militärischen und 3 juristischen, ausnahmsweise — wenn es sich lediglich um Verletzung prozessualer Vorschriften oder von Vorschriften und Rechtsgrundsätzen der allgemeinen bürgerlichen Gesetze handelt — mit 4 juristischen und 3 militärischen Mitgliedern besetzt sind. Auch hier führt der rangälteste Offizier den Vorsitz. Der (juristische) Senatspräsident führt die Verhandlung. Die militärischen Mitglieder des Gerichtshofes (mindestens im Range von Stabsoffizieren) werden auf Vorschlag der Kontingentsherren auf 2 Jahre, die juristischen Mitglieder (Senatspräsidenten und Räte) auf Vorschlag des Bundesrats ständig vom Kaiser ernannt. Zur Aufrechterhaltung der Rechtseinheit sind ähnlich wie beim Reichsgericht (S. 118) Plenarentscheidungen des Gerichtshofs vorgesehen. Nur beim Reichsmilitärgericht besteht eine **Militäranwaltschaft** (ein Obermilitäranwalt mit einem oder mehreren Militäranwälten), die dem Präsidenten unterstellt ist und dessen Ansicht in rein militärischen Fragen zu vertreten hat.

RG v. 9. 3. 99 Für das **bayerische Heer** besteht ein besonderer Senat, dessen Mitglieder nebst einem Militäranwalt durch den König von Bayern ernannt werden.

Den Standgerichten ist nur die sogenannte **niedere Gerichtsbarkeit** — über nicht im Offiziersrang stehende Personen und wegen leichterer Vergehen und Übertretungen — zugewiesen. An Stelle der Militärjustizbeamten tritt ein vom Gerichtsherrn bestimmter Subalternoffizier: Gerichtsoffizier. Alle übrigen Straffälle, also auch das Verfahren gegen Offiziere und im Offiziersrang stehende Personen, die höhere Gerichtsbarkeit gehört in erster Instanz vor die Kriegsgerichte. Sämtliche erkennende Gerichte sind unabhängig und nur dem Gesetz unterworfen. Ihre militärischen Mitglieder werden nach einer vom Gerichtsherrn alljährlich festzustellenden Reihenfolge, von der nur aus dringenden Gründen abgewichen werden darf, zu den Sitzungen einberufen.

Die Oberkriegs- und Kriegsgerichtsräte werden vom Kontingentsherrn, in der Marine vom Kaiser ernannt. Sie sind ebenso unabsetzbar und unversetzbar, wie die bürgerlichen Richter (S. 113) nach Maßgabe eines besonderen ihre Disziplinarverhältnisse regelnden Reichsgesetzes. Außerhalb des erkennenden Gerichts haben sie zwar den Weisungen des Gerichtsherrn Folge zu leisten, sie dürfen sich auch nicht weigern, dessen Entscheidungen und Verfügungen mit zu unterzeichnen. Haben sie aber dagegen erfolglos Vorstellung erhoben, so sind die Akten dem Oberkriegsgericht vorzulegen, dessen Beurteilung maßgebend ist. Im Felde und an Bord ist ihnen auch die Ausübung der freiwilligen Gerichtsbarkeit (S. 111) und die Leistung der Rechtshilfe (S. 123) übertragen.

RG v. 1. 12. 98

RG v. 28. 5. 01

Verfahren

Das Verfahren vor den Militärgerichten ist im allgemeinen den Grundsätzen des bürgerlichen Strafprozesses (S. 133 ff.) nachgebildet. Es erleidet aber wesentliche Änderungen durch das dem Militärprozeß eingefügte Institut des Gerichtsherrn, d. h. des mit der niedern oder höhern Gerichtsbarkeit ausgestatteten militärischen Befehlshabers und dadurch, daß, außer bei dem Reichsmilitärgericht, eine Militäranwaltschaft nicht besteht. Es ist Sache des Gerichtsherrn, bei Verdacht einer militärgerichtlich strafbaren Handlung ein Ermittlungsverfahren anzuordnen und durch einen beauftragten Gerichtsoffizier (bei den Standgerichten) oder Kriegsgerichtsrat (bei den Kriegsgerichten) als Untersuchungsführer den Sachverhalt erforschen zu lassen. Er kann jederzeit vom Stande des Verfahrens Kenntnis nehmen und die ihm zur Aufklärung der Sache geeignet erscheinenden Verfügungen treffen. Nur darf er nicht selbst an den Untersuchungshandlungen teilnehmen. Er entscheidet darüber, ob der Beschuldigte in Untersuchungshaft zu nehmen ist und erläßt den Haftbefehl. Der höhere Gerichtsherr kann auf Grund neuer Verdachtsgründe oder Beweismittel auch gegen den freigesprochnen Angeklagten einen neuen Haftbefehl erlassen. Nach Abschluß des Ermittlungsverfahrens befindet der Gerichtsherr darüber, ob der Beschuldigte außer Verfolgung zu setzen oder ob gegen ihn einzuschreiten sei. Im letzteren Falle erläßt er eine Anklageverfügung, beauftragt einen Gerichtsoffizier oder (in Sachen der höheren Gerichtsbarkeit) einen Kriegsgerichtsrat mit der Vertretung der Anklage vor dem erkennenden Gericht und läßt durch ihn eine Anklageschrift anfertigen. Auf seinen Befehl tritt sodann das erkennende Stand- oder Kriegsgericht zusammen. Nur der Hauptverhandlung darf er nicht beiwohnen.

Die Hauptverhandlung ist öffentlich, die Öffentlichkeit kann jedoch ausgeschlossen werden, wenn sie eine Gefährdung der öffentlichen Ordnung, insbesondere der Staatssicherheit, oder eine Gefährdung militärdienstlicher Interessen oder der Sittlichkeit besorgen läßt. Der Kaiser erläßt allgemeine Vorschriften darüber, unter welchen Voraussetzungen die Öffentlichkeit wegen Gefährdung der Disziplin auszuschließen ist. Die Vernehmung des Angeklagten und die Erhebung der Beweise liegt vor den Kriegsgerichten dem dienstältesten Kriegsgerichtsrat ob Das Gericht darf unter Umständen die Beeidigung von Zeugen unterlassen. Der Angeklagte kann sich, außer vor den Standgerichten, eines Verteidigers bedienen. Als solche sind Offiziere (auch des Beurlaubtenstandes), Militärjustiz- und obere Militärbeamte stets, Rechtsanwälte in der Regel nur insoweit zugelassen, als sie von der obersten Militärjustizverwaltung hierzu ernannt sind. KVO v. 28. 12. 99

Abweichend vom bürgerlichen Prozeß (S. 142) ist nicht bloß gegen die Urteile der Standgerichte an die Kriegsgerichte, sondern auch gegen die erstinstanzlichen Urteile der Kriegsgerichte an die Oberkriegsgerichte Berufung zulässig. Auch das Berufungsgericht tritt auf Veranlassung des (höhern) Gerichtsherrn zusammen. Gegen die Urteile der Oberkriegsgerichte — also nicht auch in Sachen der niedern Gerichtsbarkeit (S. 164) — findet endlich die Revision, ähnlich derjenigen im bürgerlichen Strafprozeß (S. 142) an das Reichsmilitärgericht statt.

Das rechtskräftige Urteil ist mit der Bestätigungsorder des jeweilig zuständigen militärischen Befehlshabers, eventuell des Kaisers zu versehen. Ein Recht das Urteil aufzuheben oder abzuändern ist darin nicht enthalten, nur eine Milderungsbefugnis steht ihm zu.

Im Felde und an Bord von Schiffen, die zum Dienst in außerheimischen Gewässern bestimmt oder im Kriegszustande befindlich sind, gelten wesentlich vereinfachte Bestimmungen. Berufung und Revision sind ganz ausgeschlossen, dagegen ist in diesem Falle dem betreffenden höhern Befehlshaber die Aufhebung des Urteils gestattet.

Die Strafvollstreckung ist Sache des Gerichtsherrn, auch hier ist die Entschädigung unschuldig Verurteilter oder in Untersuchungshaft Genommener (S. 144) vorgesehen.

Bezüglich der Kriegsgefangnen und Ausländer in Kriegszeiten und bei kriegerischen Unternehmungen können die Bestimmungen über Bildung der Gerichte und des Verfahrens durch Kaiserliche Verordnung abgeändert werden. Auf demselben Wege ist die Militärgerichtsordnung mit mehrfachen Abänderungen auch auf die Militärpersonen der Schutztruppe ausgedehnt worden.

KVO v. 18. 7. 00

Waffengebrauch des Militärs

Pr. G v. 20. 3. 37

Pr. VO v. 17. 8. 35

Wenn die Kräfte der Polizeibehörden zur Aufrechterhaltung der öffentlichen Ordnung und Sicherheit nicht zureichen, so schreitet, jedoch nur auf Antrag der Zivilbehörden, die bewaffnete Macht ein. Die Leitung der militärischen Maßregeln steht in diesem Falle nur dem Militärbefehlshaber zu. Er läßt von der Waffe Gebrauch machen, wenn der Aufforderung, die Waffen abzulegen, nicht sofort Folge geleistet wird, bei Aufläufen und Tumulten, wenn die Menge auf die zweite Aufforderung des Offiziers (in Bayern eines Abgeordneten der Zivilbehörde) nicht auseinandergeht.

Prisengerichte

RG v. 3. 5. 84

VO v. 15. 2. 89

Zur Entscheidung über die Rechtmäßigkeit der im Seekriege gemachten Prisen, d. h. der wegen Führung von Kriegskonterbande oder wegen Blockadebruchs aufgebrachten Schiffe, sind besondre Prisengerichte berufen. Ihre Bildung und die Ordnung des Verfahrens vor den Prisengerichten ist jedesmaliger Kaiserlicher Verordnung überlassen. Eine solche Verordnung ist z. B. aus Anlaß der Blockade der ostafrikanischen Küste durch das deutsche Geschwader im Jahre 1889 ergangen.

Die Vorschriften über Handhabung der Disziplin im Heer und in der Marine sowie für die Schutztruppen werden vom Kaiser erlassen. Sie sind in der Disziplinarstrafordnung für das Heer enthalten, worin Art und Umfang der Strafen selbst und die den einzelnen Vorgesetzten bis herab zum Kompagnie-, Eskadrons- und Batteriechef zustehende Strafgewalt genau geregelt sind. Auch leichtere militärische Vergehen, deren Aburteilung an sich den Militärgerichten zusteht, können nach Umständen im Wege der Disziplinarbestrafung geahndet werden.

Heeresdisziplin v. 31. 10. 72 (Bayern v. 12. 12. 72) Marine v. 4. 6. 91 Schutztruppe v. 26. 7. 96

Den Unteroffizieren und Mannschaften dienstlich verboten ist jede Beteiligung an Vereinigungen, Versammlungen, Festlichkeiten, Geldsammlungen, zu der nicht vorher besondre dienstliche Erlaubnis erteilt ist, jede Dritten erkennbar gemachte Betätigung revolutionärer oder sozialdemokratischer Gesinnung, insbesondre durch entsprechende Ausrufe, Gesänge oder ähnliche Kundgebungen, das Halten oder die Verbreitung revolutionärer oder sozialdemokratischer Schriften, sowie jede Einführung solcher Schriften in Kasernen oder sonstige Dienstlokale, wovon überdies sofort dienstliche Anzeige zu erstatten ist. Ebenso ist dienstlich verboten, sich auf Veranlassung von Zivilpersonen mit dem Vertrieb von Druckwerken und Waren innerhalb von Truppenteilen oder Behörden zu befassen. Jede derartige Aufforderung durch eine Zivilperson ist den Vorgesetzten zu melden.

Besondre Verbote Bek. v. 21. u. 26. 7. 96

Im Zusammenhang mit der Disziplin steht auch das durch Kaiserliche Verordnung geregelte Beschwerderecht. Wenn der Soldat der Überzeugung ist, daß ihm durch unwürdige Behandlung, Vorenthaltung von Gebührnissen oder sonstwie von Vorgesetzten oder Kameraden Unrecht zugefügt worden ist, so hat er das Recht, sich bei seinem Kompagnie-

VO v. 14. 6. 94

(u. s. w.) Chef zu beschweren. Ist die Beschwerde gegen diesen selbst gerichtet, so hat sich der Beschwerdeführer damit an den nächstältesten Offizier der Kompagnie zu wenden. Niemals dürfen aber die Beschwerden während oder unmittelbar nach Beendigung des Dienstes angebracht werden, sondern frühestens erst am folgenden Tage und spätestens am fünften Tage.

Über die Entscheidung darf der Soldat binnen fünf Tagen weitere Beschwerde bei dem nächst höhern Vorgesetzten führen bis zum obersten Kriegsherrn. Die Entscheidung ist dem Beschwerdeführer und dem Verklagten mitzuteilen, in jedem Falle aber schriftlich niederzulegen und aufzubewahren. Die Unterdrückung von Beschwerden ist strafbar. Die Verfolgung eines militärischen Verbrechens oder Vergehens ist unabhängig von dem Antrag des Verletzten.

BO v. 30. 3. 95 Bevor sich ein Offizier über einen Vorgesetzten beschweren darf, hat er mit Hilfe eines Kameraden zuerst den Weg der Vermittlung einzuschlagen. Erst wenn die Vermittlung erfolglos ist, hat der Beleidigte die Beschwerde bei dem zuständigen Vorgesetzten mündlich oder schriftlich vorzutragen.

Ehrengerichte

KBO v. 2. 5. 74 Die besondern Pflichten des Offizierskorps sind in einem denkwürdigen Erlaß Kaiser Wilhelms I. bei Gelegenheit der Verordnung über die Ehrengerichte der Offiziere niedergelegt. Die Ehrengerichte bestehen bei den einzelnen Regimentern und Bezirkskommandos zu dem Zwecke, „die gemeinsame Ehre der Genossenschaft sowie die Ehre des einzelnen zu wahren". Ein aus der Mitte des Offizierskorps erwählter dreigliedriger Ehrenrat führt auf Anordnung des Kommandeurs die nötigen Ermittlungen oder das förmliche ehrengerichtliche Verfahren. Das versammelte Offizierskorps entscheidet sodann als Ehrengericht, indem es entweder auf Freisprechung oder gegen den Schuldigen auf Warnung, Entlassung mit schlichtem Abschied oder auf Entfernung aus dem Offiziersstande erkennt. Der Spruch bedarf der Genehmigung des obersten Kriegsherrn. Der Ehrengerichtsbarkeit unterstehen auch die mit der Militäruniform verabschiedeten Offiziere. Der eigentlichen Militärgerichtsbarkeit sind sie gegenwärtig nicht mehr unterworfen. RG v. 3. 5. 90

Ehrenhändel

KVO v. 1. 1. 97

Bei vorkommenden Privatstreitigkeiten oder Beleidigungen sind die Beteiligten verpflichtet, unter Unterlassung aller weitern Schritte ihrem Ehrenrat sofort Anzeige zu erstatten. Dieser stellt nach Ermittlung des Sachverhalts entweder einen Ausgleichsvorschlag auf, oder er erklärt ein ehrengerichtliches Verfahren für notwendig, oder er stellt fest, daß die Ehre der Beteiligten für nicht berührt zu erachten sei. Ein Ausgleich ist anzustreben, soweit es die Standessitte irgendwie zuläßt. Der Beschluß des Ehrenrats wird durch den Kommandeur bestätigt oder abgeändert. War er von den Beteiligten selbst durch Berufung (binnen drei Tagen) angefochten worden, so ist die Entscheidung des obersten Kriegsherrn einzuholen. Dasselbe hat zu geschehen, wenn ein Offizier unter Umgehung des Ehrenrats, oder vor endgültiger Entscheidung über den Beschluß des Ehrenrats, oder unter Nichtachtung des Ausgleichsvorschlags oder der Feststellung, daß die Ehre nicht berührt sei, eine Herausforderung zum Zweikampf ergehen läßt oder annimmt. Auch bei Ehrenhändeln zwischen einem Offizier und einer Privatperson hat der umgehend anzurufende Ehrenrat möglichst auf einen Ausgleich hinzuwirken.

III. Wehrpflicht und Heeresdienst

Wehrpflicht — RVerf. Art. 57 — Die deutsche Heeresorganisation beruht auf dem Grundsatz der allgemeinen Wehrpflicht. „Jeder Deutsche ist wehrpflichtig und kann sich in Ausübung dieser Pflicht nicht vertreten lassen."

BG v. 9. 11. 67 Der Wehrpflicht nicht unterworfen sind die Mitglieder der regierenden, der mediatisierten, vormals reichsständischen und andrer durch Verträge davon befreiter fürstlicher Häuser. Von ihr ausgeschlossen sind alle mit entehrenden Strafen (Zuchthaus) belegten Personen. RG v. 8. 2. 90 Theologen römisch-katholischer Konfession werden in Friedenszeiten bis zum 7. Militärjahr zurückgestellt. Haben sie bis dahin die Subdiakonatsweihe empfangen, so treten sie zur Ersatzreserve und bleiben von den Übungen befreit. Das Nähere über Erfüllung der Militärpflicht bestimmt die Deutsche Wehrordnung.

RG v. 15. 4. 05 Die allgemeine Wehrpflicht dauert vom vollendeten 17. bis zum vollendeten 45. Lebensjahre; sie zerfällt in die Dienstpflicht und die Landsturmpflicht. Jeder Wehrpflichtige ist vom 1. Januar des Jahres, in dem er sein 20. Lebensjahr vollendet, der Militärpflicht und, wenn er ausgehoben wird, der Dienstpflicht unterworfen. Jeder Militärpflichtige hat sich zwischen dem 15. Januar und dem 1. Februar des Jahres, in dem er sein 20. Lebensjahr vollendet, zur Rekrutierungs-Stammrolle zu melden, und zwar bei der Ortsbehörde seines dauernden Wohnsitzes oder, wenn er einen solchen nicht hat, bei der Behörde seines Geburtsorts (Meldepflicht). Ist er daran verhindert, so haben dies die Eltern, Vormünder, Lehr-, Brot- oder Fabrikherren zu übernehmen. Die Stammrollen werden von den Gemeindebehörden unter Kontrolle der Militärersatzbehörden geführt. Alljährlich hat der Zivilvorsitzende die alphabetische Liste der Militärpflichtigen aus jeder Gemeinde seines Bezirks endgültig festzustellen und bei der Ersatzkommission einzureichen. Verändert der Militärpflichtige nach seiner Anmeldung zur Stammrolle den Wohnsitz, so hat er dies der frühern und der neuen Ortsbehörde innerhalb 3 Tagen anzuzeigen.

Musterung

Außer zur Anmeldung ist der Militärpflichtige noch zur Gestellung verpflichtet, d. h. er hat sich der Musterung zu unterwerfen und hat nach Empfang des Gestellungsbefehls zur Aushebung zu erscheinen. Entzieht er sich böslich der Gestellung, so wird er als unsichrer Dienstpflichtiger (Kantonist) behandelt, zwangsweise gemustert und sogleich in den Militärdienst eingestellt.

Das Reichsgebiet ist, den Armeekorps entsprechend, in 22 Ersatzbezirke — darunter 3 bayerische — eingeteilt. (Das Gardekorps rekrutiert sich aus allen Bezirken.) Jeder Ersatzbezirk zerfällt in Brigadebezirke, und diese gliedern sich in Landwehrbezirke. Der Landwehrbezirk, an dessen Spitze der Bezirkskommandeur steht, ist in mehrere Aushebungsbezirke geteilt, und diese zuweilen noch in kleinere Musterungsbezirke. Für jeden Aushebungsbezirk besteht eine Ersatzkommission (die erste Instanz der Ersatzbehörde), die aus dem Landwehrbezirkskommandeur und einem höhern Verwaltungsbeamten (z. B. dem Landrat, Polizeidirektor) gebildet wird. Zu ihrer Unterstützung dienen ein Infanterieoffizier, ein Militärarzt, vier bürgerliche Mitglieder der sogenannten verstärkten Ersatzkommission und das erforderliche Unterpersonal.

Ist der Militärpflichtige bei der Musterung (gewöhnlich im März) erschienen, so wird er ärztlich auf seine militärische Brauchbarkeit untersucht und muß, besonders wenn er um Zurückstellung oder Befreiung eingekommen ist, die nötigen Aufschlüsse über seine gewerblichen, bürgerlichen und häuslichen Verhältnisse geben.

Losung

Der Kaiser bestimmt für jedes Jahr die Zahl der in das Heer und die Marine einzustellenden Rekruten. Wie viel Rekruten dann jeder Bezirk zu stellen hat, wird von den Kriegsministerien der einzelnen Kontingente vorgeschrieben. Da aber die Zahl der Militärpflichtigen gewöhnlich größer ist als die der verlangten Rekruten, so werden die Überzähligen ausgelost. Jeder Militärpflichtige kann sich auch noch im Musterungstermin freiwillig zur Aushebung melden und auf die Auslosung verzichten; er wird dann in erster Linie eingestellt, darf sich aber nicht, wie die Freiwilligen, vor dem Musterungstermin, eine Waffengattung oder einen Truppenteil wählen.

Aushebung

Nach der Losung werden die Militärpflichtigen auf Grund der ärztlichen Untersuchung und der persönlichen Verhältnisse für die Aushebung geordnet (klassifiziert). Das Aushebungsgeschäft besorgt die Oberersatzkommission, die zweite Instanz der Ersatzbehörde. Sie bereist etwa vom Mai ab die Aushebungsbezirke. Zu ihr gehören der Infanteriebrigadekommandeur und der zuständige Bezirkskommandeur mit ihren Adjutanten, ein Obermilitärarzt, ein höherer Verwaltungsbeamter und ein bürgerliches Mitglied. Die Militärpflichtigen werden ihr vorgestellt, und sie entscheidet endgültig, wer vom Dienste auszuschließen sei, z. B. wegen Aberkennung der Ehrenrechte, wer zurückzustellen sei wegen zeitiger Untauglichkeit, wegen zeitiger Unwürdigkeit, wegen besondrer bürgerlicher Verhältnisse (z. B. als einziger Ernährer einer hilflosen Familie, wegen einer schwer zu unterbrechenden Vorbereitung zum Lebensberuf ꝛc.), wer als bedingt tauglich der Ersatzreserve zu überweisen sei. Sie verteilt die tauglichen Leute zu den einzelnen Waffengattungen und Truppenteilen und berichtet darüber dem kommandierenden General.

Die zum Dienst ausgehobnen Mannschaften gehören nun als Rekruten bis zu ihrer Einstellung ins Heer dem Beurlaubtenstande an und treten unter die Aufsicht oder Kontrolle des Bezirkskommandos.

Wer freiwillig zwei, drei oder vier Jahre dienen will, kann sich schon vom vollendeten 17. Lebensjahr an melden. Er hat zu diesem Zwecke den Zivilvorsitzenden der Ersatzkommission seines Aufenthaltsortes um einen Meldeschein zu bitten. Ob dieser dem Bewerber erteilt wird, ist abhängig von der Einwilligung des Vaters oder des Vormundes und von der obrigkeitlichen Bescheinigung, daß sich der Meldende untadelhaft geführt habe und durch Zivilverhältnisse nicht gebunden sei. Der Zivilvorsitzende hat vor Erteilung der Erlaubnis festzustellen, ob der Gesuchsteller zur seemännischen oder halbseemännischen Bevölkerung gehört, und darf zutreffendenfalls die Erlaubnis zum freiwilligen Diensteintritt nur für die Marine erteilen. Hat der Freiwillige den Meldeschein für das Landheer erhalten, so kann er sich selbst einen Truppenteil auswählen. Der Kommandeur dieses Truppenteils läßt ihn ärztlich untersuchen und entscheidet über die Annahme. Ist er brauchbar, so wird er in der Zeit vom 1. Oktober bis 31. März eingestellt. Nur die Freiwilligen, die auf Beförderung zum Offizier dienen wollen (Fahnenjunker), oder die in ein Musikkorps einzutreten wünschen, dürfen zu jeder Zeit eingestellt werden. *Freiwilliger Dienst*

Für die Einjährig-Freiwilligen dagegen *Einjährig-Freiwillige* findet der Diensteintritt am 1. Oktober statt, beim Train am 1. November und nur bei einzelnen, durch die Generalkommandos bestimmten Infanterietruppenteilen am 1. April. Wer die Berechtigung als Einjährig-Freiwilliger erlangen will, hat sich in der Zeit vom vollendeten 17. Lebensjahre bis zum 1. Februar des ersten Militärpflichtjahres bei der Prüfungskommission für Einjährig-Freiwillige schriftlich zu melden. Dieser Meldung müssen folgende Schriftstücke beigelegt werden:

Vorbedingungen

1. Ein Geburtszeugnis. 2. Eine Erklärung des Vaters oder des Vormundes über die Bereitwilligkeit, den Freiwilligen während einer einjährigen aktiven Dienstzeit zu bekleiden, auszurüsten, sowie die Kosten für Wohnung und Unterhalt zu übernehmen. Daß er hierzu imstande ist, muß obrigkeitlich bescheinigt werden. 3. Ein Unbescholtenheitszeugnis, das für Zöglinge höherer Schulen durch den Direktor der Lehranstalt, für alle übrigen jungen Leute durch die Polizeiobrigkeit oder durch ihre vorgesetzte Dienstbehörde auszustellen ist. 4. Ein Schulzeugnis über die verlangte wissenschaftliche Bildung.

Wer über das Schulzeugnis nicht verfügt, hat in der Meldung das Gesuch auszusprechen, zur Prüfung durch die Prüfungskommission für Einjährig-Freiwillige zugelassen zu werden; zugleich hat er einen selbstgeschriebnen Lebenslauf einzureichen und anzugeben, in welchen zwei fremden Sprachen er geprüft sein will.

Junge Leute, die diese vorgeschriebne wissenschaftliche Befähigung nicht nachweisen können, haben sich an die dritte Instanz der Ersatzbehörde zu wenden, die in jedem Armeekorpsbezirk aus dem kommandierenden General und dem Chef der Landesverwaltung besteht. Die Berechtigung wird ihnen aber in diesem Falle nur dann ohne wissenschaftliche Prüfung erteilt, wenn sie sich in einem Zweige der Wissenschaft oder Kunst oder in einer andern dem Gemeinwesen zu gute kommenden Tätigkeit besonders auszeichnen, desgleichen, wenn sie kunstverständige oder mechanische Arbeiter sind, die in der Art ihrer Tätigkeit Hervorragendes leisten, oder endlich, wenn sie zu Kunstleistungen angestellte Mitglieder landesherrlicher Bühnen sind. Verlangt wird außerdem, daß sie sich einer Prüfung in den Elementarkenntnissen unterwerfen.

Zurückstellung

Die Lehranstalten, die gültige Zeugnisse über die wissenschaftliche Befähigung für den einjährig-freiwilligen Dienst ausstellen dürfen, werden von der Reichsschulkommission (im Reichsamt des Innern) bestimmt.

Will der zum einjährig-freiwilligen Dienst Berechtigte von der Aushebung zurückgestellt werden, so hat er vorm Eintritt in das militärpflichtige Alter den Berechtigungsschein bei der Ersatzkommission seines Gestellungsortes einzureichen. Er wird dann bis zum 1. Oktober des Jahres zurückgestellt, in dem er das 23. Lebensjahr vollendet. Eine weitere Zurückstellung ist ausnahmsweise bis zum 28. Lebensjahre zulässig. Wer den Zeitraum der ihm gewährten Zurückstellung verstreichen läßt, ohne sich zum Diensteintritt zu melden, verliert die Berechtigung. Dasselbe tritt ein, wenn der Einjährig-Freiwillige beim beabsichtigten Diensteintritt nicht mehr die Unbescholtenheit aufweisen kann. Bei einer Mobilmachung verlieren alle Zurückstellungen ihre Gültigkeit.

Diensteintritt

Zum Diensteintritt hat sich der Einjährig-Freiwillige bei irgend einem Truppenteil zu melden, und zwar im Laufe des dem Gestellungstermin vorangehenden Vierteljahrs. Er wird ärztlich untersucht und bei vorhandner Tauglichkeit und sittlicher Würdigkeit zur Dienstleistung angenommen. Ist der Freiwillige nur für die gewählte Waffengattung untauglich, z. B. für die schwere Kavallerie (kleinstes Maß 1 m 67 cm), so hat er sich innerhalb vier Wochen bei dem Zivilvorsitzenden der Ersatzkommission seines Aufenthaltsorts zu melden.

Will der zurückgewiesene Freiwillige sogleich eingestellt werden, so beordert ihn die Oberersatzkommission. Diese entläßt ihn entweder als dauernd untauglich, oder stellt ihn als zeitig untauglich bis zum 23. Lebensjahre zurück, oder sie erklärt ihn als tauglich für die Ersatzreserve oder für eine bestimmte Waffengattung, z. B. für die leichte Kavallerie (kleinstes Maß 1 m 57 cm) oder für die Infanterie (kleinstes Maß 1 m 54 cm).

Unterhalt

Einjährig-Freiwillige müssen sich die etatsmäßigen großen und kleinen Bekleidungsstücke aus eignen Mitteln beschaffen. Für die Benutzung des Dienstpferdes zahlen sie bei der Kavallerie und reitenden Artillerie 400 Mark, bei der fahrenden Artillerie und beim Train 150 Mark. Außerdem haben sie in Friedenszeiten für ihre Verpflegung und ihr Quartier selbst zu sorgen. Nur ausnahmsweise darf dies alles dem Einjährig-Freiwilligen bei einer Fußtruppe durch Bestimmung des Generalkommandos, oder in Sachsen mit Genehmigung des Kriegsministeriums von dem Truppenteil gewährt werden.

Läßt sich der Einjährig-Freiwillige auf länger als 14 Tage beurlauben, so hat er die Zeit des Urlaubs nachzudienen. Wird er in die zweite Klasse des Soldatenstandes versetzt, so verliert er alle Vorrechte und hat zwei oder drei Jahre zu dienen.

Die Mediziner, die in das Sanitätskorps eintreten wollen, dienen ein halbes Jahr mit der

Waffe und, nach erlangter ärztlicher Approbation, ein halbes Jahr als Unterarzt. Erlangen sie nach sieben Jahren nicht die Approbation, so können sie zum Dienste mit der Waffe einberufen werden. Die Tierärzte werden nach halbjähriger vorwurfsfreier Dienstzeit mit der Waffe zu einjährig-freiwilligen Unterärzten befördert. Die Apotheker genügen ihrer einjährig-freiwilligen Militärpflicht 1/2 Jahr mit der Waffe, 1/2 Jahr in einer Militärapotheke. Die Volksschullehrer und Kandidaten des Volksschulamts dienen 1 Jahr und zwar bei der Infanterie.

Ersatz

Der Ersatz der Mannschaften im aktiven Heere wird durch Rekruten, Freiwillige und Kapitulanten gewonnen (S. 158); der Ersatz der Unteroffiziere aus Gemeinen oder Gefreiten von guter Führung und militärischer Befähigung, die sich schriftlich verpflichten, im Dienste zu bleiben; sie erhalten bei der ersten Kapitulation ein Handgeld von 100 Mark. Ferner aus den Zöglingen der Unteroffizierschulen und den von andern Regimentern herübergenommenen Kapitulanten. Unteroffiziere, die 12 Jahre gedient haben, erhalten eine Dienstprämie von 1000 Mark und dürfen nur aus ganz besonderm Grunde wider ihren Willen entlassen werden. In der Reserve und Landwehr ergänzen sich die Unteroffiziere durch die ausscheidenden Unteroffiziere des aktiven Heeres, sowie durch Gefreite und beförderte Einjährig-Freiwillige, die zur Reserve entlassen sind.

Offizierkorps

Das Offizierkorps zerfällt in Generäle (kommandierender General, Generalleutnant, Generalmajor), Stabsoffiziere (Oberst, Oberstleutnant, Major), Hauptleute und Rittmeister, endlich Subalternoffiziere (Oberleutnants und Leutnants).

Das aktive Offizierkorps erhält im Frieden seinen Ersatz durch Zöglinge der Kadettenkorps und durch Fahnenjunker, die als Freiwillige auf Beförderung eintreten. Die Offiziersaspiranten werden zu Fähnrichen ernannt, wenn sie ihre wissenschaftliche Befähigung nachgewiesen (als Abiturienten oder in besondrer Prüfung) und von der Truppe ein empfehlendes Zeugnis erhalten haben. Die Beförderung zum Leutnant hängt in der Regel ab vom Dienstzeugnis der Vorgesetzten und von der Wahl des Offizierkorps. Auszeichnung vor dem Feinde befreit von der Fähnrichsprüfung und fortgesetztes ausgezeichnetes Verhalten im Kriege auch von der zum Offizier.

Reserve- u. Landwehroffiziere

Die **Offiziere des Beurlaubtenstandes** (der Reserve und Landwehr) ergänzen sich aus verabschiedeten Offizieren des aktiven Dienststandes und aus den Reserveoffiziersaspiranten, die aus den Einjährig-Freiwilligen nach einer praktischen und theoretischen Prüfung ausgewählt werden. Vor ihrer Beförderung zum Offizier haben sie zwei achtwöchige Übungen, die erste zur Beförderung zum Vizefeldwebel (Vizewachtmeister), die zweite als Offizierdiensttuer mitzumachen. Gewählt werden sie im Frieden von dem Offizierkorps des zuständigen Landwehrbezirks, im Kriege vom Offizierkorps des betreffenden Truppenteils.

Die Reserveoffiziere werden dreimal zu vier- bis achtwöchigen Übungen eingezogen, die Landwehroffiziere zweimal zu besondern Landwehrübungen.

Landsturmpflicht

Die Wehrpflicht setzt sich zusammen einesteils aus der Dienstpflicht im stehenden Heer (die Reserve gehört zum stehenden Heer) und in der Landwehr, anderenteils aus der Landsturmpflicht. Der **Landsturm** besteht aus allen Wehrpflichtigen, auch wenn sie nicht Soldaten gewesen sind, vom 17. bis zum vollendeten 45. Lebensjahr, soweit sie nicht schon dem Heere oder der Marine angehören. Zum Landsturm ersten Aufgebots gehören die Pflichtigen bis zu ihrem 39., zum Landsturm zweiten Aufgebots bis zum 45. Lebensjahre.

Die Dienstpflicht ist die Pflicht zum Dienst im Heer oder in der Marine und dauert in der Regel vom vollendeten 20. Lebensjahre bis zum 31. März des Kalenderjahres, in dem der Dienstpflichtige sein 39. Lebensjahr vollendet. Für Mannschaften, die vor Beginn des militärpflichtigen Alters in das Heer eingetreten sind, endigt die Verpflichtung schon am 31. März desjenigen Kalenderjahres, in dem sie neunzehn Jahre dem Heere angehört haben. Zum Dienst im stehenden Heer (aktiv und in der Reserve) sind die Eingestellten auf sieben Jahre verpflichtet. Seit Einführung der zweijährigen Dienstzeit dienen sie aktiv oder bei der Fahne ununterbrochen 2 Jahre, bei der Kavallerie und der reitenden Artillerie aber auch jetzt noch 3 Jahre. In der Reserve bleiben jene 5, die der reitenden Truppe 4 Jahre.

Dienstpflicht

RG v. 3. 8. 93 u. 15. 4. 05

Die Landwehr wird in zwei Aufgebote eingeteilt. Im ersten bleibt der Dienstpflichtige nach der Reservezeit 5 Jahre, aber nur 3, wenn er bei der Fahne 3 Jahre gedient hat. Im zweiten Aufgebot bleibt er bis zum 31. März des Kalenderjahres, in dem er das 39. Lebensjahr vollendet. Im Kriege bildet die Landwehr besonders formierte Truppenkörper, doch können die Mannschaften der jüngsten Jahrgänge auch in Ersatztruppenteile eingereiht werden.

Landwehr

RG v. 15. 4. 05

Die Ersatzreserve hat seit der jüngsten Armeevermehrung zwar an Bedeutung erheblich verloren, sie ist aber nicht ganz beseitigt und besteht jetzt aus solchen Militärpflichtigen, die zum Dienste tauglich,

Ersatzreserve

aber aus irgend einem Grunde (z. B. als überzählig) nicht zum vollen aktiven Dienst ausgehoben werden. Die Ersatzreservepflicht dauert 12 Jahre, und zwar vom 1. Oktober des Kalenderjahres ab, in dem das 20. Jahr vollendet wird. Die Ersatzreservisten werden zu drei Übungen eingezogen, von denen die erste 10 Wochen, die zweite 6 und die dritte 4 Wochen dauert. Die Übungen finden nicht mehr mit der Waffe statt, sondern in besondern militärischen Dienstzweigen, in der Verwaltung, Krankenpflege u. s. w. Nach 12 Jahren treten die Ersatzreservisten in die Landwehr zweiten Aufgebots.

Beurlaubtenstand

Die Offiziere, Ärzte, Beamten und Mannschaften der Reserve, der Ersatzreserve und Landwehr bilden zusammen den Beurlaubtenstand und sind den Bezirkskommandeuren unterstellt. Die Personen dieses Standes werden bis zur Landwehr ersten Aufgebots alljährlich zu zwei (Frühjahr und Herbst), die Landwehr ersten Aufgebots nur zu einer Kontrollversammlung befohlen und zu Übungen herangezogen, die auch bei den Schutztruppen abgeleistet werden dürfen. Während der Einberufungen erhalten ihre Familien auf Verlangen aus Reichsmitteln Unterstützungen. Außerdem sind sie verpflichtet, jeden Wechsel ihres Aufenthaltsortes beim Bezirkskommando zu melden. Meldepflichtig sind sie an ihrem Wohnort, nicht an ihrem Beschäftigungsort.

RG v. 10. 5. 92

IV. Gliederung des Heeres und Dienstbetrieb

An der Spitze des Heeres stehen der Kaiser mit seinem militärischen Gefolge, das Militärkabinett, das preußische Kriegsministerium, neben dem für die Kontingente von Bayern, Sachsen und Württemberg besondre Ministerien bestehen, und der Generalstab der Armee. Dieser hat die oberste Heeresleitung und die Befehlshaber größerer Heerkörper in strategischen, taktischen und Verwaltungsanordnungen zu unterstützen; zugleich dient er kriegswissenschaftlichen Zwecken. Zu den obersten Behörden gehören ferner das Oberkommando in den Marken, die 6 Armeeinspektionen und die Landesverteidigungskommission.

Die deutsche Armee ist in 23 Armeekorps gegliedert. Die preußische Garde bildet ein eignes Armeekorps, das Gardekorps. Von den übrigen 22 Armeekorps stehen das 12. und das 19. unter der Verwaltung Sachsens, das 13. unter der Württembergs, das 1., 2. und 3. bayerische unter der Bayerns. Zur ersten Armeeinspektion (Berlin) gehören das 2., 8. und 9. Korps, zur zweiten (Meiningen) das 6., 11. und 12. (sächs.) und 19. (sächs.), zur dritten (Hannover) das 7., 10., 13. (württemb.) und 18., zur vierten (München) das 3., 4. und das 1., 2. und 3. bayerische, zur fünften Armeeinspektion (Karlsruhe) das 14., 15. und 16. Armeekorps, zur sechsten (Berlin) das 1., 5. und 17. Armeekorps. Die Inspektion führt in der Regel ein Generalfeldmarschall oder ein Generaloberst. Einteilung

Ein Armeekorps wird von einem kommandierenden General befehligt. Zum Generalkommando gehören als Stab: der Generalstab des Korps, die Adjutantur, der Militärintendant, Generalarzt, Militäroberpfarrer, Korpsroßarzt. Jedes Armeekorps besteht aus zwei bis drei Divisionen, jede Division aus zwei bis drei Infanteriebrigaden und einer Kavalleriebrigade. Zum Armeekorps gehören ferner in der Regel zwei Feldartilleriebrigaden, ein Trainbataillon, ein Jägerbataillon, ein Fußartillerieregiment und ein Pionierbataillon.

Die Division befehligt in der Regel ein Generalleutnant, die Brigade ein Generalmajor, das Regiment ein Oberst oder Oberstleutnant, das Bataillon ein Major, die Kompagnie (Eskadron, Batterie) ein Hauptmann (Rittmeister). Die Subalternoffiziere (Oberleutnants und Leutnants) sind Gehilfen des Kompagniechefs.

RG v. 15. 4. 05

Das aktive deutsche Heer soll bis zum Jahre 1910 nach dem schon erwähnten Gesetz (S. 156) im Frieden ohne die Einjährig-Freiwilligen (i. J. 1906 waren es 10833) auf die Stärke von 505839 Mann (Kriegsstärke etwa 5000000) gebracht werden. Dazu gehören folgende Truppenkörper:

Friedensformation

216 Infanterieregimenter } 631 Bataillone
18 Bat. Jäger u. Schützen } 631 Bataillone
außerdem
16 Maschinen-Gewehr-Abteilungen

100 Kavallerieregimenter = 499 Eskadrons: 10 Regimenter Kürassiere, 4 schwere Reiterregimenter, 26 Ulanen, 28 Dragoner, 20 Husaren, 7 Chevauxlegers. 5 Regimenter Jäger zu Pferde.

94 Feldartillerieregimenter = 574 Batterien, davon 42 reitende und 63 Feldhaubitzen-Batterien.

18 Fußartillerieregimenter = 40 Bataillone, außerdem 14 Bespannungs-Abteilungen.

28 Pionierbataillone

12 Bataillone Verkehrstruppen: davon 3 Regimenter Eisenbahntruppen mit 6 Bataillonen und 1 bayerischen, 4 Telegraphenbataillone, 1 Luftschifferbataillon.

23 Trainbataillone

1 Lehrinfanteriebataillon (besteht in Potsdam vom April bis September aus kommandierten Offizieren, Unteroffizieren und Mannschaften aller Infanterieregimenter, außer den bayerischen, um eine gleichmäßige Ausbildung der Infanterie herbeizuführen).

Dazu kommen

303 Bezirkskommandos, davon 232 in Preußen, 21 in Sachsen, 17 in Württemberg, 33 in Bayern.

Ferner die Schutztruppen in Deutsch-Ostafrika, Südwestafrika und Kamerun und das ostasiatische Detachement in Tientsin.

Inspektionen

Als besondre Behörden für einzelne Waffen gibt es noch: eine Generalinspektion der Kavallerie, bestehend aus 5 Kavallerieinspektionen, eine Inspektion der Feldartillerie, eine Generalinspektion der Fußartillerie, eine Generalinspektion des Ingenieur- und Pionierkorps und der Festungen, die Inspektion der Jäger und Schützen, Inspektion der Verkehrstruppen, die Feldzeugmeisterei, die Artillerie-Depot-Inspektion, die Train-Inspektion. Die Festungen und einige offene Städte haben Gouverneure oder Kommandanten.

Militärische Anstalten

Zur Ausbildung und Erziehung außerhalb der Truppe dienen folgende Behörden und Schulen: die Generalinspektion des Militär-Erziehungs- und Bildungswesens, die Obermilitär-Studienkommission, die Obermilitär-Examinationskommission, die Kriegsakademie, die Inspektion der Kriegsschulen, das Kadettenkorps, die vereinigte Artillerie- und Ingenieurschule, die Unteroffiziervorschulen, die Unteroffizierschulen, die Militärturnanstalt, die Infanterieschießschule, das Militär-Reitinstitut, die Artillerieschießschulen, die Festungsbau- und Telegraphenschule, das Potsdamsche Militärwaisenhaus.

Verwaltung

Zur **Verwaltung** gehören die Intendanturen, die die Verpflegung, Bekleidung, Garnisonverwaltung, die Kasernenbauten und das Lazarettwesen beaufsichtigen; die Militärgesundheitswesen unter dem Generalstabsarzt der Armee und den Sanitätsoffizieren, von denen die preußischen größtenteils ihre Ausbildung in dem Friedrich-Wilhelms-Institut zu Berlin erhalten; das Militärjustizwesen; das Militärkirchenwesen, das von einem evangelischen und einem katholischen Feldpropst geleitet wird; das Militärveterinärwesen unter einem Inspekteur und den Korpsstabsveterinären; die militärischen Fabriken: Geschützgießereien, Artilleriewerkstätten, Pulverfabriken, Munitionsfabriken, Feuerwerkslaboratorium, Gewehrfabriken.

Dienstbetrieb

Der Dienstbetrieb hängt von den Aufgaben und Eigentümlichkeiten der einzelnen Waffengattungen ab. Doch sind die allgemeinen Grundsätze der Ausbildung im schulmäßigen und gefechtsmäßigen Exerzieren, im Feld- und Schießdienst, Turnen u. s. w. sowie zu der Parade bei allen Waffen von dem Bestreben durchdrungen, die Truppe zur unmittelbaren kriegsmäßigen Verwendung zu erziehen. Die Ausbildung beginnt mit dem einzelnen Mann und steigt allmählich bis zum Trupp und den größern taktischen Einheiten empor. Die großen Herbstübungen oder Manöver, bei denen die einzelnen Waffen in gemischten Verbänden zusammenwirken, schließen die kriegsmäßige Ausbildung des Soldaten ab.

Die Mobilmachung wird vom Kaiser durch den Mobilmachungsbefehl angeordnet. Das Heer geht dann sogleich von der Friedens- zur Kriegsformation über und ordnet sich nach dem geheim gehaltnen Mobilmachungsplan in große taktische Verbände (Armeen).

V. Kriegsmarine

Die Kriegsmarine des Deutschen Reichs ist unter den unbeschränkten Oberbefehl des Kaisers gestellt (S. 26). Er allein hat über die Organisation zu entscheiden, die aber in den Grenzen des Etats bleiben muß. Die Kosten für Neubeschaffung und Erhaltung bestreitet das Reich.

Die gesamte Kaiserliche Marine besteht aus den Marinebehörden, den Marineteilen am Lande und den Marineteilen zur See (Flotte). Ihre Aufgabe ist, die vaterländischen Küsten und die Kolonien zu verteidigen, sowie den deutschen überseeischen Handel und die Rechte der deutschen Staatsangehörigen im Auslande zu vertreten und zu schützen.

Kommando der Marine

Nach den Befehlen des Kaisers haben das Marinekabinett die Kommandierungen der Offiziere, der Generalinspekteur der Marine die nötigen Besichtigungen vorzunehmen. Unmittelbar unter dem Kaiser stehen ferner als oberste Marinebehörden:

Das Reichsmarineamt, die oberste technische und Verwaltungsbehörde. An seiner Spitze steht ein Staatssekretär, der höherer Marineoffizier ist. In technischer Beziehung sind ihm direkt unterstellt die Inspektion des Torpedowesens mit 2 Torpedodivisionen zu je 2 Abteilungen und ihrem Torpedobootsmaterial und den Torpedo- und pp. Schulschiffen; die Inspektion der Küstenartillerie und des Minenwesens mit den 4 Matrosenartillerieabteilungen und den Artillerie- und pp. Schulschiffen, die Inspektion der Schiffsartillerie und die Marinedepot-Inspektion. Außerdem unterstehen dem Reichsmarineamt sämtliche Marineverwaltungsbehörden und technischen Institute (Werften, Depots, Lazarette, Intendanturen, Bekleidungs- und Proviantämter usw.); der Admiralstab der Marine, der die Admiralgeschäfte der Marine und die militärisch-politischen Angelegenheiten der Schiffe im Auslande bearbeitet; die aktive Schlachtflotte, der das I. und II. Geschwader sowie die Aufklärungsdivision unterstellt sind; das Kommando des Kreuzergeschwaders; die Inspektion des Bildungswesens, der die

Marineakademie, die Marineschule, die Seekadetten- und Schiffsjungen-Schulschiffe sowie die Schiffsjungendivision unterstellt sind; das Kommando der Marinestation der Ostsee (Kiel), dem in militärischer Beziehung die Inspektion des Torpedowesens mit 2 Divisionen, die Inspektion der Schiffsartillerie, die Inspektion der Marineinfanterie mit 3 Seebataillonen (das dritte in Kiautschou), ferner die I. Marineinspektion, die I. Matrosendivision mit 3 Abteilungen, die I. Werftdivision mit 3 Abteilungen, die Kommandanturen zu Kiel und Friedrichsort, der Hafenkapitän und das Abwicklungsbureau unterstellt sind; das Kommando der Marinestation der Nordsee (Wilhelmshaven), dem in militärischer Beziehung die Inspektion der Küstenartillerie mit 4 Abteilungen, die II. Marineinspektion, die II. Matrosendivision mit 3 Abteilungen, die II. Werftdivision mit 3 Abteilungen, die Kommandanturen zu Wilhelmshafen, Geestemünde, Cuxhaven und Helgoland, der Hafenkapitän, der Lotsenkommandeur und das Abwicklungsbureau unterstellt sind.

Flotte — RG v. 14. 6. 00, 5. 6. 06 u. 6. 4. 08

Die deutsche Kriegsflotte soll bestehen aus der Schlachtflotte mit zwei Flottenflaggschiffen, vier Geschwadern zu je acht Linienschiffen, von denen das erste und zweite Geschwader die aktive Schlachtflotte, das dritte und vierte Geschwader die Reserve-Schlachtflotte bilden, ferner aus acht großen und 24 kleinen Kreuzern als Aufklärungsschiffen; aus der Auslandsflotte mit acht großen und zehn kleinen Kreuzern; aus der Materialreserve mit vier Linienschiffen, vier großen und vier kleinen Kreuzern.

Der volle Flottenbestand einschließlich der bis dahin nötig werdenden Ersatzbauten, die schon jetzt auf die einzelnen Jahre verteilt sind, soll bis zum Jahre 1917 erreicht werden. Von der aktiven

Schlachtflotte sollen sämtliche, von der Reserve-Schlachtflotte soll die Hälfte der Linienschiffe und Kreuzer dauernd im Dienst gehalten werden.

Anfang 1909 standen zur Verfügung oder waren im Bau: 32 Linienschiffe, 8 Küstenpanzerschiffe, 11 Panzerkanonenboote, 16 große Kreuzer, 42 kleine Kreuzer, 6 Kanonenboote, 3 Flußkanonenboote, 12 Schulschiffe, 11 Spezialschiffe, 1 Hafenschiff, 10 Halbflottillen Torpedoboote und 2 Minensuchdivisionen.

An Deckoffizieren, Unteroffizieren und Gemeinen der Matrosendivisionen, Werftdivisionen und Torpedo-Divisionen sollen vorhanden sein: erstens volle Besatzungen für die zur aktiven Schlachtflotte gehörigen Schiffe, für die Hälfte der Torpedoboote, die Schulschiffe und die Spezialschiffe; zweitens Besatzungsstämme (Maschinenpersonal $^2/_3$, übriges Personal $^1/_2$ der vollen Besatzungen) für die zur Reserve-Schlachtflotte gehörigen Schiffe sowie für die zweite Hälfte der Torpedoboote; drittens $1^1/_2$fache Besatzungen für die im Auslande befindlichen Schiffe; viertens der erforderliche Landbedarf; fünftens ein Zuschlag von fünf Prozent zum Gesamtbedarf. Die zur Ausführung des Flottengesetzes erforderlichen Mittel werden alljährlich im Reichshaushaltsetat bereitgestellt.

Das Marinepersonal ergänzt sich größtenteils aus der seemännischen Bevölkerung, d. h. den Seeleuten von Beruf, den Fischern, Schiffszimmerleuten, Segelmachern, Maschinisten u. s. w. Diese Bevölkerung ist der **Wehrpflicht in der Marine** unterworfen. Dem stehenden Heere entsprechen die aktive Schlachtflotte und die Marineteile am Lande, der Landwehr entspricht die **Seewehr**. Seeleute dienen drei Jahre aktiv und vier Jahre in der Reserve. Einjährig-Freiwillige können in die Seebataillone, die Matrosenartillerieabteilungen und als Schiffsbautechniker auch in die Werftdivisionen ein- Ersatz treten. Militärpflichtige und Freiwillige dürfen im Auslande auch durch die Kommandanten deutscher Kriegsschiffe und Fahrzeuge zum aktiven Dienst in der Marine eingestellt werden. Über das Ersatzwesen und den Beurlaubtenstand enthält die Marineordnung ähnliche Vorschriften wie die Wehr- und Heerordnung für das Landheer. Die Führer deutscher Seehandelsschiffe, wenn sie Offiziere des Beurlaubtenstandes der Marine sind oder waren, oder wenn sie als frühere Seeoffiziere mit Uniform verabschiedet worden sind, sind berechtigt, nach Erwerb eines vom Reichsmarineamt zu erteilenden Flaggenscheins auf der Handelsflagge das Eiserne Kreuz zu führen.

KErl v. 1. 7. 96 u. 7. 2. 03

Der Ersatz an Unteroffizieren und Deckoffizieren wird größtenteils in der Schiffsjungendivision herangebildet, die zur Inspektion des Bildungswesens in Kiel gehört. Das Seeoffizierkorps ergänzt sich aus Seekadetten. Diese werden nach einem Jahre zu Fähnrichen zur See, und nach weiteren $2^1/_2$ Jahren zu Leutnants zur See befördert. Als höhere Chargen folgen Oberleutnant zur See, Kapitänleutnant (im Range des Hauptmanns), Korvettenkapitän (Major), Fregattenkapitän (Oberstleutnant), Kapitän zur See (Oberst), Kontreadmiral (Generalmajor), Vizeadmiral (Generalleutnant), Admiral (General der Infanterie). Die Admirale heißen auch Flaggoffiziere, weil sie als Kommandozeichen eine besondre Flagge an Bord des Admiralschiffs führen.

* * *

Haager Friedenskonferenz

Die auf der Haager Friedenskonferenz vertretnen Mächte haben am 29. Juli 1899, wiewohl zum Teil mit Vorbehalten, ein Abkommen unterzeichnet, wonach vor Ergreifung der Waffen immer erst die guten Dienste oder die Vermittlung einer befreundeten Macht angerufen werden soll. Zu diesem Zwecke ist die Einsetzung internationaler Untersuchungskommissionen und eine internationale Schiedssprechung durch einen ständigen Schiedshof mit einem in Haag errichteten internationalen Bureau vorgesehen, das unter der Leitung eines ständigen Verwaltungsrats steht. In besondern, jedoch nicht von allen Mächten unterzeichneten Protokollen und Erklärungen sind die Gesetze und Gebräuche des Landkriegs näher festgestellt (Kriegspartei, Kriegsgefangne, Kranke und Verwundete, Mittel zur Schädigung des Feindes: Belagerungen und Bombardements, Spione, Parlamentäre, Kapitulation, Waffenstillstand, militärische Gewalt auf besetztem feindlichen Gebiet, bei Neutralen festgehaltene Kriegführende und in Pflege befindliche Verwundete). Die Grundsätze der Genfer Konvention sind auch auf den Seekrieg für anwendbar erklärt. Verboten ist das Werfen von Geschossen und Sprengstoffen aus Luftschiffen oder auf ähnlichen neuen Wegen für die Dauer von fünf Jahren, ferner die Verwendung solcher Geschosse, deren einziger Zweck ist, erstickende oder giftige Gase zu verbreiten, oder solcher, die sich leicht im menschlichen Körper ausdehnen oder plattdrücken (Dumdumgeschosse).

v. 22. 8. 64 / 6. 7. 06

Im Zusammenhange hiermit steht ein Reichsgesetz zum Schutze des Genfer Neutralitätszeichens. Danach darf das Rote Kreuz auf weißem Grunde sowie das Wort: „Rotes Kreuz" zu geschäftlichen Zwecken sowie zur Bezeichnung von Vereinen oder Gesellschaften (die sich im Deutschen Reiche der Krankenpflege widmen und für den Kriegsfall zur Unterstützung des militärischen Sanitätsdienstes zugelassen sind) oder zur Kennzeichnung ihrer Tätigkeit nur auf Grund besondrer Erlaubnis gebraucht werden.

Rotes Kreuz / RG v. 22. 3. 02 Bek. v. 7. u. 8. 5. 03

7

Landwirtschaft, Handel und Gewerbe

I. Die Landwirtschaft

Die natürlichen Bedingungen der Landwirtschaft, Bodenbeschaffenheit, Klima, Witterung, Wechsel der Jahreszeiten, sind ja dem menschlichen und so auch dem staatlichen Willen, der Gesetzgebung, überhaupt nicht zugänglich. Wohl aber sind die Verhältnisse des Landwirtschaftsgewerbes und die Verteilung des Grundbesitzes zu allen Zeiten Gegenstand der staatlichen Regelung gewesen.

Das Reich hat die Landwirtschaft überhaupt nicht in das Gebiet seiner Gesetzgebung gezogen, nur die für die Viehzucht wichtige Veterinärpolizei ist Reichsangelegenheit (S. 23).

Vieh-seuchen RG v. 26. 6. 9

Ein Reichsgesetz beschäftigt sich deshalb mit der Abwehr und Unterdrückung von Viehseuchen. Es verbietet die Einfuhr kranker und verdächtiger Tiere und sieht einschneidende Einfuhr- und Verkehrsbeschränkungen vor, sobald im Ausland eine Viehseuche ausbricht. Im Inlande sind für den Fall eines Seuchenausbruchs die Besitzer und ihre Vertreter, Begleiter und Beherberger erkrankten Viehs, ebenso die Tierärzte, Fleischbeschauer, Schlächter u. s. w. verpflichtet, sofort Anzeige an die Polizeibehörde zu erstatten.

Diese ist, im Einvernehmen mit dem beamteten Tierarzt, ermächtigt, anzuordnen, daß der Seuche oder der Ansteckung verdächtige Tiere abgesondert, bewacht und beobachtet, der verseuchte Standort, das Gehöft, der Ort, die Weide, die ganze Feldmark oder bestimmt bemessene Sperrgebiete gegen den Verkehr mit Tieren und Ansteckungsstoffen abgesperrt, für die Seuche empfängliche Tiere zwangsweise geimpft und tierärztlich behandelt, kranke und verdächtige getötet werden. Die Polizeibehörde hat ferner für unschädliche Beseitigung der Kadaver, für Desinfektion der verseuchten Räume, auch der mit den Tieren in Berührung gekommenen Personen Sorge zu tragen. Viehmärkte, Vieh- und Schlachthöfe stehen unter regelmäßiger tierärztlicher Aufsicht, die auch auf Tierschauen oder sonstige Zusammenziehungen größerer Viehverbände, Gastställe u. s. w. ausgedehnt werden kann. Für öffentliche Schlachthöfe genügt es, im Falle des Seuchenausbruchs sie gegen den Abtrieb des einmal darin aufgenommenen Viehs zu sperren. Schutzmaßregeln

Für die auf polizeiliche Anordnung getöteten oder an der Seuche gefallnen oder infolge der Schutz- oder Zwangsimpfung eingegangnen Tiere wird nach näherer Anordnung der Landesgesetze (Zwangsversicherung) regelmäßig Entschädigung gewährt. Der Anspruch darauf ist verwirkt, wenn der Besitzer die ihm obliegende Anzeige länger als 24 Stunden verzögert oder den polizeilich angeordneten Schutzmaßregeln zuwider gehandelt hat. Eine ausführliche Instruktion des Bundesrats regelt die Ausführung des Gesetzes. Durch die Landesgesetzgebung kann auch die Zwangsimpfung der der Ansteckung ausgesetzten Rindviehbestände vorgesehen werden.[1]

Ähnliche Schutzmaßregeln sind in einem beson-

[1] Pr. G v. 18. 6. 94

Rinderpest dern Gesetze gegen die **Rinderpest** vorgesehn. Die
VG Entschädigungen werden aus der Reichskasse vergütet.
v. 7. 4. 69 mit Instr Zur Durchführung der Absperrungsmaßregeln kann
v. 9. 6. 73 militärische Hilfe in Anspruch genommen werden.
RG v. 21. 5. 78 Für Zuwiderhandlungen sind besonders strenge, bis
u. StrGB §§ 327, 328 zu Zuchthaus ansteigende Strafen angedroht.

v. 25. 1. 05 Mit Österreich-Ungarn ist ein besondres **Viehseuchen-Übereinkommen** geschlossen. Andern Staaten gegenüber bestehen auf Grund des Vereinszollgesetzes gewisse Vieh-, namentlich **Schweineeinfuhrverbote**. Sie sind **Amerika** gegenüber außer Kraft gesetzt, wenn amtliche Bescheinigungen darüber
VO v. 3. 9. 91 vorgelegt werden, daß das Fleisch im Ursprungslande nach Maßgabe der dort geltenden Vorschriften untersucht und frei von gesundheitsschädlichen Eigenschaften befunden worden ist.

Reblauskrankheit Andre Einfuhrverbote dienen zum Schutz gegen die **Reblauskrankheit**. Reichsgesetzlich vorgesehen
RG v. 6. 7. 04 sind: die Überwachung der Weinbaubezirke, wenn nötig die Vernichtung der Rebpflanzen, die Unschädlichmachung (Desinfektion) des Bodens, Verkehrsbeschränkungen, ja das gänzliche Verbot der Rebenkultur für bestimmte Flächen, aber auch ein Entschädigungsanspruch der Weinbergbesitzer. Ist eine Gegend unrettbar verseucht, so können sich die Maßregeln auf den Schutz der Nachbargebiete beschränken. Übrigens haben sich die am Weinbau hauptsächlich
v. 3. 11. 81 interessierten europäischen Staaten in Bern zu einer Internationalen **Reblauskonvention** zusammengeschlossen.

Auch die Zollpolitik des Reichs ist für die Landwirtschaft bedeutsam. Die landwirtschaftlichen Nebenbetriebe (Zuckerfabrikation, Brennereigewerbe) und der Tabakbau sind Gegenstände der Reichsbesteuerung, die Reichsversicherungsgesetze umfassen auch die landwirtschaftlichen Arbeiter. Die eigentliche Fürsorge für die Landwirtschaft ist aber Aufgabe der Einzelstaaten.

Diese Fürsorge gilt besonders der Verteilung des landwirtschaftlich nutzbaren Grundes und Bodens. Eine Ansammlung des Grundbesitzes in den Händen einzelner weniger (Latifundienbesitz) ist dem gemeinen Besten ebensowenig zuträglich, wie die übermäßige Zersplitterung unter zu kleine Wirte (Zwergwirtschaft). Bodenverteilung

Die Einzelstaaten haben deshalb zuweilen ganz verboten, Familienfideikommisse und Majorate zu errichten, d. h. einen großen, regelmäßig in der Hand des ältesten Sohns bleibenden, für die Gläubiger unangreifbaren Grundbesitz zu schaffen; oder sie haben doch ihre Errichtung durch das Erfordernis landesherrlicher Genehmigung, hoher Stempelgebühren u. s. w. erschwert. Ebenso ist die aus der mittelalterlichen Heeresdienstverfassung hervorgegangne Geschlossenheit der Lehnsgüter, mit deren Besitz die Leistung von Ritter- und Kriegsdiensten als Vasallenpflicht verbunden war, heute meist beseitigt. Die Lehnsgüter sind damit zu frei vererblichen und veräußerlichen sogenannten Allodialgütern geworden (Allodifikation). Großgrundbesitz

Der bäuerliche Grundbesitz war besonders unter der Herrschaft des römischen Rechts, das die Grundsätze des römischen Kolonats einfach auf die deutschen bäuerlichen Verhältnisse übertrug, vielfach in die Hand des Großgrundbesitzes geraten (durch das sogenannte Bauernlegen). Oder das bisher freie Eigentum hatte sich doch in sogenanntes Untereigentum oder bloße Erbpacht mit zahlreichen Hofdiensten, Fronen und Naturalabgaben an den Gutsherrn verwandelt. Bäuerlicher Grundbesitz

Seit Anfang dieses Jahrhunderts ist das Gutsuntertänigkeitsverhältnis überall in Deutschland, in Preußen[1] mit dem Martinstage 1810 gefallen. Die letzten Reste der „Gebundenheit an die Scholle" sind durch das Freizügigkeitsgesetz und die Freigebung der Eheschließung (S. 72) beseitigt worden. Seitdem ist die Gesetzgebung der Einzelstaaten bemüht gewesen, die Ablösung der bäuerlichen Lasten durchzuführen, indem sie die Gutsherrn für den Verlust ihrer Rechte, soweit sie nicht einfach beseitigt wurden, in Geld — Kapital oder Rente — entschädigte und die bisherigen Dienste und Naturalleistungen ebenfalls in eine Geldrente (Ablösungsrente) verwandelte. Diese Rente ist vom Bauern an staatlich errichtete Rentenbanken zu zahlen und so bemessen, daß innerhalb eines gewissen Zeitraums völlige Befreiung des Grundbesitzes eintritt oder bereits eingetreten ist. So z. B. nach dem preußischen Gesetz, betreffend die Ablösung der Reallasten und die Regulierung der gutsherrlichen und bäuerlichen Verhältnisse.[2]

Ansiedelungsgesetze

Seitdem ist die Neubegründung unablöslicher (d. h. nur mit Zustimmung beider Teile ablösbarer) Reallasten vielfach ganz verboten. Da aber hierdurch gerade den nicht kapitalkräftigen Personen ein leichter Weg zur Erlangung eignen Grundbesitzes verschlossen war, so ist dieser Grundsatz im Interesse der Vermehrung des gesunden bäuerlichen Kleinbesitzes jetzt wieder aufgegeben worden. Preußen[3] hatte bereits im Jahre 1886 einen Fonds von 100 Millionen Mark, der inzwischen beträchtlich erhöht ist, zur Verfügung gestellt, „um zur Stärkung des deutschen Elements in den Provinzen Westpreußen und Posen gegen polonisierende Bestrebungen durch An-

[1] Pr. Ed v. 9. 10. 1807 [2] Pr. G v. 2. 3. 50 [3] G v. 26. 4. 86, 20. 4. 98, 1. 7. 02, 10. 8. 04 u. 20. 3. 08

siedelung deutscher Bauern und Arbeiter Grundstücke käuflich zu erwerben und die Kosten der erstmaligen Einrichtung sowie der erstmaligen Regelung der Gemeinde-, Kirchen- und Schulverhältnisse zu bestreiten".

Rentengüter

Schon hierbei war vorgesehen, dem neuen Erwerber die Stelle, außer gegen Kapital und in Zeitpacht, auch gegen eine feste Geld- oder Körnerrente zu überlassen, deren Ablösbarkeit von der Zustimmung beider Teile abhängig gemacht werden konnte. Auf demselben Grundsatz beruht die seitdem für ganz Preußen erlassne und in den östlichen Provinzen bereits in ausgedehnte Wirksamkeit getretne Rentengütergesetzgebung.[1]

Daneben bleibt jedoch gestattet, durch Vertrag die Kündbarkeit der Rente, sowie einen im voraus festgestellten Ablösungsbetrag zu vereinbaren. Der Rentengutsbesitzer kann sich auch zur Erhaltung des baulichen Zustandes und eines bestimmten Inventars verpflichten. Wird er auf seinen Antrag durch die Auseinandersetzungsbehörde (Generalkommission) von einer dieser Verpflichtungen nachträglich entbunden, so hat der Rentenberechtigte Anspruch auf sofortige Ablösung der Rente mit dem fünfundzwanzigfachen Betrage.

In gewissen Fällen übernimmt die Rentenbank die Abfindung des Rentenberechtigten (in Rentenbriefen). Dann hat es der Rentengutsbesitzer nur noch mit der Rentenbank zu tun. Diese kann ihm auch mit der ersten Einrichtung ein für die Bank unkündbares Darlehn gewähren, das ebenso, wie die von der Bank übernommne Rente, wiederum in Form der Zeitrente abgezahlt wird. Um der Spekulation einen Riegel vorzuschieben ist jedoch bestimmt, daß vor Ablauf von 10 Jahren diese Bank-

[1] G. v. 27. 6. 90 u. 7. 7. 91

renten nicht abgelöst werden dürfen. Die Generalkommissionen leisten bei Bildung von Rentengütern hilfreiche Hand und sind ermächtigt, die etwa verweigerte Zustimmung der Hypothekengläubiger zur Abzweigung von Rentengütern zu ergänzen, wenn sie deren Interessen unschädlich ist.

Dismembrationen

Andrerseits ist die Gesetzgebung einzelner Staaten auch bemüht gewesen, der zu großen Zerstücklung des ländlichen Grundbesitzes durch **Dismembrierung** oder Parzellierung entgegenzutreten. So bestimmt z. B. ein sächsisches Gesetz,[1] daß von ländlichen geschlossenen Gütern, auf einmal oder nach und nach, nur soviel abgetrennt werden darf, daß mindestens zwei Dritteile der zur Zeit des Erlasses des Gesetzes auf dem Gesamtgut haftenden Steuereinheiten beim Stammgut zurückbleiben, wenn nicht der Bezirksausschuß hiervon entbindet. Auch ist der Handel mit ländlichen Grundstücken zuweilen unter besondre Kontrollen gestellt.[2]

Anerbenrecht

Um der Zersplitterung des Grundbesitzes durch Erbgang sowie der Überlastung des einen, das Gut übernehmenden Erben vorzubeugen, gewähren die für mehrere preußische Provinzen sowie im nordwestlichen Deutschland erlassnen **Landgüterordnungen** dem Besitzer eines bäuerlichen Grundstücks die Möglichkeit, das Grundstück in die Landgüter- oder **Höferolle** einzutragen und dadurch zu erreichen, daß das Gut auf einen einzigen Erben, den sogenannten **Anerben** übergeht, und zwar gegen eine gesetzlich festgestellte besonders billige, durch Vermittlung der Rentenbanken erleichterte Abfindung der übrigen Miterben. Das Anerbenrecht ist durch ein besondres Gesetz[3] auch für die Renten- und Ansiedlungsgüter (S. 196) eingeführt. Ihre Zerteilung und die Veräußerung an

[1] Sächs. G v. 30. 11. 43 Württ. G v. 28. 7. 99 Bad. G v 16. 8. 00 Hess. G v. 24. 12. 57 [2] Bay. Bek. v. 1. 1. 94 Bad. VO v. 15. 5. 95 [3] Pr. G v. 8. 6. 96 u. 2. 7. 98

Fremde ohne Genehmigung der Behörde ist verboten, die Wertsberechnung des Guts im Erbfalle ist auf das 25fache des jährlichen Wirtschaftsertrags festgestellt, dem Anerben ist ein sogenanntes „Voraus“ von $1/3$ des Gutswerts gesichert.

Landwirtschaftlicher Kredit

Das landwirtschaftliche Kreditwesen ist zur Zeit vom allgemeinen Recht nicht abweichend geregelt. Doch sind meist die Grundbesitzer eines ganzen Landstriches mit ihrem gesamten Besitz in besondre auch vom Staate anerkannte Verbände (Ritterschaften, Landschaften) vereinigt. Mit Hilfe der von ihnen gemeinsam, durch Ausgabe von Rentenbriefen aufgebrachten Mittel befriedigen sie, auf Grund aufgestellter Taxen, das Kreditbedürfnis ihrer Mitglieder in Form der Amortisationshypothek, d. h. so, daß ein gewisser zum Zinsfuß hinzugeschlagner niedriger Prozentsatz zugleich die allmähliche Rückzahlung des Kapitals binnen einer bestimmten Reihe von Jahren herbeiführt.

Die nach ihrem Begründer sogenannten Raiffeisenschen Darlehnskassen dienen innerhalb kleiner Kreise, auf Grund der dadurch ermöglichten genauen Personenkenntnis und unter solidarischer Haftung aller, nur dem Personalkredit ihrer Mitglieder.

Die neuern Bestrebungen in der Frage der Bodenverschuldung gehen dahin, eine nach dem reinen Ertragswert des Grundstücks — abgesehen also von der persönlichen Arbeitskraft des Besitzers — bemessne obere Beleihungsgrenze festzustellen,[1] darüber hinaus eine hypothekarische Belastung des Grundbesitzes nicht zuzulassen und auch für Abfindung der Miterben nur diesen Ertragswert zu Grunde zu legen. Zugleich wird angestrebt, die heute noch vorwiegenden festen Hypotheken allgemein, vielleicht wiederum mit Hilfe

[1] Pr. G v. 20. 8. 06

der bewährten Rentenbanken in Rentenschulden (S. 197) zu verwandeln (Amortisationsrenten).

Landwirtschaftliche Anstalten

Die sonstigen staatlichen Veranstaltungen zur Hebung der Landwirtschaft, als da sind: Schulen, Versuchsstationen, Landesgestüte u. s. w., sollen hier nur erwähnt werden. Vieles ist der genossenschaftlichen Selbsthilfe überlassen (Darlehnskassen, Molkereigenossenschaften, gemeinschaftlicher Einkauf von Düngemitteln, gemeinsame Speicheranlagen). Solchen Vereinigungen kommt der Staat auch mit materiellen Mitteln zu Hilfe. So ist z. B. in Preußen[1] eine Zentral-Genossenschaftskasse mit einem staatlich gewährten Grundkapital von 50 Millionen Mark errichtet worden. Sie hat die Bestimmung, den genossenschaftlichen Personalkredit durch Gewährung zinsbarer Darlehne an landwirtschaftliche Vereinigungen und Verbandskassen aller Art, durch Vermittlung ihres Bankverkehrs u. s. w. zu fördern. Andern Bestrebungen leiht der Staat wenigstens seinen Arm und stellt sie zugleich unter seine Aufsicht, z. B. Wasser-, Meliorations-, Deich- und Siel-, Verkopplungs- oder Zusammenlegungsgenossenschaften. Bei den zuletzt genannten kann, wenn die nutzbaren Grundstücke so ungünstig durcheinander liegen, daß der einzelne Besitzer in der Kultur übermäßig beschwert ist, auf Antrag eines gewissen Teils der Besitzer der gesamte Grundbesitz zusammengeworfen und von neuem zweckmäßiger ausgeteilt werden.[2]

Landwirtschaftliche Vertretungen

Das landwirtschaftliche Vereinswesen steht, meist unter staatlicher Beihilfe, überall in Deutschland in hoher Blüte. Auch die als Beiräte der Regierungen bestehenden landwirtschaftlichen Organe (Landesökonomiekollegien, Landwirtschaftsräte, Landeskultur-

[1] Pr. G v. 31. 7. 95, 8. 6. 96 u. 20. 4. 98 [2] Für Frankfurt a. M. Pr. G v. 28. 7. 02

räte) gehen meist aus Wahlen der Vereine hervor. Vertreter aller deutschen landwirtschaftlichen Vereine treten in dem deutschen Landwirtschaftsrat zusammen.

Eine allgemeine gesetzliche Vertretung der Landwirtschaft ist für Preußen in der Gestalt von Landwirtschaftskammern geschaffen worden.[1] Sie werden durch Königliche Verordnung nach Anhörung des Provinziallandtags in der Regel für eine Provinz errichtet. Sie haben die Aufgabe, die Gesamtinteressen der Land- und Forstwirtschaft ihres Bezirks wahrzunehmen, Einrichtungen zur Hebung der Lage der ländlichen Grundbesitzer und die weitere korporative Organisation des Berufsstands der Landwirte zu fördern. Sie unterstützen die Verwaltungsbehörden durch Anträge, Mitteilungen und Gutachten, wirken bei den Organisationen des ländlichen Kredits mit, fördern den technischen Fortschritt, können die Anstalten und das Vermögen der landwirtschaftlichen Zentralvereine ganz übernehmen, auch sonst das Vereinswesen unterstützen. Sie können endlich auch bei der Verwaltung und der Preisnotierung der Produktenbörsen und Märkte, besonders der Viehmärkte mitwirken. Ihre Satzungen bedürfen Königlicher Genehmigung. Darin wird auch das Wahlrecht und die Wählbarkeit näher geordnet, das Gesetz gibt hierüber nur allgemeine Bestimmungen. Wahlbezirke sind in der Regel die Landkreise, die Wahl erfolgt in Kreistagen. Das Wahlrecht kann erweitert, aber auch nach Grundsteuerbeträgen abgestuft und indirekt gestaltet werden. Ein Vertreter der Staatsregierung nimmt an den Sitzungen der Kammer teil. Die Kosten werden nach Maßgabe des Grundsteuerertrags umgelegt und durch die Kreiskassen eingehoben. Die Kammern haben das Recht der juristischen Persönlichkeit (S. 92). Alljährlich er-

[1] Pr. G v. 30. 6. 94 Bad. G v. 28. 9. 06 Hess. G v. 16. 5. 06

statten sie Berichte an den Landwirtschaftsminister, dessen Aufsicht sie auch unterstellt sind. Auf Antrag des Staatsministeriums können sie durch königliche Verordnung aufgelöst werden, innerhalb 3 Monaten muß aber eine Neuwahl veranstaltet und innerhalb 6 Monaten muß die Kammer neu berufen werden.

Jagd

Das **Jagdrecht** auf fremdem Grund und Boden ist heute überall in Deutschland (außer Mecklenburg) beseitigt, dadurch aber noch nicht ohne weiteres auf den Eigentümer des Grundstücks übergegangen. Vielmehr wird es, wenn der Grundbesitz nicht eine bestimmte Größe erreicht, entweder durch besondre Vereinigungen der Grundbesitzer (Jagdgenossenschaften), oder zu ihren Gunsten von der politischen Gemeinde im Wege der Verpachtung, oder durch eigne Angestellte ausgeübt. Darüber, was zum jagdbaren Wild gehöre, wann die Jagd zu ruhen habe (Schonzeit), über Jagdscheine u. s. w. bestimmen die Landesgesetze[1] verschieden. Der Ersatz des Wildschadens ist für das ganze Reich im Bürgerlichen Gesetzbuch geregelt, doch ist den Landesgesetzen daneben großer Spielraum geblieben.

BGB § 835 EG Art. 69—71

II. Der Handel

Handelsrecht

Einheitlichkeit des Rechts ist für den Handel ein so dringendes Bedürfnis, daß bereits zuzeiten des deutschen Bundes eine gemeinsame, das Handels- und Wechselrecht umfassende Gesetzgebung zustande gekommen war, die Wechselordnung von 1847 und das Handelsgesetzbuch von 1861. Beide sind nach Errichtung des Norddeutschen Bundes als Bundesgesetze verkündet worden und gelten im Reiche als Reichsrecht. Auch in Österreich sind beide noch Gesetz. Das Handelsgesetzbuch ist aber gleichzeitig mit dem Bür-

BG v. 5. 6. 69

[1] Pr. G v. 24. 12. 06 Bay. G v. 30. 3. 50 Sächs. G v. 1. 12. 64 u. 9. 3. 08 Württ. G v. 27. 10. 55 Bad. G v. 2. 12. 50 Hess. G v. 26. 7. 48 BO v. 30.6. 94 Elß. G v. 7. 5. 83 u. sw.

gerlichen Gesetzbuch, also am 1. Januar 1900 (S. 92) in veränderter Fassung in Kraft getreten.

Das neue Handelsgesetzbuch nennt einen Kaufmann den, der ein Handelsgewerbe betreibt. Darunter versteht es außer dem Handel mit Waren und Wertpapieren auch die über den Umfang des Handwerks hinausgehende Fabrikation, das Versicherungsgeschäft gegen Prämie, das Bankier- und Geldwechslergeschäft, das Transport- und Güterlagerungsgewerbe, die Vermittlung von Handelsgeschäften, den Buch- und Kunsthandel sowie das nicht bloß handwerksmäßig betriebne Druckereigewerbe. Auch Frauen und Ehefrauen können Kaufleute sein (Handelsfrauen). Die kaufmännische Firma, d. h. der Name, unter dem der Kaufmann im Handel seine Geschäfte betreibt und die Unterschrift abgibt, wird in das bei Gericht geführte Handelsregister (S. 111) eingetragen. Der Kaufmann ist zur ordnungsmäßigen Buchführung verpflichtet und hat aller 12 Monate eine Bilanz, d. h. einen das Verhältnis des Vermögens und der Schulden darstellenden Abschluß, auch mindestens aller zwei Jahre ein genaues Verzeichnis seines Vermögens, Inventar, anzufertigen. Nur die sogenannten Minderkaufleute, deren Gewerbebetrieb nicht über den Umfang des Handwerks hinausgeht, sind hiervon entbunden. Hilfspersonen des Kaufmanns sind die Prokuristen, die im Handelsregister eingetragen werden und zur unbeschränkten Vertretung des Kaufmanns in allen Angelegenheiten des Handelsgewerbes ermächtigt sind, ferner die Handlungsbevollmächtigten (Handlungsreisenden) und Handlungsgehilfen. Aus den wichtigen für die Handlungsgehilfen getroffnen Bestimmungen sei nur hervorgehoben, daß der Gehalt mindestens monatlich und nicht später als am Schlusse des Monats zu zahlen ist, daß die Kündigungsfrist für

Handelsgesetzbuch RG v. 10. 5. 97, 2. 6. 02 u. 12. 5. 04

§§ 59—83

beide Teile gleich bemessen sein, mindestens 1 Monat betragen muß, und daß die Kündigung nur für den Schluß eines Monats zugelassen ist. Die sogenannte Konkurrenzklausel, d. h. die vertragsmäßige Beschränkung des Gehilfen in seiner gewerblichen Tätigkeit für die Zeit nach Beendigung des Dienstverhältnisses gilt nur bedingungsweise, nicht länger als auf drei Jahre und nur soweit sie das Fortkommen des Gehilfen nicht unbillig erschwert. Die Entscheidung von Streitigkeiten aus dem Dienstverhältnis gehört vor die Kaufmannsgerichte, von denen noch die Rede sein wird. Die Verhältnisse der Handelsagenten und Handelsmäkler sind im Gesetz neu geordnet.

Handelsgesellschaften

Zwei oder mehrere Personen können sich zum Betrieb des Handelsgewerbes unter gemeinsamer Firma vereinigen. Sie bilden eine offne Handelsgesellschaft, wenn bei keinem Gesellschafter die Haftung gegenüber den Gesellschaftsgläubigern beschränkt ist. Sie haften dann als Gesamtschuldner, jeder mit seinem ganzen Vermögen, für Erfüllung aller, auch der nur von einem Gesellschafter für die Firma eingegangnen Verbindlichkeiten. Eine Kommanditgesellschaft ist vorhanden, wenn bei einem oder bei einigen Gesellschaftern (Kommanditisten) die Haftung gegenüber den Gesellschaftsgläubigern auf den Betrag einer bestimmten Vermögenseinlage beschränkt ist, während der oder die andern sogenannten persönlich haftenden Gesellschafter unbeschränkt haften. Der stille Gesellschafter endlich nimmt, ohne nach außen überhaupt hervorzutreten, lediglich mit einer Vermögenseinlage an Gewinn und Verlust der Firma Anteil. Seine Gewinnbeteiligung kann durch Vertrag nicht ausgeschlossen werden.

Aktiengesellschaften

Die moderne Hauptform der großen gesellschaftlichen Handels- oder Industrieunternehmung ist die Aktiengesellschaft. Sie muß als solche schon in ihrer Firma kenntlich gemacht und in der Regel nach dem Gegenstand ihres Unternehmens bezeichnet sein. Ihr Grundkapital ist in Anteile, **Aktien**, zerlegt, die auf den jeweiligen Inhaber oder auf den Namen lauten und mindestens auf den Betrag von 1000 Mark gestellt werden müssen. Doch kann der Bundesrat auch die Ausgabe von Aktien über mindestens 200 Mark zulassen. Derselbe Mindestbetrag ist auch bei auf Namen lautenden Aktien, die nur mit Zustimmung der Gesellschaft übertragen werden dürfen, gestattet. Um die Täuschung des Publikums über die Rentabilität eines Aktienunternehmens und die Verschleierung der sogenannten Gründervorteile zu verhüten, sind sehr ins einzelne gehende Vorschriften mit scharfer, auch strafrechtlicher Verantwortlichkeit der Gründer getroffen. Die Aktiengesellschaft wird durch einen Vorstand vertreten, neben dem ein Aufsichtsrat bestellt sein muß. Die Aktionäre üben ihre Rechte regelmäßig nur in der Generalversammlung aus. Bei der **Kommanditgesellschaft auf Aktien** treten an Stelle des Vorstands die persönlich haftenden Gesellschafter, die Kommanditeinlagen sind in Aktien zerlegt; sonst gelten in der Hauptsache dieselben Bestimmungen wie bei der reinen Aktiengesellschaft.

Löst sich eine Handelsgesellschaft freiwillig auf, so wird die **Liquidation**, d. h. die Abwicklung der laufenden Geschäfte und die Versilberung des Gesellschaftsvermögens, durch Liquidatoren besorgt, die nach Befinden vom Gericht zu ernennen sind.

Handelsgeschäfte

Das Handelsgesetzbuch enthält über die Handelsgeschäfte, namentlich den Handelskauf, einzelne vom bürgerlichen Recht abweichende Bestimmungen. So werden allgemein 5 Prozent statt sonst 4 Prozent Zinsen (S. 94) zugelassen. Genauer geordnet sind die Rechtsverhältnisse des **Kommissionärs**, der gewerbemäßig übernimmt, Waren oder Wertpapiere für Rechnung eines andern (des Kommittenten) in eignem Namen zu kaufen oder zu verkaufen. Handelt es sich dabei um Waren, die einen Börsen- oder Marktpreis haben, oder um Wertpapiere, die an der Börse amtlich notiert werden, so bestehen auch in andern Gesetzen (Depot- und Börsengesetz S. 212) für den Kommissionär besondre Bestimmungen. Der Spediteur übernimmt gewerbemäßig, für Rechnung eines andern in eignem Namen Güterversendungen zu besorgen, der Lagerhalter, Güter zu lagern und aufzubewahren, der Frachtführer, die Beförderung von Gütern zu Lande, auf Flüssen oder auf sonstigen Binnengewässern auszuführen.

Seerecht
RG
v. 30. 5. 08

Sehr ausführliche Bestimmungen sind über den Seehandel und die Seeversicherung gegeben. Reeder ist der Eigentümer eines ihm zum Erwerb durch die Seefahrt dienenden Schiffs; die Reederei entspricht im allgemeinen der offnen Handelsgesellschaft (S. 204), der Korrespondentreeder (Schiffsdirektor, Schiffsdisponent) dem Prokuristen einer solchen Gesellschaft. Schiffer ist der Führer des Schiffs, der Schiffskapitän. Er ist im Notfall zur Verbodmung, d. h. zur Aufnahme von Darlehnen unter Verpfändung von Schiff, Fracht und Ladung, ja selbst zum Verkaufe des Schiffs berechtigt. Die von Schiff, Ladung und Fracht gemeinsam zu tragenden Schäden und die zu ihrer Abwehr aufgewendeten Kosten fallen unter die große, sonstige Schäden und Kosten unter die besondre Haverei.

RG
v. 20. 5. 98

Die privatrechtlichen Verhältnisse der Binnenschiffahrt (auf Flüssen oder sonstigen Binnengewässern) und der Flößerei sind in besondern Reichsgesetzen geordnet.

Wechselordnung
v. 3. 6. 08

Das Wechselrecht läßt sich am einfachsten am Beispiel eines gezognen Wechsels oder einer Tratte darstellen. Die Vorderseite lautet:

Schulze & Co.
(Bezogner und Acceptant)

Leipzig, den 7. März 1910 Für ℳ 5000
Drei Monate nach heute zahlen Sie gegen diesen
Prima-Wechsel an die Order von C. Heydenreich
in Berlin die Summe von (Remittent)
Mark Fünftausend
den Wert erhalten, und stellen ihn auf Rechnung
laut Bericht.
Herren Schulze & Co. in Hamburg
(Bezogner, Trassat)
A. F. Meyer jun.
(Aussteller, Trassant)
zahlbar in Leipzig bei der Sächsischen Bank
(Domizil) (Domiziliat)

Von dem ganzen Wechseltext sind die letzten beiden Zeilen häufig nur Redensart. Der Domizilvermerk (unterste Zeile) wird nur dann beigefügt, wenn der Wechsel nicht dem Bezogenen selbst, sondern einem dritten (dem Domiziliaten) zur Einlösung vorgelegt werden soll. Dagegen ist der übrige Teil des Wechsels, namentlich Datum, Summe, Zahlungszeit, das Wort „Wechsel", die Angabe des Remittenten (an den gezahlt werden soll), des Bezognen (der zahlen soll) und des Ausstellers (der den Bezognen zu zahlen anweist) so wesentlich, daß der Wechsel, wenn auch nur eines dieser Bestandteile fehlte, überhaupt kein Wechsel, höchstens eine Schuldurkunde wäre, wenn der Bezogne seinen Namen „quergeschrieben", acceptiert hätte.

Der Name des Ausstellers kann auch identisch sein mit dem des Remittenten: **Wechsel an eigne Order**, oder identisch sein mit dem des Bezognen und Acceptanten: **Trassiert eigner Wechsel**. Im letztern Falle würde also Meyer jun. sich selbst, Meyer jun., auffordern, an Heydenreich zu zahlen.

Wechselverkehr

In unserm Falle hat wahrscheinlich Meyer jun. von Schulze & Co. am 7. Juni 1910 5000 Mark zu fordern, selbst aber an Heydenreich 5000 Mark zu bezahlen. Er „begibt" nun den Wechsel, bevor oder nachdem er das Accept von Schulze & Co.

eingeholt hat, an Heydenreich. Dieser läßt entweder den Wechsel bis zum Verfalltage im „Portefeuille“ liegen, oder er gibt ihn in Zahlung weiter an Wertheim, dieser an Frederiks, dieser an den Berliner Kassenverein u. s. f., bis der Inhaber des Wechsels am Verfalltage ihn dem Bezognen oder (bei Domizilvermerk) dem Domiziliaten, in diesem Fall also der Sächsischen Bank zu Leipzig, zur Zahlung vorlegt.

Die Rückseite unsers Wechsels sieht deshalb folgendermaßen aus:

2,50 Mark Wechselstempelsteuermarke

Für mich an die Order des
Herrn C. Wertheim
in Halle (Indossatar)

C. Heydenreich
(Remittent und Indossant)

C. Wertheim
(Blankoindossant)

W. Frederiks
(Blankoindossant)

Für uns an die Order der Reichsbank
in Leipzig (Indossatar)

Berliner Kassenverein (Indossant)

Wert empfangen Reichsbankhauptstelle Leipzig

Die Nehmer des Wechsels werden sich den Wechsel nicht zum vollen Betrage anrechnen lassen, da sie ja erst am Verfalltage darauf Zahlung erhalten. Sie werden deshalb regelmäßig die ihnen entgehenden Zwischenzinsen, den nach dem jeweiligen Stande des Geldmarktes sich berechnenden Diskont, sogleich bei Empfang des Wechsels abziehen. Die Sächsische Bank wird den Wechsel einlösen, wenn die Acceptanten Schulze & Co. rechtzeitig für „Deckung" gesorgt haben. Wenn dies nicht geschehen ist, wird sie die Zahlung voraussichtlich ablehnen. Der Vorzeiger des Wechsels darf dann nicht versäumen, hierüber vom Notar oder einem Gerichtsbeamten oder bei Wechseln bis zu 800 Mark regelmäßig auch von einem Postbeamten eine Urkunde, den sogenannten Protest aufnehmen zu lassen. Fehlt der Domizilvermerk (die unterste Zeile unsers Wechsels), so wird bei Verfall des Wechsels die Zahlung unmittelbar von Schulze & Co. in Hamburg gefordert. Zahlen diese nicht, so wird ebenfalls Protest erhoben.

Die Reichsbank, als letzte Inhaberin des Wechsels, hat nun die Wahl, von welchem ihrer „Vormänner" sie sich den diskontierten Wechselbetrag, die „Valuta", zurückerstatten, an welchen sie „mangels Zahlung Regreß nehmen", oder ob sie selbst sich sofort im Wechselprozeß an den eigentlichen Zahlungspflichtigen, die Acceptanten Schulze & Co. in Hamburg, halten und deshalb Klage bei der Kammer für Handelssachen (S. 120) in Hamburg oder auch am Domizilorte, in Leipzig, erheben will.

Die Wechselordnung kennt außer der Tratte noch den trocknen oder eignen Wechsel. Der Aussteller spricht in diesem Falle in der ersten Person, bezeichnet sich selbst als den Zahlungspflichtigen und sagt:

> **Drei Monate nach heute (gegen Sicht u. s. w.) zahle ich gegen diesen Prima-Wechsel an die Order von u. s. w.**
>
> **A. F. Meyer jun.**

Auch dieser Wechsel kann mit Hilfe des Indossaments oder Giros eine ganze Reihe von Personen durchlaufen, indem er, wenn der Wechsel „gut", d. h. wenn der Zahlungspflichtige auch als zahlungsfähig bekannt ist, überall als Zahlung gegeben und genommen wird.

Freilich ist der Wechsel auch der Gefahr des Mißbrauchs ausgesetzt. Der reelle Wechsel ersetzt jedoch, besonders im internationalen Verkehr, geradezu den Geldumlauf.

Scheckverkehr RG v. 11. 3. 08

Demselben Zweck dient auch der sogenannte Scheck- oder Giroverkehr. Habe ich mir bei einer Bankfirma ein Guthaben gebildet, d. h. einen Geldbetrag gesichert, bis zu dem die Firma meine Schecks einzulösen verpflichtet ist, so leiste ich auf Grund dieses Guthabens, das ich stets auf entsprechender Höhe zu halten habe, meine Zahlungen nicht in barem Gelde, sondern dadurch, daß ich meinen Gläubigern ein von mir unterzeichnetes, mit der betreffenden Summe ausgefülltes Druckformular, Scheck, übergebe, worin ich die Bank zur Zahlung an den Überbringer anweise. Der Empfänger erhebt die Summe entweder selbst bei der Bank, oder er benutzt den Scheck, indem er ihn mit oder ohne Indossement (S. 208) weitergibt, bei seinen eignen Zahlungen wie bares Geld. So kommt der Scheck vielleicht erst, nachdem er durch mehrere Hände gegangen ist, an die Bank. Diese löst ihn bar ein, die Einlösung ist aber überflüssig, wenn der Präsentant selbst wieder ein Girokonto bei der Bank besitzt und den Scheck sogleich zur Verstärkung seines eignen Guthabens, also nur zur Verrechnung benutzt. Trägt der Scheck den Vermerk „nur zur Verrechnung", so ist Barzahlung überhaupt verboten. Der Scheck muß bei Sicht zahlbar gestellt, darf nicht vor dem als Ausstellungstag angegebenen Tage in Umlauf gesetzt werden (sonst wird er wechselstempelpflichtig) und ist regelmäßig binnen zehn Tagen zur Zahlung oder Verrechnung vorzulegen. Für ausländische Schecks bestimmt der Bundesrat die Vorlegungsfrist. Ein Widerruf des Schecks darf erst nach Ablauf dieser Frist beachtet werden. Der volkswirtschaftlich wertvolle Zweck des Scheckverkehrs, die baren Umlaufsmittel möglichst entbehrlich zu machen, wird um so sicherer erreicht, je breitere Volkskreise sich hieran beteiligen. Das Ideal ist, daß möglichst alle Schecks nur zur Verrechnung dienen. Diese Verrechnung wird dadurch gefördert, daß die Bankbetriebe an allen größeren Plätzen unter der Leitung der Reichsbank zu Abrechnungsstellen vereinigt sind und dort täglich den Ausgleich gewaltiger Verkehrsziffern rein rechnungsmäßig vornehmen.

Postscheckordnung v. 6. 11. 08

Seit 1. Januar 1909 widmet sich auch die Postverwaltung dem Überweisungs- und Scheckverkehr, indem sie jedermann gegen eine unverzinsliche Stammeinlage von 100 Mark ein Konto eröffnet, dessen er sich zu Einzahlungen (Gebühr 5 Pfg. für je 500 Mark), Barrückzahlungen mittels Schecks (Gebühr 1/10 pro Mille und 5 Pfg.) sowie zur Übertragung auf andre Scheckkonten (Gebühr je 3 Pfg.) mit einem Zuschlag von je 7 Pfg. bei mehr als 600 Buchungen jährlich bedienen kann.

Abzahlungs- und Kreditgeschäfte RG v. 16. 5. 94

Gewissen Mißbräuchen im Handelsverkehr suchen einzelne Reichsgesetze zu steuern. So ist für die sogenannten Abzahlungsgeschäfte, bei denen von vornherein vereinbart ist, den Kaufpreis in Teilzahlungen zu entrichten, bestimmt, daß der Verkäufer Zahlung der ganzen Restschuld nur verlangen darf, wenn der säumige Käufer wenigstens 2 aufeinanderfolgende Zahlungen und zusammen mindestens 1/10 des Kaufpreises im Rückstande gelassen hat. In allen Fällen des Rücktritts wegen Nichterfüllung haben sich beide Teile das Empfangne zurückzugewähren. Der Verkäufer erhält also die verkaufte Sache zurück, kann seine Vertragsaufwendungen und etwaige Beschädigungen ersetzt verlangen, auch wegen des überlassenen Gebrauchs und der Abnutzung Vergütung

14*

fordern. Soweit er aber für alles dies durch Teilzahlungen gedeckt ist, die der Käufer bereits geleistet hatte, muß er, im Falle des Rücktritts, den Überschuß wieder an den Käufer herauszahlen. Lotterielose, Inhaberpapiere mit Prämien und dergleichen Anteil-

RG v. 9. 6. 93

scheine auf Abzahlung zu veräußern, ist bei Strafe verboten. Wer gewerbemäßig Geld- oder Kreditgeschäfte betreibt, hat seinem Schuldner binnen drei Monaten nach Jahresschluß, bei Verlust seiner Zinsenansprüche, einen übersichtlichen Rechnungsauszug mitzuteilen.

Depotgesetz RG v. 5. 7. 96

Das sogenannte Depotgesetz legt dem Kaufmann bei Strafe die Verpflichtung auf, fremde Wertpapiere gesondert von den eignen und von Beständen dritter aufzubewahren und die einzelnen fremden Stücke nach Gattung, Nennwert, Nummer auf die Namen der Berechtigten zu buchen. Ohne schriftliche Ermächtigung des Hinterlegers oder Verpfänders, die für jedes einzelne Geschäft besonders erteilt sein muß, ist er nicht berechtigt, an Stelle der empfangnen andre gleichartige Wertpapiere zurückzugewähren oder zum eignen Nutzen über diese Papiere zu verfügen, es sei denn, die Papiere wären von einem Bankgeschäft bei ihm hinterlegt oder verpfändet worden. Im Geschäftsverkehr mit dritten, denen er seinerseits wieder die Papiere zur Aufbewahrung, Veräußerung u. s. w. ausantwortet, soll er sie ausdrücklich als fremdes Vermögen bezeichnen. Besondre Pflichten sind dem Kommissionär (S. 205) auferlegt.

Börsengesetz RG v. 27. 5. 08

Die großen Mittelpunkte des nationalen und internationalen Güteraustausches sind heute die Börsen. Sie dürfen in Deutschland nur mit Genehmigung der betreffenden Landesregierung errichtet werden. Die Landesregierung kann auch bestehende Börsen aufheben und übt selbst oder durch Handelsorgane (Handelskammern, kaufmännische Korporationen) über die Börsen die Aufsicht. Sie bestellt einen **Staatskommissar**, der den Geschäftsverkehr überwacht, auf Befolgung der Gesetze und Verwaltungsbestimmungen dringt und auf Mißbräuche aufmerksam macht. Die Börse erläßt ihre eigne **Börsenordnung**, die aber durch die Landesregierung zu genehmigen ist. Diese kann dabei vorschreiben, daß in den Vorständen der Produktenbörsen die Landwirtschaft und die landwirtschaftlichen Nebengewerbe sowie die Müllerei entsprechend vertreten sein müssen. Die Börsenordnung bestimmt über die Börsenleitung und ihre Organe, über die Geschäftszweige, für die die Börseneinrichtungen bestimmt sind, über Zulassung zum Börsenbesuch und darüber, in welcher Weise die Preise und Kurse zu notieren sind. Schon das Gesetz schließt gewisse Personen dauernd (so wer wegen betrüglichen Bankerutts rechtskräftig verurteilt ist) oder auf Zeit vom Börsenbesuch aus. Auch der Börsenvorstand kann Störer der Ordnung zeitweilig von der Börse ausschließen oder sie mit Geldstrafen belegen. Ein **Ehrengericht**, gebildet aus der Gesamtheit oder einem Ausschuß der Aufsichtsorgane (Handelskammer) oder aus den von den Börsenorganen gewählten Mitgliedern, zieht Börsenbesucher zur Verantwortung, die sich eine mit der Ehre oder mit dem Anspruch auf kaufmännisches Vertrauen nicht zu vereinbarende Handlung zuschulden kommen lassen. Es erkennt auf Verweis, zeitweiligen oder dauernden Ausschluß von der Börse, oder auf Freisprechung. Gegen seine Entscheidung ist Berufung an die **Berufungskammer** zulässig. Der Staatskommissar nimmt im ehrengerichtlichen Verfahren etwa die Stellung des Staatsanwalts ein (S. 120).

Der Börsenpreis der gehandelten Waren und Wertpapiere wird gemäß der wirklichen Geschäftslage des Verkehrs vom Börsenvorstand, gegebnenfalls unter Mitwirkung anderer Berufszweige festgestellt. Dabei werden die Berichte der **Kursmakler** zu Grunde gelegt, die von der Landesregierung angestellt und eidlich verpflichtet werden, sich auch in besondre Maklerkammern vereinigen können. Wertpapiere dürfen an der Börse nicht gehandelt und nicht notiert werden, bevor sie nicht von einer besondern Börsenkommission, der **Zulassungsstelle**, auf Grund der Prospekte, Bilanzen u. s. w. geprüft und zum Handel zugelassen sind.

Bek. v. 28. 6. 98

Der **Börsenterminhandel**, d. h. der Handel mit Waren oder Wertpapieren auf festbestimmte Lieferungszeit oder mit festbestimmter Lieferungsfrist, ist an der Börse nur erlaubt, soweit er sich nach den Geschäftsbedingungen vollzieht, die hierfür vom Börsenvorstande festgesetzt sind. Über Zulassung zum Börsenterminhandel, wobei für Wertpapiere Bedingung ist, daß die Gesamtsumme der zu handelnden Stücke nach ihrem Nennwerte sich auf mindestens 20 Millionen Mark beläuft und daß die betreffenden inländischen Erwerbsgesellschaften mit der amtlichen Notierung ihrer Anteile einverstanden sind, entscheiden die Börsenvorstände nach Gehör der beteiligten Erwerbskreise und Mitteilung an den Reichskanzler. Börsentermingeschäfte in Getreide und Erzeugnissen der Getreidemüllerei sind grundsätzlich verboten und nur bedingungsweise im loyalen Verkehr der nächsten gewerblichen Interessenten gestattet. In Anteilen von Bergwerks- und Fabrikunternehmungen sind sie nur nach vorausgegangener Genehmigung des Bundesrats zulässig. Der Bundesrat kann auch Börsentermingeschäfte in bestimmten Waren und Wertpapieren ganz verbieten oder die Zulässigkeit von Bedingungen abhängig machen.

Mit den außerhalb der Börse geschlossnen Termingeschäften befaßt sich das Gesetz nicht. Auch Börsentermingeschäfte kann an sich jedermann abschließen. Das Geschäft ist aber, und zwar mit Ausschluß des Einwandes aus dem sogen. Spiel- oder Differenzgeschäft nur dann verbindlich, BGB
wenn beide Teile, und zwar als Vollkaufleute, im § 764
Handelsregister eingetragen (S. 203) oder eingetragene Genossenschaften oder staatliche oder kommunale Unternehmungen sind. Ihnen stehen gleich Ausländer, zugelassene Börsenbesucher und solche Personen, die wenigstens früher berufsmäßig Börsentermins- oder Bankiergeschäfte betrieben haben. Gehört nur ein Teil zu den berechtigten Personen, so kann er sich, wenn es sich um ein Termingeschäft über Wertpapiere handelt, im Verkehr mit einem Nichtberechtigten wenigstens an eine Sicherheit in Geld oder Wertpapieren halten, die ihm der andre in bestimmten Formen bestellt hatte. Im allgemeinen können aber selbst verbotene Börsentermingsgeschäfte — mit Ausnahme der Geschäfte in Getreide und Mühlenfabriken — nicht mehr angefochten werden, wenn sie einmal erfüllt oder durch Schuldanerkenntnis bekräftigt sind.

Zur Begutachtung der dem Bundesrat zugewiesenen Angelegenheiten besteht ein Börsenausschuß, dessen 30 Mitglieder zur Hälfte auf Vorschlag der Börsenorgane, zur andern Hälfte nach freier Wahl aus Vertretern des Handels und der Industrie vom Bundesrat berufen werden. Das Börsengesetz schließt mit einer Reihe von Strafbestimmungen, insbesondre auch gegen Bestechung der Presse zum Zwecke von Preistreibereien und gegen den Börsenwucher, die Ausbeutung dritter zu Börsenspekulationsgeschäften.

Privatunternehmungen, die den Betrieb von

Versicherungsunternehmungen
RG
v. 12. 5. 01

Versicherungsgeschäften zum Gegenstand haben, unterliegen der Beaufsichtigung durch das Kaiserliche Aufsichtsamt für Privatversicherung mit dem Sitz in Berlin, sofern sich ihr Geschäftsbetrieb auf das Gebiet eines Bundesstaates beschränkt, durch Landesbehörden. Sie bedürfen zum Geschäftsbetriebe der Erlaubnis, die nur an Aktiengesellschaften oder — soweit es sich um den Betrieb der verschiedenen Arten der Lebensversicherung, der Unfall-, Haftpflicht-, Feuer- oder Hagelversicherung handelt — nur an „Versicherungsvereine auf Gegenseitigkeit" zu erteilen ist. Sie wird versagt, wenn der zur Prüfung einzureichende Geschäftsplan den gesetzlichen Vorschriften nicht entspricht oder den Interessen der Versicherten zuwiderläuft. Die Art der Geschäftsführung, die Pflicht zur Rechnungslegung, die Bildung der sogenannten Prämienreserve bei der Lebensversicherung u. s. w. ist im Gesetz eingehend geregelt. Die Aufsichtsbehörde überwacht fortlaufend den ganzen Geschäftsbetrieb. Sie darf ihn unter Umständen ganz untersagen, sie kann die Eröffnung des Konkurses zum Vermögen der Versicherungsunternehmung beantragen, ist aber auch berechtigt, die Verpflichtungen einer Lebensversicherungsgesellschaft aus laufenden Versicherungen dem Stande ihres Vermögens entsprechend, jedoch höchstens um $33^1/_3$ Prozent zu ermäßigen. Für die sogenannten „kleineren Vereine" gelten vereinfachte Bestimmungen, öffentliche Versicherungsanstalten unterliegen dem Gesetze nicht.

Der Vorsitzende und die ständigen Mitglieder des Reichsamts für Versicherungswesen werden auf Vorschlag des Bundesrats vom Kaiser, 4—6 nichtständige Mitglieder werden vom Bundesrat ernannt.

KVO
v. 23. 12. 01

Das Amt entscheidet in Senaten, bei Rekursen unter Zuziehung eines richterlichen Beamten und eines

Mitglieds eines höchsten Verwaltungsgerichtshofs. Die Kosten des Amts werden bis zur Hälfte durch Jahresbeträge aufgebracht, die von den beteiligten Versicherungsunternehmen bis zu 1 Promille der Bruttoprämie erhoben werden.

Dem Amte steht ein aus 40—60 Sachverständigen der verschiedenen Zweige des Versicherungswesens gebildeter Versicherungsbeirat zur Seite, dessen Mitglieder auf Vorschlag des Bundesrats vom Kaiser auf 5 Jahre ernannt werden. Ausländische Versicherungsunternehmungen werden nur mit Erlaubnis des Reichskanzlers zum Betriebe des Versicherungsgeschäfts zugelassen, sie unterstehen ebenfalls der Aufsicht des Reichsamts.

Versicherungsvertrag RG v. 30. 5. 08

Über den Inhalt des Versicherungsvertrags trifft ein Reichsgesetz eingehende Bestimmungen, die darauf abzielen, die Vertragsfreiheit auf diesem Gebiete einzuschränken und in den wichtigsten Fragen der Privatversicherung feste, für den Versicherer wie den Versicherungsnehmer bindende Grundsätze aufzustellen. Das Gesetz gibt allgemeine Vorschriften für alle Versicherungsvereine (Anzeigepflicht, Gefahrserhöhung, Prämien) und für die Schadensersatzpflicht insbesondre (Feuer-, Hagel-, Vieh-, Transport-, Haftpflicht-, Lebens- und Unfallversicherung.

Urheberrecht RG v. 19. 6. 01

Das sogenannte geistige Eigentum an Werken der Literatur und der Tonkunst ist geschützt zu Gunsten der Urheber von Schriftwerken und solchen Vorträgen oder Reden, welche dem Zwecke der Erbauung, der Belehrung oder der Unterhaltung dienen, der Urheber von Werken der Tonkunst und der Urheber von solchen Abbildungen wissenschaftlicher oder technischer Art, welche nicht ihrem Hauptzwecke nach als Kunstwerke zu betrachten sind. Zu den Abbildungen gehören auch plastische Darstellun-

gen. Dem Urheber (Verfasser, bei Übersetzungen auch dem Übersetzer, Bearbeiter) steht die ausschließliche Befugnis zu, das Werk (die Übersetzung, Bearbeitung) zu vervielfältigen und gewerbemäßig zu verbreiten, bei Bühnenwerken oder Werken der Tonkunst auch das ausschließliche Recht der öffentlichen Aufführung. Grundsätzlich ist nur der Urheber berechtigt, das Werk zu bearbeiten, insbesondre in eine andre Sprache oder Mundart zu übersetzen, daraus zurückzuübersetzen, eine Erzählung in dramatischer Form wiederzugeben und umgekehrt; bei Werken der Tonkunst: Auszüge daraus herzustellen und das Werk für einzelne oder mehrere Instrumente oder Stimmen einzurichten. Diese Befugnisse verbleiben dem Verfasser in der Hauptsache und wenn nichts
RG andres vereinbart ist, auch dann, wenn er im Ver-
v. 19 6. 01 lagsvertrage einem andern, dem Verleger, das Werk zur Vervielfältigung und Verbreitung für eigne Rechnung überlassen hat. Auch verbleibt dem Verfasser, wenn nichts andres aus den Umständen zu entnehmen ist, das Recht, über einzelne in periodischen Sammelwerken veröffentlichte Beiträge nach Ablauf eines Kalenderjahrs nach dem Jahre des Erscheinens, bei Zeitungen alsbald, anderweit zu verfügen.

Die freie Benutzung eines geschützten Werkes ist jedoch zulässig, wenn dadurch eine eigentümliche Schöpfung hervorgebracht wird. Aber einem Werke der Tonkunst darf nicht eine Melodie erkennbar entnommen werden, es sei denn bei den sogenannten mechanischen Musikwerken, denen die Vervielfältigung erschienener Werke der Tonkunst auf Scheiben, Platten u. s. w. völlig freigegeben ist. Ebenso ist die Wiedergabe öffentlicher Vorträge und Reden, der Abdruck einzelner Zeitungsartikel, die Aufnahme einzelner Stellen, kleinerer Aufsätze und Gedichte in andre selbständige Arbeiten bedingungsweise zulässig, regelmäßig aber nur unverändert und mit Quellenangabe. Ausnahmsweise sind auch nicht bühnenmäßige öffentliche Aufführungen von Werken der Tonkunst gestattet, wenn damit nicht Erwerbszwecke verfolgt werden. Der Schutz des Urheberrechts endigt, wenn seit dem Tode des Urhebers 30 Jahre und außerdem seit der ersten Veröffentlichung des Werks 10 Jahre abgelaufen sind. Anonyme und pseudonyme Werke sind 30 Jahre von der Veröffentlichung ab geschützt, können aber die allgemeine Schutzdauer jederzeit durch Nennung des Urhebers auf dem Werke oder durch Anmeldung in eine vom Stadtrate zu Leipzig geführte Eintragsrolle erlangen.

Kunstschutzgesetz RG v. 9. 1. 07

Auch die Urheber von Werken der bildenden Künste einschließlich von Erzeugnissen des Kunstgewerbes und von Bauwerken, soweit sie künstlerische Zwecke verfolgen sowie der hierzu bestimmten Entwürfe, ebenso die Urheber von Werken der Photographie oder ähnlicher Verfahrungsarten sind geschützt gegen unbefugte Vervielfältigung, sei es auch nur in einem Exemplare, gegen gewerbsmäßige Verbreitung und Vorführung durch mechanische oder optische Einrichtungen. Bauten und Bauentwürfe dürfen auch nicht nachgebaut werden. Nur die unentgeltliche Vervielfältigung zum eigenen Gebrauche ist, ausgenommen bei Bauten, gestattet. Ebenso ist dem Besteller von Bildnissen einer Person und seinen Rechtsnachfolgern die Vervielfältigung, jedoch solange der Urheber lebt, bei Werken der bildenden Künste nur im Wege der Photographie erlaubt. Bildnisse einer Person dürfen bis zu 10 Jahren nach dem Tode des Abgebildeten nur mit seiner oder seiner Angehörigen Einwilligung verbreitet oder öffentlich zur Schau gestellt werden. Doch ist die Vervielfältigung, Verbreitung und

Schaustellung innerhalb gewisser Grenzen freigegeben, wenn es sich handelt um freistehende öffentliche Kunstwerke, Bildnisse aus dem Bereiche der Zeitgeschichte, landschaftliche Staffagen, öffentliche Versammlungen und Aufzüge, für Zwecke der Rechtspflege oder im höheren Interesse der Kunst, der Wissenschaft und des Unterrichts. Auch ist freie Benutzung zulässig, wenn dadurch eine eigentümliche Schöpfung hervorgebracht wird. Der Schutz endigt mit Ablauf von 30 Jahren seit dem Tode des Urhebers, bei Photographien regelmäßig mit Ablauf von 10 Jahren seit dem Erscheinen des Werkes.

Den Schutz der Urhebergesetze genießen die Reichsangehörigen für alle, auch ihre nicht erschienenen Werke. Ein Nichtdeutscher genießt den Schutz für jedes seiner Werke, das — im Original oder in der Übersetzung — im Inlande erscheint, sofern er nicht das Werk selbst oder eine Übersetzung an einem früheren Tage im Ausland hat erscheinen lassen.

Ausland

v. 9. 9. 86 In der **Berner Übereinkunft** haben die wichtigsten europäischen Kulturstaaten[1] einen internationalen Verband zum Schutze von Werken der Literatur und Kunst geschlossen. Darnach genießen in jedem Verbandslande die Urheber, die einem andern Verbandslande angehören, und ihre Rechtsnachfolger sowohl für ihre nicht veröffentlichten als auch für die zum erstenmal in einem Verbandslande veröffentlichten Werke die Rechte der eignen Landesangehörigen. Zugleich ist innerhalb des Verbands der Urheber gegen Übersetzungen nicht bloß 5, sondern 10 Jahre lang, von der Veröffentlichung des Originals ab gerechnet, geschützt.

v. 4. 5. 96 Durch die **Pariser Zusatzakte** ist der Urheberschutz auch Nichtangehörigen von Verbandsländern

[1] Deutsche Schutzgebiete VO v. 15. 10. 08

eingeräumt, sobald nur das Werk zum erstenmal in einem Verbandslande veröffentlicht (herausgegeben) ist. Das Übersetzungsrecht steht den Urhebern der Verbandsländer auf die ganze Dauer der Schutzfrist für das Original zu, erlischt jedoch, wenn nicht innerhalb von 10 Jahren in einem Verbandslande davon Gebrauch gemacht wird. Auch Feuilletonromane und Novellen, die in periodischen Zeitschriften erscheinen, sowie sonstige größere (nicht politische u. s. w.) mit Abdrucksverbot veröffentlichte Artikel sind im Original sowohl als in Übersetzungen geschützt. Ist der Abdruck nicht verboten, so ist er doch nur mit Angabe der Quelle erlaubt. Endlich erstreckt sich der Schutz verbandsausländischer Werke der Baukunst und photographischer Erzeugnisse auch auf das Inland, sobald dort ein derartiger Schutz für inländische Werke besteht. Jedenfalls sind Photographien eines Kunstwerks auf solange geschützt, als das Recht zur Nachbildung des Kunstwerks dauert. Auch Umgestaltungen eines Romanes in ein Theaterstück und umgekehrt fallen unter die Bestimmungen der Übereinkunft.

Mit Österreich-Ungarn besteht über den Schutz v. 30. 12. 99
der Urheberrechte an Werken der Literatur, Kunst und Photographie ein besondres Übereinkommen, ebenso mit den Vereinigten Staaten von Amerika. v. 15. 1. 92
Zugleich bleiben die mit einzelnen Verbandsstaaten geschlossenen Literarkonventionen in Kraft, soweit sie dem Urheber noch weitere Rechte als die Berner Übereinkunft gewähren.

Während das sogenannte geistige und künstlerische Eigentum, einschließlich der Photographien, ohne weiteres den Schutz des Gesetzes genießt, gilt nicht das gleiche von technischen Erzeugnissen. Gewerbetreibende können sich aber für ihre Waren das ausschließliche Gebrauchsrecht besondrer Unterschei- Warenzeichen RG v. 12. 5. 94

dungsmerkmale, Handels- und Fabrikmarken, Warenzeichen, dadurch verschaffen, daß sie das Zeichen zur Zeichenrolle des Patentamts (S. 226) anmelden. Die Zeichen dürfen nicht bloß in Zahlen, Buchstaben oder solchen Worten bestehen, die Angaben über Art, Herstellung, Beschaffenheit, Preis, Menge und dergleichen der Ware enthalten, sie dürfen auch nicht öffentliche Wappen oder Ärgernis erregende Darstellungen oder ersichtlich unwahre und die Gefahr der Täuschung begründende Angaben enthalten. Nur der Erl. v. 16. 3. 72 Gebrauch des Kaiserlichen Adlers ist allen deutschen Gewerbetreibenden gestattet. Auch kann sich niemand durch Anmeldung den ausschließlichen Gebrauch von Warenzeichen sichern, die sich bisher im freien Gebrauche aller oder gewisser Klassen von Gewerbetreibenden befunden haben (Freizeichen). Der Schutz wird zunächst auf 10 Jahre erteilt, kann aber durch wiederholte Anmeldung auch auf länger hinaus erhalten werden. Für die erste Anmeldung sind 30 Mark, für jede Erneuerung 10 Mark Gebühren zu entrichten.

Entsteht Streit wegen Übereinstimmung eines bereits eingetragnen und eines neu angemeldeten Zeichens, so entscheidet zunächst das Patentamt. Der neu Anmeldende kann aber den ungerechtfertigten Widerspruch des ältern Zeicheninhabers auch durch gerichtliche Klage beseitigen. Das Zeichen wird auf Antrag des Inhabers jederzeit gelöscht, von Amts wegen durch das Patentamt wegen Zeitablaufs oder wenn sich nachträglich ergibt, daß es nicht hätte eingetragen werden dürfen. Ein dritter kann — regelmäßig aber nur durch gerichtliche Klage — Löschung verlangen, wenn dasselbe Zeichen schon für ihn eingetragen war, aber auch wenn das Zeichen den tatsächlichen Verhältnissen nicht entspricht oder auf Täuschung hinauskommt. Das eingetragene Zeichen darf auch auf den Umhüllungen der Waren, auf Preislisten, Geschäftsbriefen u. s. w. nur vom Inhaber geführt werden. Es gehört so sehr zu dem betreffenden Geschäftsbetrieb, daß es nur zugleich mit diesem Betriebe auf andre übergehen oder übertragen werden kann. Wird der Geschäftsbetrieb selbst nicht mehr fortgesetzt, so kann der noch eingetragne Inhaber auf Löschung des Zeichens verklagt werden.

Geschmacksmuster

RG v. 11. 1. 76

Ebenso kann der Urheber eines gewerblichen Musters oder Modells (Flächen- oder plastischen Musters), z. B. eines Gewebes, eines Ornaments in Metall, einer Glaskrone, einen, allerdings nur vorläufigen Schutz dadurch erwerben, daß er Muster und Modell bei der mit Führung des Handelsregisters beauftragten Gerichtsbehörde zu einem besondern Musterregister eintragen läßt, indem er gleichzeitig je ein Exemplar des zu schützenden Gegenstands bei Gericht niederlegt.

Freilich ist der Schutz nur wirksam, wenn es sich um neue und eigentümliche Erzeugnisse handelt. Ob dies zutrifft, wird von der Musterregisterbehörde bei der Anmeldung überhaupt nicht geprüft, sondern kann erst künftig in einem entstehenden Prozesse ausgetragen werden. Der Schutz gegen Nachbildung des Musters oder Modells wird nach Wahl des Antragstellers zunächst auf 1—3 Jahre gewährt und kann, gegen Zahlung steigender Schutzgebühren, bis zu 15 Jahren verlängert werden.

Ausländer

Auch Ausländern kommt der deutsche Zeichen- und Musterschutz zugute, aber nur, wenn sie das fremde, auch im eignen Lande geschützte Muster zum Handelsregister des Amtsgerichts Leipzig angemeldet haben. Immer muß aber die Gegenseitigkeit — Schutz auch der deutschen Zeichen und Muster im Auslande — verbürgt sein. Sie ist mehrfach durch Staatsverträge zugesichert. Für das fremde Warenzeichen muß auch ein Vertreter im Inlande bestellt sein.

Ausländische Waren, die mit einer deutschen Firma und Ortsbezeichnung, oder widerrechtlich mit einem deutschen Warenzeichen versehen sind, werden auf Antrag des Verletzten bei ihrem Eingang nach Deutschland von den Zollbehörden **beschlagnahmt** und eingezogen. Wenn deutsche Waren im Auslande bei der Einfuhr eine Bezeichnung tragen müssen, die ihre deutsche Herkunft erkennen läßt (made in Germany) oder sonst in Beziehung auf Warenzeichen ungünstiger als Waren andrer Länder behandelt werden, so kann der Bundesrat den fremden Waren bei Strafe der Einziehung die gleichen Erschwerungen auferlegen.

Art des Schutzes

Der Schutz, den alle diese Gesetze gewähren, besteht darin, daß sie dem Übertreter Geld- oder Gefängnisstrafen, Bußen, Einziehung der unerlaubten Vervielfältigungen und Nachbildungen, sowie der hierzu bestimmten Vorrichtungen androhen und die Entschädigung des Verletzten zur Pflicht machen. Handelt es sich um Verletzung der literarischen oder künstlerischen Schutzrechte, oder um den Musterschutz, so stehen den Gerichten bei der Aburteilung **Sachverständigenkammern** zur Seite, die, je nach der Art des Schutzrechts, aus den Kreisen der betreffenden Künstler, Gelehrten, Buchhändler, Gewerbetreibenden zusammengesetzt werden.

Patentrecht RG v. 7. 4. 91

Patente werden erteilt für neue **Erfindungen**, die eine gewerbliche Verwertung gestatten. Ausgenommen sind Erfindungen, deren Verwertung den Gesetzen oder den guten Sitten zuwiderlaufen würde, und Erfindungen von chemisch hergestellten Nahrungs-, Genuß- und Arzneimitteln oder andern Stoffen, es müßte denn die Erfindung ein bestimmtes Verfahren zur Herstellung solcher Gegenstände betreffen. Die Erfindung ist nicht neu und deshalb nicht patentfähig, wenn sie in öffentlichen Druckschriften aus den letzten 100 Jahren bereits beschrieben oder im Inlande offenkundig benutzt worden ist.

Von mehreren Erfindern hat auf das Patent Anspruch, wer zuerst darum nachsucht. Doch kann der andre, dessen Erfindung sich der Nachsuchende zunutze machen will, gegen Erteilung des Patents binnen zwei Monaten von der ersten Bekanntmachung ab Einspruch erheben.

Das Patent berechtigt den Patentinhaber, unter der Voraussetzung, daß er die jährlich steigende Patentgebühr pünktlich entrichtet, die Erfindung ausschließlich zu verwerten. Nur wer die Erfindung schon vor der Patentierung zu benutzen begonnen hatte, soll auch durch das Patent nicht gehindert sein, die eigne, aber einem andern patentierte Erfindung wenigstens innerhalb des eignen Betriebs auszubeuten. Auch muß sich der Patentinhaber, vorbehältlich angemessener Vergütung, gefallen lassen, daß die patentierte Erfindung vom Reichskanzler für das Heer oder die Flotte, oder im Interesse der öffentlichen Wohlfahrt für die freie Benutzung in Anspruch genommen wird. Das Patentrecht kann, ganz oder der Ausübung nach (gegen Lizenzgebühren), an andre Personen überlassen werden. Für neuere Verbesserungen kann der Erfinder ein Zusatzpatent erwerben; sein Patent kann aber auch, wenn es sich um die Vervollkommnung einer fremden, bereits patentierten Erfindung handelt, nur in Gemeinschaft mit dem zuerst erworbnen Patente verwertbar sein, Abhängigkeitspatent.

Das Patent wird für nichtig erklärt, wenn es, z. B. weil die Erfindung gar nicht neu war, niemals hätte erteilt werden sollen. Es wird zurückgenommen, wenn der Patentinhaber 3 Jahre lang innerhalb Deutschlands die Verwertung des Patents unterläßt. Auch Ausländern werden, falls die Gegenseitigkeit verbürgt ist (S. 223), für Deutschland gültige Patente erteilt.

Patentamt

Die Entscheidungen in Patentangelegenheiten sind dem Patentamt übertragen. Es hat seinen Sitz in Berlin, steht unter dem Reichsamt des Innern, zerfällt in mehrere Abteilungen und ist, neben dem Präsidenten, mit rechtskundigen und technischen Mitgliedern besetzt. Zur Vertretung der Parteien sind beim Patentamt technisch vorgebildete, geprüfte Patentanwälte zugelassen, für die ein ehrengerichtliches Verfahren wie bei den Rechtsanwälten (S. 122) vorgesehen ist.

RG v. 21. 5. 00

Das Verfahren beginnt mit der Vorprüfung des angemeldeten Patents. Sind etwaige Bedenken (Vorbescheide) erledigt, so erläßt das Patentamt im Reichsanzeiger die vorläufige Bekanntmachung der Anmeldung. Hiermit treten einstweilen alle gesetzlichen Wirkungen des Patents in Kraft, wie wenn es schon endgültig erteilt wäre. Das Patent kann gleichwohl, namentlich wenn jemand dagegen Einspruch erhoben hatte, noch zurückgewiesen werden. Gegen die Zurückweisung sowie gegen die Erteilung des Patents ist Beschwerde an andre, die Beschwerdeabteilungen des Patentamts zulässig. Wird das Patent endgültig erteilt, so wird es in die beim Patentamt geführte Patentrolle eingetragen, der Patentinhaber empfängt eine Patenturkunde, und die Erteilung des Patents wird im Reichsanzeiger bekannt gemacht. Über Anträge auf Nichtigkeitserklärung oder Zurücknahme des Patents entscheidet die Nichtigkeitsabteilung des Patentamts. Gegen ihre Entscheidung ist Berufung an das Reichsgericht zulässig.

Gebrauchsmuster

RG v. 1. 6. 91

Außer den künstlerisch hergestellten Modellen und den sogenannten Geschmacksmustern (S. 223) sind auch

Modelle von Arbeitsgerätschaften oder Gebrauchsgegenständen (z. B. ein besonders konstruierter Schraubenkloben, ein Feuerzeug) als sogenannte Gebrauchsmuster geschützt. Und zwar dann, wenn sie dem Arbeits- oder Gebrauchszweck durch eine neue Gestaltung, Anordnung oder Vorrichtung dienen sollen.

Auch dieser Schutzanspruch wird beim Patentamt angemeldet. Das Patentamt läßt sich aber — abweichend vom Patentverfahren — in eine Prüfung der Neuheit des Musters ebensowenig ein, wie die Registerbehörde beim Geschmacksmuster. Es trägt vielmehr die Anmeldung in die Rolle für Gebrauchsmuster ein, macht den Eintrag im Reichsanzeiger bekannt und verleiht damit dem Nachsuchenden den Schutz gegen gewerbliche Nachbildung. Doch tritt der Schutz des Gesetzes nicht zum Vorteil dessen ein, der sich die Erfindung eines andern zunutze gemacht hatte. Vielmehr kann sowohl dieser, der Verletzte, wie überhaupt jedermann, der die Neuheit des Modells bestreiten will, im gewöhnlichen Prozeßwege auf Löschung des Gebrauchsmusters Klage führen. Die Schutzfrist dauert 3 Jahre, kann aber gegen eine erhöhte Gebühr um weitere 3 Jahre verlängert werden. Im Interesse von Ausstellungen kann auch ein zeitweiliger Schutz gewährt werden. RG
Auch Ausländer genießen, wenn Gegenseitigkeit verbürgt ist, den Gebrauchsmusterschutz. v. 18. 3. 04
Der Schutz der Patente und der Gebrauchsmuster wird gleichfalls durch Strafen und durch Entschädigungspflicht gesichert (S. 224). Andrerseits macht sich aber auch strafbar, wer fälschlich den Anschein erweckt, als sei ihm ein Patent erteilt.

Internationaler Gewerbeschutz

Seit 1. Mai 1903 ist Deutschland der Pariser Übereinkunft vom 20. März 1883 zum Schutze des gewerblichen Eigentums (nebst Madrider Protokoll von 1891 und Brüsseler Zusatzakte von 1900) beigetreten. Hiernach sind den Untertanen, Einwohnern, Handels- und Gewerbetreibenden der vertragschließenden Staaten in allen übrigen Staaten des Verbandes in betreff der Erfindungspatente, der gewerblichen Muster oder Modelle, der Fabrik- oder Handelsmarken und der Handelsnamen die Rechtshilfe und alle Vorteile gewährleistet, die die betreffenden Gesetze den eignen Staatsangehörigen gewähren. Namentlich sichert die Anmeldung eines Patentes, Musters u. s. w. in einem Verbandsstaate dem Anmeldenden auf bestimmte Zeit die Priorität auch für die andern Staaten. Zur Durchführung der Verbandsaufgaben ist in Bern ein „Internationales Bureau des Verbandes zum Schutze des gewerblichen Eigentums" errichtet.

Handelskammern

Auch der Handelsstand hat, meist in Gemeinschaft mit dem Gewerbestande, ein reich entwickeltes Vereinswesen; überdies aber eine staatlich anerkannte und geförderte korporative Vertretung in den Handelskammern. Sie dienen dem Staate, indem sie Gesetzes- und Verwaltungsmaßregeln begutachten, geben auch selbst die Anregung hierzu und erstatten regelmäßige Jahresberichte. Meist stehen die Handelsbörsen (S. 212), auch die Handelsschulen unter ihrer Aufsicht. Daß sie an der Ernennung der Handelsrichter an den Kammern für Handelssachen mitwirken, wurde bereits erwähnt (S. 120). Ihre Zusammensetzung und ihr Wirkungskreis sind übrigens in den Einzelstaaten verschieden geregelt.[1]

III. Das Gewerbe

Die soeben besprochnen Schutzrechte sind wie für den Handels-, so auch für den Gewerbestand von Be-

[1] Pr. G v. 22. 8. 97 u. 2. 6. 02 Bay. VO v. 25. 2. 08 Sächs. G v. 4. 8. 00 Württ. G v. 30. 7. 99 Bad. G v. 11. 12. 78 u. 26. 4. 86 Hess. G v. 6. 8. 02 Elß. VO v. 14. 4. 97 u. 15. 6. 04

deutung. An beide wendet sich auch das Gesetz zur Bekämpfung des **unlautern Wettbewerbs**. Danach ist bei Strafe verboten, im geschäftlichen Verkehr zu Zwecken des Wettbewerbs Handlungen vorzunehmen, die gegen die guten Sitten verstoßen. Namentlich in öffentlichen Bekanntmachungen oder in Mitteilungen, die für einen größern Kreis von Personen bestimmt sind, über geschäftliche Verhältnisse, insbesondre über die Beschaffenheit, den Ursprung, die Herstellungsart oder die Preisbemessung von Waren (auch landwirtschaftlicher Erzeugnisse) oder gewerblicher (auch landwirtschaftlicher) Leistungen, über die Art des Bezugs oder die Bezugsquelle von Waren, über den Besitz von Auszeichnungen, über den Anlaß oder den Zweck des Verkaufs oder über die Menge der Vorräte unrichtige Angaben (auch in Form bildlicher Darstellungen oder sonstiger Veranstaltungen) zu machen, die geeignet sind, den Anschein eines besonders günstigen Angebots hervorzurufen. Geschieht dies, so können die Verbreiter solcher Reklamen von den dadurch benachteiligten Einzelpersonen oder gewerblichen Verbänden auf Unterlassung in Anspruch genommen werden. Zugleich haften sie, und zwar einschließlich der Tagespresse, wenn sie die Unrichtigkeit der Angaben kannte, den Benachteiligten für Schadenersatz. Dasselbe gilt, wenn jemand, um einen bestimmten Konkurrenten auszustechen, über dessen Person, Geschäft, Waren oder Leistungen schädigende und nicht erweislich wahre oder gar wissentlich falsche tatsächliche Behauptungen aufstellt oder verbreitet. Ebenso, wenn jemand im geschäftlichen Verkehr fremde Namen oder Firmenbezeichnungen, Geschäftsabzeichen u. s. w. in berechneter Weise so benutzt, daß dadurch Verwechslungen hervorgerufen werden können. Konkurs-

Unlauterer Wettbewerb
RG v. 7. 5. 09

massen- und sonstige Ausverkäufe stehen unter strengen Bestimmungen.

Der Verrat von Geschäfts- oder Betriebsgeheimnissen durch Angestellte, die unbefugte Verwertung anvertrauter Zeichnungen, Modelle u. s. w., die Benutzung solcher verräterischen Mitteilungen zu Zwecken des Wettbewerbs und die Anstiftung zum Verrat sind, neben der Verpflichtung zum Schadenersatze, gleichfalls mit öffentlichen Strafen bedroht. Angestellte und Beauftragte geschäftlicher Betriebe dürfen zu Zwecken des Wettbewerbs keine Geschenke oder Vorteile annehmen, und ebenso macht sich strafbar, wer solche Geschenke anbietet. Das Empfangene oder sein Wert sind dem Staate verfallen. In demselben Gesetz ist der Bundesrat ermächtigt, für den Verkauf bestimmter Waren im Einzelverkehr gewisse auf den Waren und ihren Aufmachungen anzubringende Einheiten der Zahl, des Maßes oder Gewichts vorzuschreiben. Dies ist bezüglich des Kleinhandels mit Garn und mit Kerzen geschehen.

Bek. v. 20. 11. 00, 23. 12. 01 u. 17. 11. 02

Firmenbezeichnungen

GewO § 15a

Gewerbetreibende, die einen offnen Laden haben, sowie Gast- und Schankwirte müssen die Familiennamen der beteiligten Geschäftsinhaber und mindestens einen ausgeschriebnen Vornamen an der Außenseite oder am Eingange des Ladens oder der Wirtschaft anbringen. Sind mehr als zwei Beteiligte vorhanden, so genügen zwei solche Namen mit einem verweisenden Zusatze, wenn nicht die Polizeibehörde die Angabe sämtlicher Namen anordnet. Bei Kaufleuten, die eine eingetragne Handelsfirma führen (S. 203), genügt diese Firma, wenn sie mit dem Familiennamen des Inhabers übereinstimmt und zugleich den ausgeschriebnen Vornamen enthält. Ist dies nicht der Fall, so muß beides, sowohl die bürgerliche Namensbezeichnung als auch die Firma angebracht werden.

Die allgemeine Regelung der gewerblichen Verhältnisse enthält die für das ganze Reich (in Elsaß-Lothringen mit geringfügigen Abweichungen) gültige Gewerbeordnung. Sie ist erlassen durch Bundesgesetz vom 21. Juni 1869 und vielleicht am meisten von allen Reichsgesetzen fortgesetzten und einschneidenden Änderungen unterworfen gewesen. Gewerbeordnung RG v. 26. 7. 00, 14. 10. 05, 7. 1. 07, 30. 5., 29. 6. u. 28. 12. 08

An der Spitze der Gewerbeordnung steht der Satz von der Gewerbefreiheit: „der Betrieb eines Gewerbes ist jedermann gestattet"; auch kann die Berechtigung zum Gewerbebetrieb grundsätzlich niemand entzogen werden. Doch sind im Gesetze selbst Ausnahmen hiervon vorgesehen und Beschränkungen zugelassen. Gänzlich beseitigt sind indessen der Unterschied zwischen Stadt und Land, das Verbot, gleichzeitig mehrere Gewerbe zu betreiben, die Beschränkung des Handwerks auf den Verkauf selbstgefertigter Waren, die ausschließlichen Gewerbeberechtigungen der Zünfte und Gilden, sowie die damit verbundnen Zwangs- und Bannrechte, so z. B. der Mahl-, Branntwein- und Brauzwang. Andre dergleichen Rechte sind wenigstens für ablösbar erklärt und können auf keinen Fall neu begründet werden; ebensowenig die sogenannten Real-, d. h. mit dem Besitz eines Grundstücks verbundnen Gewerbeberechtigungen. Auch ist der Gewerbebetrieb innerhalb einer Gemeinde nicht von Erlangung des Bürgerrechts abhängig. Jedenfalls darf dem neu zuziehenden Gewerbetreibenden kein Bürgerrechtsgeld (S. 5) abgefordert werden. Frauen, gleichviel ob verheiratet oder nicht, sind wie zum Handel (S. 203) so auch zum Gewerbebetrieb zugelassen. Gewerbefreiheit

Die Gewerbeordnung unterscheidet zwischen stehendem Gewerbe, Gewerbebetrieb im Umherziehen Stehendes Gewerbe und Marktverkehr. Wer den selbständigen Betrieb eines stehenden Gewerbes anfängt, hat gleichzeitig der zuständigen Gemeinde- oder Polizeibehörde, bei steuerpflichtigen Gewerben auch der Steuerbehörde hiervon Anzeige zu machen und empfängt darüber eine Bescheinigung.

Genehmigung

Einer besondern Genehmigung bedarf es nur, soweit es sich um die Errichtung von Anlagen handelt, die für den Besitzer selbst, für die Nachbarschaft oder das Publikum überhaupt erhebliche Nachteile, Gefahren oder Belästigungen im Gefolge haben können. Die Gewerbeordnung enthält ein genaues Verzeichnis solcher Anlagen, das vom Bundesrat, vorbehaltlich der Genehmigung des nächstfolgenden Reichstags, abgeändert werden kann. Über Genehmigung der einzelnen gewerblichen Anlage wird in einem näher geregelten Verwaltungsstreitverfahren (S. 110) öffentlich verhandelt und entschieden. Über Dampfkesselanlagen hat der Bundesrat besondre polizeiliche Bestimmungen erlassen. Werden durch eine obrigkeitlich genehmigte Anlage Privatrechte verletzt, so kann die gerichtliche Klage nicht auf Einstellung des Gewerbebetriebs gerichtet werden, sondern nur auf Herstellung vorbeugender Einrichtungen (gegen Rauch, Schmutz, Lärm u. s. w.); soweit dies nicht möglich ist, nur auf Schadenersatz. Aus überwiegenden Gründen des öffentlichen Wohls kann jedoch auch die fernere Benutzung einer schon genehmigten Anlage, gegen Entschädigung des Besitzers, untersagt werden.

Bek. v. 5. 8. 90

Approbation

Ärzte und Apotheker bedürfen zum Gewerbebetrieb einer Approbation, die nur auf Grund des Befähigungsnachweises erteilt wird, dann aber auch für das ganze Reichsgebiet gültig ist. Die hierzu erforderlichen Prüfungen sind, nebst den Prüfungsbehörden, vom Bundesrat für das ganze Reich einheitlich geordnet. Die Doktorpromotion darf nicht gefordert werden, der Zwang zur ärztlichen Hilfeleistung ist beseitigt, die Bezahlung ärztlicher Dienste bleibt freier Vereinbarung überlassen, wobei obrigkeitliche Taxen nur als Normen dienen. Die Ärzte und meist auch die Apotheker sind in den Einzelstaaten zu Bezirksvereinen, Ärztekammern und Ärztekammerausschüssen, Apothekerkammern u. s. w. mit besondern Standesaufgaben und Standesbefugnissen vereinigt.[1] Einzelne Ärzte werden auch vom Staate und von der Gemeinde als öffentliche Beamte der Gesundheitspolizei (Kreisarzt, Bezirksarzt) oder als Gerichtsärzte verwendet.[2] Gewisse Heilmittel dürfen im Detailhandel nur in Apotheken feilgehalten werden, über Abgabe starkwirkender Arzneimittel (nur auf ärztliches Rezept) sowie über die Beschaffenheit der Arzneigläser und Standgefäße in den Apotheken sind auf Beschluß des Bundesrats in den Einzelstaaten übereinstimmende Vorschriften erlassen. KVO v. 27.1. 90 u. sp. v. 13. 5. 95

Im übrigen wird der Befähigungsnachweis von Seeschiffern, Seesteuerleuten, Maschinisten und Lotsen, je nach Landesrecht beim Hufbeschlagsgewerbe, sowie von Hebammen gefordert.

Konzession

Einer Konzession oder Erlaubnis der Verwaltungsbehörde, die aber nur unter gewissen Voraussetzungen versagt werden darf, bedürfen die Unternehmer von Privatheilanstalten, die Schauspielunternehmer, Gast- und Schankwirte, sowie Kleinhändler mit Branntwein oder Spiritus, einschließlich der Konsum- und ähnlichen Vereine, Pfandleiher, Pfandvermittler, Rückkaufshändler, Gesindevermieter und Stellenvermittler. Ebenso die gewerbemäßigen Stellenvermittler für Schiffsleute (Heuerbasen). Bei RG v. 2. 6. 02

[1] Pr. VO v. 25. 5. 87 u. sp. G v. 25. 11. 99 u. 27. 7. 04 VO v. 2. 2. 01 Bay. VO v. 9. 7. 95, 10. 12. 05 u. 26. 4. 08 Sächs. G v. 15. 8. 04 VO v. 15. 8. 04 Württ. VO v. 30. 12. 75 Bad. VO v. 7. 10. 64 u. 18. 10. 97 G v. 10. 10. 06 Hess. VO v. 28. 12. 76 Elß. VO v. 13. 6. u. 14. 7. 98 [2] Pr. G v. 16. 9. 99

Gastwirtschaften u. s. w. kann die Erlaubnis auch vom Nachweis eines vorhandnen Bedürfnisses abhängig gemacht werden. Endlich kann der Hausierhandel und das öffentliche Feilbieten von Waren durch örtliche Gewerbetreibende innerhalb des Gemeindebezirks für konzessionspflichtig erklärt werden. Kinder unter 14 Jahren dürfen dabei regelmäßig nicht verwendet werden.

Verbietungsrecht

Eine Gruppe andrer, an sich nicht konzessionspflichtiger Gewerbetreibender, z. B. Tanz-, Turn-, Schwimmlehrer, Rechtskonsulenten, Vermittlungsagenten, auch Drogenhändler und Kleinhändler mit Bier kann gewissen polizeilichen Kontrollen unterworfen, bei erwiesener Unzuverlässigkeit kann ihnen der Gewerbebetrieb auch untersagt und nicht vor Ablauf eines Jahrs wieder gestattet werden. Der Betrieb des Gewerbes als Bauunternehmer und Bauleiter sowie der Betrieb einzelner Zweige des Baugewerbes kann ungenügend vorgebildeten oder sonst unzuverlässigen Personen allgemein oder doch in Beziehung auf bestimmte Bauten untersagt werden.

RG v. 7. 1. 07

Auswärtiger Gewerbebetrieb

Das stehende Gewerbe kann auch außerhalb des Gemeindebezirks der gewerblichen Niederlassung ausgeübt werden, doch unter ähnlichen Beschränkungen wie beim Gewerbebetrieb im Umherziehen (S. 235) und regelmäßig mit der Verpflichtung, dabei eine Legitimationskarte zu führen. Waren aufzukaufen ist jedoch nur bei Kaufleuten oder in offnen Verkaufsstellen sowie bei den Produzenten selbst gestattet. Bestellungen auf Waren (mit Ausnahme von Druckschriften und Bildwerken) darf der reisende Gewerbetreibende bei Privatpersonen nur auf vorgängige ausdrückliche Aufforderung aufsuchen. Unaufgefordert nur bei Kaufleuten in ihren Geschäftsräumen oder bei solchen Personen, in deren Geschäftsbetrieb Waren der angebotnen Art Verwendung finden. Der Bundesrat kann aber für andre Waren oder Gegenden oder Gruppen von Gewerbetreibenden Ausnahmen zulassen. Dies ist unter gewissen Beschränkungen für den Handel mit Edelmetallen, Uhren, Kostbarkeiten und allgemein für den Weinhandel, für Leinen- und Wäschefabrikate und für Nähmaschinen geschehen. Bek. v. 27.11.96

Stellvertreter

Das Gewerbe kann durch Stellvertreter ausgeübt werden, wenn sie die erforderte Befähigung haben. Für Übertretung gewerbepolizeilicher Vorschriften haftet jedoch, neben dem Stellvertreter, auch der Gewerbetreibende, wenn er darum gewußt, die eigne Aufsicht vernachlässigt oder ungeeigneten Personen die Betriebsleitung und Aufsicht übertragen hat.

Gewerbebetrieb im Umherziehen

Auch Gewerbetreibende, die eine gewerbliche Niederlassung überhaupt nicht besitzen, können doch im Hausiergewerbe Bestellungen aufsuchen, Waren aufkaufen, gewerbliche und untergeordnete künstlerische Leistungen, Schaustellungen u. dgl. (Drehorgelspiel, Karussells) anbieten. Hierzu bedarf es, außer für landwirtschaftliche Erzeugnisse, Gegenstände des Wochenmarktverkehrs u. s. w., regelmäßig des Wandergewerbescheins. Gewisse Waren und Leistungen sind vom Hausiervertrieb ganz ausgeschlossen. Der sogenannte fliegende Buchhändler oder Kolporteur muß ein von seiner Wohnortsbehörde genehmigtes Verzeichnis der mitgeführten Schriften und Bildwerke bei sich haben. Ärgernis erregende, oder mit Prämien- und Gewinnzusicherungen vertriebne Schriften dürfen im Umherziehen nicht feilgeboten werden. Lieferungswerke müssen auf jeder einzelnen Lieferung den Gesamtpreis verzeichnet tragen. Vorübergehend eingenommne feste Verkaufsstellen (Wanderlager) müssen durch einen Aushang, mit Namen und Wohnort des Verkäufers, kenntlich

Bek. v. 27. 11. 96 gemacht werden. Über Zulassung von Ausländern zum Hausiergewerbe und von ausländischen Handlungsreisenden hat der Bundesrat allgemeine Bestimmungen erlassen. Zigeuner sind davon ganz ausgeschlossen. Inländern, wenn sie über 25 Jahre alt sind, soll oder darf der Wandergewerbeschein nur aus bestimmten, in der Person des Nachsuchenden liegenden Gründen versagt oder wieder abgenommen werden. Der einmal erteilte Wandergewerbeschein gilt regelmäßig für das ganze Reichsgebiet, doch für die einzelnen Bundesstaaten nur, wenn zuvor die darauf haftenden Landessteuern entrichtet worden sind, und regelmäßig nur für je ein Kalenderjahr.

Marktverkehr

Der Besuch der Messen, der Jahr- und Wochenmärkte ist für jeden Marktfieranten freigegeben. Nur vom Vertrieb von Handwerkswaren auf Wochenmärkten dürfen auswärtige Verkäufer ausgeschlossen werden. Die Marktstandsgebühren sind für Einheimische und Fremde gleichmäßig und nach billigen Sätzen zu bemessen.

Taxen

Obrigkeitliche Taxen sind nur für die Bediensteten des Straßenverkehrs (Dienstmänner, Droschken, Fremdenführer u. s. w.), Schornsteinfeger und behördlich angestellte Gewerbetreibende (Feldmesser, Auktionatoren) zulässig. Die Polizei kann aber die Preisverzeichnisse der Gastwirte, sowie die Taxen der Gesindevermieter und Stellenvermittler, einfordern und anordnen, daß sie in den Gast- oder Geschäftsräumen ausgehängt werden. Bäcker können außerdem angehalten werden, eine Wage mit geeichten Gewichten zum Nachwiegen bereit zu halten.

Innungen

Die Gewerbeordnung hat die bei ihrem Erlaß bestehenden Innungen und Zünfte nicht aufgehoben, aber durch Einführung der Gewerbefreiheit den Innungszwang beseitigt und zugleich den Beitritt zur Innung jedem frei gestellt, der die im Innungsstatut vorgeschriebnen Bedingungen erfüllt. Sie hatte die alten Innungen genötigt, ihre Verfassungen den von ihr geregelten neuen Innungen anzupassen. Die Innungsnovelle hat aber die Zwangsinnung wieder eingeführt.

Den Innungen im allgemeinen ist die Aufgabe zugewiesen, den Gemeingeist zu pflegen, die Standesehre unter den Innungsmitgliedern aufrecht zu erhalten und zu stärken, ein gedeihliches Verhältnis zwischen Meistern und Gesellen zu fördern, für das Herbergswesen und den Arbeitsnachweis Fürsorge zu treffen, das Lehrlingswesen zu regeln und Streitigkeiten der Innungsmitglieder mit den Lehrlingen zu entscheiden. Außerdem sind sie befugt, im Statut ihre Tätigkeit noch auf andre, den Innungsmitgliedern gemeinsame gewerbliche Interessen (Fachschulen, Prüfungen, Unterstützungskassen, Schiedsgerichte, gemeinschaftliche Geschäftsbetriebe u. s. w.) auszudehnen. Sie sind auch berechtigt, die zur Innung gehörigen Betriebe — mit Ausnahme der landwirtschaftlichen und der fabrikmäßigen — durch Beauftragte daraufhin zu überwachen, daß die gesetzlichen und statutarischen Vorschriften befolgt werden, sich von der Einrichtung der Betriebsräume, der Unterkunft der Lehrlinge zu überzeugen und darüber den Fabrikinspektoren Mitteilung zu machen. Ihr Bereich soll in der Regel den Bezirk einer höhern Verwaltungsbehörde nicht überschreiten, darf aber auch in mehrere Bundesstaaten übergreifen. Sie können auch die landesüblichen Namen: Ämter, Gilden u. dgl. beibehalten.

Gesellenausschuß

Bei jeder Innung soll ein **Gesellenausschuß** bestehen, der aus der Zahl der bei Innungsmitgliedern beschäftigten Gesellen zu wählen ist. Der Ausschuß nimmt teil bei Regelung des Lehrlingswesens und der Gesellenprüfung, außerdem bei der

Gründung und Verwaltung von Innungseinrichtungen, an denen die Gesellen mit Beiträgen oder Mühewaltungen beteiligt und die zu ihrer Unterstützung bestimmt sind. Soweit dies der Fall ist, hat ein Mitglied des Gesellenausschusses auch im Innungsvorstand Sitz und Stimme, und an den betreffenden Verwaltungsausschüssen nehmen sie in gleicher Zahl teil wie die Innungsmitglieder. In der Innungsversammlung ist auch der Gesellenausschuß vollzählig vertreten. Tritt ein Ausschußmitglied bei einem Innungsmeister außer Arbeit, so behält er sein Amt gleichwohl noch 3 Monate bei, wenn er im Bezirke der Innung verbleibt.

Zwangs-innungen

Auf Antrag Beteiligter kann die höhere Verwaltungsbehörde anordnen, daß innerhalb eines bestimmten Bezirks sämtliche Gewerbetreibende, die das gleiche Handwerk oder verwandte Handwerke ausüben, einer neu zu errichtenden Zwangsinnung als Mitglieder anzugehören haben. Als „beteiligt" und deshalb antragsberechtigt gelten alle selbständigen Handwerker des Bezirks, die das Gewerbe nicht fabrikmäßig betreiben. Der Antrag kann aber auch von einem engern Kreise von Handwerkern, nämlich nur von denen ausgehen, die regelmäßig Gesellen und Lehrlinge halten, und zugleich darauf beschränkt sein, daß die Zwangsinnung nur für diese Handwerker, also nicht auch für die allein arbeitenden Handwerker gebildet werden solle.

Die Verwaltungsbehörde, bei der ein solcher Antrag eingegangen ist, prüft nun, ob der Bezirk der beabsichtigten Innung angemessen abgegrenzt ist, d. h. ob es den Mitgliedern der Entfernungen halber möglich sein wird, an dem Genossenschaftsleben teil zu nehmen und die Innungseinrichtungen zu benutzen, und ob genug Handwerker im Bezirke vorhanden sind, um eine leistungsfähige Innung zu bilden. Ist dies nicht der Fall, oder geht der Antrag nur von einem verhältnismäßig kleinen Bruchteil der beteiligten Handwerker aus, oder ist er innerhalb der letzten 3 Jahre schon einmal durch Abstimmung gefallen, oder ist endlich im Bezirke für die gemeinsamen Interessen des Handwerks durch andre bestehende Einrichtungen (Gewerbevereine u. dgl.) schon ausreichend gesorgt, so kann die Verwaltungsbehörde den Antrag auf Errichtung der Zwangsinnung ablehnen.

Geschieht dies nicht, so veranstaltet sie eine Abstimmung der beteiligten Gewerbetreibenden. War der Antrag auf Gesellen und Lehrlinge haltende Meister beschränkt, so haben nur diese das Stimmrecht. Gezählt werden nur die Stimmen derer, die sich an der Abstimmung beteiligen. Hat die Mehrheit den Beitrittszwang beschlossen, so tritt die Zwangsinnnung nunmehr durch Verfügung der Behörde ins Leben. Gleichzeitig werden die im Bezirk der neuen Zwangsinnung für das gleiche Handwerk bestehenden freien Innungen geschlossen. Waren diese Innungen für Angehörige mehrerer Geschäftszweige gebildet, so bestehen sie zwar fort, es haben aber alle nunmehr der Zwangsinnung angehörenden Mitglieder daraus auszuscheiden. Der Beitrittszwang kann satzungsgemäß mit Genehmigung der Behörde auch auf Handwerker in landwirtschaftlichen oder in größern gewerblichen Betrieben, wenn sie Gesellen oder Lehrlinge halten, und auf Hausgewerbetreibende erstreckt werden. Freiwillig können der Zwangsinnung auch Werkmeister, ehemalige Handwerksmeister, allein arbeitende Handwerker, mit Zustimmung der Innungsversammlung auch Inhaber fabrikmäßiger Betriebe beitreten.

Die Zwangsinnung hat dieselben Aufgaben und Befugnisse wie die freie Innung (S. 236). Sie darf aber keine gemeinschaftlichen Betriebe errichten, Vorschußkassen, gemeinsame Ein- und Verkaufsgeschäfte nur bedingungsweise mit Zuschüssen unterstützen, auch darf sie keines ihrer Mitglieder in der Preisfestsetzung für Waren oder Leistungen oder in der Annahme von Kunden beschränken. Sie löst sich auf, wenn 1/4 der Mitglieder es beantragt, und 3/4 der Innungsmitglieder in der Innungsversammlung dem zustimmen. Sie kann aber auch ihren Bezirk oder den Kreis der zwangsangehörigen Mitglieder im Statut erweitern oder beschränken.

Die Innungsbeiträge, sowie die statutengemäß verhängten Ordnungsstrafen werden auf Antrag des Innungsvorstands, gleich den Gemeindeabgaben, im Verwaltungswege eingezogen.

Die Innungen können sich innerhalb des Bezirks der gemeinsamen Aufsichtsbehörde zu Innungsausschüssen und darüber hinaus zu Innungsverbänden vereinigen. Die Gemeinde- und die höhern staatlichen Verwaltungsbehörden üben weitgehende Aufsichtsrechte über die Innungen aus, die sich bis zur Schließung der Innung, des Innungsausschusses und des Innungsverbands steigern können.

Handwerkskammern

Für bestimmte Bezirke, die auch mehrere Bundesstaaten umfassen dürfen, sind Handwerkskammern errichtet. Sie gehen hervor aus Wahlen der Handwerksinnungen und der Gewerbevereine, vorausgesetzt, daß diese mindestens zur Hälfte aus Handwerkern bestehen. Die Kammern sind zur Vertretung der Interessen des Handwerks berufen, sollen in allen wichtigen Handwerksfragen gehört werden und können eigne Wünsche und Anträge an die Behörden bringen. Sie sind befugt, an die Innungen und Innungsausschüsse Anordnungen zu erlassen, denen bei Ordnungsstrafe Folge zu leisten ist; sie können zum Besten des Gewerbes Veranstaltungen treffen, insbesondre Fachschulen errichten und unterstützen. Die Kammer wählt ihren Vorstand, kann Ausschüsse bilden und sich durch Zuwahl oder Zuziehung von Sachverständigen ergänzen. Die Kosten der Kammer werden von den Gemeinden des Bezirks aufgebracht, die sie wieder auf die beteiligten Handwerksbetriebe umlegen können.

Auch bei den Handwerkskammern sind *Gesellenausschüsse* (S. 237) zu bilden, deren Mitglieder von den Gesellenausschüssen der Innungen oder auch von den Gesellen der wahlberechtigten Gewerbevereinsmitglieder gewählt werden. Der Gesellenausschuß muß mitwirken im Lehrlings- und zum Teil im Prüfungswesen oder wenn es sich um Gutachten und Berichte in Gesellenangelegenheiten handelt.

Die Rechte und Pflichten der Handwerkskammern können in Bundesstaaten, wo bereits ähnliche Einrichtungen (Handels- und Gewerbekammern, Gewerbekammern S. 228) bestehen, diesen Körperschaften übertragen werden, falls den Handwerkern darin ein gesondertes Wahlrecht gesichert ist. Auch die Handwerkskammern stehen unter staatlicher Aufsicht. Ein von der Behörde abgeordneter *Kommissar* nimmt an allen Sitzungen der Kammer, des Vorstands und der Ausschüsse teil und kann die Einberufung von Sitzungen verlangen. Die Kammer kann aufgelöst und es können Neuwahlen angeordnet werden.

Meistertitel

Den *Meistertitel* in der Verbindung mit der Bezeichnung eines Handwerks dürfen nur Handwerker führen, die für dieses Handwerk die Meisterprüfung bestanden und das 24. Lebensjahr zurückgelegt haben. Für die Führung des Titels als *Baumeister* oder Baugewerksmeister u. s. w. erläßt der Bundesrat besondre Vorschriften. Zur *Meisterprüfung* vor einer Prüfungskommission (unter Umständen auch bei Lehrwerkstätten) werden in der Regel nur Personen zugelassen, die nach bestandener Gesellenprüfung drei Jahre als Gesellen oder Gehilfen tätig gewesen oder zu Anleitungen von Lehrlingen (s. u.) befugt gewesen sind. Doch steht der Meistertitel den Handwerkern, die ihn seither schon führen durften, auch weiter zu.

Lehrlinge

Nur wer sich im Besitze der bürgerlichen Ehrenrechte befindet, darf **Lehrlinge** halten. Die Befugnis dazu kann aber einem Lehrherrn wegen grober Pflichtverletzung, sittlich anstößiger Vorkommnisse, geistiger oder körperlicher Gebrechlichkeit entzogen und darf ihm nicht vor Jahresfrist wieder eingeräumt werden. Wer eine übermäßig große, die Ausbildung gefährdende Zahl von Lehrlingen hält, dem kann aufgegeben werden, einen Teil der Lehrlinge zu entlassen und Lehrlinge über eine bestimmte Zahl hinaus nicht anzunehmen. Auch durch Beschluß des **Bundesrats**, und solange dies nicht geschehen, der Landesregierungen können für bestimmte Gewerbszweige **allgemeine Vorschriften** über die zulässige Zahl der Lehrlinge erlassen werden. Dies gilt auch für Lehrlinge in offnen Verkaufsstellen sowie in andern Betrieben des Handelsgewerbes. Das Verhältnis zwischen Lehrherrn und Lehrling ist auf Grundlage der Schutz- und Unterweisungspflicht sowie der väterlichen Zucht des Lehrherrn geordnet. Zu häuslichen Dienstleistungen darf der Lehrling nur, wenn er beim Lehrherrn Kost und Wohnung hat, herangezogen werden. Der Lehrvertrag muß schriftlich geschlossen werden. Das Lehrverhältnis kann während einer Probezeit von 4 Wochen bis zu 3 Monaten von beiden Teilen einseitig, später nur aus besondern Gründen, namentlich beim Übergange des Lehrlings in ein andres Gewerbe, gelöst werden. Der

Lehrling hat nach beendeter Lehrzeit Anspruch auf ein schriftliches Zeugnis oder auf den Innungslehrbrief.

Lehrlinge im Handwerk

Zum Lehrlingshalten im Handwerksbetriebe ist nur berechtigt, wer über 24 Jahre alt und eine Meisterprüfung bestanden hat. Will er den Lehrling in einem Gewerbszweig anleiten, für den er nicht als Meister geprüft ist, so muß er in diesem andern Zweige die Lehrzeit zurückgelegt und die Gesellenprüfung bestanden oder 5 Jahre hindurch das betreffende Handwerk selbständig ausgeübt haben oder als Werkmeister oder in ähnlicher Stellung tätig gewesen sein. Nachsichtserteilung durch die Behörde namentlich auch für Handwerkerwitwen ist zulässig. Die Lehrzeit in einem Großbetrieb, der Besuch einer Lehrwerkstätte oder einer gewerblichen Unterrichtsanstalt stehen der eigentlichen Lehre gleich. Die Lehrzeit soll drei und darf nicht über vier Jahre dauern, sie kann für einzelne Gewerbszweige von der Handwerkskammer (S. 240) festgesetzt werden.

Gesellenprüfung

Zur Abnahme der Gesellenprüfung besteht bei jeder Zwangsinnung sowie bei den von der Handwerkskammer hierzu ermächtigten freien Innungen ein Prüfungsausschuß. Soweit nötig, errichtet die Handwerkskammer auch eigne Prüfungsausschüsse. Die Hälfte dieser Ausschüsse muß immer aus Gesellen bestehen, der Vorsitzende wird von der Handwerkskammer bestellt, die Prüfungsordnung wird im Einvernehmen mit der Kammer durch die Behörde erlassen. Die Gesellenprüfung kann auch in Lehrwerkstätten abgelegt werden.

Gewerbliche Arbeiter

Die Festsetzung der Verhältnisse zwischen den Gewerbetreibenden und den gewerblichen Arbeitern „ist, vorbehaltlich der durch Reichsgesetz begründeten Beschränkungen, Gegenstand freier Übereinkunft".

Arbeitsbücher

Für minderjährige, d. h. aus der Volksschule entlassene und nicht über 21 Jahre alte Arbeiter sind polizeilich ausgefertigte Arbeitsbücher vorgeschrieben. Sie werden vom Arbeitgeber aufbewahrt und mit einem Eintrag über Art und Dauer des Arbeitsverhältnisses versehen. Nach rechtmäßiger Lösung des Arbeitsverhältnisses wird das Arbeitsbuch der Arbeiter unter 16 Jahren regelmäßig an den gesetzlichen Vertreter, mit Genehmigung der Gemeindebehörde aber auch an den Arbeiter selbst oder an die zur gesetzlichen Vertretung nicht berechtigte Mutter oder sonstige Angehörige ausgehändigt. Das Arbeitsbuch darf kein Urteil über Führung und Leistung enthalten.

Zeugnisse

Jeder, auch der volljährige Arbeiter kann aber beim Abgang ein Zeugnis hierüber, sowie über Art und Dauer der Beschäftigung verlangen. Geheime, zur Kennzeichnung des Arbeiters bestimmte Merkmale an den Arbeitsbüchern oder Zeugnissen anzubringen, ist bei Strafe verboten und macht den Arbeitgeber entschädigungspflichtig. Auch kann in solchen Fällen die Ausstellung eines neuen Arbeitsbuchs beantragt werden.

Lohnzahlung

Der Arbeitslohn ist in Reichswährung zu berechnen und bar auszuzahlen. Für bestimmte Gewerbe kann der Bundesrat Lohnbücher oder Arbeitszettel vorschreiben, die vom Arbeitgeber auszufüllen und dem Arbeiter auszuhändigen sind, so z. B. für die Kleider- und Wäschekonfektion. (BO v. 9. 12. 02) Für minderjährige Arbeiter in Fabriken sind immer Lohnzahlungsbücher einzurichten. Um Übervorteilungen des Arbeiters (Trucksystem) zu verhindern, ist bestimmt, daß an ihn Waren überhaupt nicht auf Borg abgegeben, und daß Lebensmittel, Wohnung und Landnutzung, Feuerung, Beleuchtung, Beköstigung, Arzneien und ärztliche Hilfe, Werkzeuge und Arbeitsstoffe dem Arbeiter, auch dem Haus- oder Heimarbeiter, nur zu den durchschnittlichen Selbstkosten auf den Lohn angerechnet werden dürfen. Auch dürfen die Löhne, ohne Genehmigung der Gemeindebehörde, nicht in Gast-, Schankwirtschaften oder Verkaufsstellen ausgezahlt werden. Der Arbeits- und Dienstlohn kann, außer in bestimmten, vom Gesetz bezeichneten Fällen, gerichtlich nicht mit **Beschlag belegt**, darf an dritte nicht abgetreten und auch vom Arbeitgeber an solche dritte nicht ausgezahlt werden. Vereinbarungen, wonach Arbeiter ihre Bedürfnisse an bestimmten Verkaufsstellen entnehmen oder sich Lohnabzüge (außer zu gewissen Wohlfahrtseinrichtungen) gefallen lassen sollen, sind nichtig. Doch darf zur Sicherung des Arbeitgebers gegen Kontraktbruch bei den Lohnzahlungen je ein Viertel des fälligen Lohns zurückgehalten werden, bis der Gesamtbetrag eines durchschnittlichen Wochenlohns erreicht ist. Durch **Gemeindestatut** können allgemein oder für bestimmte Gewerbebetriebe für die Lohnzahlungen bestimmte Fristen (z. B. von Freitag zu Freitag) angeordnet und dabei kann zugleich festgesetzt werden, daß der Lohn an die gesetzlichen Vertreter minderjähriger Arbeiter zu zahlen sei.

BG v. 21. 6. 69 u. RG v. 29. 3. 97

Schutzvorschriften

Den unter 18 Jahren alten Arbeitern muß Zeit zum Besuche der Fortbildungsschule gelassen werden. Die Gewerbeunternehmer sind verpflichtet, ihre Arbeiter gegen Gefahren für Leben und Gesundheit, namentlich gegen Betriebsunfälle möglichst zu sichern. Sie haben für Aufrechterhaltung der guten Sitten und des Anstands während des Betriebs, besonders auch im Interesse der weiblichen und jugendlichen Arbeiter zu sorgen. Der Polizeibehörde ist hierbei eine weitgehende Einwirkung zugewiesen. Der **Bundesrat** kann hierüber und über die Anforderungen, die an die Beschaffenheit gewerblicher Anlagen zu stellen sind, allgemeine Vorschriften erlassen und ist

Maximal-arbeitstag GewO § 120e namentlich auch befugt, „für solche Gewerbe, in welchen durch übermäßige Dauer der täglichen Arbeitszeit die Gesundheit der Arbeiter gefährdet wird, Dauer, Beginn und Ende der zulässigen täglichen Arbeitszeit und der zu gewährenden Pausen vorzuschreiben". Auf diesem Grunde hat der Bundesrat (VO v. 4. 3. 96) z. B. für den Betrieb von Bäckereien und Konditoreien, sofern sie zur Nachtzeit Gehilfen und Lehrlinge beschäftigen, ferner für Gehilfen und Lehrlinge in Gast- und Schankwirtschaften (Bek. v. 23. 1. 02), für die Einrichtung und den Betrieb von Buchdruckereien und Schriftgießereien (Bek. v. 31. 7. 97), wegen Einrichtung von Sitzgelegenheit für Angestellte in offnen Verkaufsstellen u. s. w. (Bek. v. 28. 11. 00) eingehende Vorschriften erlassen.

Kündigung

Bei Gesellen und Gehilfen wird das Arbeitsverhältnis regelmäßig durch eine jedem Teil freistehende vierzehntägige Aufkündigung gelöst. Sind kürzere oder längere Kündigungsfristen vereinbart, so müssen sie jedenfalls für Arbeitgeber und Arbeiter gleich sein. Das Gesetz (GewO §§ 123, 124) zählt aber eine Anzahl Gründe auf, aus denen jeder Teil auch ohne Aufkündigung sofort das Arbeitsverhältnis lösen darf, und läßt aus wichtigen Gründen auch die vorzeitige Lösung eines auf längere Zeit vereinbarten Verhältnisses zu.

Betriebsbeamte

Das Dienstverhältnis der Betriebsbeamten, Werkmeister, Techniker, Chemiker, Zeichner u. dgl. kann von beiden Teilen regelmäßig durch sechswöchige Aufkündigung vor Ablauf des Kalendervierteljahrs, sonst nur aus wichtigen Gründen gelöst werden. Die sogenannte Konkurrenzklausel kann mit ihnen nur unter ähnlichen Beschränkungen wie mit den Handlungsgehilfen (S. 204) gültig vereinbart werden.

Fabrikarbeiter

Es wird unterschieden zwischen größeren Betrieben, in denen in der Regel mindestens 20 Arbeiter und mittleren Betrieben, in denen mindestens 10 Arbeiter beschäftigt werden. Für die größeren Betriebe sind Arbeitsordnungen vorgeschrieben. Die Arbeitsordnung muß im Betrieb öffentlich aushängen und jedem Arbeiter bei seinem Eintritt in die Beschäftigung eingehändigt werden. Sie wird zwar vom Arbeitgeber erlassen, jedoch nicht, ohne daß zuvor den im Betriebe beschäftigten großjährigen Arbeitern Gelegenheit gegeben worden wäre, sich hierüber unmittelbar oder durch einen etwa bestehenden ständigen Arbeiterausschuß zu äußern.

Arbeiterausschüsse

Der Ausschuß muß wenigstens in seiner Mehrzahl aus Wahlen der Arbeiter selbst, und zwar regelmäßig aus unmittelbarer und geheimer Wahl hervorgegangen sein. Seine Zustimmung ist notwendig, wenn in der Arbeitsordnung den Arbeitern Vorschriften für die Benutzung der zu ihrem Besten getroffnen, mit dem Betriebe verbundnen Einrichtungen (Kantinen, Konsumvereine u. dgl.) erteilt, oder wenn Vorschriften über das Verhalten der minderjährigen Arbeiter außerhalb des Betriebs in die Ordnung aufgenommen werden sollen.

Arbeitsordnungen

Die Arbeitsordnungen müssen genauen Aufschluß geben über Arbeitszeit, Lohnzahlung, Aufkündigungs- und Entlassungsgründe und -Fristen, über Strafen und Entschädigung im Falle des Vertragsbruchs. Ehrenrührige und unsittliche Strafen sind unzulässig. Geldstrafen dürfen die Hälfte, in besonders schweren Fällen den ganzen Betrag des durchschnittlichen Tagesverdienstes nicht übersteigen und sind zum Besten der Arbeiter zu verwenden. Die Arbeitsordnung, sowie jeder dazu erlassne Nachtrag muß, nebst den von den Arbeitern schriftlich geäußerten Bedenken, binnen drei Tagen der Polizeibehörde mitgeteilt werden. Diese dringt auf Abänderung, wenn die Arbeitsordnung nicht vorschriftsmäßig erlassen ist oder sonst dem Gesetze zuwiderläuft.

Jugendliche und weibliche Arbeiter

Die **Arbeitszeit** wird, mit Ausnahme des S. 246 erwähnten Maximalarbeitstags, von der Gewerbeordnung nur für die **jugendlichen** und **weiblichen Arbeiter** geregelt. Auch für diese wird die Arbeitszeit nur geordnet innerhalb der größeren und der mittleren mit mindestens 10 Arbeitern besetzten Betriebe, denen Hüttenwerke, Zimmerplätze, Bauhöfe, Werften, Werkstätten der Tabaksindustrie, unter Umständen Ziegeleien u. s. w. gleichgestellt sind. Außerdem (mit vom Bundesrat zu bewilligenden Ausnahmen) für die mit elementarer Kraft (Dampf, Wind, Wasser u. s. w.) arbeitenden Werkstätten, endlich kraft Beschlusses des Bunderats auch für andre Werkstätten und für Bauten. Eine solche
KBD v. 31. 5. 97
Verordnung ist z. B. für die Werkstätten der **Kleider- und Wäschekonfektion** erlassen worden. Die gesetzlich zulässige Arbeitszeit darf auch nicht dadurch überschritten werden, daß den jugendlichen und weiblichen Arbeitern zur Verrichtung außerhalb des Betriebs oder für Rechnung Dritter Arbeit überwiesen wird. Jeder Arbeitgeber, der weibliche oder jugendliche Arbeiter beschäftigt, ist zu fortlaufenden Anzeigen an die Ortspolizeibehörde verpflichtet. Zur Kontrolle dient der Aushang eines Verzeichnisses dieser Arbeiter nebst Angabe ihrer Beschäftigungsdauer und eines Abdrucks der gesetzlichen Schutzvorschriften. Von den im Gesetze be-
RG v. 31. 7. 95
stimmten Tageszeiten sind mit Rücksicht auf die **Einheitszeit** Abweichungen bis zu einer halben Stunde zulässig.

Jugendliche in Fabriken

In Betrieben, in denen mindestens 10 Arbeiter tätig sind, dürfen **Kinder** unter 13 Jahren überhaupt nicht, Kinder über 13 Jahren nur dann beschäftigt werden, wenn sie nicht mehr zum

Besuch der Volksschule verpflichtet sind, Kinder unter 14 Jahren nicht länger als 6 Stunden täglich. Junge Leute zwischen 14 und 16 Jahren nicht länger als 10 Stunden täglich. Das Lebensalter über 16 Jahren zieht das Gesetz bei männlichen Arbeitern nicht mehr in Betracht. Die Arbeitsstunden aller jugendlichen (d. h. also der nicht über 16 Jahre alten) Arbeiter dürfen nur in die Zeit zwischen 6 Uhr morgens und 8 Uhr abends gelegt werden. Alle jugendlichen Arbeiter haben nach Beendigung der täglichen Arbeitszeit auf eine ununterbrochene Ruhezeit von mindestens 11 Stunden Anspruch. Den nur 6 Stunden beschäftigten Arbeitern (den Kindern unter 14 Jahren) muß mindestens eine halbstündige Pause, den übrigen jugendlichen Arbeitern müssen je eine halbe Stunde Vor- und Nachmittagspause, sowie eine Stunde Mittagspause gewährt werden. Die Vor- und Nachmittagspause darf nur ausfallen, wenn sie überhaupt nicht länger als 8 Stunden, 4 am Vor-, 4 am Nachmittag, beschäftigt werden. An Sonn- und Festtagen sowie während des kirchlichen Unterrichts dürfen sie überhaupt nicht beschäftigt werden.

Kinderschutz RG v. 30. 3. 03

Mit der Kinderarbeit in gewerblichen Betrieben aller Art, außer den landwirtschaftlichen, beschäftigt sich ein besondres Reichsgesetz. Es versteht unter Kindern Knaben und Mädchen unter 13 Jahren sowie Kinder über 13 Jahre, solange sie noch zum Besuche der Volksschule verpflichtet sind. Es unterscheidet ferner zwischen eignen (auch nahe verwandten, angenommenen und bevormundeten) und fremden Kindern. Die Beschäftigung aller solcher Kinder ist ohne Unterschied verboten in gewissen schweren und gefährlichen Betrieben wie Bauten, Ziegeleien, Brüche, Gruben, im Schornsteinfegergewerbe, im Fuhrwerksbetriebe, beim Steineklopfen u. s. w. Ein Verzeichnis der von dem Verbot betroffenen Werkstätten wird vom Bundesrat aufgestellt. Ebenso allgemein, jedoch mit Befreiungsbefugnis, die der untern Verwaltungsbehörde nach Anhörung der Schulaufsichtsbehörde zusteht, ist verboten die Beschäftigung von Kindern bei öffentlichen theatralischen Vorstellungen und andern öffentlichen Schaustellungen. In Gast- und Schankwirtschaften dürfen Kinder unter 12 Jahren überhaupt nicht, schulpflichtige Mädchen jedenfalls nicht bei der Bedienung von Gästen beschäftigt werden. Nur für Orte unter 20000 Einwohnern und für kleinere, nur von Familiengliedern unterhaltene Wirtschaftsbetriebe können bezüglich der eignen Kinder Ausnahmen zugelassen werden. In Werkstätten, die nicht schon von dem oben erwähnten allgemeinen Beschäftigungsverbote betroffen sind, und zwar einschließlich der von der sogen. Hausindustrie zugleich als Arbeitsstätten benutzten Schlaf-, Wohn- und Kochräume, ferner im Handels- und Verkehrsgewerbe ist die Beschäftigung von Kindern unter 10 Jahren unterschiedslos verboten. Eigne Kinder unter 12 Jahren dürfen in der Wohnung oder Werkstatt des Vaters u. s. w. wenigstens nicht für dritte, und auch für eigne Rechnung dann nicht beschäftigt werden, wenn in der Werkstatt Triebwerke nicht bloß vorübergehend zur Verwendung kommen, die durch elementare Kraft bewegt werden. Der Bundesrat kann jedoch allgemein oder für bestimmte Bezirke bezüglich der eignen Kinder Ausnahmen von diesem Beschäftigungsverbote zulassen und dabei für besonders leichte Arbeiten auch unter die Jahresgrenze von 10 Jahren herabgehen. Die Beschäftigung fremder Kinder über 12 Jahre in den für Kinder nicht verschlossenen Werkstätten (s. oben) ist zwar erlaubt. Sie darf aber, ebenso wie die Beschäftigung eigner Kinder über 10 Jahre, niemals stattfinden in der Zeit zwischen 8 Uhr abends und 8 Uhr morgens und nicht vor dem Vormittagsunterricht. Sie darf nicht länger als täglich 3 Stunden, während der Schulferien 4 Stunden dauern. Um Mittag ist eine mindestens zweistündige Pause zu gewähren. Am Nachmittag darf die Beschäftigung erst eine Stunde nach beendetem Unterricht beginnen. Die gleichen Beschränkungen gelten auch für den Gast- und Schankwirtschaftsbetrieb. Ebenso für das Austragen von Waren und für gewerbliche Botengänge, außer wenn es sich um eigne, für den eignen Betrieb beschäftigte Kinder handelt, vorbehältlich der Beschränkung durch besondre Polizeiverordnungen. An Sonn- und Festtagen dürfen fremde Kinder mit gewissen beschränkten Ausnahmen für öffentliche Vorstellungen, für das Austragen von Waren und sonstige Botengänge gar nicht, eigne Kinder wenigstens nicht in Werkstätten (auch der Hausindustrie) sowie im Handels- und Verkehrsgewerbe beschäftigt werden. Allgemein ist endlich die Beschäftigung fremder Kinder nur gestattet, wenn der Arbeitgeber der Ortspolizeibehörde hiervon schriftlich Anzeige gemacht und eine Arbeitskarte für jedes Kind gelöst hat. Die Polizeibehörden sind nach Anhörung der Schulaufsichtsbehörde auch zum Erlaß verschärfter Anordnungen zugunsten einzelner Kinder oder zur Entziehung der Arbeitskarte ermächtigt.

Arbeiterinnen Maximalarbeitstag

Für Arbeiterinnen ist vom 1. April 1912 ab in Betrieben mit mindestens 10 Arbeitern die Nachtarbeit von 8 Uhr abends bis 6 Uhr morgens gänzlich untersagt. Auch wenn sie über 16 Jahre alt sind, dürfen sie höchstens 10 Stunden täglich, an den Vorabenden von Sonn- und Festtagen höchstens 8 Stunden und nicht über 5, ausnahmsweise 8 Uhr nachmittags hinaus beschäftigt werden. Sie haben ferner Anspruch auf eine Mittagspause von 1, wenn sie ein Hauswesen zu besorgen haben von $1^1/_2$ Stunden, jedenfalls aber nach Beendigung der täglichen Arbeitszeit auf mindestens 11 Stunden ununterbrochene Ruhezeit. Wöchnerinnen dürfen vor und nach ihrer Niederkunft im ganzen 8 Wochen, nach der Niederkunft wenigstens 6 Wochen nicht beschäftigt werden. Unter Tage, in Kokereien und zum Transport von Baumaterialien, dürfen Arbeiterinnen überhaupt nicht verwendet werden.

Ausnahmen GewO §§ 138a. 139

Im Falle außergewöhnlicher Häufung der Arbeit können die untern Verwaltungsbehörden auf gewisse Dauer und unter gewissen Voraussetzungen gestatten, daß die Arbeitszeit der über 16 Jahre alten Arbeiterinnen bis auf 12 Stunden täglich, jedoch nicht an Sonnabenden und nicht über 9 Uhr abends hinaus, verlängert werde, wenn ihnen wenigstens 10 Stunden ununterbrochene Ruhezeit verbleibt. Ebenso können, im Falle von Naturereignissen oder Unglücksfällen, die Bestimmungen zugunsten der weiblichen und jugendlichen Arbeiter bis auf die Dauer von vier Wochen von der höhern Verwaltungsbehörde, auf längere Zeit vom Reichskanzler abgeändert werden. Durch dieselben Instanzen kann auch für einzelne Fabriken wegen der Natur des Betriebs (Kampagne- und Saisonindustrien) oder aus Rücksichten auf die Arbeiter eine anderweite Regelung getroffen werden.

§ 139a Endlich ist auch der Bundesrat ermächtigt, die Verwendungen von weiblichen oder jugendlichen Arbeitern in gewissen, der Gesundheit oder Sittlichkeit besonders gefährlichen Fabrikationszweigen gänzlich zu untersagen oder sie von besondern Bedingungen abhängig zu machen. Für gewisse ununterbrochne Betriebe und andre Fabrikationszweige kann er die tägliche Arbeitszeit und die Arbeitspausen abweichend regeln. Doch sind Befreiungen von den gesetzlichen Vorschriften durch eine im Gesetze selbst bestimmte Höchstdauer der zulässigen Arbeitszeit durch Mindestruhezeiten sowie bezüglich der Nachtarbeit begrenzt. Solche und die S. 246 erwähnten Beschlüsse, die dem nächsten Reichstag, allerdings nur zur Kenntnisnahme, vorzulegen sind, hat der Bundesrat in großer Zahl erlassen.

Ladenschluß

Offne Verkaufsstellen müssen regelmäßig von 9 Uhr abends bis 5 Uhr morgens für den geschäftlichen Verkehr geschlossen sein. Während dieser Zeit ist auch das Feilbieten von Waren an öffentlichen Orten verboten. Auf Antrag von $^2/_3$ der beteiligten Geschäftsinhaber einer oder mehrerer zusammenhängender Gemeinden kann für alle oder einzelne Geschäftszweige der Ladenschluß auch auf die Zeit zwischen 8 und 9 Uhr abends und zwischen 5 und 7 Uhr morgens ausgedehnt werden. Den in offnen Verkaufsstellen, den dazu gehörigen Schreibstuben und Lagerräumen tätigen Gehilfen, Lehrlingen und Arbeitern muß regelmäßig nach beendeter Arbeitszeit eine ununterbrochne Ruhezeit von mindestens 10, in Gemeinden mit mehr als 20000 Einwohnern 11 Stunden, sowie innerhalb der Arbeitszeit eine angemessne Mittagspause gewährt werden.

Kontraktbruch

Der Bruch des Arbeitsvertrags, d. h. die rechtswidrige, vorzeitige Entlassung durch den Arbeitgeber oder rechtswidriges Verlassen der Arbeit, ist mit öffentlichen Strafen nicht bedroht. Doch kann die Polizeibehörde den entlaufnen Lehrling, falls der Lehrvertrag schriftlich geschlossen worden ist, auf Antrag des Lehrherrn solange in der Lehre festhalten, als nicht der Vertrag durch gerichtliches Urteil für aufgelöst erklärt oder dem Lehrling das Fernbleiben gerichtlich gestattet ist, ihn auch zwangsweise oder durch Strafandrohungen zum Lehrherrn zurückbringen. Zugleich kann der Lehrherr, wenn im Vertrag nichts andres ausbedungen ist, eine tägliche Entschädigung bis auf die Hälfte des ortsüblichen Gesellenlohns, höchstens aber für sechs Monate beanspruchen.

Ebenso steht dem Arbeitgeber gegen den kontraktbrüchigen Gesellen oder Gehilfen, und umgekehrt diesem gegen den Arbeitgeber, statt jeden Schadenersatzanspruchs für jeden Tag der versäumten Arbeitszeit, höchstens aber für eine Woche, der Betrag des der Gemeindekrankenversicherung zugrunde gelegten sogenannten ortsüblichen Tagelohns zu. Dasselbe gilt von Betriebsbeamten, Werkmeistern u. s. w. Bezüglich der Fabrikarbeiter endlich muß die Arbeitsordnung über Kontraktbruch Bestimmungen enthalten. Der rückständige Lohn darf aber höchstens bis auf den Betrag eines durchschnittlichen (nicht des ortsüblichen) Wochenlohns für verwirkt erklärt werden.

Ein Arbeitgeber, der den Lehrling, Gesellen und Gehilfen oder Betriebsbeamten zum Bruch des Arbeitsvertrags verleitet hat oder ihn, in Kenntnis der noch bestehenden Verpflichtung, in Arbeit nimmt oder behält, ebenso der Vater des Lehrlings haften, gleich dem Vertragsbrüchigen, für Schadenersatz.

Fabrikinspektoren

RG v. 30. 3. 03

Die gewerbliche Aufsicht über die Fabriken und Werkstätten ist auch bezüglich des Kinderschutzes (S. 249) neben den ordentlichen Polizeibehörden oder auch ausschließlich, besondern Beamten, den Fabrikinspektoren (Gewerberäten) übertragen, die von den Landesregierungen zu ernennen sind. Sie haben das Recht, die ihnen unterstellten gewerblichen Anlagen jederzeit, auch des Nachts, zu revidieren. In Privatwohnungen, in denen ausschließlich eigne Kinder beschäftigt werden, dürfen sie jedoch nächtliche Revisionen nur im Falle des Verdachtes der Nachtarbeit vornehmen. Über ihre amtliche Tätigkeit erstatten sie Jahresberichte, die vollständig oder im Auszug dem Bundesrat und dem Reichstag vorzulegen sind. Ihnen sind vielfach weibliche Assistenten beigegeben.

Statuten

Alle auf gewerbliche Gegenstände bezüglichen **Statuten** der Gemeinden und Kommunalverbände dürfen nur nach Anhörung der beteiligten Gewerbetreibenden und Arbeiter erlassen werden und bedürfen der Genehmigung der höhern Verwaltungsbehörde.

Die Gewerbeordnung schließt mit einer langen Reihe von Strafbestimmungen.

Gewerbegerichte
RG v. 29. 9. 01

Die **Gewerbegerichte** dienen zur Entscheidung von gewerblichen Streitigkeiten zwischen den Arbeitern und ihren Arbeitgebern oder zwischen Arbeitern desselben Arbeitgebers (z. B. wegen des Anteils am gemeinschaftlichen Akkordlohn). Sie können für den Bezirk einer oder mehrerer Gemeinden, oder für einen weitern Kommunalverband durch Statut, — eintretendenfalls auch durch Anordnung der Landeszentralbehörde — in Gemeinden von mehr als 20000 Einwohnern müssen sie errichtet werden. Zu den Arbeitern gehören auch Lehrlinge; Betriebsbeamte (S. 246) nur dann, wenn ihr Jahresverdienst oder Gehalt 2000 Mark nicht übersteigt. Die Hausindustrie untersteht dem Gewerbegericht regelmäßig nur, wenn das Arbeitsmaterial vom Arbeitgeber geliefert wird.

Die Gewerbegerichte treten für die ihnen zugewiesenen Streitigkeiten an die Stelle der ordentlichen Gerichte.

Durch Schiedsvertrag darf die Zuständigkeit des Gewerbegerichts nur ausgeschlossen werden, wenn darin ein dem Gewerbegericht gleichartig zusammengesetztes Schiedsgericht vorgesehen ist. Ihre Entscheidungen sind endgültig. Nur wenn der Wert des Streitgegenstands 100 Mark übersteigt, ist Berufung an das Landgericht gestattet. Die Gewerbegerichte sind im einzelnen Falle mit einem Vorsitzenden und mindestens zwei Beisitzern besetzt. Von diesen muß je einer aus dem Arbeitgeber- und dem Arbeiterstande entnommen werden. Der Vorsitzende darf keiner der beiden Gruppen angehören und wird regelmäßig von der Gemeindebehörde bestellt.

Beisitzer

Die Beisitzer werden nach näherer Bestimmung des Statuts (Verhältniswahl, Vorschlagslisten) von Arbeitgebern und Arbeitern, in getrennter Abstimmung, in unmittelbarer und geheimer Wahl gewählt. Zur Wahlberechtigung gehört ein Alter von über 25 Jahren und Wohnsitz oder Beschäftigung im Gerichtsbezirk. Die Wählbarkeit ist von der Vollendung des 30. Lebensjahrs, von zweijährigem Wohnsitz oder zweijähriger Beschäftigung im Bezirke abhängig. Kommen Wahlen nicht zustande oder werden sie wiederholt für ungültig erklärt, so wird das Gericht von der höhern Verwaltungsbehörde gebildet.

Verfahren

Das Verfahren richtet sich nach dem Amtsgerichtsprozeß (S. 132), jedoch mit wesentlichen Vereinfachungen (z. B. geschieht die Beeidigung der Zeugen nur auf Antrag der Partei, oder wenn das Gericht den Eid für nötig findet, die Prozeßkosten werden sofort festgestellt u. s. w.). Die Kosten sind sehr niedrig bemessen. Durch Statut kann auch völlige Kostenfreiheit gewährt werden. Rechtsanwälte und Personen, die das Verhandeln vor Gericht gewerbmäßig betreiben, werden nicht zugelassen. Der erste Termin kann als Sühnetermin auch vom Vorsitzenden allein abgehalten werden. Wenn es die Parteien beantragen, darf er das Urteil auch sofort ohne Beisitzer erlassen.

Nach gleichen Grundsätzen wie die Gewerbegerichte sind auch die **Kaufmannsgerichte** organisiert. Sie sind bestimmt zur Entscheidung von Streitigkeiten aus dem Dienst- und Lehrverhältnis zwischen Kaufleuten und ihren Handlungsgehilfen oder Handlungslehrlingen (S. 203). Handlungsgehilfen mit mehr als 5000 Mark Jahresverdienst sowie die in den Apotheken beschäftigten Gehilfen und Lehrlinge fallen jedoch nicht unter die Vorschriften des Gesetzes. Der Vorsitzende ist in der Regel derjenige des örtlichen Gewerbegerichts, dem das Kaufmannsgericht auch räumlich angegliedert zu sein pflegt. Neben ihm nehmen mindestens 4 Beisitzer an der Entscheidung teil. Sie werden zur Hälfte entnommen aus Kaufleuten, die mindestens einen Gehilfen oder Lehrling ständig oder doch zu gewissen Zeiten des Jahres beschäftigen, zur andern Hälfte aus Handlungsgehilfen. Die Wahl findet immer nach den Grundsätzen der Verhältniswahl statt, so daß neben den Mehrheitsgruppen auch die Minderheiten entsprechend ihrer Zahl vertreten sind. Im übrigen gelten von der Wahlberechtigung und der Wählbarkeit sowie von dem Verfahren dieselben Grundsätze wie bei den Gewerbegerichten. Berufung ist jedoch nur zulässig, wenn der Wert des Streitgegenstandes 300 Mark übersteigt.

Kaufmannsgerichte

RG v. 6. 7. 04

Bei Streitigkeiten über die Bedingungen der Fortsetzung oder der Wiederaufnahme des Arbeitsverhältnisses kann das **Gewerbegericht** sowohl als das **Kaufmannsgericht** als **Einigungsamt** angerufen werden. Wenn sich beide Teile an das Gericht wenden, soll es dem Rufe Folge geben. Wird es nur von einer Seite angerufen, so kann es den andern Teil durch Geldstrafen mindestens zum Erscheinen nötigen. Es ist, wenn es über den Sachverhalt verhandelt, mit mindestens je 2 Vertrauensmännern aus

Einigungsamt

beiden Lagern besetzt, der Vorsitzende kann auch ein oder zwei unbeteiligte Personen als Beisitzer mit beratender Stimme zuziehen. Kommt eine gütliche Einigung nicht zustande, so fällt das Gericht einen Schiedsspruch, der beiden Teilen zur Erklärung zugefertigt wird, ob sie sich ihm unterwerfen wollen. Stehen die Stimmen der Arbeitgeber- und Arbeitergruppen gleich, so bleibt dem Vorsitzenden überlassen, ob er durch seine Stimme den Ausschlag geben will. Das Ergebnis des Einigungsverfahrens, auch wenn es nicht zum Ziele geführt hat, ist vom Vorsitzenden in jedem Falle öffentlich bekannt zu machen.

Die Gewerbegerichte können zur Begutachtung von gewerblichen, die Kaufmannsgerichte von Fragen herangezogen werden, die das kaufmännische Dienst- oder Lehrverhältnis betreffen. Sie können zu deren Vorberatung Ausschüsse bilden, auch selbst in solchen Angelegenheiten, z. B. wegen Errichtung von Arbeitsnachweisen, Anträge an die Behörden richten. Wo keine Gewerbe- oder Kaufmannsgerichte bestehen, können die Gemeindevorsteher oder andre Organe (Schiedsmänner, Friedensrichter) vorläufige, aber den eigentlichen Rechtsweg nicht ausschließende Entscheidungen erteilen. Die Innungsschiedsgerichte treten für den Bereich der Innung an Stelle des Gewerbegerichts. Der Kläger darf sich aber an das Gewerbegericht, oder wo ein solches nicht besteht, an das ordentliche Gericht wenden, wenn nicht innerhalb acht Tagen der erste Termin stattfindet. Auch kann gegen die Entscheidungen der Innungsschiedsgerichte immer der ordentliche Richter angerufen werden.

Bergrecht

Die Gewerbeordnung hat zwar wichtige Bestimmungen, namentlich über Beschäftigung von jugendlichen und weiblichen Arbeitern, auch auf den Bergwerksbetrieb ausgedehnt. Die Ordnung des Bergwesens bleibt jedoch im übrigen den Einzelstaaten überlassen. Die Berggesetzgebung[1] beruht heute überall auf dem Grundsatz der Bergfreiheit. Das Schürfen, d. h. das Aufsuchen von bergmännisch gewonnenen Mineralien, einschließlich der Kohlen und Salze ist jedermann auch auf fremdem Grund und Boden gestattet, soweit nicht die Aufsuchung und Gewinnung der Steinkohlen und gewisser Salze dem Staat allein vorbehalten ist.[2] Finden sich Mineralien, so hat der Finder bei der Bergbehörde um Verleihung des Bergwerkseigentums in einem bestimmten Felde nachzusuchen (Mutung). Der Bergwerksbesitzer hat dem Grundeigentümer für alle durch den Bergbetrieb entstehenden Schäden vollen Ersatz zu leisten und ist einer weitgehenden Aufsicht der Bergbehörde unterworfen. GewO § 154 a

Für den gemeinschaftlichen Betrieb von Bergwerken sind auch heute noch die Gewerkschaften, unter einem erwählten Grubenvorstande, die altüberlieferte Gesellschaftsform. Die den Aktien (S. 205) vergleichbaren gemeinschaftlichen Bergwerksanteile, Kuxe, pflegten ehedem 128, beim Salzbergbau (Pfännerschaften) 111 zu betragen. Heute sind Anteile von 100 oder 1000 Kuxen die Regel. Sie berechtigen den Inhaber auf die Ausbeute, verpflichten ihn aber auch zur Zubuße, wenn er den Kux nicht der Gewerkschaft preisgeben will. Die Rechtsverhältnisse der Bergarbeiter und ihre Wohlfahrtseinrichtungen, die sogenannten Knappschaftskassen, sind eingehend geordnet. Die Gewerbegerichte für Bergwerke, Salinen und

[1] Pr. G v. 24. 6. 65, 20. 9. 99, 7. 7. 02, 5. u. 14. 7. 05, 19. 6. 06, 18. 6. 07 u. 28. 7. 09 Bay. G v. 20. 7. 00 Sächs. G v. 12. 2. 09 Württ. G v. 7. 10. 74 u. 17. 2. 06 Bad. G v. 22. 6. 90 u. 16. 8. 00 Hess. G v. 30. 9. 99 Elß. G v. 16. 12. 73. Für Südwestafrika KBO v. 8. 8. 05, die sonstigen afrikanischen und die Südseeschutzgebiete KBO v. 27. 2. 06 [2] Pr. G v. 18. 6. 07 Sächs. G v. 12. 2. 09 Hess. G v. 28. 8. 08 Elß. G v. 22. 7. 07

Gruben werden als Bergschiedsgerichte, abweichend von der Regel (S. 255), durch die Landeszentralbehörden errichtet.

Gewerbliche Vertretungen

Die **Gewerbekammern**, die häufig mit den Handelskammern vereinigt sind, und die **Handwerkskammern** wurden bereits erwähnt (S. 240). Zur Unterstützung bei den Aufgaben auf dem Gebiete der Arbeitsstatistik ist dem Kaiserlichen Statistischen Amt (S. 56) ein **Beirat für Arbeiterstatistik** beigeordnet. Den Vorsitz führt der Präsident des Amts, 7 Mitglieder werden vom Bundesrat, 7 vom Reichstage gewählt. Dem Beirat liegt ob, auf Anordnung des Bundesrats oder des Reichskanzlers arbeiterstatistische Erhebungen vorzunehmen, ihre Ergebnisse zu begutachten, gegebenenfalls Auskunftspersonen zu vernehmen und dem Reichskanzler Vorschläge für die Art der Erhebungen zu unterbreiten. Er darf aus dem Kreise der Arbeitgeber und Arbeiter in gleicher Zahl Beisitzer mit beratender Stimme zuziehen. Dies muß geschehen, wenn es vom Bundesrat oder vom Reichskanzler angeordnet oder von 6 Mitgliedern beantragt wird. Er kann besondre aus seiner Mitte gewählte Ausschüsse niedersetzen und hat die vom Reichskanzler oder den einzelnen Landesregierungen zu seinen Sitzungen entsendeten Vertreter jederzeit zu hören.

IV. Genossenschaftswesen

Wie die Aktiengesellschaft (S. 204) dem Handel und der Großindustrie, so dient die Genossenschaft vorzugsweise den Bedürfnissen des Gewerbes und der Landwirtschaft.

Eingetragene Genossenschaften RG v. 20. 5. 98

Zu den (gewöhnlich nach ihrem Gründer Schulze-Delitzsch bezeichneten) **Erwerbs- und Wirtschaftsgenossenschaften** zählen die Vorschuß- und Kreditvereine, die Rohstoffvereine, Absatzgenossenschaften, Magazinvereine, Produktivgenossenschaften, Konsumvereine und Bauvereine.

Drei Gattungen

Je nach dem Grade, in dem die einzelnen Genossen für die Verbindlichkeiten der Genossenschaft haftbar sind, zerfallen die Genossenschaften wieder in drei Gruppen. Bei unbeschränkter Haftpflicht haftet jeder Genosse mit dem ganzen Vermögen, sowohl der Genossenschaft als unmittelbar deren Gläubigern. Die unbeschränkte Nachschußpflicht ergreift zwar gleichfalls das ganze Vermögen der einzelnen Genossen, doch hat er die zur Befriedigung der Genossenschaftsgläubiger erforderlichen Nachschüsse nur an die Genossenschaft selbst zu leisten und mit deren Gläubigern unmittelbar nichts zu tun. Endlich kann die Haftung im voraus auf einen bestimmten Betrag beschränkt sein, beschränkte Haftpflicht. Je nachdem muß jede Genossenschaft ihrem Namen die Bezeichnung: „Eingetragne Genossenschaft mit unbeschränkter Haftpflicht, unbeschränkter Nachschußpflicht oder beschränkter Haftpflicht" beifügen.

Rechtsverhältnisse

RG v. 12. 8. 96

Die Zahl der Genossen muß mindestens sieben betragen. Sinkt sie darunter, so muß die Genossenschaft aufgelöst werden. Vorschußvereine dürfen Darlehen nur an ihre Mitglieder gewähren. Konsumvereine und andre Konsumanstalten dürfen bei Strafe im regelmäßigen Geschäftsverkehr Waren nur an Mitglieder oder deren Vertreter verkaufen. Nur landwirtschaftliche Konsumvereine, die, ohne einen offnen Laden zu haben, den Bezug landwirtschaftlicher Bedürfnisse vermitteln, sind hierin nicht beschränkt. Konsumanstalten mit offnem Laden müssen über die Form, in der sich die Mitglieder auszuweisen haben, Anweisungen treffen. Marken und Wertzeichen, die zum Bezug von Waren berechtigen, dürfen sie (ebenso auch die mit ihnen in Vertragsverbindung stehenden einzelnen Gewerbetreibenden) nicht ausgeben. Mißbrauch der Mitgliedrechte ist gleichfalls strafbar.

Die Genossenschaften müssen einen mindestens aus zwei Personen bestehenden Vorstand und einen mindestens dreigliedrigen Aufsichtsrat haben. Besondre Sorgfalt ist auf genaue Listenführung über die jeweilig der Genossenschaft angehörigen Mitglieder zu verwenden. Eine solche Liste wird, außer vom Vorstand, auch von dem das Genossenschaftsregister führenden Gericht, auf Grund der dem Vorstand obliegenden Veränderungsanzeigen, angelegt und auf dem Laufenden erhalten. Die Genossen üben, gleich den Aktionären, ihre Rechte in der Generalversammlung aus. Jeder Genosse führt nur eine Stimme, wie er denn regelmäßig, außer bei den Genossenschaften mit beschränkter Haftpflicht, auch nur mit einem Geschäftsanteile beteiligt sein darf. Jede Genossenschaft hat sich mindestens in jedem zweiten Jahre der Prüfung durch einen vom Gericht bestellten, der Genossenschaft nicht angehörigen sachverständigen Revisor zu unterwerfen. Haben sich mehrere Genossenschaften zu einem Verbande vereinigt, so kann diesem das Recht zur Bestellung eines eignen Verbandsrevisors verliehen werden.

Auflösung

Die Genossenschaft kann ihre Auflösung beschließen, auf Klage eines Genossen für nichtig erklärt werden und in Liquidation (S. 205) treten. Sie kann aber auch im Wege des Verwaltungsstreitverfahrens (S. 110) aufgelöst werden, wenn sie sich gesetzwidriger Handlungen oder Unterlassungen schuldig macht, durch die das Gemeinwohl gefährdet wird, oder wenn sie andre als die im Gesetz zugelassnen geschäftlichen Zwecke verfolgt.

Konkurs

Fällt sie in Konkurs (S. 145), so stellt der Konkursverwalter eine Nachschußberechnung auf, die nach einer mit den Beteiligten abgehaltnen Verhandlung vom Gericht festgestellt und für vorläufig vollstreckbar erklärt wird. Auf Grund dieser Berechnung werden von den einzelnen Genossen die zur Deckung der Genossenschaftsschulden erforderlichen Beiträge eingefordert. Fallen einzelne Genossen wegen Unvermögens aus, so werden die verbleibenden auf Grund einer Zusatzberechnung für den Ausfall herangezogen. Diese Heranziehung hat bei Genossenschaften mit beschränkter Haftung ihre Grenze in der nach dem Statut übernommnen Haftsumme, die indes mindestens so hoch wie der Geschäftsanteil bemessen sein muß. Die Heranziehung ist unbegrenzt, wenn die Nachschußpflicht unbeschränkt war. Bei Genossenschaften mit unbeschränkter Haftpflicht endlich steigert sie sich dadurch, daß nach Ablauf von drei Monaten seit Aufstellung der Nachschußberechnung die bis dahin noch nicht befriedigten Gläubiger sich nunmehr unmittelbar gegen jeden beliebigen, oder gleichzeitig gegen alle oder mehrere Genossen wenden und von ihnen volle Befriedigung fordern dürfen.

In allen diesen Fällen können unter gewissen, im Gesetz näher angegebnen Beschränkungen auch bereits ausgeschiedne Genossen zur Deckung der Verluste mit herangezogen werden.

Gesellschaften mit beschränkter Haftung

RG v. 20. 5. 98

Um dem gesellschaftlichen Unternehmungsbedürfnis auch durch erleichterte Formen Rechnung zu tragen, hat ein Reichsgesetz auch für sogenannte Gesellschaften mit beschränkter Haftung (nicht Haftpflicht), die zu jedem gesetzlich zulässigen Zweck errichtet werden dürfen, besondre Normen aufgestellt. Dabei ist zugelassen, daß den Gesellschaftern, außer der Einzahlung von Kapitalanlagen (Stammeinlagen von mindestens 500 Mark), noch andre

Leistungen an die Gesellschaft auferlegt werden dürfen, z. B. die Lieferung von Rüben an die von der Gesellschaft betriebne Zuckerfabrik. Die Stammeinlagen brauchen nicht gleich bemessen, müssen aber durch 100 teilbar sein und zusammen, einschließlich des Geldwerts sonstiger Einlagen, ein Stammkapital von mindestens 20 000 Mark ergeben. Die Gesellschaft wird durch einen oder mehrere Geschäftsführer vertreten; ein Aufsichtsrat kann, muß aber nicht bestellt werden. Im Bedarfsfalle können Nachschüsse in unbeschränkter oder im voraus bestimmter Höhe eingefordert werden. Wenn aber die Nachschußpflicht nicht auf einen bestimmten Betrag beschränkt ist, so kann sich jeder Gesellschafter dadurch (wie bei den Bergwerkskuxen S. 259) davon befreien, daß er seinen Anteil der Gesellschaft preisgibt. Die Liste der Gesellschafter wird von den Geschäftsführern gehalten und alljährlich im Januar der Handelsregisterbehörde eingereicht. Die Rechte der Gesellschafter bestimmen sich nach dem Gesellschaftsvertrage und können in Versammlungen, aber auch durch schriftliche Abstimmung ausgeübt werden. Die Gesellschaft kann sich selbst auflösen, sie kann auch, unter denselben Voraussetzungen, wie die eingetragne Genossenschaft, aufgelöst werden (S. 262). Auch der einzelne Gesellschafter kann aus wichtigen Gründen durch Klage beim Landgericht ihre Auflösung betreiben.

Juristische Personen

Wenn die reichsgesetzlich geregelten Körperschaften, die Aktiengesellschaften, die eigentlichen Genossenschaften und die soeben besprochenen Gesellschaften, den gesetzlichen Anforderungen genügt haben und daraufhin in das Handelsregister (S. 203) oder in das damit verbundne Genossenschaftsregister eingetragen worden sind, so wird ihnen die juristische Persönlichkeit (S. 92) beigelegt, d. h. sie können unter ihrem Namen Rechte, insbesondre Eigentum und sonstige dingliche Rechte an Grundstücken erwerben, Verbindungen eingehen, vor Gericht klagen und verklagt werden. Dasselbe gilt von den Innungen und Handwerkskammern, auf Beschluß des Bundesrats oder der Landesregierungen auch von den Innungsverbänden, von den Innungsausschüssen (S. 240), von den Kolonialgesellschaften und von einigen mit sozialen Aufgaben betrauten Genossenschaften, von denen noch die Rede sein wird.

Ein Verein, dessen Zweck auf wirtschaftlichen Geschäftsbetrieb gerichtet ist, und der nicht eine der soeben und früher behandelten reichsgesetzlichen Formen angenommen hat, kann die Rechtsfähigkeit nur durch Verleihung des Bundesstaats erlangen, in dessen Gebiet er seinen Sitz hat. Bei Vereinen mit dem Sitz im Auslande steht die Verleihung dem Bundesrate zu. Dagegen erlangen Vereine, deren Zweck nicht auf einen wirtschaftlichen Geschäftsbetrieb gerichtet ist, die Rechtsfähigkeit durch Eintrag in das Vereinsregister des zuständigen Amtsgerichts (so schon bisher in Bayern und Sachsen[1]). Die Verwaltungsbehörde kann jedoch hiergegen Einspruch erheben, wenn der Verein „nach dem öffentlichen Vereinsrecht unerlaubt ist oder verboten werden kann, oder wenn er einen politischen, sozialpolitischen oder religiösen Zweck verfolgt". Über den Einspruch ist sodann im Wege des Verwaltungsstreitverfahrens (S. 110) zu entscheiden. Dem eingetragnen Verein kann auch nachträglich die Rechtsfähigkeit wieder entzogen werden, „wenn er durch einen gesetzwidrigen Beschluß der Mitgliederversammlung oder durch gesetzwidriges Verhalten des Vorstandes das Gemeinwohl gefährdet", oder wenn er seinem ursprünglichen, satzungs-

Vereinsrecht
BGB §§ 21—89
RG v. 19. 4. 08

[1] Bay. G v. 29. 4. 69 Sächs. G v. 15. 6. 68

gemäßen Zwecke zuwider sich mit wirtschaftlichen, oder mit politischen, sozialpolitischen oder religiösen Zwecken befaßt. Über die sonstigen Rechtsverhältnisse der Vereine (Vorstand, andre Vereinsorgane, Mitgliederversammlungen u. s. w.) stellt das Gesetz nur allgemeine durch die Vereinssatzungen zu ergänzende Vorschriften auf. Rechtsfähige **Stiftungen** können nur mit Genehmigung des betreffenden Bundesstaats oder (wenn Sitz im Auslande) des Bundesrats errichtet werden.

Koalitionsrecht

GewO §§ 152, 153

Für das ganze Reich ist die sogenannte Koalitions- oder Vereinigungsfreiheit gewährleistet, sowohl für Gewerbetreibende (Kartelle, Trusts), als auch für gewerbliche Gehilfen, Gesellen und Fabrikarbeiter (Gewerkschaften), soweit dadurch die Erlangung günstiger Lohn- und Arbeitsbedingungen, insbesondre mittels Einstellung der Arbeit (Ausstand, Streik) oder durch Entlassung von Arbeitern bezweckt wird. Versammlungen zur Erörterung solcher Angelegenheiten brauchen der Polizeibehörde nicht angemeldet zu werden (S. 79). Doch steht jedem Teilnehmer jederzeit der Rücktritt von solchen Vereinigungen und Verbindungen frei, und die für den Fall des Rücktritts etwa ausbedungnen Strafen können nicht eingeklagt werden. Auch darf, bei Gefängnisstrafe bis zu drei Monaten, niemand durch körperlichen Zwang, Drohung, Ehrverletzung oder Verrufserklärung gezwungen werden, solchen Vereinigungen beizutreten und ihnen Folge zu leisten, oder vom Rücktritt abgehalten werden.

Die sogenannte Gewerkschaftsbewegung verfolgt das Ziel, auch für derartige Vereinigungen der Arbeiter die juristische Persönlichkeit zu erlangen.

8

Verkehrswesen und Kolonien

I. Verkehrswesen

Geld und Noten.

Das Geld dient als Tauschmittel und zugleich als Wertmesser im Güteraustausch. Von alters her sind die beiden Edelmetalle, Gold und Silber, vorzugsweise hierzu berufen, und zwar in der Gestalt von Münzen, d. h. vom Staate hergestellter und mit staatlicher Gewähr für Gewicht und Feingehalt geprägter Stücke. Das Papiergeld kann nur dann an die Stelle des gemünzten Geldes treten, wenn ihm jederzeit die zur Einlösung erforderliche Menge des Edelmetalls in den Staatskassen oder öffentlichen Banken gegenübersteht. Ohne diese Deckung vermag der Staat das Papiergeld nur zwangsweise als Zirkulationsmittel aufrecht zu erhalten (Zwangskurs). Geld

Man spricht von Gold-, Silber- oder Doppelwährung, je nachdem dem Metallgeld eines Staats als Werteinheit das Gold, oder das Silber, oder beide Metalle — die aber dann in ein gesetzlich bestimmtes Wertverhältnis zu einander gebracht sein müssen — zugrunde gelegt sind. Währung

Münz-system RG v. 1. 6. 09 Deutschland ist bereits im Jahre 1871 zur Goldwährung übergegangen und hat sie auch bei der 1873 durchgeführten, am 1. Januar 1876 in Kraft getretnen Münzreform festgehalten. Danach werden aus einem Kilogramm feinen Golds $139^1/_2$ Zwanzigmark- und 279 Zehnmarkstücke ausgeprägt. Da v. 24. 1. 57 nach dem Wiener Münzvertrag aus einem Pfunde Silber 30 sogenannte Vereinstaler gleich 90 Mark herzustellen waren, so ergibt sich, daß der deutschen Münzreform ein Wertverhältnis des Goldes zum Silber von 1395:90 oder $15^1/_2$:1 zugrunde gelegt ist, d. h. daß im Jahre 1871 das Gold für $15^1/_2$ mal (heute mehr als doppelt soviel) wertvoller als das Silber angesehen worden ist.

Münzen Den Goldmünzen steht gegenüber die Scheidemünze, Silbermünzen von 5, 3, 2, 1, $^1/_2$ Mark, Nickelmünzen von 25, 10 und 5 Pfennigen, Kupfermünzen zu 2 und 1 Pfennig. Die Scheidemünze ist nur zum Ausgleich der nicht durch 20 Mark teilbaren Zahlungen bestimmt. Denn niemand ist verpflichtet, Reichssilbermünzen im Betrage von mehr als 20 Mark in Zahlung zu nehmen, auch nicht Nickel- oder Kupfermünzen im Betrage von mehr als 1 Mark. Nur die Reichs- und Landeskassen nehmen Reichssilbermünzen in jedem Betrage zur Zahlung an; bestimmte Kassenstellen der Reichsbank tauschen außerdem gewisse Mindestbeträge an Silber-, Nickel- und Kupfermünzen jederzeit in Goldmünzen um.

Die Gold- und Silbermünzen werden mit einer Mischung von $^1/_{10}$ des Edelmetalls in Kupfer (Legierung) hergestellt. Da nun 90 Mark in Silbermünzen einschließlich der Legierung nur ein Pfund wiegen, so ergibt sich gegenüber dem alten 30-Talerfuße, in dem die Legierung auf das Gewicht der Talermünze nicht eingerechnet wurde, ein Minderwert der Reichssilbermünzen um 10 Prozent. Um eine die Goldwährung gefährdende Überfüllung des Verkehrs mit der unterwertigen Scheidemünze zu verhüten, ist bestimmt, daß ihr Gesamtbetrag auf den Kopf der Bevölkerung 20 Mark an Silber-, $2^1/_2$ Mark an Nickel- und Kupfermünzen nicht übersteigen solle. Auch ist die Ausprägung der Scheidemünze dem Reich allein vorbehalten, während die Ausprägung von Zwanzigmarkstücken auch für Rechnung Privater, gegen eine bestimmte Gebühr, den sogenannten Schlagschatz, erfolgen kann.

Prägung und Umlauf

Die deutschen Münzen werden unter Aufsicht des Reichs auf den sechs einzelstaatlichen Münzstätten Berlin, München, Dresden, Stuttgart, Karlsruhe und Hamburg (A u. s. w.) geprägt. Die größte zulässige Fehlergrenze in Gewicht und Feingehalt ist genau bestimmt. Goldmünzen, die ein bestimmtes Passiergewicht nicht erreichen, dürfen von öffentlichen Kassen nicht wieder ausgegeben werden und werden, wenn Abnützung der Grund ist, für Rechnung des Reichs eingezogen. Zum Schutz der inländischen Währung dient endlich das dem Bundesrat zustehende Verbot des Umlaufs fremder Münzen im Reichsgebiet.

Papiergeld

RG v. 30. 4. 74 u. 5. 6. 06

Nachdem das von den deutschen Einzelstaaten ausgegebne Papiergeld (über 61 Millionen Taler) von diesen bis zum 1. Juli 1876 öffentlich aufgerufen und eingezogen worden ist, bestehen als Reichspapiergeld nur noch die vom Reiche selbst ausgegebnen Reichskassenscheine im Gesamtbetrage von 120 Millionen Mark. Sie sind, nach Verhältnis der Bevölkerungsziffer, den einzelnen Bundesstaaten überweisen, werden aber nur vom Reiche hergestellt, und zwar unter Kontrolle der Reichsschuldenkommission, auf besonderm, gesetzlich geschütztem Papier und nur in Abschnitten von 5 und

RG v. 26. 5. 85

10 Mark. Alle Reichs- und Landeskassen nehmen sie in Zahlung, dagegen besteht im Privatverkehr kein Zwang zur Annahme. Neben dem Reichspapiergeld ist nur einzelnen öffentlichen Korporationen das ihnen privilegierte Recht zur Ausgabe von Noten erhalten geblieben.

Banknoten

RG v. 14.3.75, 7.6.99, 20.2.06 u. 1.6.09

Die Noten, die sonst im Verkehr als Ersatz der klingenden Münze zirkulieren, sind auf Grund des Bankgesetzes von **Banken** (Noten- oder Zettelbanken) ausgegeben. Die Befugnis hierzu kann nur durch Reichsgesetz erworben oder über den im Gesetze selbst bestimmten Betrag hinaus erweitert werden. Die Noten dürfen nur in Stücken von 20, 50, 100, 200, 500, 1000 und dem Vielfachen von 1000 Mark ausgegeben werden. Tatsächlich überschreiten sie nicht den Betrag von 1000 Mark. Die Noten der Reichsbank sind gesetzliches Zahlungsmittel. Doch besteht für niemand, auch nicht für Reichs- oder Staatskassen eine Verpflichtung, bei gesetzlich in Geld zu leistenden Zahlungen Banknoten anzunehmen. Wohl aber sind die Banken selbst verpflichtet, ihre Noten an ihrem Sitze sofort auf Präsentation zum vollen Nennwert einzulösen, sie auch bei allen Zweiganstalten zum vollen Nennwert in Zahlung anzunehmen. Die Einlösungspflicht der Reichsbank erstreckt sich bedingungsweise auch auf die Noten der Privatbanken. Für beschädigte Noten, wenn nur die größere Hälfte der Note präsentiert wird (nicht aber auch für vernichtete oder verlorne Noten), haben sie Ersatz zu leisten. Nur auf Anordnung oder mit Genehmigung des Bundesrats sind die Banken verpflichtet oder berechtigt, ihre Noten öffentlich aufzurufen und einzuziehen.

Bankbeschränkungen

Das Privilegium der Notenausgabe hat für die Banken zugleich wesentliche **Beschränkungen** in ihrem Geschäftsverkehr zur Folge. Abgesehen davon, daß sie der laufenden Aufsicht des Reichskanzlers, die er durch Kommissare ausübt, statutarisch auch landesherrlicher Aufsicht unterworfen sind, ist ihnen untersagt, Wechsel zu acceptieren oder sie unter dem von der Reichsbank öffentlich bekannt gemachten Prozentsatze zu diskontieren (S. 208), sobald dieser Satz 4 Prozent erreicht oder überschreitet. Ist der Prozentsatz der Reichsbank geringer, so dürfen sie den sogenannten offiziellen Satz nicht um mehr als $^1/_4$ Prozent, den tatsächlich niedrigeren Satz (S. 273) nicht um mehr als $^1/_8$ Prozent unterbieten. Sie dürfen weiter weder für ihre eigne noch für fremde Rechnung Termingeschäfte (S. 214) betreiben oder Bürgschaft für solche Geschäfte übernehmen. Sie haben ferner wöchentliche Übersichten ihrer gesamten Aktiven und Passiven (Bankausweise), sowie die Jahresbilanzen und Jahresabschlüsse im Reichsanzeiger zu veröffentlichen. Endlich sind den Privatbanken eine Reihe sehr ins einzelne gehender Bedingungen gestellt über Verwendung ihrer Betriebsmittel, Deckung des Notenumlaufs ($^1/_3$ in bar und Reichskassenscheinen, den Rest in diskontierten Wechseln oder in Schecks), Einrichtung von Einlösestellen für ihre Noten in Berlin und Frankfurt, Kündigung des Notenprivilegs u. s. w. Nur den Banken, die sich diesen Bedingungen unterworfen haben, und die zugleich die Noten der Reichsbank, sowie die der übrigen Privatnotenbanken in Zahlung nehmen, ist der Notenumlauf und Geschäftsbetrieb außerhalb des einheimischen Bundesstaats gestattet. Zuwiderhandlungen sind mit dem Verlust des Notenrechts und mit Strafen bedroht.

Kontingentierung

Der Gesamtbetrag der sogenannten ungedeckten Noten, den die deutschen Notenbanken, einschließlich der Reichsbank, über die Bardeckung hinaus ausgeben dürfen, war ursprünglich auf 385 Millionen Mark festgesetzt. Hierzu kamen noch 38 Millionen, da das Notenrecht der Bayerischen Notenbank von 32 auf 70 Millionen erweitert worden war, im ganzen also 423 Millionen. Diese Notenmenge war auf die einzelnen Banken in festen Beträgen verteilt (kontingentiert) und dabei bestimmt, daß im Falle des Eingehens einer Notenbank das Recht zur Ausgabe der hierdurch freigewordnen Notenmenge der Reichsbank zuwachsen sollte. Die den heute noch bestehenden 4 (von ursprünglich 32) Privatartenbanken: Bayersche Notenbank, Sächsische, Württembergische und Badische Bank zugewiesenen Notenmenge beträgt 68771000 Mark, diejenige der Reichsbank 550000000. Der Gesamtbetrag der sogenannten ungedeckten deutschen Noten beläuft sich mithin gegenwärtig auf 618771000 Mark.

Notenreserve

Die Banken dürfen jedoch den ihnen zugewiesenen Notenbetrag überschreiten, wenn sie von dem Überschusse eine Steuer von 5 Prozent an die Reichskasse entrichten. Die Reichsbank wird jedoch erst bei Überschreitung des Betrags von 750000000 Mark steuerpflichtig. Der Betrag, um den der Notenumlauf einer Bank hinter der ihr zugewiesenen Notenmenge plus ihres jeweiligen Barvorrats zurückbleibt, heißt die steuerfreie Notenreserve. Die Bank wird bestrebt sein, diese Reserve so hoch zu halten, daß sie plötzlichen erhöhten Anforderungen des Geldmarkts genügen kann, ohne sofort zur Ausgabe steuerpflichtiger Noten greifen zu müssen.

Reichsbank

Die Reichsbank ist aus der vom Reiche angekauften Preußischen Bank hervorgegangen. Sie steht unter Aufsicht und Leitung des Reichs und hat die Aufgabe, den Geldumlauf im gesamten Reichsgebiet zu regeln, die Zahlungsausgleichungen zu erleichtern und für die Nutzbarmachung verfügbaren

Kapitals zu sorgen. Sie dient diesen Zwecken hauptsächlich durch den reinen Geld- und den Giroverkehr (S. 210), ferner indem sie Wechsel zu jeweilig bekannt zu machenden Maximalzinssätzen (dem sogenannten offiziellen Banksatz) diskontiert (S. 271) und zinsbare Darlehen gegen Pfänder gewährt (Lombardverkehr). Unter ihrem offiziellen Banksatz darf auch die Reichsbank nicht diskontieren, wenn er 4 Prozent erreicht oder überschreitet. Jedenfalls hat sie auch ihre tatsächlichen niedrigeren Sätze im Reichsanzeiger bekannt zu machen. Auch übernimmt sie die Verwaltung und Verwahrung von Wertgegenständen (Depositenverkehr). Endlich hat sie als „Reichshauptkasse" die Zentralkassengeschäfte des Reichs unentgeltlich zu besorgen.

Das Grundkapital der Reichsbank von jetzt 180 Millionen Mark ist in 40 000 gleiche, auf den Namen lautende Stammanteile zu je 3000 Mark und 60 000 Anteile zu je 1000 Mark zerlegt. Vom Jahresgewinn empfangen zunächst die Anteilseigner eine ordentliche Dividende von $3^1/_2$ Prozent; vom Reste werden nach Kürzung von 10 Prozent für den Reservefonds — je zur Hälfte zugunsten der Anteilseigner und des Reichs — $^1/_4$ den Anteilseignern, $^3/_4$ der Reichskasse überwiesen. Verfassung RG v. 1. 6. 09

Das **Reichsbankkuratorium** besteht aus dem Reichskanzler oder seinem vom Kaiser ernannten Stellvertreter als Vorsitzenden, ferner einem vom Kaiser und drei vom Bundesrat ernannten Mitgliedern. Die eigentliche Geschäftsführung steht, unter Aufsicht des Reichskanzlers, dem **Reichsbankdirektorium** zu, dessen Präsident und Mitglieder auf Vorschlag des Bundesrats vom Kaiser ernannt werden. Die Anteilseigner sind in der Generalversammlung und durch einen aus ihrer Mitte gewählten Zentralausschuß vertreten. Die Reichsbank hat ihre

Zweiganstalten über das ganze Reich ausgedehnt. Das Reich ist berechtigt, die Reichsbank, und zwar ihre Stammanteile zum Nennwert, gegen Kündigung in eignen Besitz zu erwerben. Diese Kündigung läuft von 10 zu 10 Jahren und wird zunächst wieder für den 31. Dezember 1920 zulässig sein.

Bankgeschäft

Unter den sonstigen, mit dem Recht zur Notenausgabe nicht ausgestatteten Banken nimmt die Seehandlung zu Berlin im Verhältnis zum Königreich Preußen eine ähnliche Stellung, wie die Reichsbank zum Reiche ein. Die übrigen Banken sind, gleich den Privatbankiers, in ihrem Geschäftsbetrieb durch keinerlei besondre Vorschriften eingeengt. Meist sind sie als Aktienunternehmungen (S. 204) oder als Genossenschaften (S. 260) organisiert.

Hypothekenbanken
RG v. 13. 7. 99

Nur die Hypothekenbanken sind sehr ins einzelne gehenden gesetzlichen Vorschriften und fortlaufender staatlicher Aufsicht über ihren Geschäftsbetrieb unterworfen. Sie können nur mit Genehmigung des Bundesrats oder, wenn sie auf den Bezirk eines Einzelstaats beschränkt sind, der Landeszentralbehörde und nur in Form der Aktiengesellschaft oder Kommanditgesellschaft auf Aktien errichtet werden (S. 205). Für die hypothekarische Beleihung der Grundstücke sind gesetzliche Normen erteilt, die Banken sind im eignen Grunderwerb wesentlich beschränkt. Die Gesamtheit der von der Bank ausgegebnen und im Umlauf befindlichen Schuldverschreibungen (Hypothekenpfandbriefe) muß in Höhe des Nennwerts jederzeit durch Hypotheken von mindestens gleicher Höhe und mindestens gleichem Zinsertrage gedeckt sein. Hierüber hat auch ein von der Aufsichtsbehörde bestellter sogenannter Treuhänder zu wachen.

Inhaberpapiere

Gegenstand des Bankverkehrs ist auch der Handel mit Effekten, zu denen vor allen die sogenannten

Inhaberpapiere gehören, d. h. vollgezahlte Aktien von Bank- und Industrieaktiengesellschaften aller Art, Anleihen des Reichs oder der Einzelstaaten und Kommunen u. s. w., wenn hierüber Schuldverschreibungen ausgefertigt sind, die jeden Inhaber ohne weiteres berechtigen, den Gewinnanteil, die Dividende, die Zinsen (Zinskupons) und den Schuldbetrag selbst in Empfang zu nehmen. Zur Ausgabe von solchen Inhaberpapieren ist regelmäßig staatliche Genehmigung notwendig.

Ein besondres Gesetz trifft Fürsorge, daß die Gläubiger aus derartigen Schuldverschreibungen zur Wahrnehmung ihrer gemeinsamen Interessen Beschlüsse mit verbindlicher Kraft für alle Gläubiger fassen, insbesondre einen gemeinsamen Vertreter bestellen können. RG v. 4. 12. 99

Die sogenannten Prämienanleihen dürfen innerhalb des Reichs nur auf Grund eines Reichsgesetzes und nur zum Zwecke der Anleihe des Reichs oder eines Bundesstaats ausgegeben werden. Man versteht darunter Schuldverschreibungen, in denen dem Inhaber, außer der verschriebnen Geldsumme, eine durch Auslosung u. s. w. zu ermittelnde besondre Vergütung (Prämie) zugesichert wird. RG v. 8. 6. 71

Maß und Gewicht.

Als einheitliches Gewicht war schon im Gebiete des ehemaligen Zollvereins das Zollpfund = 500 Gramm eingeführt. Im deutschen Reiche besteht eine einheitliche Maß- und Gewichtsordnung. Danach ist die Grundlage des Maßes und des Gewichts das Meter und das Kilogramm. Das Meter dient zunächst als Längenmaß; als Quadrat- und Kubikmeter auch zur Bestimmung des Flächen- und Körpermaßes. Nach dem Meter oder Kilogramm sind die bekannten Metrisches System RG v. 30. 5. 08

18*

Teile oder Vielfachen des Maßes oder Gewichts gebildet. Das Liter = $^1/_{1000}$ Kubikmeter bildet wieder die Einheit für Flüssigkeits- und Hohlmaße.

Stempelung

Als Urmaß und Urgewicht gelten ein Maßstab und ein Gewichtsstück aus Platin-Iridium, die mit dem Prototyp für Meter und Kilogramm verglichen und durch die Internationale Generalkonferenz für Maß und Gewicht dem Deutschen Reiche als nationale Prototype überwiesen worden sind. Hiernach sind Normalen hergestellt, die bei der Stempelung oder Eichung der im öffentlichen Verkehr angewendeten Maße, Gewichte und Wagen zugrunde gelegt werden. Die Stempelung geschieht durch staatliche Eichämter unter Aufsicht der Kaiserlichen, für Bayern jedoch nur beschränkt zuständigen Normaleichungskommission.

Maß- und Gewichtsverkehr

Für das Messen und Wägen im öffentlichen Verkehr, zur Bestimmung des Weingeistgehalts von Flüssigkeiten, für Gasmesser, Förderwagen und Fördergefäße im Bergwerksbetriebe, soweit sie zur Ermittelung des Arbeitslohns dienen, sind nur gestempelte Meßwerkzeuge gestattet. Auch die zum Wein- und Bierversand benutzten Fässer müssen amtlich gestempelt werden. Schankgefäße sind mit dem sogenannten (jedoch nicht amtlich hergestellten) Füllstrich zu versehen; der Wirt hat zur Prüfung ein amtlich gestempeltes Flüssigkeitsmaß bereit zu halten. Vorschriftswidrige Meßgeräte werden eingezogen, ihr Gebrauch ist mit Strafe bedroht.

RG v. 20. 7. 81 u. 24. 7. 09

Die gesetzlichen Einheiten für elektrische Messungen sind das Ohm für den elektrischen Widerstand, das Ampere für die Stromstärke, das Volt für die elektromotorische Kraft (welche in einem Leiter, dessen Widerstand ein Ohm beträgt, einen elektrischen Strom von einem Ampere erzeugt). Das

RG v. 1. 6. 98

Prüfungswesen ist der in Charlottenburg errichteten Physikalisch-Technischen Reichsanstalt übertragen.

Öffentliche Verkehrsanstalten.

1. Post und Telegraphie

Das Postwesen und das Telegraphenwesen werden für das gesamte Gebiet des Reichs, unter der obern Leitung des Kaisers, als einheitliche Staatsverkehrsanstalten eingerichtet und verwaltet.

Reservatrechte RVerf. Art. 52

Für Bayern und Württemberg steht jedoch dem Reiche nur zu, über die Vorrechte der Post und Telegraphie und über die rechtlichen Verhältnisse beider Anstalten zum Publikum Bestimmungen zu treffen. Auch das Posttaxwesen (einschließlich der Portofreiheiten) und das Telegraphengebührenwesen wird zwar vom Reiche geordnet, aber die reglementarischen und Tarifbestimmungen für den innern Verkehr beider Bundesstaaten sind ihnen allein überlassen. Ebenso regelt das Reich, auch für Bayern und Württemberg, den Post- und Telegraphenverkehr mit dem Reichsauslande und zwischen beiden Staaten selbst. Eine Ausnahme hiervon ist ihnen nur für den eignen unmittelbaren Verkehr mit ihren nicht zum Reiche gehörenden Nachbarstaaten zugestanden. Die Einnahmen des Post- und Telegraphenwesens sind — wieder mit Ausnahme von Bayern (mit eignen Postwertzeichen) und Württemberg — gemeinschaftlich; die Verwaltungsüberschüsse fließen ausschließlich in die Reichskasse. Art. 49

Reichspost

Innerhalb des sogenannten Reichspostgebietes erläßt grundsätzlich der Kaiser, also ohne Mitwirkung des Bundesrats „die erforderlichen reglementarischen Festsetzungen und allgemeinen administrativen Anordnungen" (Postordnung — Telegraphenordnung — Fernsprechgebührenordnung). Die Reichspostbeamten sind durch den Diensteid verpflichtet, den Kaiserlichen Anordnungen Folge zu leisten. Der Kaiser allein ernennt die höhern Postbeamten, die Postaufsichts- und die Telegraphenbeamten; den Landesregierungen wird von den einzelnen ihre Gebiete betreffenden Ernennungen „behufs der landesherrlichen Bestätigung und Publikation" nur Mitteilung gemacht. Die übrigen Beamten werden als sogenannte mittelbare Reichsbeamte (S. 59) von den Landesregierungen ernannt. Doch haben diese, mit Ausnahme von Sachsen, Baden, der beiden Mecklenburg und Braunschweig, das Ernennungsrecht durch besondre Verträge auf das Reich oder Preußen übertragen.

Organisation

Seit 1880 ist die Verwaltung des Post- und Telegraphenwesens in dem Reichspostamt, mit einem Staatssekretär an der Spitze, vereinigt. Auch die Reichsdruckerei ist ihm unterstellt. Dem Reichspostamt sind die Oberpostdirektionen, diesen die Reichspostämter (I. bis III. Klasse), die Postagenturen und Posthilfsstellen untergeordnet. Ähnliche Einteilungen bestehen in Bayern und Württemberg unter den betreffenden Ministerien des Auswärtigen.

Die Postbeamten zerfallen in Beamte, die aus den sogenannten Posteleven und aus Postgehilfen mit verschiedner Qualifikation hervorgehen, und in Unterbeamte, die zuweilen auch als sogenannte Privatunterbeamte nur vom Postamtsvorsteher angenommen werden. Die bayerischen und württembergischen Beamten sind lediglich Landesbeamte.

Postzwang

RG v. 28.10.71, 20.12.99 u. 11.3.01

Vom Reiche sind über das Post- und Portotaxwesen besondre Gesetze erlassen worden. Der Post steht vermöge des aus dem ehemaligen Postregal hervorgegangnen Postzwanges das ausschließliche Recht zur Beförderung verschlossner Briefe und der öfter als einmal wöchentlich erscheinenden Zeitungen politischen Inhalts zu, soweit diese Beförderung gegen Bezahlung innerhalb der Gemeindegrenzen eines mit einer Postanstalt versehnen Ursprungsortes und von Orten mit einer Postanstalt nach andern Orten mit einer Postanstalt des In- oder Auslands geschehen soll. Doch erstreckt sich der Postzwang bei politischen Zeitungen nicht auf den zweimeiligen Umkreis ihres Ursprungsortes, auch nicht auf gewisse expresse Sendungen eines Absenders.

Das Recht, Telegraphenanlagen für die Vermittlung von Nachrichten, einschließlich der Fernsprechanlagen, der optischen, akustischen und Funken-Telegraphen, zu errichten und zu betreiben, steht ausschließlich dem Reich — für Bayern und Württemberg dem Staate — zu. Ausgenommen sind Leitungen für den innern Dienst von Behörden, Deichkorporationen, Siel- und Entwässerungsverbänden, ferner die Betriebsleitungen der Eisenbahnen, die jedoch auch der allgemeinen Benutzung offen stehen, endlich gewisse kürzere private Leitungen. Die Ausübung des Telegraphenbetriebs kann unter gewissen Bedingungen auch an Privatunternehmer übertragen werden. Leistungsfähigen Gemeinden muß sie dann verliehen werden, wenn die Reichstelegraphenverwaltung sich nicht selbst hierzu bereit erklärt. Unbefugt errichtete oder mißbräuchlich benutzte Telegraphenleitungen sind auf Antrag, jedoch mit Vorbehalt des Rechtswegs, außer Betrieb zu setzen oder zu beseitigen. Elektrische Anlagen sollen so angelegt werden, daß sie sich nicht gegenseitig im Betrieb störend beeinflussen. Tritt dieser Fall ein, so ist die Störung auf Kosten dessen zu beseitigen, der sie durch die später errichtete Anlage veranlaßt hat. Telegraphenmonopol RG v. 6. 4. 92 u. 7. 3. 08

Ein besondres Telegraphenwegegesetz ermächtigt die Verwaltung, für ihre zu öffentlichen RG v. 18. 12. 99

Zwecken dienenden Telegraphenlinien einschließlich der Fernsprechlinien die Verkehrswege zu benutzen.

Gebühren

Die Post erhebt für die Beförderung von Sendungen Porto, Zeitungsprovisionen, ferner Telegrammgebühren und besondre Gebühren für Benutzung der Fernsprechanlagen. Den regierenden Fürsten der Bundesstaaten, ihren Gemahlinnen und Witwen steht die Portofreiheit zu. Ebenso genießen die Reichs- und gewisse andre Behörden, sowie der Reichstag für ihre Sendungen in Reichsdienstsachen (Militaria u. s. w.) Portofreiheit oder Portoermäßigung, die auch den Sendungen an diese Stellen zu gute gehen kann. Nach denselben Grundsätzen wird auch Befreiung von den Telegraphengebühren gewährt. Mit den Staatsbehörden kann die Zahlung einer Pauschsumme, eines sogenannten Aversums, anstatt der Einzelfrankierung ihrer Sendungen vereinbart werden. Hinterziehung der Gebühren, sowie die Verletzung des Postzwangs werden mit Defraudationsstrafen belegt.

BG v. 5. 6. 69

Brief- und Telegraphengeheimnis

Unter besonderm gesetzlichen, namentlich auch strafrechtlichem Schutze steht die Wahrung des Post- und Telegraphengeheimnisses, das sich nicht bloß auf den Inhalt, sondern auch auf die bloße Tatsache des Verkehrs zwischen mehreren Personen erstreckt.

Weltpostverein

Von den zahlreichen mit dem Auslande abgeschlossenen Post- und Telegraphenverträgen seien nur der seit 1. April 1879 in Kraft getretne, fast alle Länder der Erde umfassende Weltpostvertrag, mit einem besondern internationalen Büreau in Bern, sowie der Internationale Funkentelegraphenvertrag hervorgehoben.

v. 26. 5. 06

v. 3. 11. 06

2. Eisenbahnen

Die deutschen Eisenbahnen stehen heute weit überwiegend im Eigentum der einzelnen Bundesstaaten. Hessen hat am 23. Juni 1896 mit Preußen einen Vertrag wegen gemeinschaftlicher Verwaltung des beiderseitigen Eisenbahnbesitzes geschlossen, dem bezüglich der Main-Neckarbahn auch Baden durch Vertrag vom 14. Dezember 1901 beigetreten ist. Das Reich besitzt eigne Eisenbahnen nur in Elsaß-Lothringen, unter Leitung der Kaiserlichen Generaldirektion und unter Aufsicht eines besondern Reichsamts für Verwaltung der Reichseisenbahnen (S. 57). Die ehemals weitverbreiteten Privateisenbahnen sind in den meisten deutschen Bundesstaaten verstaatlicht worden.

Reichsbefugnisse

RVerf. Art. 41

Dem Reiche bleibt jedoch vorbehalten, Eisenbahnen, die im Interesse der Verteidigung Deutschlands oder des gemeinsamen Verkehrs für notwendig erachtet werden, kraft eines Reichsgesetzes, auch gegen den Widerspruch der beteiligten Bundesstaaten, für eigne Rechnung anzulegen oder an Privatunternehmer zu vergeben. Auch liegt dem Reiche ob, dafür Sorge zu tragen, daß die Eisenbahnverwaltungen die Eisenbahnen jederzeit in betriebsfähigem Zustand erhalten und mit dem erforderlichen Betriebsmaterial ausrüsten. Dem Reich ist ferner die Kontrolle über das Tarifwesen, auch das Recht beigelegt, bei eintretenden Notständen, besonders bei ungewöhnlicher Teuerung der Lebensmittel, für gewisse Produkte einen niedrigen Spezialtarif einzuführen, den der Kaiser auf Vorschlag des betreffenden Bundesratsausschusses feststellt. Endlich steht den Reichsbehörden für die Zwecke der Landesverteidigung die unbeschränkte Verfügung über sämtliche deutsche Eisenbahnen zu. Die Aufsicht und Kontrolle des Reichs wird durch das Reichseisenbahnamt (S. 57) ausgeübt, ist aber Bayern gegenüber wesentlich eingeschränkt.

Art. 43

Art. 45, 46

Art. 47

Eisenbahnbetrieb

Die Eisenbahnen zerfallen, je nachdem sie den Bedürfnissen des großen durchgehenden, oder nur des kleinen örtlichen Verkehrs zu dienen bestimmt sind, in Vollbahnen oder Neben- und Kleinbahnen.[1] Im öffentlichen Interesse ist der Staat, oder der von ihm konzessionierte Privatunternehmer berechtigt, die Überlassung fremden Grund und Bodens für die Zwecke der Bahnanlage auch wider den Willen des Besitzers, doch gegen volle Entschädigung zu beanspruchen (Enteignung S. 110).

Art. 42—44 Der Bundesrat hat die schon in der Reichsverfassung in Aussicht genommenen einheitlichen Vorschriften erlassen in Form von Bau-, Betriebs- und Verkehrsordnungen, von Normen für Bau und Ausrüstung der Eisenbahnen, von Signalordnungen, Bahnordnungen für Nebeneisenbahnen, von Bestimmungen über die Befähigung der Eisenbahnbetriebsbeamten u. dgl. Für Beschädigung der Bahnanlagen und für Gefährdung der Eisenbahntransporte sind im Strafgesetz schwere Strafen angedroht. Auch hat ein vom Bundesrat erlassenes Bahnpolizeireglement gewissen Gruppen von Eisenbahnbeamten obrigkeitliche Befugnisse beigelegt. Die eigentliche Verwaltung der Eisenbahnen, unter dem Eisenbahnzentralamt (Preußen), den Eisenbahndirektionen und den diesen unterstellten Verwaltungszweigen (Betriebs-, Maschinen-, Verkehrs-, Werkstätteninspektionen und Bauabteilungen[2] bleibt Sache der Landesregierungen, die auch ihrerseits wieder Aufsichtsrechte über die in ihren Gebieten noch bestehenden Privatbahnen besitzen.

Tarifwesen Auch in der wichtigen Frage der Tarife, der Vergütungssätze für Personen- und Güterbeförderung, sind die einzelnen Eisenbahnverwaltungen an und für sich selbständig, namentlich innerhalb ihres eignen Bahnnetzes (Lokaltarife); nur daß sie meist

[1] Pr. G v. 28. 7. 92 [2] Pr. VerwO v. 10. 5. 07 Sächs. v. 16. 10. 98

das Gutachten gewisser gewählter Interessentengruppen aus Landwirtschaft, Handel und Gewerbe, der Eisenbahnräte[1] einzuholen haben. Doch ist in der Reichsverkehrsordnung allen deutschen Eisenbahnverwaltungen zur Pflicht gemacht, ihre Tarife zu veröffentlichen und sie gegen jedermann gleichmäßig anzuwenden. Preisermäßigungen oder sonstige Begünstigungen gegenüber den veröffentlichten Tarifen (z. B. Zurückerstattung eines Teiles der gezahlten Fracht, Refaktie) sind verboten und nichtig. Die Bildung der Tarife kann nach verschiednen Grundsätzen erfolgen. Werden die für eine gewisse Streckenlänge, z. B. 100 Kilometer, festgestellten Einheitssätze mit zunehmender Entfernung nicht nach dem entsprechenden Vielfachen berechnet, sondern nach einer fallenden Skala abgestuft, so heißen sie Staffeltarife.

Tarifverbände

Die sämtlichen deutschen Eisenbahnverwaltungen haben, neben Bestimmungen zur Beseitigung des Wettbewerbs konkurrierender Linien, wenigstens für den durchgehenden Verkehr einen gemeinschaftlichen Normaltarif vereinbart, der in regelmäßig wiederkehrenden Generalkonferenzen, unter Beihilfe einer ständigen Tarifkommission, mehr und mehr ausgebildet wird. Endlich ist seit dem 1. Januar 1893 fast für alle europäischen kontinentalen Staaten das Berner internationale Übereinkommen über den Eisenbahnfrachtverkehr in Kraft getreten. Darin sind gemeinsame Grundsätze zwar nicht über die Höhe der Tarife selbst, aber doch über alle wichtigen Fragen des Eisenbahntransportrechts aufgestellt. Auch ist in dem zu Bern errichteten Zentralamt ein eignes schiedsrichterliches Organ geschaffen worden.

Schon im Handelsgesetzbuch ist den Eisenbahnen

[1] Pr. G v. 1. 6. 82 u. 15. 6. 06 Bay. VO. v. 30. 5. 07 Sächs. VO v. 9. 7. 81 Württ. VO v. 20. 3. 81 Bad. VO v. 4. 11. 80

Pflichten der Eisenbahnen

die Verpflichtung auferlegt, die ihnen zur Beförderung angebotnen, hierzu geeigneten Güter anzunehmen, die Eingehung eines Frachtgeschäfts für ihre Bahnstrecken nicht zu verweigern. Die Eisenbahnen haften ferner nach besonders strengen Regeln für Beschädigung, Verlust und verspätete Ablieferung von Gütern. Ebenso haften sie für alle bei dem Betriebe vorkommenden **Tötungen** und Körperverletzungen, wenn sie nicht beweisen, daß der Unfall durch höhere Gewalt oder durch eignes Verschulden des Getöteten oder Verletzten verursacht worden ist.

RG v. 7. 6. 71 EG z BGB Art. 42

RG v. 28. 10. 71

Endlich sind die Eisenbahnen gehalten, den Betrieb in tunlichste Übereinstimmung mit den Bedürfnissen des **Postdienstes** zu bringen. Auch haben sie mit jedem für den regelmäßigen Beförderungsdienst der Bahn bestimmten Zuge auf Verlangen der Postverwaltung **einen** von dieser gestellten Postwagen unentgeltlich zu befördern.

Einheitszeit

RG v. 12. 3. 93

Im Zusammenhange mit den Verkehrsbedürfnissen steht, daß seit 1. April 1893 für Deutschland reichsgesetzlich die nach der mittlern Sonnenzeit des 15. Längengrades östlich von Greenwich bestimmte **Einheitszeit** gilt (S. 248).

Schiffahrt.

Binnenschiffahrt

RVerf. Art. 54

Die Schiffahrt auf den natürlichen und künstlichen Wasserstraßen (Strömen, Seen, Kanälen) soll nach der Reichsverfassung mit keinen höhern **Abgaben** beschwert sein, als zur Unterhaltung und gewöhnlichen Herstellung der besondern Verkehrsanstalten und Anlagen erforderlich sind. Von fremden Schiffen und Ladungen höhere Abgaben als von den einheimischen zu erheben, ist nur das Reich berechtigt. Zwischen den Uferstaaten der größern gemeinschaftlichen Flüsse (Rhein, Donau, Elbe und Weser) bestehen besondre Verträge oder Schiffahrtsakte, ebenso zwischen den fünf beteiligten Uferstaaten des Bodensees. Landesgesetzlich ist meist eine behördliche Prüfung der Schiffer und Maschinisten vorbehalten.

Dem lange vernachlässigten Kanalbau wird von den deutschen Bundesstaaten jetzt erhöhte Aufmerksamkeit zugewendet.[1] Zur Ausführung des deutschen Nord-Ostsee- oder Kaiser-Wilhelmskanals hat das Reich 106 Millionen, Preußen 50 Millionen Mark flüssig gemacht. Das Reich hat auch den Kanal in eigner Verwaltung (Kaiserliches Kanalamt zu Kiel) und erhebt die Kanalgebühren nach einem durch Kaiserliche Verordnung festgestellten Tarif. RG v. 16. 3. 86 VO v. 4. 8. 96

Die Kauffahrteischiffe, d. h. die zum Erwerb durch die Seeschiffahrt bestimmten Schiffe aller deutschen Bundesstaaten bilden eine einheitliche Handelsmarine. Sie haben als Nationalflagge ausschließlich die Reichsflagge (verschieden von der Kriegsflagge) zu führen. Sie sind hierzu aber nur berechtigt, wenn die Schiffe in deutschem Eigentum stehen und in das Schiffsregister des Heimats- oder Registerhafens eingetragen sind. Hierüber wird ein Zertifikat ausgestellt. Auch für den Binnenschiffahrtsverkehr (S. 206) bestehen Schiffsregister, die von den Handelsregisterbehörden geführt werden. Gehen außerhalb des Reichsgebiets Schiffe in das Eigentum eines Reichsangehörigen über, so genügt das Flaggenattest eines Reichskonsuls. Kleinere Schiffe von nicht mehr als 50 Kubikmeter Raumgehalt führen die Reichsflagge, auch ohne in das Register eingetragen zu sein. Die Küstenfrachtfahrt, d. h. die Güterbeförderung von einem deutschen Seehafen nach dem andern, ist den deutschen

Seeschiffahrt Art. 54

Flagge RG v. 23. 12. 88, 22. 6. 99 u. 29. 5. 01

RG v. 22. 5. 81

[1] Pr. G v. 1. 4. 05 VO v. 25. 2. 07

Schiffern vorbehalten, soweit Verträge oder Kaiserliche Verordnungen nichts andres bestimmen.

Bek. v. 1. 3. 95 u. 22. 5. 99

Das Verfahren zur Ermittlung der Ladungsfähigkeit der Seeschiffe (nach dem Raumgehalt in Kubikmetern) ist in einer vom Bundesrat erlassenen Schiffsvermessungsordnung geregelt. Über das Ergebnis wird für jedes Schiff ein Meßbrief ausgefertigt.

Befähigungsnachweis

Der Schiffer oder Schiffskapitän (S. 206) bedarf zur Führung eines Seeschiffs einer obrigkeitlichen Erlaubnis, die von dem Bestehen einer Prüfung (für Küstenfahrt, kleine oder große Fahrt), nach Zurücklegung einer gewissen Dienstzeit, abhängig ist. Ähnlichen Prüfungen haben sich auch die Steuerleute als die regelmäßigen Stellvertreter des Schiffers und die Maschinisten der Seedampfschiffe zu unterziehen. Nur vormalige Angehörige der Kriegsmarine sind unter gewissen Voraussetzungen davon befreit.

Seemannsordnung

RG v. 2. 6. 02, 23. 3. 03 u. 12. 5. 04

Die Rechtsverhältnisse zwischen Schiffer (Kapitän), Schiffsoffizieren und Schiffsmannschaft sind in der Seemannsordnung geregelt. Als Schiffsmann darf kein Deutscher vor vollendetem 14. Lebensjahre zur Übernahme von Schiffsdiensten zugelassen werden. Das von den Landesregierungen, in den Schutzgebieten vom Reichskanzler bestellte Seemannsamt, an dessen Stelle im Auslande der Reichskonsul tritt, erteilt ihm ein Seefahrtsbuch, das etwa dem Arbeitsbuch der jugendlichen gewerblichen Arbeiter (S. 244) entspricht. Der Dienst- oder Heuervertrag ist im Gesetz ausführlich geregelt (Arbeitszeit, Überstundenarbeit, Sonntagsruhe, Erkrankungsfälle u. s. w.). Er wird in der Anmusterungsverhandlung vor dem Seemannsamt geschlossen, das dem Schiffer über die gesamte angemusterte Mannschaft eine Musterrolle zu erteilen hat.

Ebenso wird auch die Beendigung des Dienstverhältnisses, die Abmusterung vor dem Seemannsamt beurkundet. Das Seemannsamt kann den angemusterten Schiffsmann, der sich dem Dienste zu entziehen sucht, zwangsweise zum Dienste anhalten. Heimkehrende deutsche Kauffahrteischiffe sind grundsätzlich zur Mitnahme heimzuschaffender, hilfsbedürftiger oder straffälliger Seeleute verpflichtet. RG v. 2. 6. 02

Schiffsdisziplin

Im Schiffsdienst besteht ein Verhältnis strenger, der militärischen nachgebildeter Unterordnung der Schiffsbesatzung unter den Schiffer. Diesem ist eine weitgehende **Disziplinargewalt** beigelegt, die ihn bei Widersetzlichkeit und beharrlichem Ungehorsam zur Anwendung aller Mittel berechtigt, die erforderlich sind, um seinen Befehlen Gehorsam zu verschaffen. Bei entstehenden Streitigkeiten ist das Seemannsamt zur gütlichen Vermittlung berufen, unter Vorbehalt des Rechtswegs vor deutschen Gerichten auch zur vorläufigen Entscheidung. Es entscheidet ferner, wenn Beschwerden über die Seetüchtigkeit oder Verproviantierung des Schiffes erhoben werden, und erläßt unter Zuziehung von zwei Beisitzern Strafbescheide, wogegen Berufung auf gerichtliche Entscheidung nachgelassen ist. Für Verletzung der Disziplin, namentlich für Schiffsmeuterei, aber auch für den Mißbrauch der Disziplinargewalt, sind strenge Strafen angedroht. BRVO v. 13. 3. 03

Seeunfälle

Die Untersuchung von Seeunfällen ist den an den deutschen Küsten errichteten **Seeämtern** (nicht Seemannsämtern) übertragen, kollegialen Behörden, die, unter einem richterlichen Beamten als Vorsitzenden, mit vier den Schöffen (S. 119) ähnlichen Beisitzern, darunter mindestens zwei Berufsschiffern, besetzt sind. Ein vom Reichskanzler ernannter Kommissar nimmt etwa die Stellung des Staatsanwalts (S. 120) ein. Das Seeamt erteilt nach öffentlicher und mündlicher RG v. 27. 7. 77

Verhandlung einen Spruch über die Ursachen des Unfalls, worin es deutschen Schiffern und Steuerleuten zugleich die Befugnis zur Ausübung des Gewerbes entziehen kann. Gegen den Spruch des Seeamts ist Beschwerde an das mit einem Vorsitzenden und sechs Beisitzern besetzte Oberseeamt zulässig, das in Berlin seinen Sitz hat, aber auch in einem deutschen Hafenort tagen kann.

VO v. 5. 2. 06 — v. 14. 8. 76 — v. 31. 7. 87

Durch den Kaiser sind in der Seestraßenordnung Vorschriften über die Lichterführung, die Schall- und Notsignale, die bei Nebel einzuhaltende Geschwindigkeit und das Ausweichen der Seefahrzeuge, vom Bundesrat ist eine Not- und Lotsen-Signalordnung, und sind einheitliche Grundsätze zur Bezeichnung der Fahrwasser und Untiefen in den deutschen Küstengewässern erlassen worden.

Strandungsordnung

RG v. 17. 5. 74 u. 30. 12. 01

Die Strandungsordnung enthält Vorschriften über Rettung von Personen, Bergung von Gütern und Schiffen und Hilfeleistung in Seenot, Beseitigung von Wracks und über die Rechte an Gegenständen, die besitzlos an den Strand geworfen, vom Meeresgrunde heraufgebracht oder auf offner See treibend (seetriftig) geborgen werden. Dem Berge- oder Hilfeleistenden gebührt Berge- oder Hilfslohn. Herrenlose Gegenstände fallen, wenn sie versunken oder seetriftig waren, dem Bergenden, sonst dem Landesfiskus anheim. Die Verwaltung der Strandungsangelegenheiten ist Strandämtern und Strandvögten überwiesen.

RG v. 9. 1. 75 — RG v. 6. 4. 85 u. sp.

Den wissenschaftlichen Interessen der Seeschiffahrt und der Wetterkunde dient die in Hamburg errichtete deutsche Seewarte. Durch besondre Gesetze hat sich das Reich auch zu Beihilfen für die deutschen Postdampfschiffahrtsverbindungen mit Afrika, Ostasien und Australien verbindlich gemacht.

Konsulate

Der eigentliche diplomatische Dienst ist zur Vermittlung des völkerrechtlichen Verkehrs zwischen Staat und Staat bestimmt. Seine Beamten: Botschafter, Gesandten, Ministerresidenten, Geschäftsträger nebst dem ihnen beigegebnen Gesandtschaftspersonal, einschließlich der sogenannten Militärbevollmächtigten, genießen, nachdem sie bei der fremden Regierung angenommen und beglaubigt sind, besondre Ehren- und andre Vorrechte, namentlich auch Befreiung von der inländischen Gerichtsbarkeit. Die Gesandtschaftswohnungen selbst werden als Teile des auswärtigen, von dem betreffenden Gesandten repräsentierten Staatsgebiets angesehen (Exterritorialität). Diplomatie

Dagegen haben die fremden Konsuln (Generalkonsuln, Konsuln, Vizekonsuln), so auch die deutschen Konsuln im Auslande die Aufgabe, die Interessen ihres Landes namentlich in bezug auf Handel, Verkehr und Schiffahrt tunlichst zu schützen und zu fördern, die Beobachtung der Staatsverträge zu überwachen und den Angehörigen des eignen Staats sowie denen andrer befreundeter Staaten (Schutzgenossen) in ihren Angelegenheiten Rat und Beistand zu gewähren. Die Konsuln sind bei Ausübung ihres Amtes an die Schranken gebunden, die durch die Gesetze und Gewohnheiten ihres Amtsbezirks geboten sind, und müssen, bevor sie ihre Amtswirksamkeit beginnen dürfen, die Genehmigung des fremden Staats, das sogenannte Exequatur, erlangt haben. Den fremden Konsuln innerhalb des Reichs wird das Exequatur von den betreffenden Bundesregierungen erteilt. Dagegen werden die deutschen Konsuln im Auslande als Reichskonsuln ausschließlich vom Kaiser, jedoch nach

Konsulardienst
BG
v. 8. 11. 67

RVerf. Art. 56 Vernehmung des Bundesratsausschusses für Handel und Verkehr ernannt. Auch sind sie lediglich der Leitung des Reichskanzlers und des diesem untergebnen auswärtigen Amts unterstellt.

Man unterscheidet zwischen **Berufs-** und **Wahlkonsuln** (consules missi und electi), je nachdem der Konsul von seinem Heimatsland als dessen besoldeter Beamter (Reichsbeamter) in das fremde Staatsgebiet entsendet, oder aus den Staatsangehörigen des Auslands selbst, in der Regel aus Kaufleuten, erwählt und mit Wahrnehmung der konsularischen Geschäfte beauftragt worden ist.

Amtstätigkeit

Der Reichskonsul führt über die seiner Amtsgewalt unterworfnen deutschen Reichsangehörigen und Schutzgenossen ein Verzeichnis, **Matrikel** (S. 70), dessen Einträge alljährlich zu erneuern sind. Die Schutzgewalt erstreckt sich bis zu der Befugnis, im Auslande anwesende deutsche Kriegsschiffe zu requirieren, obschon die Kommandanten zur eignen Prüfung vor dem Einschreiten veranlaßt sind. In den Angelegenheiten ihrer Schutzbefohlnen können die Reichskonsuln als **Zivilstandesbeamte** (S. 98) und Notare (S. 112) tätig werden. Sie sind zur Beglaubigung von Urkunden, Zustellung von Schriftstücken, Ausstellung von Pässen, zur Unterstützung von hilfsbedürftigen Deutschen, zum Schiedsrichteramt, zur Sicherung und Ordnung von Erbschaften, unter Umständen zur Vernehmung von Zeugen und zur Abnahme von Eiden ermächtigt. Sie üben über deutsche Schiffe und Schiffsbesatzungen, soweit es der fremde Staat gestattet, förmliche Polizeigewalt, überwachen die Vorschriften über Führung der Reichsflagge, erteilen selbst Flaggenatteste (S. 285) und führen allgemein die Geschäfte des Seemannsamts (S. 286) in den Häfen ihres Amtsbezirks. Die Führer deutscher Schiffe

BG v. 4. 5. 70 EG z BGB Art. 40

RG v. 25. 3. 80

sind deshalb auch beim An- und Auslaufen zur An- und Abmeldung an den Reichskonsul verpflichtet.

Den im deutschen Reich residierenden fremden Konsuln ist die Ausübung einer förmlichen Gerichtsbarkeit, auch nur über die eignen Staatsangehörigen, untersagt. Dagegen können die Reichskonsuln in einzelnen Ländern des Orients und in gewissen außereuropäischen Staaten kraft besondrer Staatsverträge mit der Konsulargerichtsbarkeit über ihre Schutzbefohlnen ausgestattet sein.

Konsulargerichtsbarkeit
KG
v. 7. 4. 00

Die Konsulargerichtsbarkeit erstreckt sich grundsätzlich auf alle streitigen Zivilsachen, auf die Strafsachen (mit Ausnahme der Schwurgerichtsfälle), auf das Konkursverfahren und die sogenannte freiwillige Gerichtsbarkeit (S. 111). Das Verfahren richtet sich, mit den durch die Natur der Sache gebotnen Vereinfachungen, nach den deutschen Reichsgesetzen, und wo diese nicht ausreichen, nach den in Preußen geltenden Bestimmungen. Die Konsulargerichte bestehen aus dem Konsul als Vorsitzenden und zwei bis vier, aus achtbaren Gerichtseingesessnen oder Einwohnern des Bezirks erwählten Beisitzern. Gegen ihre Entscheidungen ist Beschwerde oder Berufung an das Reichsgericht[1] zulässig.

II. Kolonien

Das deutsche Kolonialgebiet umfaßt Ländergruppen in Südwestafrika (Deutsch-Nama- und Deutsch-Damaraland), Westafrika mit Kamerun und Togo, Ostafrika mit dem vom Sultan von Sansibar 1888 an die Deutsche Ostafrikanische Gesellschaft verpachteten und von dieser 1890 an das Reich abgetretnen Küstenstrich nebst dem

[1] Kiautschou VO v. 28. 9. 07

Hinterland, in Polynesien die Samoainseln westlich des 171. Längengrades westlicher Breite seit der Auseinandersetzung mit den Vereinigten Staaten und Großbritannien vom Jahre 1900, die 1899 von Spanien abgetretnen Inselgruppen der Karolinen, Palau und Marianen, Kaiser-Wilhelmsland mit den Inseln des Bismarckarchipels und den Salomonsinseln, seit 1884 im Besitze der Neuguineakompagnie, und den Marschall-, Brown- und Providenceinseln, seit 1885 im Besitze der Jaluitgesellschaft zu Hamburg, endlich in Asien das im Jahre 1898 von China erworbne Gebiet an der Kiautschou-Bucht.

Entstehung Die deutschen Kolonien sind teils aus deutschen Handelsunternehmungen, teils, so namentlich Ostafrika, aus Expeditionen einzelner deutscher Reisender (Dr. Peters), teils aus Verträgen mit den eingebornen Häuptlingen, teils aus Okkupation oder Besitznahme hervorgegangen. Seit 1888 sind sie unter die Schutzgewalt des Reichs gestellt. Zugleich sind zwischen dem Deutschen Reich und den beteilig-
Kongoakte ten Kolonialstaaten Verträge über die Begrenzung
v. 26. 2. 85 der sogenannten Interessensphären abgeschlossen worden, kraft deren sich diese Staaten verpflichtet haben, bei künftigen Besitzergreifungen des zurzeit noch unerschlossnen Kolonisationsgebiets gegenseitig die nach Flußläufen, Gebirgszügen, geographischen Längen- und Breitegraden im voraus gezognen
v. 1. 7. 90 Grenzen zu respektieren. So das deutsch-englische Abkommen, bei Gelegenheit dessen auch die Insel Helgoland wieder an Deutschland abgetreten worden
v. 15. 3. 94 ist, und das Abkommen mit Frankreich über Kamerun und das Gebiet des Tschadsees.

Kolonialverwaltung Die Schutzgewalt in den deutschen Kolonien
RG oder Schutzgebieten wird im Namen des Reichs
v. 10. 9. 00 ausschließlich vom Kaiser ausgeübt. Die Mit-

wirkung des Bundesrats und des Reichstags macht sich nur bei finanziellen Aufwendungen zu gunsten der Schutzgebiete notwendig, die in den Reichshaushalt aufzunehmen sind. Die nötigen Ausführungsverordnungen, polizeilichen und sonstigen Verwaltungsvorschriften erläßt der Reichskanzler. Er kann sie aber auch den mit Kaiserlichem Schutzbrief ausgestatteten Kolonialgesellschaften oder den Kolonialbeamten des betreffenden Schutzgebiets übertragen. Die Kolonialgeschäfte werden im Reichskolonialamt, mit dem das Oberkommando der Schutztruppen vereinigt ist, bearbeitet.

Eingeborene

Die Schutzgewalt des Reichs kommt nicht bloß den Deutschen, sondern auch den Angehörigen andrer Nationen zu gute, die sich im Schutzgebiete niederlassen. Die farbigen Eingebornen genießen zwar gleichfalls den deutschen Schutz, sie kommen aber auch als beherrschte, auf niedrer Kulturstufe stehende Völkerschaften, die zum Teil unter ihren einheimischen Häuptlingen mit gewissen diesen verbliebnen Landeshoheitsrechten stehen, in Betracht. Erst durch Naturalisation kann ihnen, wie auch den Angehörigen andrer zivilisierter Nationen im deutschen Schutzgebiet, die deutsche Reichsangehörigkeit verliehen werden, die in diesem Falle nicht, wie im deutschen Inlande, zugleich auch Angehörigkeit zu einem bestimmten Bundesstaate zu sein braucht (S. 68).

RG v. 28. 7. 95

Ein Reichsgesetz bedroht die Mitwirkung am Sklavenraub und Sklavenhandel mit Zuchthaus und daneben Geldstrafen bis zu 100000 Mark, die Veranstalter und Anführer eines Raubzugs trifft die Todesstrafe, wenn dabei auf der Gegenseite der Tod einer Person verursacht worden war.

VO v. 25. 2. 96

Durch Kaiserliche Verordnung ist der Reichskanzler ermächtigt worden, auch die Gerichtsbar-

keit über die Eingebornen zu regeln. Auf Grund
Verf v. 27. 2. 96 dessen hat der Reichskanzler verboten, zur Herbeiführung von Geständnissen und Aussagen andre als die in den deutschen Prozeßgesetzen zugelassenen
Verf v. 22. 4. 96 Maßnahmen zu verhängen. Weiter ist die Gerichtsbarkeit und die Disziplinargewalt nur den höhern Kolonialbeamten eingeräumt, die sie nur auf eigne Verantwortung an untergebne Beamte übertragen dürfen. Als gerichtliche Strafen sind zulässig: körperliche Züchtigung (Prügel- und Rutenstrafe bis zu 25 und 20 Schlägen), Geldstrafe, Gefängnis mit Zwangsarbeit, Kettenhaft und Todesstrafe (diese nur vom Gouverneur zu verfügen), als Disziplinarstrafen: körperliche Züchtigung und Kettenhaft bis zu 14 Tagen.

Schutztruppen

RG v. 18. 7. 96 Im Vordergrunde steht noch immer die militärische Sicherung des Kolonialbesitzes. Diesem Zwecke, sowie der Bekämpfung des Sklavenhandels, dienen die Schutztruppen in den afrikanischen Schutzgebieten, deren oberster Kriegsherr der Kaiser ist. Sie werden aus deutschen Offizieren, Ingenieuren des Soldatenstandes, Sanitätsoffizieren, Beamten und Unteroffizieren des Reichsheeres und der Marine, aus Freiwilligen und endlich aus angeworbnen Farbigen gebildet. Den zu den Schutztruppen übertretenden Militärpersonen bleibt der Rücktritt zu Heer und Marine unter Wahrung ihres Dienstalters vorbehalten, auch sind ihnen die Versorgungsansprüche (S. 157) zu erhöhten Sätzen gewährleistet und so, daß die Verwendungszeit in Afrika doppelt gerechnet wird. Wehrpflichtige Deut-
KVO v. 5. 12. 02 RG v. 25. 6. 02 sche können nach Maßgabe Kaiserlicher Verordnung zunächst bei den südwestafrikanischen Schutztruppen zur Erfüllung ihrer aktiven Dienstpflicht eintreten. Im Gefahrsfalle können auch Personen des Beurlaubtenstandes, die sich in dem Schutzgebiete auf-

halten, zur Verstärkung der Schutztruppen herangezogen werden. Die Schutztruppen sind dem Reichskanzler, weiter den Gouverneuren oder Landeshauptleuten, demnächst ihren Kommandeuren dienstlich unterstellt. Daß sie auch den deutschen Militärstraf- und Disziplinargesetzen unterstehen, wurde bereits erwähnt. KVO v. 16. 7. 96

Gebietsverwaltung

Die deutsche **Regierungsgewalt** wird innerhalb der Schutzgebiete durch Kaiserliche Beamte: Gouverneure (Landeshauptleute), Bezirksamtmänner (Amtsvorsteher), Oberrichter, Bezirksrichter ausgeübt, denen die erforderlichen Hilfskräfte beigegeben sind. Sie unterstehen dem Reichsbeamtengesetz, jedoch mit besondern Disziplinarbehörden (S. 61). Die **Gerichtsbarkeit** regelt sich im ganzen nach den für die Konsulargerichtsbarkeit (S. 291) gegebnen Vorschriften. Für die Rechtsmittel der Berufung oder Beschwerde tritt an Stelle des Reichsgerichts ein Konsulargericht oder ein eigner innerhalb des Schutzgebiets errichteter Gerichtshof. Für das Gemeindeleben in deutschen Niederlassungen bilden die Grundlage **Gemeindeordnungen**, die nach Anhörung der Beteiligten vom Reichskanzler erlassen werden. KVO v. 14. 7. 05 NG v. 3. 6. 05

In Neuguinea wird die gesamte Verwaltung von der Neuguineakompagnie, unter einem eignen Landeshauptmann vollkommen selbständig geführt. Auch in den andern Schutzgebieten ist sie wenigstens für das Hinterland vielfach den Kolonialgesellschaften allein überlassen. Je nach dem Fortschreiten der Kultur ist aber der Reichskanzler ermächtigt, innerhalb unsrer Interessensphäre (S. 292) die deutschen Verwaltungseinrichtungen auch auf das Hinterland auszudehnen. KVO v. 2. 5. 94

Die Kosten der Verwaltung erscheinen in einem besondern Reichsetat der Schutzgebiete. Sie werden zunächst aus eignen Einkünften, namentlich aus den

RG Zollintraden, und soweit diese nicht ausreichen, aus
v. 18. 5. 08 Zuschüssen, auch Darlehen des Reichs bestritten.

Kolonialgesellschaften Um den deutschen **Kolonialgesellschaften** eine freiere, den überseeischen Verhältnissen leichter
RG v. 10. 9. 00 anzupassende Bewegung zu ermöglichen, als sie das deutsche Aktien- und Genossenschaftsrecht zuläßt ist bestimmt, daß ihre Rechtsverhältnisse durch einen an keinerlei gesetzliche Normen gebundnen Gesellschaftsvertrag zu regeln sind. Wird dieser vom Reichskanzler genehmigt, so kann den Gesellschaften durch Beschluß des Bundesrats die juristische Persönlichkeit in dem schon besprochnen Sinne (S. 264)
RG v. 31. 7. 04 u. 4. 5. 06 verliehen werden. Zugunsten von Eisenbahngesellschaften hat das Reich auch im Interesse gewisser Bahnlinien Garantien übernommen.

* * *

Auswanderung In nahem Zusammenhange mit der Kolonialpolitik steht das **Auswanderungswesen**. Ein
RG v 9. 6. 97 Reichsgesetz unterwirft die Auswanderungs-**Unternehmer** und -Agenten der Konzessionspflicht. Die
Bek. v. 14. 3. 98 Erlaubnis, Auswanderer nach außerdeutschen Ländern zu befördern, wird, und zwar jederzeit widerruflich, nur an Reichsangehörige, an Ausländer nur dann erteilt, wenn sie einen im Inland wohnenden Deutschen zum Bevollmächtigten bestellen und sich deutschem Recht und Gericht unterwerfen. Die Erlaubnis erteilt oder versagt der Reichskanzler mit Zustimmung des Bundesrats. Der Unternehmer hat eine Sicherheit von 50 000 Mark zu bestellen. Die Erlaubnis zur Beförderung überseeischer Auswanderer wird nur an Reeder erteilt, außer wenn es sich um Besiedelungsgesellschaften für deutsche Schutzgebiete handelt. Sie kann auch beschränkt, nur für bestimmte Länder oder Länderteile, bestimmte Orte

und nur für bestimmte Einschiffungshäfen gegeben werden. Die Konzession der Unternehmer gilt für das ganze Reichsgebiet. Den von ihnen bevollmächtigten Agenten — nur solche werden zugelassen — ist dagegen der Geschäftsbetrieb nur innerhalb des Bezirks der genehmigenden höhern Verwaltungsbehörde gestattet. Auch die an den Agenten erteilte Erlaubnis ist widerruflich, er darf keine Zweigniederlassungen errichten, das Gewerbe nicht im Umherziehen betreiben und keine Stellvertreter bestellen. Er hat gleichfalls eine Sicherheit und zwar von 1500 Mark zu bestellen.

Die Auswanderungsfreiheit ist, außer für Wehrpflichtige (S. 70) und festzunehmende Personen, nicht beschränkt. Die Unternehmer müssen die Beförderungsverträge vorher schriftlich abschließen. Sie dürfen regelmäßig keinen Deutschen befördern, für den fremde Regierungen, Kolonialgesellschaften u. s. w. den Beförderungspreis bezahlt oder Vorschüsse geleistet haben. Auch darf der Auswanderer nicht verpflichtet werden, den Beförderungspreis oder etwaige Vorschüsse nach der Ankunft am Bestimmungsorte zu zahlen, zurückzuerstatten oder durch Arbeit abzuverdienen. Ebensowenig darf er in der Wahl seines künftigen Aufenthaltsorts oder in der Art seiner Beschäftigung beschränkt werden. Der Unternehmer hat die über See nach außereuropäischen Ländern gehenden Auswanderer bis zum Ausschiffungshafen, je nach den Konzessionsbedingungen auch bis zum Auswanderungsziel zu befördern. Er muß ihnen während der ganzen Reise, auch bei entstehenden Verzögerungen, ohne besondres Entgelt Unterkunft und Verpflegung gewähren und auch bei Seeunfällen u. s. w. für die Weiterbeförderung bis zum Ziele sorgen.

Die Seetüchtigkeit der Auswanderungsschiffe und

Bek. v. 14. 3. 98

der Gesundheitszustand der Auswanderer ist in Gemäßheit von Vorschriften zu prüfen, die der Bundesrat erläßt und dem Reichstag vorlegt. Zu ihrer Durchführung werden an den Hafenplätzen von den Landesregierungen Auswanderungsbehörden bestellt. Außerdem übt in den Hafenorten der Reichskanzler durch eigne Kommissare, die auch den Reichsbehörden (Konsulaten) im Auslande beigegeben werden können, eine ständige Aufsicht.

Dem Reichskanzler ist ein sachverständiger Beirat, bestehend aus 14 vom Bundesrate gewählten Mitgliedern unter einem vom Kaiser ernannten Vorsitzenden, zur Seite gestellt, der u. a. gehört werden muß, bevor die Erlaubnis zu Besiedelungsunternehmungen bestimmter Gebiete in überseeischen Ländern gegeben, oder bevor Unternehmerkonzessionen beschränkt oder widerrufen werden.

Durch Kaiserliche Verordnung können auch für deutsche von außerdeutschen Häfen ausgehende Schiffe Vorschriften über ihre Seetüchtigkeit u. s. w. erlassen werden. Das Gesetz droht für den konzessionslosen oder konzessionswidrigen Geschäftsbetrieb Strafen an und enthält besonders strenge Strafvorschriften gegen den sogenannten Mädchenhandel. Zum Schutz hiergegen haben sich in dem Pariser Abkommen vom 18. Mai 1904 die Mächte über gemeinsame internationale Verwaltungsmaßregeln geeinigt.

Bek. v. 12. 7. 05

9

Finanzen, Steuern, Zölle

I. Finanzen

Ordnung und rechnende Voraussicht sind, wie für den Privathaushalt, so auch für die Wirtschaft eines großen Gemeinwesens die erste Voraussetzung des Gedeihens. Überall, in Gemeinde, Staat und Reich, besteht deshalb die Übung, im sogenannten Haushaltsetat oder Budget die zu erwartenden Einnahmen, wie die voraussichtlich notwendig werdenden Ausgaben für einen bestimmten künftigen Zeitraum, die sogenannte Finanzperiode, im voraus zu veranschlagen und beide, Einnahmen und Ausgaben, mit einander ins Gleichgewicht zu setzen. Dieser Voranschlag beruht auf den Ergebnissen der bereits abgeschlossnen Wirtschaftsperioden und auf einer richtigen Beurteilung der für die kommende Periode einflußreichen Umstände. Das Bestreben einer guten Finanzpolitik geht dahin, schon in dem Voranschlag der künftigen wirklichen Finanzgebarung so nahe zu kommen, daß ebensowohl ein Zurückbleiben der Einnahmen hinter den Ausgaben (Rechnungsdefizit), als eine Steigerung der Ausgaben über die Voranschläge hinaus (Etatsüberschreitung) möglichst vermieden wird. Staatshaushalt

Die Aufstellung des Etats oder Budgets ist Sache der Finanzverwaltung, im Reiche Sache des Aufstellung

Reichskanzlers (des Reichsschatzamts S. 56). Der Haushalt baut sich auf den von den verschiednen Zweigen der Staatsverwaltung ermittelten und nachgeprüften Bedürfnissen auf. Diese Bedürfnisse untereinander auszugleichen und der allgemeinen Lage der Staatsfinanzen anzupassen, ist die Hauptaufgabe des Finanzministers.

Etatgesetz

Der fertige Etat wird sodann der Volksvertretung zur Beschlußfassung vorgelegt. In den Ländern des Zweikammersystems (S. 15) besteht allgemein die Vorschrift, daß der Etat zuerst an die zweite Kammer gebracht und von dieser durchberaten werden muß. Vielfach, so z. B. in Preußen,[1] ist der ersten Kammer, dem Herrenhause, nur das Recht beigelegt, den Etat in der Gestalt, in der er aus den Beratungen des Abgeordnetenhauses hervorgegangen ist, im ganzen anzunehmen oder abzulehnen. Ist durch Mehrheitsbeschlüsse beider Kammern Übereinstimmung über den Etat erreicht worden, und erklärt sich auch die Regierung damit einverstanden, so ist der Etat zustande gekommen. Da dies genau derselbe Weg ist, auf dem im konstitutionellen Staate Gesetze geschaffen werden (S. 65), so ist in den Verfassungen gewöhnlich bestimmt, daß auch der Haushaltsetat in der Form des Gesetzes erlassen werden soll. Auch die Reichsverfassung verlangt, daß alle Einnahmen und Ausgaben des Reichs für jedes Jahr veranschlagt und auf den Reichshaushaltsetat gebracht werden müssen, und daß dieser vor Beginn des Etatsjahres durch ein Gesetz festgestellt werden, d. h. also vom Bundesrat und Reichstag übereinstimmend beschlossen und vom Kaiser verkündet werden soll.

RVerf Art. 69

Kein Budget

Gelingt es nicht, den Etat rechtzeitig, d. h. vor Beginn des Etatsjahres, zustande zu bringen, so

[1] VerfU v. 31. 1. 50 Art. 62

pflegt man sich mit einem Notetatsgesetz, mit einstweiliger Fortbewilligung des bisherigen Etats auf einen kürzern Zeitraum als die Etatsperiode, zu behelfen. So ist es wiederholt, auf je 1 oder 2 Monate, auch im Reiche geschehen.

Kommt eine Einigung der gesetzgebenden Gewalten überhaupt nicht zustande, so tritt (wie in Preußen während der sogenannten Konfliktszeit) ein budgetloser Zustand ein. Die meisten Verfassungen (nicht das Reich) haben auch für diesen Fall Vorsorge getroffen. Jedenfalls werden die bestehenden Staatseinkünfte, die durch Gesetze geordneten Gebühren, die Erträgnisse der Staatsgüter und der Staatsbetriebe weiter vereinnahmt. Regelmäßig werden auch die bestehenden Steuern und Abgaben fort erhoben; so unbeschränkt in Preußen und Bayern, beschränkt auf 1 Jahr in Sachsen, auf 6 Monate in Baden, Hessen und Oldenburg, auf 4 Monate in Württemberg. Ebenso können die Ausgaben, zu denen der Staat durch besondre Gesetze und Verträge verpflichtet ist, z. B. die Beamtengehälter, nicht minder aber auch die zur Fortführung der Staatsverwaltung unumgänglichen Aufwendungen nicht eingestellt werden. Darüber hinaus ist die Regierung zu Ausgaben formell nicht berechtigt, und jedenfalls wird der regelmäßige Zustand baldigst wieder hergestellt werden müssen. So hat sich z. B. die preußische Regierung für die seit 1862 geführte budgetlose Verwaltung in einem besondern Gesetze vom 14. September 1866, so auch neuerdings der Reichskanzler für Ausgaben im Interesse der Schutzgebiete wiederholt Indemnität erteilen lassen.

Die über die Aufstellung und Durchführung des Etats bestehenden gesetzlichen Vorschriften sind zuweilen in einem besondern Komptabilitätsgesetz Etat zusammengefaßt. Im Reiche und in den meisten Bundesstaaten bildet das Herkommen die Grundlage des Etats. Er zerfällt jedenfalls in die von selbst gegebnen großen Hauptabschnitte des Einnahme- und Ausgabeetats. Beide Abschnitte sind im Interesse der Übersichtlichkeit wieder in Unterabschnitte (Kapitel, Titel) zerlegt, die sich an die einzelnen Verwaltungszweige anschließen und für diese zugleich die Normen bilden, nach denen sich ihre Finanzgebarung zu richten hat.

Der Etat ist ein Bruttoetat, wenn er die in den einzelnen Verwaltungszweigen zu erwartenden Einnahmen und Ausgaben hüben und drüben gesondert aufführt. Es kommt aber auch vor, daß die Ergebnisse einer einzelnen Verwaltung, z. B. der Eisenbahnen, nur mit dem Überschuß der Einnahmen über die Ausgaben, oder umgekehrt, z. B. regelmäßig im Justizetat, nur mit der Bedarfssumme nach Abzug der eignen Einnahmen, somit als Nettoetat nur unter den Einnahmen, oder nur unter den Ausgaben im Etat erscheinen. Die in der Staatswirtschaft jahraus jahrein wiederkehrenden Einnahmen und Ausgaben bilden den ordentlichen Etat. Vorübergehende und ungewöhnliche Einnahmen und Ausgaben werden als einmalige und außerordentliche in besondern Abschnitten des Etats zusammengefaßt. Ist das Erlöschen eines Einnahme- oder Ausgabepostens im ordentlichen Etat, z. B. durch Einziehung einer Behörde zu erwarten, so wird der Betrag als „künftig wegfallend" bezeichnet.

Reichshaushalt — RVerf Art. 70 RG v. 14. 5. 04 u. 15. 7. 09

Für den Reichshaushaltsetat gilt als Grundsatz, daß zur Bestreitung aller gemeinsamen Ausgaben zunächst die aus den Zöllen und den gemeinsamen Steuern, aus dem Eisenbahn-, Post- und Telegraphenwesen sowie aus den übrigen Ver-

waltungszweigen fließenden gemeinschaftlichen Einnahmen dienen. Dieser Grundsatz ist jedoch insofern nicht rein durchgeführt, als die Reinerträge der Branntweinsteuer den einzelnen Bundesstaaten nach Maßgabe der Bevölkerung, mit der sie zu den Matrikularbeiträgen herangezogen werden, zu überweisen sind. Ohne Zustimmung der drei süddeutschen Staaten kann hieran nichts geändert werden. Auch 1/4 des Rohertrags der Erbschaftssteuer verbleibt den Einzelstaaten. Die Verbrauchssteuern, sowie die gesamten Zolleinnahmen werden zwar von den Einzelstaaten für das Reich erhoben, aber nur nach Abzug der Erhebungskosten an das Reich abgeliefert, so daß sie im Reichshaushaltsetat nur als Nettoeinnahme (S. 302) auftreten. Gewisse Verbrauchssteuern, so namentlich die Brausteuer, sind überhaupt nicht allen Bundesstaaten gemeinschaftlich. Die besonderen Grundsätze des Post- und Telegraphenetats für Bayern und Württemberg (S. 277) und des bayerischen Militäretats (S. 154) sind schon erwähnt worden. Endlich ist im Zolltarifgesetz be- RG
stimmt, daß der aus gewissen Nahrungsmittelzöllen v. 25. 12. 02
aufkommende Nettozollertrag, soweit er den nach dem Durchschnitte der Rechnungsjahre 1898 bis 1903 entfallenden, auf den Kopf der Bevölkerung zu berechnenden Nettoertrag übersteigt, anzusammeln und nach Maßgabe eines zu erlassenden, spätestens am 1. Januar 1910 in Kraft tretenden Gesetzes zur Erleichterung der Durchführung einer **Witwen- und Waisenversorgung** zu verwenden ist. Diese Erträge werden als „Hinterbliebenen-Versicherungs- RG
fonds" vom Reichsinvalidenfonds mitverwaltet. v. 8. 4. 07

Etwaige Überschüsse aus den Vorjahren dienen, **Matrikularbeiträge**
wenn durch das Reichshaushaltsgesetz nichts andres bestimmt wird, zur Deckung gemeinschaftlicher außer- RG
ordentlicher Ausgaben. Dagegen ist die Möglichkeit v. 15. 7. 09

eines Defizits im Reichshaushalte durch die Bestimmung beseitigt, daß die gemeinschaftlichen Ausgaben, soweit sie durch Einnahmen nicht gedeckt werden, „durch Beiträge der einzelnen Bundesstaaten nach Maßgabe ihrer Bevölkerung aufzubringen sind, die in Höhe des budgetmäßigen Betrags durch den Reichskanzler ausgeschrieben werden." Als Regel ist angenommen, daß diese Beiträge durch Überweisung der Branntweinsteuer an die Einzelstaaten (S. 303) ihren Ausgleich finden. Für das Rechnungsjahr 1909 sollen die Beiträge der Bundesstaaten den Betrag von 48512000 Mark (gleich 80 Pfennig auf den Kopf der Bevölkerung) nicht übersteigen. Aus früheren Jahren gestundete Beiträge sind ihnen erlassen.

Finanzgebarung

Der zustande gekommne Etat enthält für die Regierung die Ermächtigung, innerhalb der einzelnen Verwaltungszweige die auf den Etat gebrachten Einnahmen zu erheben und die Ausgaben bis zu der veranschlagten Höhe zu bestreiten. Es ist aber dabei nicht gestattet, die in einer einzelnen Verwaltung gemachten Ersparnisse zur Deckung der von einer andern gemachten Mehraufwendungen zu benutzen, es sei denn, daß gewisse Titel gegenseitig für „übertragbar" erklärt worden sind. Um die Einhaltung des Etats fortwährend kontrollieren zu können, läßt sich die Staatsfinanzverwaltung von den einzelnen Staatskassen laufende (monatliche oder vierteljährliche) Kassenabschlüsse einreichen.

Vorkommende und niemals ganz zu vermeidende Etatsüberschreitungen bedürfen der nachträglichen Genehmigung durch die Volksvertretung. Machen sich noch während des Etatsjahres neue dringende Staatsbedürfnisse notwendig, so können sie auch durch einen besonders festgestellten Nachtragsetat gedeckt werden.

Die Finanz- oder Etatsperiode (S. 299) ist im Reich, in Preußen und Hessen auf je ein Jahr, und zwar auf die Zeit vom 1. April bis 31. März, in andern Staaten auf mehrere Jahre bemessen; so in Bayern, Sachsen, Baden auf 2, in Württemberg und Oldenburg auf 3 Jahre. RG v. 29. 2. 76

Rechnungslegung

Nach Schluß der Finanzperiode hat die Regierung, im Reiche der Reichskanzler, auf Grund der von den einzelnen Kassen angefertigten Jahres- oder Finalabschlüsse die Staats- oder Reichshaushaltsrechnung aufzustellen und der Volksvertretung — im Reiche der Kanzler dem Bundesrat und sodann dem Reichstag — zur Entlastung vorzulegen. Zuvor schon wird aber die Rechnung durch eine oberste Rechnungsbehörde (Oberrechnungskammer, Rechnungshof), und zwar nicht bloß rechnerisch, sondern auch nach der Richtung geprüft, ob sich die einzelnen Verwaltungen innerhalb der durch den Etat und durch sonstige Gesetze ihnen gezognen Schranken gehalten haben. Die Oberrechnungskammer[1] nimmt gewöhnlich, gleich den Gerichten, eine von der staatlichen Verwaltung unabhängige Stellung ein und hat das Recht, von allen Staatsbehörden Auskünfte zu verlangen oder Kommissare an sie zu entsenden. Die Revision des Reichshaushalts, auch des Landeshaushalts für Elsaß-Lothringen, wird von der preußischen Oberrechnungskammer unter der Benennung: „Rechnungshof des Deutschen Reichs" geführt.

Staatsvermögen

Unter den Staatseinnahmen der Einzelstaaten nehmen die Einkünfte des Staatsvermögens eine wichtige Stelle ein. Das Vermögen wird gebildet von den aus dem ehemals landesherrlichen Kam-

[1] Pr. G v. 27. 3. 72 Bay. VO v. 11. 1. 26 Sächs. G v. 30. 6. 04 u. 6. 8. 08 Württ. Ed v. 13. 12. 18 VO v. 21. 11. 49 Bad. G v. 25. 8. 76 Hess. G v. 14. 6. 79

mergut hervorgegangnen Staatsdomänen, den Staatsforsten, Staatsberg- und Hüttenwerken, Staatsfabriken, Staatsbanken u. s. w. sowie von den Staatseisenbahnen. Auch aus den staatlichen Klassenlotterien beziehen Preußen gemeinsam mit Hessen, beiden Mecklenburg, Oldenburg, Braunschweig, Bremen, Lübeck, den Thüringischen Staaten und Waldeck, ebenso Sachsen und Hamburg, beträchtliche Einnahmen. Der Staat heißt als Träger dieses Vermögens der Fiskus (S. 92).

RG v. 25. 6. 73 Das Reich besitzt die zum dienstlichen Gebrauch einer Reichsverwaltung bestimmten Gegenstände (Kasernen, Postgrundstücke u. s. w.) zwar regelmäßig zu Eigentum, auch soweit sie vorher einem Bundesstaat gehört hatten; das Eigentum fällt aber an den betreffenden Bundesstaat zurück, wenn es für Zwecke der Reichsverwaltung entbehrlich oder unbrauchbar geworden und ein Ersatz dafür nicht notwendig ist.

Reichsvermögen Sonst sind unter den Aktiven des Reichsvermögens nur hervorzuheben die elsaß-lothringischen Eisenbahnen, die im Frankfurter Frieden für 325 Millionen Franks von Frankreich übernommen worden sind, ferner der im Juliusturm zu Spandau aufbewahrte Reichskriegsschatz von baren 120 Millionen Mark und der bereits erwähnte Reichsinvalidenfonds (S. 159). Andre seinerzeit ebenfalls aus der französischen Kriegskostenentschädigung abgezweigte Fonds (Festungsbau-, Reichseisenbahn- und Reichstagsgebäudefonds) sind aufgezehrt.

Reichs- und Staatsschulden Dem Aktivvermögen stehen aber heute in Reich und Staat auch bedeutende Schulden gegenüber. Zur Aufnahme von Staatsanleihen ist — von plötzlichen Fällen eines außerordentlichen Notbedarfs abgesehen — die Genehmigung der Volksvertretung notwendig; im Reich ist hierfür die Form der Reichsgesetzgebung vorgeschrieben, ebenso bei der Über-

RVerf Art. 73

nahme von Garantien zu Lasten des Reichs, wie sie z. B. im Jahre 1870 für das St. Gotthard-Eisenbahnunternehmen geleistet worden sind.

Die Anleihen pflegten sonst nach einem gleich bei der Aufnahme festgestellten Tilgungsplan, meist im Wege jährlicher Auslosung eines gewissen Anleihebetrags, zurückgezahlt zu werden. Heute überwiegt die Form der *Rentenanleihe*, bei der die Rückzahlung durch Rückkauf eines gewissen, jährlich festgestellten Betrags von Schuldverschreibungen im freien Markte geschieht. Die Reichsanleiheschuld ist vom 1. April 1911 ab alljährlich in Höhe von 1,9 Prozent von Anleihen für werbende Zwecke, im übrigen von 3 Prozent des jeweiligen Schuldbetrags zu tilgen. Die Reichs- und Staatsschuldverschreibungen haben durchweg die Natur des Inhaberpapiers (S. 275) und sind für den Inhaber selbst unkündbar. Sie können aber durch Eintrag des Inhabers in das Staats- oder *Reichsschuldbuch* auch in persönliche, auf den Namen lautende Forderungen umgewandelt werden.

RG v. 15. 7. 09

RG v. 31. 5. 91 u. 28. 6. 04

Schuldenverwaltung

Die *Verwaltung der Staatsschulden* ist regelmäßig einer besondern, durch Mitglieder der Volksvertretung verstärkten und unter ihre Aufsicht gestellten Behörde übertragen, für das Reich der preußischen Hauptverwaltung der Staatsschulden unter der Bezeichnung: *Reichsschuldenverwaltung*. Sie steht unter Aufsicht der aus 6 vom Bundesrat und 6 vom Reichstag gewählten Mitgliedern bestehenden *Reichsschuldenkommission*, der auch der Präsident der preußischen Oberrechnungskammer angehört.

RG v. 19. 3. 00 u. 22. 2. 04

Der eigentlichen Anleihe oder *fundierten* Staatsschuld steht die sogenannte *schwebende Schuld* gegenüber. Sie wird von der Staatsfinanzverwaltung aufgenommen, um gewisse Ausgaben schon vor Eingang der zu erwartenden Deckungsmittel bestreiten zu können. Im Reiche wird der Reichskanzler regelmäßig im Etatsgesetz ermächtigt, zur vorübergehenden Verstärkung des ordentlichen Betriebsfonds der Reichshauptkasse (S. 273) nach Bedarf, jedoch nicht über . . . Mark, verzinsliche Schatzanweisungen auszugeben.

Gemeindehaushalt

Von dem Gemeindehaushalt war bereits S. 7 die Rede. Je umfangreicher er ist, desto mehr wird er sich den Formen des Staatshaushalts nähern. Zuweilen bedarf der Gemeindeetat der Genehmigung der Regierung, die auch ihrerseits die Gemeinde zwangsweise dazu anhalten kann, die ihr gesetzlich obliegenden Leistungen auf den Haushaltsetat zu bringen (Zwangsetat). Die Gemeindeanleihen sind meist an die Genehmigung der Regierung oder der höhern Selbstverwaltungskörper (S. 13) gebunden.

II. Steuern

Die zur Befriedigung der öffentlichen Bedürfnisse notwendigen, nicht anderweitig gedeckten Geldmittel werden von der Gesamtheit der im Staate wohnenden Bevölkerung durch Steuern aufgebracht. Steuern, die von den steuerpflichtigen Personen unmittelbar nach Maßgabe ihrer Leistungsfähigkeit erhoben werden, heißen direkte Steuern. Werden sie nur bei Gelegenheit der Herstellung oder des Verbrauchs gewisser Gegenstände oder bei Vornahme gewisser Rechtsgeschäfte erhoben, so heißen sie indirekte Steuern.

Direkte Steuern

Direkte Steuern erfassen entweder nur Teile des persönlichen Einkommens, wie die Lohn- und Besoldungssteuer, oder nur gewisse Erträgnisse des

Vermögens, wie die Grund- und Gebäudesteuer, Kapitalrentensteuer und Gewerbesteuer, oder sie erfassen das gesamte Einkommen oder das gesamte Vermögen des Steuerpflichtigen und heißen dann allgemeine Einkommensteuer oder Vermögenssteuer.

Direkte Steuern werden, wenn man nicht die Erbschaftssteuer (s. u.) hierzu rechnen will, vom Reiche nicht erhoben, wohl aber sind sie in großer Mannigfaltigkeit in den Einzelstaaten ausgebildet.

Steuer-kataster

Bei allen direkten Steuern machen sich ziemlich umständliche Vorbereitungen nötig, um die für die Steuerpflicht in Betracht kommenden Personen überhaupt ermitteln zu können. Gewisse Steuerobjekte liegen zwar mehr oder weniger offen da, wie bei der Grund- und Gebäudesteuer und bei der Gewerbesteuer. Dagegen läßt sich bei allen übrigen Ertrags- und Vermögenssteuern, besonders bei der allgemeinen Einkommensteuer eine für jede Steuerperiode wiederkehrende Aufnahme und Aufzeichnung fast der ganzen Bevölkerung nicht vermeiden. Meist ist diese Aufgabe den Gemeinden übertragen. Die Ergebnisse dieser Aufnahme werden von den Steuerbehörden in die sogenannten Kataster eingetragen.

Grundsteuer

Das Grund- und Gebäudesteuerkataster bietet dabei Gelegenheit, auch im Interesse andrer öffentlicher Zwecke (Flurbücher, Grundbücher, Immobiliarbrandversicherung) den Grundbesitz genau zu vermessen und aufzuzeichnen. Damit läßt sich sofort die Abschätzung des Reinertrags der Grundstücke, beim landwirtschaftlich nutzbaren Boden je nach Beschaffenheit des Bodens, Art der Bewirtschaftung u. s. w., die sogenannte Bonitierung verbinden. Die hiernach ermittelte Grundrente pflegt dann in Einheitssätzen, Steuereinheiten ausgedrückt zu werden. Da die Grundrente besonders starken und häufigen Schwankungen nicht ausgesetzt zu sein pflegt, so kann das Grund- und Gebäudesteuerkataster auf eine längere Reihe von Jahren hinaus, unverändert oder nur ergänzt durch Nachträge und Revisionen, der Besteuerung zugrunde gelegt werden.

Personalsteuer

Die Personalsteuerkataster dagegen, meist jährlich oder doch nur in kürzern Zwischenräumen aufgestellt, geben über die Höhe der eigentlichen Steuerobjekte zunächst noch gar keinen Aufschluß. Vielmehr muß das von der Steuer zu erfassende Einkommen oder Vermögen bei jeder einzelnen Person erst noch durch Abschätzung ermittelt werden.

Veranlagung

Die Abschätzung ist, unter der Leitung der Steuerbehörden (der allgemeinen Verwaltungsbehörden oder besondrer Steuereinnahmen, Rentämter, Schatzungsräte), besondern Schätzungskommissionen übertragen, deren Mitglieder zumeist von den Gemeinden und aus dem Kreise der Gemeindeangehörigen gewählt werden. Die Kommissionen haben weitgehende Befugnisse zur Ermittlung namentlich der leichter zu verbergenden Einkommen, als da sind: Befragung der Steuerpflichtigen, Einsicht in die öffentlichen Grund- und Schuldbücher, Erkundigungen bei dritten, das Recht, Vorlegung der Geschäftsbücher und selbst die Befugnis, den Eid des Steuerpflichtigen zu fordern.

Steuererklärung

Auch ist in den neuern Einkommensteuergesetzen den Steuerpflichtigen auferlegt, ihr Einkommen, sobald es einen gewissen Betrag übersteigt, aus freien Stücken der Schätzungsbehörde in der sogenannten Steuererklärung (Deklaration, Fassion) anzuzeigen. Wer dies unterläßt, ist entweder mit Ordnungsstrafen, oder mit dem Verlust der gesetzlichen Rechtsmittel gegen die Einschätzung (in Sachsen, Württemberg und Hessen), auch wohl mit Zuschlägen zu dem sonst festgestellten Einkommen (Preußen) bedroht. Ebenso haben der Staat, die Gemeinde oder alle Lohngeber in Gehalts- und Lohnlisten der Steuerbehörde die Namen der Besoldeten und die Höhe der Gehälter oder Löhne anzuzeigen.

Unter Einkommen wird überall das reine Einkommen, nach Abzug der Bewirtschaftungs- und Unterhaltungskosten, der gewerblichen Spesen u. s. w., verstanden. Es wird aber auch bei der allgemeinen, nur das Gesamteinkommen treffenden Einkommensteuer doch in die einzelnen Einkommensquellen zerlegt, z. B. in Preußen nach Kapitalvermögen — Grundvermögen — Handel, Gewerbe, Bergbau — gewinnbringender Beschäftigung. Je nach den verschiednen Gesetzgebungen können die Steuerpflichtigen auch Abzüge machen für Schuldzinsen, dauernde Lasten, z. B. Altenteile, Beiträge zu Versicherungskassen, Lebensversicherungsprämien u. s. w. Auch kann ihnen eine besondre Ermäßigung zugestanden werden, wenn ihre wirtschaftliche Leistungsfähigkeit durch besondre Verhältnisse beeinträchtigt ist, z. B. Unterhalt und Erziehung von Kindern oder mittellosen Angehörigen, Krankheit, Verschuldung u. s. w. Einkommen

Ist die Höhe des steuerpflichtigen Einkommens festgestellt, so bemißt sich der Steuersatz von selbst nach dem gesetzlichen Steuertarif und den darin aufgestellten Steuerklassen. Wäre der Steuersatz für alle Steuerklassen nach ein und derselben Quote des Einkommens bemessen, so würden gerade die niedern Einkommen, von denen notgedrungen ein sehr hoher Anteil zur Befriedigung der unentbehrlichsten Lebensbedürfnisse verwendet werden muß, unverhältnismäßig hart getroffen werden. Die Einkommensteuer ist deshalb überall progressiv, d. h. der Steuersatz selbst steigt mit der Höhe des Ein- Steuertarif kommens. Da jedoch in den deutschen Steuergesetzen ein bestimmter Prozentsatz (in Preußen 4, in Sachsen, Württemberg und Hessen 5 Prozent) auch bei den höchsten Einkommen nicht überschritten wird, so ist es richtiger, den Steuersatz degressiv, d. h. von den hohen nach den niedern Einkommen hin fallend (in Preußen bis zu 0,66 Prozent) zu nennen.

Steuerfreiheit

Gewisse niedrigste Einkommen, in Preußen, Baden und Hamburg unter 900 Mark, in Württemberg und Hessen unter 500 Mark, in Sachsen unter 400 Mark, sind von der Steuerpflicht ganz befreit. Umgekehrt sind die von Alters her überkommnen Steuerprivilegien meist beseitigt, so ist z. B. in Preußen[1] die Steuerfreiheit der vormals unmittelbaren deutschen Reichsstände gegen Entschädigung mit dem 13½fachen des ihnen neu auferlegten Steuersatzes abgelöst worden.

Doppelbesteuerung

Da außer den physischen oder natürlichen Personen auch die juristischen Personen (S. 92), namentlich die Aktiengesellschaften mit besteuert werden, so kann dasselbe Einkommen recht gut doppelt, einmal in der Hand der Aktiengesellschaft, ein zweites Mal in der Hand des Dividende ziehenden Aktionärs besteuert werden. Ein Reichsgesetz hat wenigstens dagegen Vorkehrung getroffen, daß ein Deutscher in verschiednen Bundesstaaten mit demselben Einkommen mehrmals besteuert werde.

RG v. 22. 3. 09

Übersicht der Einzelstaaten

Mit Ausnahme von Bayern, Mecklenburg und Elsaß-Lothringen haben heute alle deutschen Einzelstaaten die allgemeine Einkommensteuer.[2] Bayern[3] hat jedoch fast alle einzelnen Teile des Einkommens mit besondern Steuern herangezogen. Grund- oder Gebäudesteuern, auch beide vereint,

[1] Pr. G v. 18. 7. 92 [2] Pr. G v. 19. 6. 06, 18. 6. 07 u. 26. 5. 09 Sächs. G v. 24. 7. 00, 1. 7. 02 u. 15. 6. 08 Württ. G v. 8. 8. 03 Bad. G v. 20. 9. 00 Hess. G v. 12. 8. 99 [3] Bay. GG v. 9. 6. 99

werden in allen deutschen Staaten erhoben.[1] Jedoch sind in Preußen diese Steuern, ebenso wie die dort neu eingeführte Gewerbe- und Betriebs- (d. h. insbesondre Schankbetriebs-) Steuer[2] — beide Steuern zusammen werden als Realsteuern bezeichnet — seit 1. April 1895 zugunsten der Gemeinden außer Hebung gesetzt.[3] Kapitalrentensteuern werden erhoben in Bayern, Baden, Hessen, Elsaß-Lothringen.[4] Gewerbesteuern in Bayern, Württemberg, Baden, Hessen, Elsaß-Lothringen,[5] außerdem Wandergewerbesteuern (S. 235) in allen Einzelstaaten. In Elsaß-Lothringen wird auch eine Bergwerkssteuer,[6] eine niedrige Personalsteuer als sogenannte Kopfsteuer und eine Lohn- und Besoldungssteuer[7] erhoben. In Preußen ist als sogenannte Ergänzungssteuer eine allgemeine, bei land- und forstwirtschaftlichen Grundstücken nach dem Ertrage bemessene Vermögenssteuer (zu $1/_2$ pro Mille des ermittelten Vermögenswertes) eingeführt. Ebenso in Sachsen, Baden und Hessen.[8] In Württemberg[9] wird neben der allgemeinen Einkommensteuer noch eine besondre Kapitalsteuer vom Ertrage aus Kapitalien und Renten erhoben.

Indirekte Steuern.

Die indirekten Steuern (S. 308) werden in Verbrauchs- und Verkehrssteuern eingeteilt. Unter Verbrauchssteuern versteht man die auf gewisse

[1] Pr. G v. 21. 5. 61, 8. 2. 67 u. 12. 3. 77 Bay. G v. 10. 6. 81 Sächs. G v. 9. 9. 43 u. 3. 7. 78 Württ. G v. 8. 8. 03 u. 18. 8. 09 Bad. G v. 7. 5. 58 Hess. G v. 27. 11. 60 Elß. G v. 31. 3. 84, 14. 7. 95, 14. 7. 03 u. 17. 7. 07 [2] Pr. G v. 24. 6. 91 [3] Pr. G v. 14. 7. 93 [4] Bay. G v. 9. 6. 99 Bad. G v. 6. 3. 86 u. 9. 8. 00 Hess. G v. 15. 7. 95 Elß. G v. 13. 7. 01 u. 14. 7. 05 [5] Bay. GG v. 9. 6. 99 Württ. G v. 8. 8. 03 Bad. G v. 26. 4. 86 u. 9. 8. 00 Hess. G v. 8. 7. 84 Elß. G v. 8. 6. 96 [6] Elß. G v. 17. 5. 06 u. 14. 7. 08 [7] G v. 13. 7. 01 [8] Pr. G v. 19. 6. 06 u. 26. 5. 09 Sächs. G v. 2. 7. 02 u. 21. 4. 06 Bad. G v. 28. 9. 06 Hess. G v. 12. 8. 99 [9] Württ. G v. 8. 8. 03

Gegenstände des Verbrauchs oder Konsums gelegten Steuern, die zwar meist nicht erst im Augenblicke des Verbrauchs, sondern schon bei Herstellung des Gebrauchsartikels (als Produktions-, Material- oder Fabrikatsteuer) erhoben werden, bei denen aber darauf gerechnet wird, daß sie der Hersteller durch einen Aufschlag auf den Preis der hergestellten Ware wieder einbringen, auf den Verbraucher oder Konsumenten „abwälzen“ werde.

Reich und Einzelstaaten

RVerf Art. 35

Die wichtigsten dieser Verbrauchsgegenstände, nämlich Salz, Tabak, Zucker, Branntwein und Bier, sind — das Bier mit Ausnahme der drei süddeutschen Staaten — der ausschließlichen Gesetzgebung und Besteuerung durch das Reich vorbehalten. Ebenso hat das Reich von den sogenannten Verkehrssteuern die Erbschaftssteuer (zu $^3/_4$ der Erträgnisse), den Spielkartenstempel und eine Anzahl von Urkundenstempeln (Wechsel-, Scheck-, Talon-, Lotteriesteuer, die sogenannte Börsensteuer und eine Steuer von Grundstücksübertragungen) an sich gezogen. Andre wichtige Verkehrssteuern sind den Bundesstaaten, zum Teil auch den Gemeinden verblieben.

1. Reichssteuern

RVerf Art. 36. 38

Das Reich besitzt zur Erhebung der ihm gebührenden indirekten Steuern keine eignen Organe, es bedient sich vielmehr hierzu durchweg der Einzelstaaten, gestattet ihnen aber, bei Ablieferung des Ertrags zur Reichskasse die Erhebungs- und Verwaltungskosten, teils nach dem wirklich entstandnen Aufwande, teils nach gewissen vom Bundesrat festgestellten Pauschquanten und Prozentsätzen abzuziehen.

Salzsteuer

BG v. 12.10.67

Die Salzsteuer wird mit 12 Mark auf 100 Kilogramm Nettogewicht von den Besitzern der Salinen und Salzraffinerien, der Steinsalzbergwerke und der Fabriken erhoben, in denen Salz als Nebenprodukt gewonnen wird. Für landwirtschaftliche und gewisse gewerbliche Zwecke ist das Salz, nachdem es denaturiert, d. h. durch gewisse Zusätze für den menschlichen Genuß unbrauchbar gemacht worden ist, von der Steuer befreit. Ebenso, wenn das Salz unmittelbar aus der Steuerkontrolle nach dem Ausland ausgeführt wird.

Tabaksteuer
RG v. 15. 7. 09

Die Tabaksteuer wird, neben hohen Zollsätzen mit Fakturenwertzuschlag für ausländischen Tabak, von dem im deutschen Zollgebiet erzeugten Tabak erhoben, mit Ausnahme des nach dem Ausland ausgeführten, wieder vernichteten oder zu wissenschaftlichen und Zierzwecken verwendeten Tabaks. Und zwar grundsätzlich nach dem Gewicht des Tabaks im gegorenen oder getrockneten, verarbeitungsreifen Zustande, zum Satze von 57 Mark auf 100 Kilogramm Gewichtssteuer. Bei kleinern, unter 4 Ar großen Pflanzungen kann statt dessen die Flächensteuer von 5,7 Pfennig auf 1 Quadratmeter erhoben werden. Tabaksurrogate dürfen gegen besonders zu bestimmende Abgabensätze vom Bundesrat zur Verwendung bei der Fabrikation zugelassen werden. Die Gewichts- und Flächensteuer wird vom Tabakpflanzer, die Surrogatsteuer vom Fabrikanten erhoben. Die Steuer wird, wenn sie bereits entrichtet war, bei der Ausfuhr von Rohtabak und Tabakerzeugnissen nach bestimmten Sätzen zurückvergütet.

Zigarettensteuer
RG v. 3. 6. 06 u. 15. 7. 09

Außer der Tabaksteuer unterliegen der im Inlande geschnittene Zigarettentabak, die im Inlande hergestellten Zigaretten sowie die ungefüllt zum Verkauf gelangenden Zigarettenhüllen (Hülsen, Blättchen u. s. w.) einer nach Stückzahl, Gewicht und Kleinverkaufspreis sehr verschieden abgestuften Steuer (2 bis 15 Mark für 1000 Stück), die durch Anbringung von Steuerzeichen (Banderolen) an den Packungen zu entrichten ist.

Zuckersteuer

Die Zuckersteuer wurde anfangs nur als Materialsteuer nach der Gewichtsmenge der zu verarbeitenden Zuckerrüben, seit 1887 in Verbindung mit einer Fabrikatsteuer, einer Verbrauchsabgabe von fertigem Zucker, heute wird sie nur noch in dieser letztern Form erhoben. Sie beträgt bis zum 1. April 1914 14 Mark auf 100 Kilogramm inländischen Rübenzucker Reingewicht. Der zur Viehfütterung und zur Herstellung gewisser Fabrikate verwendete, vorher für Menschen ungenießbar gemachte Zucker ist, nach näherer Bestimmung des Bundesrats, steuerfrei. Die Steuerpflicht liegt dem Inhaber derjenigen Zuckerfabrik ob, welche den Zucker aus dem unter Steuerkontrolle stehenden Betrieb in den freien Verkehr bringt. Auch die sogenannten Zuckerabläufe und Rübensäfte können vom Bundesrat zum vollen oder zu ermäßigtem Satze der Zuckersteuer unterstellt werden.

RG v. 28. 5. 96, 6. 1. 03 u. 15. 7. 09

Zuckerprämien

Der Wettbewerb der deutschen Zuckerindustrie auf dem Weltmarkt war bisher dadurch erschwert, daß die konkurrierenden Staaten ihren Zuckerproduzenten für den in das Ausland ausgeführten Zucker nicht nur die Steuer zurückerstatteten, sondern ihnen noch darüber hinaus Ausfuhrvergütungen, Zuckerprämien gewährten.

v. 5. 3. 02 u. 28. 8. 07

Die beteiligten Mächte haben in dem Internationalen Vertrag zu Brüssel, wiewohl mit gewissen Vorbehalten zugunsten der britischen und niederländischen Kolonien und Besitzungen vereinbart, die für Erzeugung oder Ausfuhr von Zucker gewährten direkten und indirekten Prämien aufzuheben und keine solchen Prämien einzuführen. Zum Ausgleich des Unterschiedes zwischen dem Betrage der Zölle und Steuern, denen der ausländische Zucker unterliegt, und den von den einheimischen Zucker zu entrichtenden Gefällen darf aber jeder Zucker erzeugende

Staat einen Überzoll von höchstens 6 Franken für 100 Kilogramm raffinierten und 5,50 Franken bei anderm Zucker erheben. Die Staaten gewähren sich im übrigen gegenseitig für eingeführten Zucker die niedrigsten Sätze ihres Einfuhrtarifs und sind, mit einem Vorbehalt zugunsten Englands verpflichtet, den auswärts mit Prämien begünstigten Zucker diesem Staate gegenüber mit einem besondern Zoll zu belegen oder seine Einfuhr ganz zu verbieten. In Brüssel ist eine ständige Kommission mit der Aufgabe niedergesetzt, die Ausführung dieser Vertragsbestimmungen zu überwachen. Seit Inkrafttreten dieses Vertrags hat auch Deutschland die seither gewährten Ausfuhrzuschüsse eingestellt. Der unmittelbar aus der Betriebsstätte unter Steuerkontrolle ausgeführte Zucker ist von der eigentlichen Zuckersteuer befreit. Wird Zucker aus dem freien Verkehr ausgeführt, so wird nur ausnahmsweise bei Fabrikaten, zu deren Herstellung inländischer Rübenzucker verwendet worden ist, die Steuer zurückerstattet.

Branntweinsteuer

RG v. 15. 7. 09

Die **Branntweinsteuer** ist erst seit 1887, infolge des Beitritts von Bayern, Württemberg und Baden zu der bis dahin bestandnen sogenannten norddeutschen Branntweinsteuergemeinschaft, für das ganze Reich einheitlich geordnet. Die Steuer zerfällt in die Verbrauchsabgabe und die Betriebsauflage. Die **Verbrauchsabgabe** beträgt für eine bestimmte Menge der Gesamterzeugung, das Kontingent, 1,05 Mark, darüber hinaus 1,25 Mark für das Liter Alkohol. Die durch den geringern Steuersatz begünstigte Jahresmenge ist im Jahre 1887 auf die damals bestehenden Brennereien, nach Verhältnis ihrer bisherigen Steuerquoten, verteilt oder kontingentiert worden. Das für 1907/08 festgesetzte **Gesamtkontingent** bleibt bis 30. September

1918 in Geltung und soll dann in Zwischenräumen von 10 zu 10 Jahren von neuem festgesetzt werden. Der Konsum der süddeutschen Staaten ist dabei nur mit zwei Drittel des Durchschnittsbetrags anzunehmen und darf auch künftig ohne ihre Zustimmung nicht anders bemessen werden. Dieselben Zeiträume gelten für die auf die einzelnen Brennereien verteilten und zu verteilenden Einzelkontingente. Doch sind für neuentstehende und für gewisse Betriebsänderungen der bestehenden Brauereien schon vorher Neuveranlagungen vorgesehen. Die Verbrauchsabgabe ist von dem zu entrichten, der den Branntwein aus der Steuerkontrolle zur freien Verfügung empfängt. Für den in das Ausland ausgeführten Branntwein wird die Verbrauchsabgabe nicht erhoben und aus der Betriebsauflage ein bestimmter Betrag der bereits erhobenen Steuer zurückvergütet. Auch der zu gewerblichen und gewissen andern Zwecken bestimmte, in der Regel zu vergällende Branntwein ist von der Verbrauchsabgabe befreit, die dafür bereits entrichtete Abgabe wird gleichfalls aus den Erträgnissen der Betriebsauflage zurückvergütet.

Die vom Brenner zu entrichtende Betriebsauflage wird zu festen, je nach der Menge der Erzeugung ansteigenden Sätzen mit 4 bis 14 Mark vom Hektoliter Alkohol erhoben. Die Sätze erhöhen sich unter gewissen Voraussetzungen, namentlich für gewerbliche und für neuentstehende Brennereien bis um 5 Mark, bei Überschreitung des für jede Brennerei festzusetzenden Durchschnittsbrandes bis um 25 Mark auf den Hektoliter. Andrerseits sind sie zugunsten gewisser Betriebe, namentlich der älteren Brennereien, bis zu $^{8}/_{10}$ zu ermäßigen. Die Einnahmen aus der Betriebsauflage werden bis zu 40 Millionen Mark in einem besondern Fonds angesammelt und zu den bereits erwähnten Rückvergütungen verwendet. Die Reinerträge der Verbrauchsabgabe sind, wie schon bemerkt (S. 303), den Bundesstaaten zu überweisen.

Brausteuer
RG v. 15. 7. 09

Die Besteuerung des Bieres ist für die süddeutschen Staaten auch gegenwärtig noch reine Landesangelegenheit.[1] Innerhalb der sogenannten norddeutschen Brausteuergemeinschaft wird die Brausteuer von dem zur Bierbereitung verwendeten Malz und Zucker nach dem Satze von 14 bis zu 20 Mark auf 100 Kilogramm Braustoffe, mit Ermäßigung bis 12 Mark für kleine Betriebe, erhoben. Dabei wird der Zucker zu einem verschieden abgestuften künstlichen Gewicht gerechnet. Für die nach dem 1. August 1909 in Betrieb genommenen Brauereien erhöhen sich die Sätze um 50 Prozent bis 1915 und um 25 Prozent bis 1918. Die Steuer vom Malz kann als Vermahlungssteuer erhoben, die Besteuerung kann auch auf gewisse Zeit nach einer Abfindungssumme bemessen werden. Außer Gerstenmalz, Hopfen, Hefe und Wasser sind, jedoch nur für obergäriges Bier, auch andres Malz, Zucker und Zuckerfarbmittel zur Bierbereitung zugelassen. Für ausgeführtes Bier wird die Steuer nach Bestimmung des Bundesrats zurückvergütet. Die drei süddeutschen Staaten haben an den Erträgnissen keinen Anteil.

Schaumweinsteuer
RG v. 9. 5. 02 u. 15. 7. 09

Von dem im Inlande verbrauchten Schaumwein aus Traubenwein, aus Obst und Beerenwein (Fruchtwein) sowie allen schaumweinähnlichen Getränken ist eine Reichssteuer von 1 bis 3 Mark, für Fruchtschaumwein von 10 Pfennig auf jede ganze Flasche zu entrichten.

[1] Bay. G v. 8. 12. 89 u. 24. 5. 96 Bek v. 21. 7. 96 Württ. G v. 4. 7. 00 u. 16. 8. 09 Bad. G v. 30. 6. 96 Elß. G v. 21. 5. 07 VO v. 22. 7. 09

Zündwarensteuer RG v. 15. 7. 09 Von Zündhölzern, Zündkerzchen aus Wachs u. s. w. wird eine Steuer von 1, 1½ und 5 Pfennigen für die Schachtel, bei größeren Packungen für eine bestimmte Stückzahl vom Hersteller erhoben. Leuchtmittelsteuer RG v. 15. 7. 09 Ebenso eine Steuer von Glühkörpern zu Gasglühlicht- und ähnlichen Lampen (10 Pfennige das Stück), von Brennstiften für Bogenlampen (nach Gewicht), von elektrischen Glühlampen und Brennern, von Quecksilberdampf- und ähnlichen Lampen (nach der Stromstärke abgestuft).

Monopole Anstatt Steuern von den im vorstehenden erwähnten Verbrauchsgegenständen zu erheben, haben manche Staaten die Herstellung gewisser Konsumartikel selbst in Betrieb genommen und die Privatindustrie gänzlich verboten. Sie nehmen das Interesse der Staatskasse durch Preisaufschläge zu den Herstellungskosten wahr, deren Höhe ihnen, bei dem Ausschluß jeder Konkurrenz, allein überlassen bleibt (Monopol). In Deutschland ist das Salzmonopol erst im Jahre 1867 aufgehoben worden; das vorgeschlagne Reichstabaksmonopol (1882) und das Branntweinmonopol (1886) sind nicht Gesetz geworden. VO v. 16. 1. 09 Ein Handelsmonopol besteht insofern, als die Verwertung südwestafrikanischer Diamanten ausschließlich durch die Kolonialverwaltung geschieht.

Spielkartenstempel RG v. 3. 7. 78 In der Mitte zwischen Verbrauchs- und Verkehrssteuern steht der Spielkartenstempel von 30 Pfennig und 50 Pfennig für das Spiel Karten.

Wechselstempel RG v. 15. 7. 09 Dagegen zählt zu den reinen Verkehrssteuern der Wechselstempel von gezognen und eignen Wechseln (S. 207, 209) sowie von gewissen kaufmännischen Orderpapieren und Zahlungsanweisungen nach dem Satze von ½ Promille.

Reichsstempelabgaben Eigentliche Verkehrssteuern sind auch die sogenannten Reichsstempelabgaben im engern Sinn.

Hiervon werden betroffen: Aktien, Anteilscheine, Renten und Schuldverschreibungen, die des Reichs und der Bundesstaaten ausgenommen, mit einer einmaligen Abgabe, der sogenannten Emissionssteuer von 3 Prozent des Nennwerts, Kuxe mit 5 Mark von jeder einzelnen Urkunde und 3 Prozent von den darauf ausgeschriebnen Einzahlungen; Gewinnanteilschein- und Zinsbogen (Talonsteuer) mit 1 Prozent bis 5 Promille vom Nennwerte der Wertpapiere, Schuldverschreibungen des Reichs und der Bundesstaaten ausgenommen, soweit sie für einen Zeitraum von je 10 Jahren ausgegeben werden; ferner Kauf- und sonstige Anschaffungsgeschäfte über ausländische Banknoten, ausländisches Geld, in- und ausländische Wertpapiere (mit einer Ermäßigung bis zu $^{5}/_{40}$ Promille im sogenannten Arbitrierverkehr), Kuxscheine sowie über börsenmäßig gehandelte Waren, d. h. solche Waren, für die Terminpreise an der Börse notiert werden, deren Usancen für das Geschäft maßgebend sind (S. 214), die sogenannte Börsensteuer, mit dem Satze von $^{2}/_{10}$ bis $^{4}/_{10}$ Promille, bei Kuxen 1 Promille vom Werte des Gegenstandes; Lotterielose und Spieleinlagen, einschließlich der Wetteinsätze bei öffentlich veranstalteten Pferderennen und ähnlichen Veranstaltungen mit 20 bis 25 Prozent; Frachturkunden im Schiffs- und Eisenbahnverkehr mit 10 bis 100 Pfennig von der einzelnen Urkunde; Personenfahrkarten im Eisenbahnverkehr auf inländischen Bahnlinien einschließlich der Straßenbahnen sowie im Dampfschiffsverkehr zwischen inländischen Orten nach Sätzen, die je für die III., II. und I. Klasse von 5, 10, 20 Pfennigen (bei einem Fahrpreise von 60 Pfennigen) bis zu 2, 4 und 8 Mark (bei einem Fahrpreise von mehr als 50 Mark) ansteigen; Erlaubniskarten für

RG v. 15. 7. 09

RG v. 4. 7. 05

Kraftfahrzeuge, die nicht ausschließlich der gewerbcmäßigen Personenbeförderung dienen, mit einem nach Pferdekräften abgestuften Grundbetrage von 10—150 Mark und einem Zuschlage von je 2—10 Mark für jede Pferdekraft, bei ermäßigten Sätzen für ausländische Besitzer, die nur vorübergehend im Inlande verkehren; Vergütungen (Gewinnanteile, Tantiemen, Gehälter, unter Umständen auch Tage- und Reisegelder), die den Aufsichtsratsmitgliedern von Aktien- usw. Gesellschaften gewährt werden nach dem Satze von 8 Prozent des Jahresbetrags; Schecks (mit Ausnahme von Postschecks, S. 211) und Quittungen über Abhebungen aus Bankguthaben nach dem festen Satze von 10 Pfennigen vom einzelnen Stück; Grundstücksübertragungen zum Satze von $^1/_3$ Prozent des Wertes eines durch entgeltlichen Vertrag veräußerten Grundstücks, Erbbaurechts u. s. w., jedoch unter Befreiung der zwischen Eltern und Abkömmlingen oder bei Gelegenheit von Erbauseinandersetzungen vorgenommenen Überlassungsverträge. Bis zum Inkrafttreten eines für 1. April 1912 einzuführenden Wertzuwachssteuergesetzes für das Reich erhöhen sich die obigen Sätze um das Doppelte.

Die Reichsstempelabgaben sind hauptsächlich aus Anlaß der Flottenvermehrung auf die gegenwärtigen Sätze erhöht worden. Im Zusammenhange hiermit
RG bestimmt das Flottengesetz, daß, wenn der Mehr-
v. 14. 6. 00 bedarf des ordentlichen Marineetats den Mehrertrag der Reichsstempelabgaben über die Summe von 53 708 000 Mark übersteigt und der Fehlbetrag nicht in sonstigen Reichseinnahmen seine Deckung findet, der letztere nicht durch Erhöhung oder Vermehrung der indirekten, den Massenverbrauch belastenden Reichsabgaben aufgebracht werden darf.

Einen wichtigen Schritt zur Erschließung er-

Erbschafts-steuer RG v. 3. 6. 06 u. 15. 7. 09

giebiger eigner Einnahmequellen hat das Reich durch Einführung der Reicherbschaftssteuer getan. Hiervon sind betroffen nicht nur jeder Erwerb von Todes wegen (durch Erbfolge, Vermächtnis, Pflichtteil, Schenkung von Todes wegen usw.), sondern, um Umgehungen zu verhüten, auch Schenkungen und eine Reihe andrer Zuwendungen unter Lebenden, Vorausgewährungen, Erbabfindungen usw. Ferner Lehns- und Fideikommißanfälle, Bezüge aus Familienstiftungen und andre Vermögensvorteile. Die Steuer beträgt vom Werte des steuerpflichtigen Erwerbs 4 Prozent für leibliche Eltern, Geschwister und Geschwisterkinder, sie steigt bis zu 6, 8 und 10 Prozent für entferntere Verwandte und erhöht sich bei einem Erwerb von mehr als 20000 Mark um das $1\frac{1}{10}$fache nach aufwärts bis zum $2\frac{5}{10}$fachen (bei mehr als 1000000 Mark) des Steuerbetrages. Bei einem Erwerbe von nicht mehr als 500 Mark, ferner beim Erwerb der Kinder, Abkömmlinge und Ehegatten des Erblassers und in einer Reihe andrer Fälle tritt Befreiung von der Steuer ein. Bei Zuwendungen an Kirchen, gewisse Stiftungen usw. beträgt die Steuer 5 Prozent. Für land- und forstwirtschaftliche Grundstücke sind erhebliche Ermäßigungen und Befreiungen vorgesehen. Die Steuer wird auf Grund von Anmeldungen und Erbschaftssteuererklärungen von einzelstaatlichen Erbschaftssteuerämtern erhoben. Die Bundesstaaten dürfen für eigne Rechnung Zuschläge zu den Reichssteuersätzen erheben,[1] auch die Steuerpflicht auf Ehegatten, Kinder und deren Abkömmlinge ausdehnen.[2] Im übrigen treten die einzelstaatlichen Erbschaftssteuergesetze außer Kraft. Dem Reiche gebühren $^3/_4$, den Einzelstaaten $^1/_4$ der Roheinnahmen.

Alle bisher besprochnen Steuern machen eine

[1] Hess. G v. 30. 3. 07 [2] Elß. G v. 29. 6. 07

Steuerkontrolle sehr sorgfältige, durch strenge Strafandrohungen unterstützte **Kontrolle** durch die Steuerverwaltung notwendig, die sich bei den Verbrauchssteuern bis zur steten und unmittelbaren Aufsicht der steuerpflichtigen Betriebe, bei den Stempelsteuern bis zur Durchsicht der Bücher und Schriftstücke bei den Aktiengesellschaften und sonstigen dem Bank- und Börsenverkehr dienenden Anstalten und Gesellschaften erstreckt.

2. Steuern der Einzelstaaten Das den **Einzelstaaten** verbliebne Gebiet der indirekten Besteuerung ist, soweit es die Verbrauchssteuern betrifft, sehr beschränkt. Die bereits vom Reiche besteuerten Gegenstände sind ihrem Besteuerungsrechte überhaupt entrückt, für gewisse andre ist in dem noch gültigen **Zollvereinigungsvertrage** wenigstens eine obere Grenze der Besteuerung gezogen. (v. 8. 7. 67 RG v. 27. 5. 85)

Malzaufschlag in Bayern Von besondrer Wichtigkeit für den bayerischen Staatshaushalt ist die dort erhobne unter dem Namen **Malzaufschlag** bekannte Biersteuer. Unter Verbot der Verwendung jeglicher Malzsurrogate wird vom ungebrochnen Malz auf den Hektoliter — also nicht nach dem Gewicht wie in Norddeutschland (S. 319) — eine Steuer erhoben, die nach der Größe der Brauereien zwischen 6,5 und 5 Mark abgestuft ist. Das Malz darf nur gegen eine vom Aufschlageinnehmer erteilte Erlaubnis (Polette) zur Mühle gebracht werden. Die Kontrolle erfolgt durch Meßapparate, die an den Mühlwerken angebracht sind. Der Verkehr mit gebrochnem Malz innerhalb Bayerns ist untersagt.

Andere Verbrauchssteuern Eine **Weinsteuer** besteht in Württemberg, Baden, Elsaß-Lothringen;[1] auf künstlich hergestellten Wein ist in Bayern, Württemberg und Baden eine

[1] Württ. G v. 4. 7. 00 Bad G v. 19. 5. 82, 27. 7. 88 u. 7. 6. 92 Elß. G v. 20. 3. 73, 23. 5. 77, 14. 11. 92 u. 13. 6. 03

besondre Gewerbesteuer gelegt. Die Besteuerung der Brotnahrung mit der **Mahlsteuer** ist von den deutschen Staaten heute überall aufgegeben; dagegen ist die **Schlachtsteuer** in Sachsen und Baden noch beibehalten.[1]

Erhebliche Einnahmen fließen in allen Staaten, mit Ausnahme von Württemberg und Baden, aus den einzelstaatlichen **Stempelsteuern**.[2] Doch dürfen kraft des vom Reiche erlassenen Gerichtskostengesetzes in den vor die ordentlichen Gerichte gehörigen Zivil-, Straf- und Konkurssachen Stempel nicht erhoben werden. Der Stempel ist, wo er besteht, zu entrichten bald nach ein für allemal bestimmten Beträgen (Fixstempel), bald abgestuft nach dem Werte des Gegenstandes (Wertstempel) und heute meist in Form der Stempelmarke. Der Stempelsteuer nahe verwandt ist die in Elsaß-Lothringen erhobne **Verkehrssteuer**. Auch für Besitzveränderungen unter Lebenden wird vielfach die sogenannte **Liegenschaftsabgabe** wiewohl meist als Gemeindesteuer erhoben.[3]

Verkehrssteuern

RG v. 18. 6. 78

Luxussteuern sind, von der Automobilsteuer, Schaumweinsteuer (S. 319) und den einzelstaatlichen Hundesteuern abgesehen, in Deutschland wenig ausgebildet. Nur im Zolltarif sind die aus dem Auslande bezognen Luxusgegenstände mit hohen Eingangsabgaben belastet.

Gemeindesteuern

Die Gemeinden können sich, wenn sie den Fehlbedarf im Gemeindehaushalt durch Steuern aufzubringen genötigt sind (S. 8), aller im vorstehen-

[1] Sächs. G v. 15. 5. 67 u. sp. Bad. G v. 29. 4. 86 [2] Pr. G v. 31. 7. 95 Bay. G v. 21. 1. 90 Sächs. G v. 30. 6. 09 Hess. G v. 28. 3. 07 Elß. G v. 21. 6. 97 u. 14. 11. 04 [3] Bay. G v. 15. 6. 98 Württ. G v. 28. 12. 99 u. 18. 7. 02 Bad. G v. 6. 5. 99

den besprochnen Formen der direkten und indirekten Besteuerung bedienen. Vielfach erheben sie ihre Steuern, auch Umlagen oder Anlagen genannt, einfach durch Zuschläge zu den vom Staate ausgeworfnen Grund-, Gewerbe-, Einkommensteuern usw., in Bayern auch zum Malzaufschlag. Mehr und mehr haben sie neuerdings die Wertzuwachssteuer[1] ausgebildet. Sie besteht in einer vom Grundbesitz bei jedem Besitzwechsel oder innerhalb gewisser Zeitperioden zu erhebenden Abgabe, die als Entgelt für die durch die allgemeine Entwickelung hervorgerufene Wertsteigerung des Grund und Bodens, das sogen. unverdiente Einkommen gedacht ist. Für den 1. April 1912 ist auch die Einführung dieser Steuer als Reichsabgabe in Aussicht genommen. (RG v. 15. 7. 09)

(Verbrauchssteuern) Für die indirekte Besteuerung ist freilich auch den Gemeinden in dem schon erwähnten Zollvereinigungsvertrage (S. 324) insofern eine Grenze gezogen, als ihnen nur die Besteuerung von Essig, Malz, Obstwein, von Gegenständen der Mahl- und Schlachtsteuer (S. 325), von Brennmaterial, Marktviktualien und Fourage, von Wein nur in den eigentlichen Weinländern erlaubt ist. Alles dies auch nur, soweit diese Gegenstände nicht mit einem Einfuhrzoll von mehr als 3 Mark auf 100 Kilogramm belegt sind. Vom 1. April 1900 ab ist ihnen die Erhebung von Abgaben auf Getreide, Hülsenfrüchte, Mehl und andre Mühlenfabrikate, desgleichen auf Backwaren, Vieh, Fleisch, Fleischwaren und Fett überhaupt nicht mehr gestattet. (RG v. 25.12.02)

(RG v. 27. 5. 85 u. 15. 7. 09) Nur die Bierbesteuerung (bis zu 65 Pfennigen für das Hektoliter) und die Branntweinbesteuerung ist den Gemeinden völlig freigegeben.

Andre Beschränkungen ergeben sich für die

[1] Heff. G v. 14. 12. 07

Gemeindebesteuerung aus dem Freizügigkeitsgesetz (S. 71) und aus der Kommunalsteuerbefreiung der Militärpersonen (S. 159). Auch dürfen landesgesetzlich die Beamten, da sie in der Wahl ihres Wohnsitzes nicht unbeschränkt sind, mit ihrem Diensteinkommen zu den direkten Gemeindeabgaben meist nur bis zu gewissen Grenzen herangezogen werden.[1]

Kommunalabgaben in Preußen

Mit einer umfassenden, am 1. April 1895 in Kraft getretnen Ordnung des **Kommunalabgabenwesens** ist **Preußen** vorangegangen.[2] Danach ist den Gemeinden gestattet, direkte und indirekte Abgaben (diese mit den reichsgesetzlichen Beschränkungen) zu erheben, auch Naturaldienste (Hand- und Spanndienste) zu fordern, doch nur soweit die ihnen sonst zur Verfügung stehenden Mittel zur Deckung der Ausgaben nicht hinreichen; direkte Steuern nur, soweit der Bedarf nicht durch indirekte Steuern aufgebracht wird.

Von den **indirekten Steuern** dürfen Abgaben auf den Verbrauch von Fleisch, Getreide, Mehl, Backwerk, Kartoffeln und Brennstoffen nicht neu eingeführt und, wo sie bestehen, nicht erhöht werden. Überhaupt bedarf es zur Einführung neuer indirekter Steuern, oder zur Veränderung bestehender der Genehmigung, die durch die staatlichen Selbstverwaltungskörper (S. 13) zu erteilen ist. Ausdrücklich gestattet ist den Gemeinden die Besteuerung von Lustbarkeiten, künstlerischen Vorträgen und Schaustellungen sowie die Hundesteuer.

Die **direkten Steuern** treffen grundsätzlich alle Pflichtigen nach festen und gleichmäßigen Beträgen. Nur wenn gewisse Gemeindeveranstaltungen in besonders hervorragendem oder in besonders geringem Maße einzelnen Teilen des Gemeindebe-

[1] Pr. G v. 16. 6. 09 [2] Pr. G v. 14. 7. 93, 30. 7. 95 u. 24. 7. 06 Württ. G v. 8. 8. 03 Hess. G. v. 30. 3. 01 Bad. G v. 19. 10. 06

zirks oder nur einzelnen Klassen von Gemeindeangehörigen (z. B. nur den Hausbesitzern) zu gute kommen, darf eine entsprechende Mehr- oder Minderbelastung beschlossen werden. Miets- und Wohnungssteuern dürfen nicht neu eingeführt, die bestehenden müssen dem Gesetz angepaßt und neu genehmigt werden.

Überhaupt dürfen direkte Gemeindesteuern nur vom Grundbesitz und Gewerbebetrieb (Realsteuern S. 313) und vom Einkommen der Steuerpflichtigen erhoben werden. An Stelle der Einkommensteuer darf aber auch eine Aufwandssteuer treten. Diese Gemeindesteuern sind, wenn kommunale Steuerordnungen nicht anders bestimmen, immer nach Prozenten der entsprechenden, vom Staate veranlagten Steuern auszuschreiben. Auf den Ertrag der von ihm veranlagten Realsteuern hat der Staat zu gunsten der Gemeinden überhaupt verzichtet.

Das zulässige gegenseitige Verhältnis der von der Gemeinde erhobnen Realsteuer zu den Zuschlägen zur Staatseinkommensteuer ist genau geordnet. Zuschläge von mehr als 100 Prozent auf die Staatseinkommensteuer zu legen und die vom Staate veranlagten Realsteuern höher als mit 200 Prozent zu erheben, kann nur aus besondern Gründen gestattet werden.

Warenhaussteuer

In Preußen[1] wird von den sogenannten Warenhäusern (Versandgeschäften u. s. w.), wenn sie das stehende Gewerbe des Klein-(Detail-)Handels mit mehr als vier einzeln bestimmten Warengruppen betreiben und in diesen Gruppen mehr als 40000 Mark Jahresumsatz haben, eine den Gemeinden zufließende Warenhaussteuer von 1 bis 2 Prozent des Umsatzes erhoben. Dieser Steuerfuß ist bis auf die Hälfte zu ermäßigen,

[1] Pr. G v. 18. 7. 00 Bad. G v. 19. 10. 06

wenn die Steuer mehr als 20 Prozent des gewerbesteuerpflichtigen (Rein-) Ertrags übersteigen würde. Auch kommt die Gemeindegewerbesteuer auf die zu erhebende Warenhaussteuer in Anrechnung. Das Aufkommen aus der Warenhaussteuer ist zur Erleichterung der von den übrigen Gewerbetreibenden erhobnen Steuern, andernfalls zur Bestreitung von Gemeindebedürfnissen vorzugsweise im Interesse der kleineren Gewerbetreibenden zu verwenden. In einem besondren Gesetze ist das Recht der Kreise und Provinzen zur Erhebung von Gebühren und Beiträgen, indirekten und direkten Steuern geregelt.[1]

III. Zölle

Die Reichsverfassung bezeichnet Deutschland als ein Zoll- und Handelsgebiet, umgeben von gemeinschaftlichen Zollgrenzen; sie bestimmt, daß alle Gegenstände, die im freien Verkehr eines Bundesstaats befindlich sind, in jeden andern Bundesstaat eingeführt und dort nur insoweit einer Abgabe unterworfen werden dürfen, als in diesem Bundesstaate gleichartige inländische Erzeugnisse einer innern Steuer unterliegen. RVerf Art. 33

Diese Abgabe heißt Übergangsabgabe. Soweit sie erhoben wird, stehen sich auch innerhalb des gemeinschaftlichen Zollgebiets die einzelnen Staaten ausnahmsweise noch jetzt als besondre Zollgebiete gegenüber. In Betracht kommen nur noch die gegenseitigen Übergangsabgaben von Bier (5 Mark für 1 Hektoliter) und geschrotnem Malz im Verhältnis zwischen der norddeutschen Biersteuergemeinschaft und den süddeutschen Staaten (S. 319), von Branntwein gegenüber Luxemburg, sowie die Abgaben von dem in Sachsen Übergangsabgaben Bek. v. 9. 7. 97

[1] Pr. G v. 23. 4. 06

und Baden eingehenden sogenannten vereinsländischen Fleischwerk (S. 325).

Zollgebiet

Seit dem 15. Oktober 1888 gehören auch die bis dahin ausgeschlossenen Gebietsteile von Hamburg und Bremen dem deutschen Zollgebiet an. Von außerdeutschen Territorien sind die österreichischen Gemeinden Jungholz und Mittelberg und (wie schon im deutschen Zollverein) das Großherzogtum Luxemburg dem deutschen Zollgebiet angeschlossen. Die deutschen Kolonien und Schutzgebiete gelten als Zollausland. Doch können ihren Erzeugnissen durch Beschluß des Bundesrats die auch andern Staaten bewilligten Zollbefreiungen und Zollermäßigungen eingeräumt werden.

Reichszollwesen

RVerf Art. 35

Das Reich ausschließlich hat die Gesetzgebung über das gesamte Zollwesen. Die Erhebung und Verwaltung der Zölle bleibt aber, wie schon im

Art. 36

alten Zollverein, den einzelnen Bundesstaaten innerhalb ihrer Gebiete überlassen. Der Kaiser überwacht die Einhaltung des gesetzlichen Verfahrens durch Reichsbeamte, die er, nach Vernehmung des Bundesratsausschusses für Zoll- und Steuerwesen, als Stationskontrolleure den einzelnen Zollämtern oder als Reichsbevollmächtigte den einzelstaatlichen Direktivbehörden (Zolldirektionen) beiordnet. Die Anzeigen über Mängel, die von diesen Beamten gefunden worden sind, werden dem Bundesrat zur Beschlußfassung vorgelegt. Das in Zollangelegenheiten geltende preußische Veto ist schon erwähnt worden (S. 30).

Der gesamte Ertrag der Zölle, nach Abzug der gewährten Steuervergütungen und Steuerermäßigungen, der Rückerstattungen unrichtig erhobner Zölle und der Erhebungskosten, wird von den Bundesstaaten an die Reichskasse abgeführt.

Art. 40

Neben der Reichsverfassung sind auch die in dem

Zollvereinigungsvertrage vom 8. Juli 1867 getroffnen Bestimmungen in Kraft geblieben.

Jeder Staat bezweckt, indem er von den fremden in sein Gebiet gebrachten Waren bei der Einfuhr eine Abgabe erhebt, damit eine Einnahme für die Staatskasse (Finanzzölle). Zugleich kann er aber mit Hilfe der Zölle einen wichtigen Einfluß auf die eigne Volkswirtschaft ausüben. Er kann durch die Höhe der Zollabgaben den Wettbewerb der ausländischen Waren mit den im eignen Staatsgebiet gewonnenen Erzeugnissen zu gunsten des Inlandes erschweren (Schutzzölle) oder ganz verhindern (Prohibitivzölle). Er kann auch umgekehrt, sei es, weil er den fremden Wettbewerb nicht zu fürchten braucht, oder weil er der ausländischen Erzeugnisse selbst dauernd bedarf, die Einfuhr fremder Waren ganz oder teilweise freigeben (Freihandel). Zollpolitik

Der Staat setzt entweder die Höhe der Zölle und die Bedingungen, unter denen er die fremde Einfuhr gestatten will, aus eigner Machtvollkommenheit selbständig fest (autonomer Tarif), oder er bindet sich einzelnen Staaten gegenüber an bestimmte Tarife (feste, Maximal- oder Minimaltarife), bewilligt ihnen auch bestimmte Erleichterungen im Zoll- und Handelsverkehr. Da dies niemals ohne entsprechende Gegenleistungen des fremden Staates geschehen wird, so werden die gegenseitigen Begünstigungen in besondern völkerrechtlichen Verträgen, Zoll-, Handels- und Schiffahrtsverträgen, vereinbart. Damit sich nicht auch andre als die Vertragsstaaten solche Begünstigungen zunutze machen, kann der Nachweis verlangt werden, in welchem Lande die eingeführte Ware hergestellt ist (Ursprungszeugnisse). Ist bestimmt, daß jede einem dritten Staate eingeräumte Zollvergünstigung ohne weiteres auch dem betreffenden Vertragsstaate mit zu gute kommen soll, so spricht man von der Meistbegünstigungsklausel. Diese Klausel ist z. B. zwischen Deutschland und Frankreich in dem Frankfurter Friedensvertrage vom 10. Mai 1871 vereinbart.

RG v. 25. 12. 02 Umgekehrt können Waren, die aus Staaten kommen, die deutsche Schiffe und Waren ungünstiger als die andrer Staaten behandeln, neben dem tarifmäßigen Satze mit einem Zuschlage bis zum doppelten Betrage dieses Satzes oder bis zur Höhe des vollen Wertes, ferner können nach unserm Tarif zollfreie Waren mit einem Zoll bis zur Hälfte ihres Wertes belegt werden (Retorsionszölle s. auch S. 224). Auch können solche Waren denselben Zöllen und Zollabfertigungsvorschriften unterworfen werden, die im Ursprungsland auf deutsche Waren Anwendung finden.

Zolltarif — RG v. 25. 12. 02 KVO v. 27. 2. 05 Deutschland war nach Ablauf der alten Handelsverträge im Jahre 1879 zum autonomen Tarif zurückgekehrt. Dieser 1887 erhöhte Tarif ist durch ein neues Zolltarifgesetz mit 946 einzelnen, wesentlich erhöhten Zollsätzen ersetzt worden, das am 1. März 1906 in Kraft getreten ist. Die Getreidezölle des neuen Tarifs betragen gegenüber den Sätzen des Tarifs von 1887 (in Klammern) bei Roggen 7 (5) Mark, bei Weizen und Spelz 7,50 (5) Mark, bei Gerste 7 (2,25) Mark, bei Hafer 7 (4) Mark, bei Buchweizen 5 Mark, bei Mais und Dari 5 (2) Mark auf 100 Kilogramm. Die älteren Sätze waren in den zu Anfang der 1890er Jahre geschlossenen Handelsverträgen den Vertragsstaaten gegenüber bei Weizen und Roggen auf 3,50 Mark, bei Hafer auf 2,80 Mark, bei Gerste auf 2 Mark und bei Mais auf 1,60 Mark ermäßigt worden. Nach dem neuen Tarifgesetz sind diese Zollsätze insofern gebunden (Minimalzölle), als sie auch durch vertragsmäßige Abmachungen bei Roggen nicht unter 5 Mark, bei Weizen und Spelz nicht unter 5,50 Mark, bei Malzgerste nicht unter 4 Mark, bei Hafer nicht unter 5 Mark herabgesetzt werden sollen. Auf dieser Grundlage sind in der Form von Zusatzverträgen zu den älteren Verträgen mit einer Reihe auswärtiger Staaten[1] neue Handelsverträge abgeschlossen worden, die meist bis 31. Dezember 1917 in Geltung bleiben sollen. Dem Britischen Reich ist bis 31. Dezember 1909 die Meistbegünstigung zugestanden. RG v. 16. 12. 07

Die deutschen Zölle werden grundsätzlich nach dem **Gewicht** der zu verzollenden Waren, ausnahmsweise (besonders bei Vieh) als Stückzölle, nur selten als Wertzölle erhoben. Auch von den an sich nicht zollpflichtigen, aber dennoch zu statistischen Zwecken aufgezeichneten Waren wird eine niedrig bemessene **statistische Gebühr** erhoben. RG v. 7. 2. 06 Von den aus Deutschland ausgeführten Waren werden Zölle, **Ausgangsabgaben** überhaupt nicht mehr entrichtet. Ebensowenig **Durchfuhrzölle** von den unter Zollkontrolle durch das deutsche Zollgebiet nur hindurchgeführten Waren.

Transitlager

Ist es noch ungewiß, ob die nach Deutschland eingeführte Ware vielleicht doch wieder nach dem Auslande gehen werde, so kann sie von der Zollabgabe einstweilen befreit, zunächst auf öffentliche **Zollniederlagen**, auch auf zollamtlich genehmigte Privat-, sogenannte **Transitlager** gebracht werden. Je nachdem die Waren ausschließlich zum Absatz in das Ausland bestimmt sind, oder teils in das Zollausland, teils in das Zollgebiet abgesetzt werden sollen, werden **reine** oder **gemischte Transit-**

[1] Mit Rußland vom 28. 7. 04, mit der Schweiz vom 12. 11. 04, mit Italien vom 3. 12. 04, mit Österreich-Ungarn vom 25. 1. 05, mit den Vereinigten Staaten von Amerika vom $\frac{22.\ 4.}{2.\ 5.}$ 07 usw.

lager unterschieden. Innerhalb dieser Lager kann auch eine Bearbeitung der Waren, z. B. die Vermischung des Getreides mit anderm Getreide, die Bearbeitung von Bau- oder Nutzholz gestattet werden. Als solche in großem Maßstabe eingerichtete Lager sind auch die jetzt noch bestehenden Freihafengebiete in Hamburg, Bremen, Bremerhaven, Geestemünde und Brake anzusehen. Nur wenn dieselbe Ware, die auf Transitlager gebracht worden war, wieder ins Ausland geht, bleibt sie endgültig vom Zoll befreit (Identitätsnachweis).

Einfuhrscheine RG v. 12. 2. 06

Für gewisse Getreidearten und zollpflichtige Ölfrüchte ist der Identitätsnachweis insofern aufgehoben, als bei der Ausfuhr in Mengen von wenigstens 500 Kilogramm oder bei der Ausfuhr von Mühlenfabrikaten Einfuhrscheine erteilt werden, die den Inhaber berechtigen, innerhalb der nächsten 6 Monate eine entsprechende Menge der nämlichen Warengattung ohne Zollentrichtung einzuführen. Der Bundesrat kann gestatten, daß solche Einfuhrscheine nach Maßgabe des Zollwertes auch zur Begleichung von Zollgefällen für andre Waren verwendet werden. Damit wird ein Zweck des Zolles: die Überfüllung des inländischen Marktes zu verhüten — freilich auf Kosten des finanziellen Erträgnisses —, auch ohne Zoll erreicht.

Auf die einzelnen im „amtlichen Warenverzeichnis" enthaltenen Zollsätze kann hier ebensowenig eingegangen werden, wie auf Einzelheiten des Zollverkehrs, der Zollabfertigung, auf Grenzbewachung und Zollkontrollen oder auf die Strafvorschriften über Zollkonterbande, Zolldefraudationen und das Zollstrafverfahren.

10

Kirchen- und Unterrichtswesen

I. Kirchenwesen

Staat und Kirche haben in Deutschland allezeit in naher — freundlicher und unfreundlicher — Berührung miteinander gestanden. Jedenfalls nimmt der Staat auch der Kirche gegenüber die volle und unbedingte Selbständigkeit, Souveränität in Anspruch, hat aber umgekehrt die Selbständigkeit der Kirche in ihren eignen, innern Angelegenheiten heute immer rückhaltloser anerkannt.

Das Reich stellt die Gotteslästerung und die StrGB
öffentliche Beschimpfung der Kirchen und kirchlichen §§ 166—168
Einrichtungen oder Gebräuche, sowie die Störung des Gottesdienstes unter Strafe, andrerseits aber auch (in dem sogenannten Kanzelparagraphen) eine § 130a
den öffentlichen Frieden gefährdende Erörterung von Staatsangelegenheiten durch Geistliche in Ausübung ihres Berufs. Ein Reichsgesetz betreffend die Verhinderung der unbefugten Ausübung von Kirchenämtern[1] (das sogenannte Expatriierungsgesetz) ist wieder aufgehoben worden. Das Jesuitengesetz ist RG
bereits erwähnt worden (S. 72). Ebenso das Gesetz v. 6. 5. 90
über die Gleichberechtigung der Konfessionen in bürgerlicher und staatsbürgerlicher Beziehung (S. 78).

Den Angehörigen der im Deutschen Reiche an- RG
erkannten Religionsgesellschaften ist für die deut- v. 10. 9. 00
schen Schutzgebiete Gewissensfreiheit und religiöse Duldung, freie öffentliche Ausübung ihrer Kulte,

[1] RG v. 4. 5. 74

das Recht der Erbauung gottesdienstlicher Gebäude und der Errichtung von Missionen gewährleistet.

Sonst ist die Regelung der kirchlichen Angelegenheiten, soweit sie sich mit denen des Staates berühren, ausschließlich Sache der Einzelstaaten.

Evangelische Kirche

Die evangelische Kirche steht von der Reformation her in besondern Beziehungen zum Landesherrn. Ihm steht als Landesbischof auch heute noch in allen evangelischen Landeskirchen das oberste Kirchenregiment zu (Summepiskopat). So auch in vorwiegend katholischen Ländern und sogar dann, wenn der Landesherr selbst dem evangelischen Bekenntnis nicht angehört. Nur pflegt in diesem Falle die kirchenregimentliche Gewalt (jus in sacra) einer besondern Behörde, z. B. in Sachsen den drei in Evangelicis beauftragten Staatsministern, in Württemberg[1] der „Evangelischen Kirchenregierung“ zur selbständigen Ausübung übertragen zu sein.

Unter dem Landesherrn stehen als Organe des Kirchenregiments die Konsistorien, kollegiale Behörden, deren geistliche und nichtgeistliche Mitglieder vom Landesherrn als öffentliche, wenn auch nicht staatliche Beamte bestellt werden. Ihnen ist in Altpreußen der Oberkirchenrat, für die neupreußischen Provinzen der Minister der geistlichen Angelegenheiten übergeordnet. Die Superintendenten, stets Geistliche, gehören entweder selbst den kirchenregimentlichen Behörden an (so die Generalsuperintendenten), oder sie stehen zwischen ihnen und den Geistlichen ihrer Diözese in der Mitte. Zuweilen bilden sie auch zusammen mit einem Verwaltungsbeamten eine Behörde (Kircheninspektion, Kirchenamt), die als unterstes Organ des Kirchenregiments tätig wird.

In neuerer Zeit ist neben der konsistorialen auch

[1] Württ. G v. 28. 2. 98

die synodale Verfassung der Kirche, d. h. die Teilnahme von Vertretern der Laiengemeinde an der kirchlichen Verwaltung mehr ausgebaut worden. Von der örtlichen Kirchengemeinde war schon die Rede (S. 2). Die einzelnen Gemeinden sind — ganz ähnlich den politischen Selbstverwaltungskörpern (S. 13) und den Parlamenten — durch erwählte Abgeordnete auch in den Synoden (Kreis-, Provinzial- und Landessynoden) vertreten. Mit der Landessynode, als der Vertretung der gesamten Landeskirche, zusammen übt der Landesherr das Recht der kirchlichen Gesetzgebung aus. Den Synodalvorständen und Synodalausschüssen ist häufig auch eine wenigstens beratende Mitwirkung an den kirchenregimentlichen Angelegenheiten eingeräumt.

Katholische Kirche

In der römisch-katholischen Kirche ruht der Schwerpunkt der Kirchenverfassung auf der kirchenregimentlichen Gewalt, der sogenannten Jurisdiktion des Bischofs, dem ein Domkapitel mit wichtigen Befugnissen namentlich bei Erledigung des bischöflichen Sitzes und kirchliche Würdenträger (Generalvikare, Koadjutoren, Dekane) zur Seite stehen. Die bischöflichen Sprengel (Diözesen) oder Bistümer sind meist durch besondre Vereinbarung des Staats mit dem päpstlichen Stuhl gebildet worden und greifen nicht selten in die Gebiete verschiedner Bundesstaaten und selbst des Auslandes über. Die Bischöfe heißen Suffraganbischöfe, wenn sie einer sogenannten Kirchenprovinz angehören, an deren Spitze ein Erzbischof steht, der in der eignen Diözese zugleich als Diözesanbischof amtiert. Eine Mitwirkung von Laien ist der katholischen Kirche nur innerhalb der örtlichen Kirchengemeinde und nur in Angelegenheiten der kirchlichen Vermögensverwaltung bekannt.

Staat und Kirche

Die gegenseitigen Rechtsverhältnisse des Staats und der Kirche sind in Bayern durch Vertrag mit dem päpstlichen Stuhle, Konkordat,[1] in andern Staaten durch eigne Staatskirchengesetze[2] geordnet. Darin ist besonders geregelt, in welcher Weise der Staat bei Besetzung der bischöflichen Sitze mitzuwirken hat (Einspruchsrecht, Nominationsrecht). Vielfach bedürfen kirchliche Verordnungen der staatlichen Genehmigung, des sogenannten Plazets, oder sie sind doch vor oder bei der Publikation der Staatsgewalt mitzuteilen. Jedenfalls werden sie, soweit sie auch nur mittelbar in staatliche oder bürgerliche Verhältnisse eingreifen, von keinem deutschen Staate, ohne seine Genehmigung, als verbindlich anerkannt (jus circa sacra). Die in Preußen erlassenen sogenannten Maigesetze vom Jahre 1873 sind durch die Gesetzgebung der 1880er Jahre, zuletzt durch die sogenannte Sperrgesetz-Novelle[3] aufgehoben oder doch wesentlich geändert worden. Auch für die evangelischen Kirchengesetze pflegt vorgeschrieben zu sein, daß sie vom Landesherrn nicht eher sanktioniert werden dürfen, als bis das Staatsministerium sich darüber erklärt hat, ob gegen den Erlaß von Staats wegen etwas zu erinnern sei.[4]

Ein besondres Genehmigungs- und Aufsichtsrecht hat sich der Staat auch rücksichtlich der katholischen Orden und Kongregationen und ihrer Niederlassungen vorbehalten. Zuweilen bedürfen die Kirche, deren Vermögen als das Gut der toten Hand bezeichnet wird, und andre juristische Personen zu neuem Erwerb der staatlichen Zustimmung.[5] Jedenfalls ist dafür Sorge getragen, in welchen Formen ein Glaubenswechsel vor sich gehen und wie die religiöse Erziehung der Kinder, namentlich der Kinder aus gemischten Ehen, geleitet werden soll.

[1] Bay. Ed v. 26. 5. 18 [2] Sächs. G v. 23. 8. 76 Württ. G v. 30. 1. 62 Bad. G v. 9. 10. 60 [3] Pr. G v. 24. 6. 91 [4] Pr. G v. 28. 5. 94. [5] Pr. G v. 20. 9. 99 Württ. G v. 28. 7. 99

Die Ehe ist durch Reichsgesetz (S. 97) zwar ausschließlich zur Staatsangelegenheit erklärt (Zivilehe), doch enthält auch das Bürgerliche Gesetzbuch den § 1588 Vorbehalt, daß die kirchlichen Verpflichtungen in Ansehung der Ehe dadurch nicht berührt werden.

Geistliche

Die **Geistlichen** der vom Staate anerkannten Religionsgesellschaften haben die Eigenschaft öffentlicher, wenn auch nicht staatlicher Beamten. Der Staat stellt an ihre Vorbildung gewisse Anforderungen, trägt meist auch für ihre Besoldung und ihre Ruhegehälter Sorge[1] und nimmt ein Aufsichtsrecht auch bei Ausübung der kirchlichen Disziplinarstrafgewalt in Anspruch, z. B. über die Demeritenhäuser, in denen katholische Geistliche wegen Verstöße gegen die kirchliche Disziplin untergebracht werden.

Die Geistlichen werden in der evangelischen Kirche, meist nach vorausgegangner Wahl durch die Gemeinde, vom Landesherrn, in der katholischen Kirche vom Bischof ernannt. Dabei steht häufig dem **Kirchenpatron**, als Träger des landesherrlichen Patronates auch dem Kirchenregiment ein Vorschlags- oder Präsentationsrecht zu.

II. Unterrichtswesen

Das Unterrichtswesen ist nicht Reichsangelegenheit. Das **Reich** übt nur mittelbar durch die von ihm ausgehenden Anforderungen an die Vorbildung der Einjährig-Freiwilligen einen wichtigen Einfluß auf das höhere Schulwesen aus (S. 177).

Volksschulwesen

Das **Volksschulwesen** ist in den deutschen Einzelstaaten — Preußen und Bayern ausgenommen — durch Schulgesetze[2] geordnet. Jedenfalls gilt durch ganz Deutschland die allgemeine Schulpflicht in der

[1] z. B. Pr. GG v. 26. 5. 09 [2] Sächs. G v. 26. 4. 73 Württ. G v. 29. 9. 36 u. sp. Bad. G v. 13. 5. 92, 17. 7. 02 u. 19. 7. 06 Hess. G v. 16. 6. 74 u. 11. 5. 01 Elß. G v. 12. 2. 73

Regel vom vollendeten 6. bis zum vollendeten 14. (in Bayern 13.) Lebensjahr. Auch schließt sich an den Elementarunterricht meist der Zwang zum 3- bis 4jährigen Besuch der allgemeinen oder der gewerblichen Fortbildungsschule an. Schulversäumnisse können, außer an den Schülern, polizeilich auch an den Eltern, Vormündern, Dienstherren und Arbeitgebern bestraft werden. Der Staat hat das Volksschulwesen in die Hände entweder der politischen Gemeinden (Gutsbezirke) oder besonderer Schulverbände gelegt, behält sich aber das Aufsichtsrecht über alle öffentlichen und privaten Erziehungsanstalten vor.[1]

Meist sind die Schulen nach der Verschiedenheit des konfessionellen Bekenntnisses getrennt. In der paritätischen oder Simultanschule wird zwar hierauf keine Rücksicht genommen (so durchweg in Baden), aber es ist wenigstens für besondern konfessionellen Religionsunterricht Sorge getragen.

Die eigentliche Leitung des Schulwesens pflegt den Schulvorständen oder Schuldeputationen übertragen zu sein, in denen außer den Mitgliedern der Gemeindeverwaltung auch Geistliche, Lehrer und andere Einwohner vertreten sind. Die Schulaufsicht läßt der Staat durch Schulinspektoren ausüben, zu denen in der untersten Instanz vorzugsweise Geistliche als Ortsschulinspektoren, für größere Bezirke auch fachmännisch vorgebildete Bezirks- oder Kreisschulinspektoren verwendet werden. Als Mittelbehörden wirken häufig die Regierungen, in Preußen die Provinzialschulkollegien mit, jedenfalls steht die oberste Aufsicht über das gesamte Schulwesen dem Ministerium zu.

Die Kosten des Volksschulwesens werden durch

[1] Pr. G v. 11. 3. 72 u. 28. 7. 06 Bay. VO v. 10. 5. 05 Elß. G v. 24. 2. 08

das Schulgeld — das jedoch in Preußen und Oldenburg entweder gar nicht oder nur beschränkt erhoben wird —, durch die Schulanlagen oder Schulabgaben und schließlich durch beträchtliche Zuwendungen der Gemeinden und des Staats aufgebracht.[1]

Lehrer

Die **Lehrer** (Lehrerinnen) sind öffentliche Beamte, wenngleich sie den zur Ausübung der eigentlichen staatlichen Gewalt berufnen Beamten in engerm Sinne nicht beigezählt werden. Sie werden auf besondern Lehrerseminaren vorgebildet, denen die sogenannten Präparandenanstalten als Vorschulen dienen. Grundsätzlich stellt der Staat die Lehrer an, wenn auch meist nur in Form der Bestätigung (Vokation) der von den Schulvorständen vollzognen Wahlen. Auch Privatpersonen oder Korporationen sind noch vielfach als Schulpatrone oder Kollatoren an der Lehrerwahl beteiligt. Die Gehaltsbezüge, die Pensionsansprüche der Lehrer an den Volksschulen und die Fürsorge für ihre Hinterlassenen sind staatlich geordnet.[2]

Höheres Schulwesen

Den Übergang zu dem **höhern Unterrichtswesen** bilden die sogenannten Mittelschulen und die höhern Fachschulen. Die höhern Lehranstalten dienen der allgemeinen oder universellen Bildung. Je nachdem ihr Lehrplan auf der durch die altklassischen Sprachen vermittelten humanistischen oder der modernen realistischen Grundlage aufgebaut ist, zerfallen sie in Gymnasien (Lyceen, Studienanstalten) oder Realgymnasien und Realschulen verschiedner Ordnung; zu ihnen zählen auch die höhern Mädchenschulen. Die höhern Schulen stehen meist unmittelbar unter der Aufsicht der Ministerien, in Preußen zunächst unter den Provinzialschulkollegien.

[1] Pr. VO v. 8. 8. 93 Bay. G v. 28. 7. 02 [2] Pr. G v. 26. 5. 09 Bay. G v. 28. 7. 02 Sächs. G v. 8. 12. 08 Württ. G v. 8. 8. 07 Bad. G v. 17. 7. 02 Hess. G v. 30. 10. 05, 23. 3. 07 u. 1. 4. 08 Elß. G v. 6. 6 00 u. 3. 4. 04

Ihre Lehrer müssen eine höhere Vorbildung, meist Universitätsbildung, genossen haben. Die Schüler haben sich der Reife- oder Maturitätsprüfung zu unterziehen, für die unter den deutschen Regierungen gleichmäßige Anforderungen vereinbart worden sind.

Universitäten

Die deutschen Landesuniversitäten sowie die Reichsuniversität Straßburg fordern von ihren inländischen Besuchern zur Aufnahme, Immatrikulation, regelmäßig das Reifezeugnis eines deutschen humanistischen oder Realgymnasiums oder einer Oberrealschule. Unter besondern Bedingungen sind Volksschullehrer und mehr und mehr auch Frauen zum Besuch der Universitäten zugelassen. Sie leiten unter Rektor und Senat, sowie unter Oberaufsicht des Unterrichtsministeriums ihre Angelegenheiten selbständig und üben die Disziplinargewalt (ehemals die sogenannte akademische Gerichtsbarkeit) über die Studierenden, die sich bis zum Ausschluß vom Universitätsstudium steigern kann. Sie zerfallen herkömmlich in vier Fakultäten (Theologie, Jurisprudenz, Medizin und Philosophie) unter erwählten Dekanen. Ihre Lehrer sind ordentliche oder außerordentliche Professoren und Privatdozenten.[1] Die Studierenden der deutschen Universitäten sind vermöge der Studienfreiheit in der Auswahl und in dem Besuch der akademischen Vorlesungen oder Kollegien durch bestimmte Lehrpläne nicht gebunden.

Nach mehr oder weniger ähnlichen Grundsätzen sind auch die technischen Hochschulen, Berg-, Forstakademien u. s. w. organisiert. Ihnen ist neuerdings überall das Recht beigelegt, den Titel von Diplomingenieuren (Dipl.-Ing.) und Doktoringenieuren (Dr.-Ing.) zu verleihen.

[1] Pr. G v. 17. 6. 98

11

Soziale Gesetzgebung

Jede Gesetzgebung ist sozial, d. h. gesellschaftlich, insofern sie die Bedingungen des gesellschaftlichen Zusammenlebens regelt. In einem besondern Sinne wird aber darunter die Gesetzgebung verstanden, die die Interessen der wirtschaftlich schwachen Mitglieder der staatlichen Gesellschaft im Auge hat. Die Pflicht des Gemeinwesens, diese Interessen wahrzunehmen, und entsprechend auch das Recht der hilfsbedürftigen Volksgenossen auf größere Sicherheit und Ergiebigkeit des ihnen zu gewährenden Beistandes, sind für Deutschland zuerst in der Botschaft Kaiser Wilhelms I. vom 27. November 1881 mit Nachdruck ausgesprochen und von Kaiser Wilhelm II. in den Erlassen vom 4. Februar 1890 von neuem betont worden.

Sozialpolitik

Von dem Anspruch auf staatliche Fürsorge ist kein wirklich bedrängter Stand, der nicht mehr fähig ist, sich aus eigner Kraft zu helfen, grundsätzlich ausgeschlossen, weder das Handwerk, noch die Industrie, noch die Landwirtschaft. Es darf jedoch nicht vergessen werden, daß jeder energischere staatliche Eingriff die Anwendung staatlichen Zwangs und damit eine mehr oder minder weitgehende Einschränkung der bürgerlichen Freiheit zur Folge hat, was zugleich mit einem Erschlaffen der eignen Anstrengungen, der sittlich und wirtschaftlich überaus wertvollen Selbsthilfe, Hand in Hand gehen kann. Auch besteht die Gefahr, daß sich der Staat in der Wahl der Mittel vergreifen, die natürlichen Bedingungen der Gütererzeugung stören und einen Stand auf Kosten des andern bevorzugen könnte. Die Sozialpolitik stellt deshalb an die Staatslenker die denkbar höchsten Anforderungen, sowohl an ihre Entschlossenheit, wenn es gilt, dem Mißbrauch der wirtschaftlichen Überlegenheit zu wehren und unhaltbar gewordne Einrichtungen preiszugeben, als auch an ihre Weisheit und Gerechtigkeit, wo es sich um die Begründung neuer Ordnungen handelt.

Die völlige Umgestaltung der Produktionsverhältnisse, die sich unter dem Einfluß des Maschinenwesens und der erleichterten Verkehrsbedingungen im Laufe des vorigen Jahrhunderts vollzogen hat, und die durch den Übergang vom Kleingewerbe zur Großindustrie gekennzeichnet wird, hat alle Kulturstaaten veranlaßt, ihre Fürsorge vor allem den Industriearbeitern zuzuwenden, die in eine besonders bedrängte Lage gekommen waren.

Ein wichtiges Stück der in ihrem Interesse erlassenen Gesetzgebung, der sogenannte Arbeiterschutz, ist bereits S. 245ff. ausführlich dargestellt worden. Hier soll nur noch ein Überblick über die sogenannte Versicherungsgesetzgebung, über die Kranken-, die Unfall- und über die Invalidenversicherung, sowie über die Sonntagsruhe gegeben werden.

I. Krankenversicherung

RG v. 10. 4. 92, 30. 6. 00, 25. 5. 03 Das Krankenversicherungsgesetz vom 15. Juni 1883, das erste der drei großen Versicherungsgesetze, ist inzwischen wesentlich um- und ausgestaltet worden.

Das Gesetz kommt grundsätzlich allen gegen Gehalt oder Lohn in Betrieben aller Art beschäftigten Personen zu gute, regelmäßig allerdings nur, wenn ihre Bezüge 2000 Mark nicht übersteigen; ausnahmsweise auch den selbständigen Gewerbetreibenden der Hausindustrie und den Dienstboten. Sie haben im Falle der Erkrankung Anspruch auf freie ärztliche Behandlung und sonstige Heilbedürfnisse (Bruchbänder u. s. w.), im Falle der Erwerbsunfähigkeit außerdem auf Gewährung eines Krankengeldes, das entweder nach dem sogenannten ortsüblichen Tagelohn oder nach einem durchschnittlich berechneten Tagesverdienst, ausnahmsweise auch nach dem wirklichen Arbeitsverdienst, jedoch nie bis zur vollen Höhe dieses Lohnes oder Verdienstes, bemessen ist. An die Stelle der Krankenunterstützung kann auch freie Kur und Verpflegung in einem Krankenhause, an die Stelle des Krankengeldes können bei land- und forstwirtschaftlichen Arbeitern auch die im Arbeitsvertrag bedungnen Geld- oder Naturalleistungen treten. — Krankenunterstützung — RG v. 5. 5. 86

Die Krankenunterstützung endet regelmäßig mit Ablauf der 26. Woche nach Beginn der Krankheit. Durch Statut kann aber die Unterstützung nach Art, Umfang und Dauer erweitert und auch auf Familienangehörige ausgedehnt werden.

Die Kosten der Krankenversicherung werden durch Beiträge aufgebracht, die zu $^2/_3$ den Versicherungspflichtigen, zu $^1/_3$ seinen jedesmaligen Arbeitgeber treffen. Der Arbeitgeber hat auch den Beitrag des Versicherten verlagsweise an die Kasse mit abzuführen, darf ihn aber bei der nächsten Lohnzahlung abziehen. — Beiträge

Das Gesetz geht aus von der Gemeindekrankenversicherung, der alle Versicherungspflichtigen zufallen, die nicht an andern sogleich — Die einzelnen Kassen zu erwähnenden Kassen als Mitglieder beteiligt sind. Bei der Gemeindekrankenversicherung sind die Kassenleistungen, aber auch die Kassenbeiträge am geringsten bemessen. Mehrere einzelne Gemeinden können zu einer gemeinsamen Krankenversicherung vereinigt sein.

Am meisten verbreitet sind die **Ortskrankenkassen**. Sie werden entweder für besondre Gewerbszweige und Betriebsarten des Gemeindebezirks, oder als gemeinsame Kassen von der Gemeinde errichtet und beaufsichtigt, genießen aber volle Selbständigkeit der Verwaltung mit eignen Vermögensrechten. Sie haben außer der eigentlichen Krankenunterstützung auch Unterstützungen an Wöchnerinnen (für mindestens 6 Wochen) und in Todesfällen Sterbegelder an die Hinterlassenen ihrer Mitglieder zu gewähren. Sie errichten ein besondres Kassenstatut und werden durch einen von der Generalversammlung der Mitglieder erwählten **Vorstand** vertreten. Kassenmitglieder sind sowohl die versicherungspflichtigen Arbeiter als deren Arbeitgeber. Wenn die Mitglieder nicht selbst die **Generalversammlung** bilden, so wählen sie hierzu, nach beiden Klassen getrennt, in geheimer Wahl besondre Vertreter. Dem Verhältnis der Beiträge entsprechend sind Arbeiter und Arbeitgeber in der Generalversammlung wie im Vorstand regelmäßig mit $^2/_3$ und $^1/_3$ vertreten.

Mehrere Gemeindebezirke können sich zu einer gemeinsamen Ortskrankenkasse, mehrere Ortskrankenkassen zu einem Kassenverbande vereinigen.

Unternehmer, die in einem oder in mehreren Betrieben 50 oder mehr versicherungspflichtige Personen beschäftigen, können eigne **Betriebs-(Fabrik-) Krankenkassen** errichten. Dem Betriebsunternehmer darf durch das Kassenstatut ein für allemal der Vorsitz im Vorstand und in der Generalversammlung übertragen werden. Er ist aber auch verpflichtet, für die Bedürfnisse der Kasse Vorschüsse und, wenn die gesetzlichen Mindestleistungen aus den regelmäßigen Beiträgen nicht bestritten werden können, auch Zuschüsse aus eignen Mitteln zu leisten.

Bei Eisenbahn-, Kanalbauten und andern vorübergehenden größern Baubetrieben sind auf Anordnung der höhern Verwaltungsbehörde von den Bauherren besondre Baukrankenkassen zu errichten. Endlich dürfen auch die Innungen für die Gesellen und Lehrlinge ihrer Mitglieder besondre Innungskrankenkassen (S. 237) errichten.

Für alle diese besondern Kassen gelten, was die Höhe der Unterstützung, die Verteilung der Beitragsleistungen zwischen Arbeitgeber und Versicherungspflichtigen, die gemeinschaftliche Vertretung beider Gruppen in der Verwaltung der Kasse betrifft, die allgemeinen und die für die Ortskrankenkassen gegebnen besondern Vorschriften.

Die Knappschaftskassen im Bergbau werden vom Gesetz zwar nicht berührt, doch sind sie mindestens zu denselben Leistungen wie die Fabrikkrankenkassen verpflichtet worden.

Die Verhältnisse der auf freier Übereinkunft beruhenden sogenannten Freien oder eingeschriebnen Hilfskassen sind durch besondre Gesetze geregelt. Ihre Mitglieder sind, auch wenn sie sonst versicherungspflichtig sind, von dem Zwang zum Eintritt in die vorerwähnten Kassen befreit, wenn die Hilfskasse — nach amtlicher Bescheinigung — ihren Mitgliedern mindestens die von der Gemeindeversicherung zu gewährende Krankenunterstützung, einschließlich der freien ärztlichen Behandlung gewährleistet.

RG v. 7. 4. 76 u. 1. 6. 84

Die Krankenunterstützung gilt nicht als Armenunterstützung (S. 74). Verträge zwischen Arbeitgebern und Versicherten, durch die zum Nachteil der Versicherten die Beiträge anders geregelt oder sonst die Bestimmungen des Gesetzes abgeändert werden, sind verboten und unwirksam.

II. Unfallversicherung

RG v. 7. 6. 71 — Bereits das sogenannte Haftpflichtgesetz hatte zu gunsten der im Betriebe eines Bergwerks, eines Steinbruchs, einer Gräberei oder Fabrik getöteten und verletzten Personen einen zivilrechtlichen, d. h. mit Hilfe der Gerichte verfolgbaren Anspruch gegeben, wenn der Unfall durch Verschulden des Betriebsunternehmers oder eines seiner Angestellten herbeigeführt worden war.

RG v. 30. 6. 00 u. 5. 7. 00 — Die Unfallversicherungsgesetzgebung (Gewerbe-Unfallversicherungsgesetz — Unfallversicherungsgesetz für Land- und Forstwirtschaft — Bau-Unfallversicherungsgesetz — See-Unfallversicherungsgesetz) hat nicht nur den Kreis dieser Betriebe auf alle gefährlichen Gewerbe ausgedehnt, sondern auch die Unfallentschädigung, unabhängig von der Frage des Verschuldens, zur Sache des öffentlichen Rechts (S. 91) erklärt und demgemäß auch bei Feststellung der Unfallentschädigung die Tätigkeit der Gerichte ausgeschlossen.

Schiedsgerichte — KVO v. 22. 11. 00 — Die Entscheidung von Streitigkeiten über Entschädigungen auf Grund der Unfallversicherungsgesetze wie auch des Invalidenversicherungsgesetzes (S. 355) ist vielmehr besondern für örtliche Bezirke errichteten „Schiedsgerichten für Arbeiterversicherung" und in letzter Instanz dem Reichsversicherungsamt übertragen. Jedes Schiedsgericht besteht aus einem ständigen, beamteten Vorsitzenden und aus mindestens 40 Beisitzern, die von dem Ausschusse der Versicherungsanstalt (S. 358), und zwar von den Arbeitgebern und den Versicherten in getrennter Wahlhandlung zu gleichen Teilen, auf je 5 Jahre gewählt werden. Das Schiedsgericht bestimmt für das Geschäftsjahr aus der Zahl der am Sitze des Schiedsgerichts wohnenden approbierten Ärzte ständige Sachverständige. Es entscheidet in der Besetzung von 5 Mitgliedern, unter denen sich 2 Arbeitgeber und 2 Versicherte befinden müssen.

Reichsversicherungsamt — KVO v. 19.10.00

Das Reichsversicherungsamt mit dem Sitz in Berlin besteht aus ständigen und nichtständigen Mitgliedern. Der Präsident und die übrigen ständigen Mitglieder werden auf Vorschlag des Bundesrats vom Kaiser auf Lebenszeit ernannt. Von den nichtständigen Mitgliedern werden 6 vom Bundesrat und zwar mindestens 4 aus seiner Mitte, 6 als Vertreter der Arbeitgeber von den Vorständen der Berufsgenossenschaften (S. 351) und der Ausführungsbehörden (S. 354), endlich 6 als Vertreter der Versicherten von den dem Arbeiterstand angehörigen Beisitzern der Schiedsgerichte auf fünf Jahre gewählt. Dem Amt sind sehr weitgehende Aufsichtsbefugnisse über die Geschäftsführung der gesetzlichen Versicherungsorgane beigelegt. Es zerfällt in zwei Abteilungen mit Unterabteilungen. In Streitfällen entscheidet es in Senaten, die in der Abteilung für Unfallversicherung regelmäßig mit 7 Personen (5 Mitgliedern und 2 zugezognen richterlichen Beamten), in der Abteilung für Invalidenversicherung mit 5 Mitgliedern einschließlich des Vorsitzenden besetzt sind. Ausnahmsweise entscheidet ein erweiterter Senat in der Besetzung mit 11 Personen. Darunter müssen sich immer je zwei Vertreter der Arbeitgeber und der Versicherten befinden.

Landesversicherungsämter

Die einzelnen Bundesstaaten dürfen auf ihre Kosten und für ihre Gebiete **Landesversicherungsämter** errichten. Haben sie von diesem Rechte Gebrauch gemacht, so müssen sie auch die Verpflichtungen etwa leistungsunfähig gewordener Genossenschaften, die sonst dem Reiche zur Last fallen, übernehmen. Die Versicherungsämter treten aber dann auch für Berufsgenossenschaften, die sich auf im Gebiete des betreffenden Bundesstaats seßhafte Betriebe beschränken, an die Stelle des Reichsversicherungsamts, dem sie auch gleichartig organisiert sind.

Entschädigungsanspruch

Nach dem **Gewerbe-Unfallversicherungsgesetz** haben alle in versicherungspflichtigen Betrieben beschäftigten Arbeiter, sowie die Betriebsbeamten, Werkmeister und Techniker mit nicht mehr als 3000 Mark Jahresverdienst — je nach dem Statut der betreffenden Genossenschaft auch kleinere Betriebsunternehmer, Hausgewerbetreibende und höher besoldete Betriebsbeamte — Anspruch: im Falle der Verletzung auf Ersatz der **Heilungskosten**, im Falle der Erwerbsunfähigkeit auf **Unfallrente**, die je nach dem Grade der eingetretnen Erwerbsunfähigkeit (Teilrente, Vollrente) bis zu $66^2/_3$, ausnahmsweise 100 Prozent des bisherigen Arbeitsverdienstes zu bemessen ist. Statt dessen kann auch freie Kur und Verpflegung in einer Heilanstalt oder Versorgung in einem Invalidenhaus gewährt werden.

Im Falle des Todes haben die Hinterbliebnen Anspruch auf mindestens 50 Mark Sterbegeld, Witwen, unter Umständen auch Witwer, und Kinder haben Anspruch auf Unfallrente bis zu 60 Prozent, Eltern, Voreltern und Enkel, die den Ernährer verlieren, Anspruch auf eine Rente bis zu 20 Prozent des Arbeitsverdienstes.

Die Entschädigungspflicht ist den in sogenannten Berufsgenossenschaften vereinigten Unternehmern der Betriebe gemeinschaftlich auferlegt. Diese Genossenschaften werden für bestimmte Bezirke gebildet und umfassen innerhalb dieser Bezirke sämtliche Betriebe des Industriezweigs, für den sie errichtet sind. Sie haben eigne Vermögensrechte, können insbesondre auch eigne Heil- und Genesungsanstalten errichten und bis zur Hälfte ihres Vermögens sonstige Veranstaltungen treffen, die ausschließlich oder überwiegend der versicherungspflichtigen Bevölkerung zu gute kommen. Sie verwalten, wiewohl unter weitgehender Aufsicht des Reichsversicherungsamts, ihre Angelegenheiten selbständig durch einen erwählten Vorstand, auf Grund eines Statuts, das vom Reichsversicherungsamt genehmigt worden ist.

Berufsgenossenschaften

Die Berufsgenossenschaft kann sich auch in örtlich abgegrenzte Sektionen gliedern, denen eine ziemliche Selbständigkeit gelassen ist, und denen auch die Entschädigungen für die in ihren Bezirken vorkommenden Unfälle bis zu 75 Prozent allein zur Last gelegt werden dürfen (Teilung des Risikos). Umgekehrt können sich auch mehrere Genossenschaften zu gemeinsamer Tragung des Risikos vereinigen. Als örtliche Genossenschaftsorgane können auch Vertrauensmänner bestellt werden.

Die Unfallentschädigungen und die Kosten der Verwaltung werden ausschließlich von den der Berufsgenossenschaft angehörigen Betriebsunternehmern aufgebracht. Die Versicherten selbst sind — abweichend also von der Krankenversicherung (S. 345) — mit keinerlei Beiträgen belastet. Die einzelnen der Genossenschaft angehörigen Betriebe werden, je nach dem Grade der damit verbundnen Gefahr, in besondre Gefahrenklassen eingeschätzt, und für

Aufbringung der Mittel

jede Klasse wird ein Gefahrentarif aufgestellt. Auf Grund dieser Einteilung und nach Verhältnis der Löhne und Gehälter, die jeder Betriebsunternehmer im Laufe des Jahres an die von ihm beschäftigten, versicherungspflichtigen Personen gezahlt hat, werden die Gesamtunkosten der Genossenschaft (Entschädigungen und Verwaltungskosten) nach Schluß der Jahresrechnung auf die einzelnen Genossen verteilt und gleich den öffentlichen Abgaben von ihnen eingehoben (Umlageverfahren).

Feststellung der Entschädigung

Ereignet sich in einem der versicherungspflichtigen Betriebe ein Unfall, so werden die ersten Ermittlungen von der Ortspolizeibehörde angestellt. Auf Grund dieser Ermittlungen und nach Gehör des Entschädigungsberechtigten erläßt der Vorstand der Genossenschaft oder Sektion einen Bescheid, in dem der Entschädigungsanspruch entweder abgelehnt oder in bestimmter Höhe anerkannt wird. Der Entschädigungsberechtigte hat gegen den ablehnenden Bescheid, oder wenn er mit dem sogenannten Feststellungsbescheid nicht einverstanden ist, Berufung an das Schiedsgericht und gegen dessen Entscheidung Rekurs an das Reichsversicherungsamt.

Zahlung der Rente RG v. 15. 7. 09

Ist die Unfallentschädigung endgültig festgestellt, so werden die Entschädigungen aus einem von den Trägern der Versicherung aufzubringenden Betriebsfonds von der Postverwaltung ausgezahlt und nach Ablauf des Rechnungsjahres mit den Genossenschaften verrechnet. Wegen veränderter Umstände kann die Entschädigung auch später noch anderweit festgestellt, ermäßigt oder erhöht werden. Ausländer, die das Reichsgebiet dauernd verlassen, oder Empfänger geringer Rentenbezüge können durch Kapitalzahlung abgefunden werden.

Haftung Dritter

Ist ein Betriebsunternehmer oder einer seiner Angestellten, weil er vorsätzlich den Unfall herbeigeführt hat, strafgerichtlich verurteilt worden, so kann ihn der Entschädigungsberechtigte noch über die ihm von der Berufsgenossenschaft gewährte Rente hinaus durch gerichtliche Klage in Anspruch nehmen. Fahrlässige Betriebsunternehmer sind ihrer Genossenschaft für die Aufwendungen verhaftet, die dieser durch einen Unfall erwachsen sind, der von dem Unternehmer hätte verhütet werden können. Dritte Personen endlich haften für die von ihnen verschuldeten Unfälle nach den allgemeinen Grundsätzen des Zivilrechts (S. 95).

Ebenso wie bei der Krankenversicherung sind auch bei der Unfallversicherung alle dem Gesetze zuwider laufende Verträge verboten und unwirksam.

Landwirtschaftliche Unfälle

Die übrigen Unfallversicherungsgesetze sind dem Gewerbe-Unfallversicherungsgesetze zum großen Teile wörtlich nachgebildet. Das Unfallversicherungsgesetz für Land- und Forstwirtschaft umfaßt alle in deren Betrieben beschäftigten Arbeiter und Betriebsbeamte bis mit 3000 Mark Jahresverdienst (nach Vorschrift der Landesgesetze auch Betriebsunternehmer). Die landwirtschaftlichen Betriebe sind nach örtlichen Bezirken in Berufsgenossenschaften vereinigt. Statutarisch können die Beiträge auch in Form von Zuschlägen zu den direkten Staats- und Kommunalsteuern aufgebracht werden. Auch sonst ist der Landesgesetzgebung in gewissen Grenzen eine abweichende Regelung nachgelassen.

Bauunfälle

Das Bau-Unfallversicherungsgesetz umfaßt alle bei der Ausführung von Bauten beschäftigten und nicht schon anderweit versicherten Arbeiter. Die Kosten werden nicht im Wege des Umlageverfahrens, sondern nach dem sogenannten Kapitaldeckungsverfahren (Prämiensystem) aufgebracht. Innerhalb der Berufsgenossenschaft besteht zugleich eine besondre Versicherungsanstalt, der gegenüber außer den Baugewerbetreibenden auch die Bauherren, insbesondre bauausführende Gemeinden und öffentliche Verbände unter Umständen als Träger der Versicherung gelten.

Seeunfälle

Das See-Unfallversicherungsgesetz endlich begreift die Schiffsbesatzungen und die sonst auf deutschen Seefahrzeugen einschließlich der Docks, des Lotsendienstes u. s. w. beschäftigten Personen in sich. Die Unternehmer (Reeder u. s. w.) sind in einer einzigen Berufsgenossenschaft vereinigt. Bei Untersuchung von Seeunfällen ist namentlich auch die Mitwirkung der Seemannsämter (S. 286) vorgesehen. Vereinfachte Bestimmungen gelten für die Kleinbetriebe der Seeschiffahrt sowie für die See- und Küstenfischerei.

Bei den eignen Betrieben des Reichs und des Staats treten überall diese selbst an die Stelle der Berufsgenossenschaften, indem sie deren Aufgaben besondern „Ausführungsbehörden" übertragen haben.

Gefangene

RG v. 30. 6. 00

Auch Gefangene, die einen Unfall bei einer Tätigkeit erleiden, bei deren Ausübung freie Arbeiter nach den Bestimmungen der soeben besprochnen Gesetze versichert sein würden, haben einen besonders geregelten Anspruch auf Entschädigung.

Davon, daß auch die Personen des Soldatenstands, wenn auch nur im Rahmen der Pensionsgewährung versicherungsberechtigt sind, war schon die Rede (S. 159). Dasselbe gilt von den Beamten des Reichs und der meisten Bundesstaaten.

Unfallverhütung

Eine wichtige Aufgabe ist den Unfallberufsgenossenschaften dadurch übertragen, daß sie das Gesetz ermächtigt — insoweit unter Mitwirkung auch der Arbeitervertreter —, sogenannte Unfallverhütungsvorschriften zu erlassen. Diese Vorschriften können sowohl den Betriebsunternehmern zur Pflicht machen, in ihren Betrieben bestimmte Einrichtungen zur Verhütung von Unfällen zu treffen, als auch den darin beschäftigten Arbeitern zu dem gleichen Zwecke gewisse Verhaltungsmaßregeln (bei Geldstrafen bis zu 6 Mark) gebieten. Nachlässige Arbeitgeber können, wenn sie den Vorschriften nicht nachkommen, von der Genossenschaft zur Strafe in eine höhere Gefahrenklasse eingeschätzt oder, wenn sie schon der höchsten Klasse angehören, bis zum doppelten der ordentlichen Beiträge herangezogen werden.

III. Invalidenversicherung

Das Gesetz will eine Unterstützung sichern sowohl für das Alter, für die Zeit nach vollendetem 70. Lebensjahre, als auch ohne jede Rücksicht auf das Lebensalter für den Fall, daß der Versicherte schon vorher invalid, dauernd erwerbsunfähig wird, oder doch mindestens 26 Wochen ununterbrochen erwerbsunfähig gewesen ist. RG v. 19. 7. 99

Die Unterstützung wird als Geldrente, Invaliden- oder Altersrente gezahlt, die sich nach Lohnklassen und Beitragswochen verschieden berechnet. Ausnahmsweise wird sie auch in Naturalien oder durch Aufnahme in ein Invalidenhaus gewährt. Der zu Unterstützende muß jedoch eine gewisse Zeit, die Wartezeit, hindurch eigne Beiträge zur Rente gezahlt haben. Diese Wartezeit beträgt bei der Invalidenrente, wenn mindestens 100 Beiträge auf Grund der Versicherungspflicht geleistet worden sind, 200 Beitragswochen, andernfalls 500 Beitragswochen, bei der Altersrente 1200 Beitragswochen. In die Wartezeit wird auch die Zeit mit eingerechnet, während deren der Versicherte infolge Krankheit erwerbsunfähig oder zum Militärdienst eingezogen war.

Versicherungspflichtige

Versichert sind vom vollendeten 16. Jahre ab: gewerbliche Arbeiter, Lehrlinge und Dienstboten,

Betriebsbeamte, Werkmeister und Techniker, Handlungsgehilfen und -Lehrlinge, sonstige Angestellte, sowie Lehrer und Erzieher, sämtlich, sofern sie nicht über 2000 Mark Lohn oder Gehalt beziehen, endlich die gegen Lohn oder Gehalt beschäftigten Personen der Schiffsbesatzung deutscher See- und Binnenfahrzeuge. Die Versicherungspflicht kann durch Beschluß des Bundesrats auch auf kleinere, ohne Lohnarbeiter tätige Betriebsunternehmer und auf direkt oder durch Zwischenmeister beschäftigte Hausgewerbetreibende
Bek ausgedehnt werden. Dies ist z. B. mit den Haus-
v. 16.12.91, 1. 3. 94 gewerbetreibenden der Tabak- und der Textilindustrie
u. 9. 11. 95 geschehen. Jedenfalls können alle vorgenannten Personen, auch wenn sie mehr als 2000 Mark, aber nicht über 3000 Mark Jahresverdienst beziehen, nicht minder aber auch kleinere Gewerbetreibende und Betriebsunternehmer als Selbstversicherte an der Versicherung teilnehmen. Bloß vorübergehende Beschäftigungen fallen nicht unter die Versicherung. Ausländer können durch den Bundesrat von der Versicherungspflicht ausgeschlossen werden. Für gewisse in öffentlichen Diensten beschäftigte Personen können besondre Kasseneinrichtungen getroffen werden. Die Seeberufsgenossenschaft (S. 354) kann mit Genehmigung des Bundesrats die Invaliden- und Altersversicherung ihrer Angehörigen in eigner Regie übernehmen, wenn sie zugleich eine Witwen- und Waisenversicherung begründet.

Hört das Lohn- oder Dienstverhältnis des Versicherten auf, so erlischt auch seine Beitragspflicht. Er kann jedoch die Versicherung freiwillig durch Weiterversicherung fortsetzen, muß aber dann auch allein für den ganzen Betrag aufkommen.

Die gezahlten Beiträge werden grundsätzlich nicht zurückerstattet. Ausnahmsweise, und nur bis zur Hälfte der gezahlten Beiträge geschieht es aber doch an weibliche Personen, die sich verheiraten, an Invaliden, die eine Unfallrente beziehen oder zu gunsten der hinterlassnen Witwen und Waisen der Versicherten. Doch müssen regelmäßig die Beiträge für mindestens 200 Wochen gezahlt worden sein, auch dürfen die Versicherten nicht schon in den Genuß der Rente getreten sein.

Aufbringung der Mittel

Die Mittel zur Gewährung der Rente werden durch die bereits erwähnten **Beiträge** der Versicherungspflichtigen oder Versicherungsberechtigten und durch einen **Reichszuschuß** aufgebracht. Dieser Zuschuß beträgt auf jede gezahlte Rente jährlich 50 Mark; außerdem übernimmt das Reich den Rentenanteil für die während des Militärdienstes unerhoben gebliebnen Beiträge auf seine Rechnung.

Beiträge

Die **Beiträge** sind den Versicherten und ihren jeweiligen Arbeitgebern zu gleichen Teilen auferlegt. Sie werden aber, wie bei der Krankenversicherung, nur vom Arbeitgeber eingehoben, der wiederum die Hälfte des Betrags dem Versicherten bei der Lohnzahlung in Abzug bringen kann.

Marken

Als Nachweis für die Zahlung des Beitrags dienen besondre, bei den Postanstalten käufliche **Quittungsmarken**. Um die Kosten und Umständlichkeiten der wöchentlichen Einkassierung so kleiner Beiträge von so vielen Zahlungspflichtigen zu vermeiden, ist die Einrichtung getroffen, daß die Quittungsmarken allwöchentlich vom Arbeitgeber selbst in die sogenannte **Quittungskarte** aufgeklebt werden. Die Beiträge können aber auch durch die Krankenkasse (S. 346) oder durch die Gemeindebehörden und andre Stellen eingezogen werden, die dann auch das Aufkleben der Marken mit besorgen.

Lohnklassen

Die Beiträge werden nach 5 **Lohnklassen** (bis mit 350, 550, 850, 1150 und über 1150 Mark) erhoben. Sie sind, zunächst für 10 Jahre, auf wöchentlich je 14, 20, 24, 30 und 36 Pfennige für jede Lohnklasse festgestellt. Nach den verschiednen Lohnklassen, zu denen der Versicherte die Beitragszeit hindurch beigesteuert hat, werden dann auch, wenn Invalidität eintritt oder das 70. Lebensjahr vollendet worden ist, die Renten zuzüglich des Reichszuschusses ausgeworfen.

Versicherungsanstalten

Die Geschäfte der Invalidenversicherung werden durch Versicherungsanstalten geführt, die mit Genehmigung des Bundesrats für das Gebiet eines oder mehrerer Bundesstaaten, auch für einzelne Kommunalverbände (Provinzen) desselben Bundesstaats errichtet werden.

An der Spitze der Anstalt steht ein Vorstand unter einem beamteten Vorsitzenden mit der Eigenschaft einer öffentlichen Behörde, ihm zur Seite ein Ausschuß. Beiden Organen müssen Vertreter der Arbeitgeber und der Versicherten, dem Ausschuß mindestens je 5 von beiden Gruppen angehören. Diese Vertreter gehen aus Wahlen von Arbeitgebern und Versicherten hervor, die den untern Verwaltungsbehörden oder den als Unterorgane der Versicherungsanstalt etwa bestehenden örtlichen Rentenstellen als Beisitzer beigeordnet sind. Diese Beigeordneten wiederum werden von den Vorständen der verschiednen Krankenkassen, Knappschaftskassen, Seemannskassen, Hilfskassen u. s. w. (S. 346) durch getrennte Wahl entsendet. Die verschiednen Anstalten können sich auch zu Rückversicherungsverbänden zusammenschließen.

Von der Verwaltung ihres Vermögens gilt im allgemeinen das über die Berufsgenossenschaften Gesagte (S. 351). Unbeschadet der Selbständigkeit der einzelnen Anstalten wird aber rechnungsmäßig eine Teilung des Vermögens in Gemeinvermögen und Sondervermögen durchgeführt. Ein bestimmter

Anteil der Versicherungslasten wird als eine allen Versicherungsträgern gemeinsam obliegende und deshalb aus dem Gemeinvermögen sämtlicher Anstalten zu deckende Last (Gemeinlast) behandelt.

Wichtig ist, daß die Versicherungsanstalten zu gunsten der Versicherten auch vorbeugend eingreifen können, wenn die Erwerbsunfähigkeit infolge Krankheit zu besorgen steht. Hierbei sowie zum Zwecke der Wiedererlangung der Erwerbsfähigkeit können sie ein Heilverfahren eintreten lassen, namentlich den Versicherten in einem Krankenhaus oder Genesungsheim unterbringen, sie haben aber während des Heilverfahrens auch seine Familienangehörigen zu unterstützen.

Feststellung der Rente

Der Anspruch auf die Invaliden- oder Altersrente wird bei der untern Verwaltungsbehörde oder der örtlichen Rentenstelle angemeldet. Die Rente wird, wie die Unfallrente (S. 352), zunächst durch Feststellungsbescheid des Vorstandes der Versicherungsanstalt oder auch der betreffenden Rentenstelle, wenn hiergegen, oder gegen abweisende Bescheide Berufung eingelegt wird, durch das schon erwähnte Schiedsgericht für Arbeiterversicherung (S. 348) und auf weiter erhobne Revision endgültig vom Reichsversicherungsamt (Abteilung für Invalidenversicherung) festgestellt. Auch hier ist die Auszahlung der Rente der Postverwaltung übertragen (S. 352).

Jede einzelne Rente, soweit sie nicht aus dem Reichszuschuß aufgebracht wird, wird durch eine im Reichsversicherungsamte errichtete Rechnungsstelle auf die einzelnen Landesversicherungsanstalten umgelegt, in deren Kassen seinerzeit die vom Versicherten gezahlten Rentenbeiträge geflossen sind. Der erforderliche Nachweis wird durch die im Laufe der Jahre verwendeten Quittungsmarken geführt, von denen jede den Namen der betreffenden Versicherungsanstalt trägt.

An Stelle des Reichsversicherungsamts sind auch für die Angelegenheiten der Invalidenversicherung vielfach **Landesversicherungsämter** getreten (S. 350). Daß die Erträgnisse gewisser Nahrungsmittelzölle für eine spätestens am 1. Januar 1910 in Kraft zu setzende **Witwen- und Waisenversorgung** anzusammeln sind, wurde bereits erwähnt (S. 303).

IV. Sonntagsruhe

Die Sonn- und Festtagsruhe, kurz Sonntagsruhe genannt, war bisher durch Gesetze und Verordnungen der **Einzelstaaten**[1] oder besondre Polizeivorschriften geregelt. Diese sind auch jetzt noch maßgebend für die Frage, welche Tage, unter Berücksichtigung der örtlichen und konfessionellen Verhältnisse, in den einzelnen Gegenden als allgemeine kirchliche Feiertage anzusehen sind.[2]

Das **Reich** hat zwar in seinen eignen Betrieben, insbesondre bei der Post- und Telegraphenverwaltung der Sonntagsruhe Rechnung getragen. Gesetzgeberisch aber hatte es sich bisher auf das Verbot beschränkt, Arbeiter bis zu 16 Jahren an Sonn- und Festtagen zu beschäftigen und niemand, „vorbehaltlich anderweiter Vereinbarung in Dringlichkeitsfällen", zum Arbeiten an diesen Tagen für verpflichtet erklärt. Erst das sogenannte **Arbeiterschutzgesetz** von 1891 hat es unternommen, die Sonn- und Festtagsruhe einheitlicher zu regeln.

Handelsgewerbe

Nach der Gewerbeordnung ist der Gewerbebetrieb im **Umherziehen**, soweit es sich nicht um

[1] Bay. VO v. 21. 5. 97 Sächs. G v. 10. 9. 70 Württ. VO v. 27. 5. 95 Bad. VO v. 18. 6. 92, 31. 7. 96 u. 22. 2. 00 [2] Pr. G v. 2. 9. 99

Musikaufführungen u. dgl. handelt (S. 235), an Sonn- und Festtagen gänzlich verboten, wenn auch Ausnahmen von den untern Verwaltungsbehörden zugelassen werden dürfen.

Im stehenden Handelsgewerbe einschließlich des Geschäftsbetriebs der Konsum- und andern Vereine dürfen Gehilfen, Lehrlinge und Arbeiter am ersten Weihnachts-, Oster- und Pfingsttage überhaupt nicht, im übrigen aber an Sonn- und Festtagen nicht länger als fünf Stunden beschäftigt werden.

Gemeinden und Kommunalverbände dürfen durch Statut die Beschäftigung auch auf kürzere Zeit beschränken oder ganz untersagen. Umgekehrt kann die Polizeibehörde für die letzten vier Wochen vor Weihnachten, sowie für einzelne Sonn- und Festtage, an denen örtliche Verhältnisse einen erweiterten Geschäftsverkehr erforderlich machen (Messen), eine Verlängerung der Beschäftigungszeit bis zu zehn Stunden gestatten.

Die erlaubten fünf Stunden oder die ausnahmsweise gestattete längere Beschäftigungszeit werden durch Ortsstatut oder von der Polizeibehörde so geregelt, daß dabei auf die Stunden des öffentlichen Gottesdienstes Rücksicht genommen wird. Die Stunden der Beschäftigung können für verschiedne Zweige des Handelsgewerbes auch verschieden festgestellt werden.

Industrie

Die für die Bergwerks- und Fabrikindustrie, für Werkstätten, Bauhöfe, Werften, Ziegeleien, sowie für Bauten aller Art erlassnen Bestimmungen verbieten schlechthin, Arbeiter an Sonn- und Festtagen zu beschäftigen, und verlangen, daß ihnen für jeden Sonn- und Festtag mindestens 24, für zwei aufeinander folgende Festtage 36, für Weihnachten, Ostern und Pfingsten mindestens 48 Stunden Ruhe gewährt werden. Die Ruhezeit ist von 12 Uhr nachts zu rechnen und muß bei zwei aufeinander folgenden Sonn- und Festtagen bis 6 Uhr abends des zweiten Tages dauern.

In Betrieben mit regelmäßiger Tag- und Nachtschicht muß die Ruhezeit spätestens um 6 Uhr am Morgen des Sonn- und Festtags beginnen. Sie kann schon um 6 Uhr am Abend des vorhergehenden Werktages beginnen, wenn für die auf den Beginn der Ruhezeit folgenden 24 Stunden der ganze Betrieb ruht.

Alle diese Vorschriften sind freilich durch zahlreiche Ausnahmen durchbrochen.

Ausnahmen

Das Gesetz selbst hat schon das Gast- und Schankwirtschaftsgewerbe, ferner Musikaufführungen, Schaustellungen, theatralische Vorstellungen oder sonstige Lustbarkeiten, sowie das Verkehrsgewerbe von der Sonntagsruhe ausgenommen. Doch dürfen wenigstens die Arbeiter in diesen Gewerben nur zu solchen Arbeiten verpflichtet werden, die nach der Natur des Gewerbebetriebs auch Sonntags keinen Aufschub oder keine Unterbrechung gestatten.

Die gesetzlichen Bestimmungen finden ferner keine Anwendung auf Arbeiten, die in Notfällen oder im öffentlichen Interesse unverzüglich vorgenommen werden müssen, auf Inventurarbeiten, auf die Bewachung, Reinigung und Instandhaltung der Betriebsanlagen, sowie auf Arbeiten, die das Verderben von Rohstoffen u. s. w. zu verhüten haben, soweit alle diese Arbeiten an Werktagen nicht vorgenommen werden können. Die Gewerbetreibenden müssen jedoch über derartige dringliche Beschäftigungen ein regelmäßiges Verzeichnis führen. Auch sind die damit beschäftigten Arbeiter in der Regel an jedem zweiten oder dritten Sonntag durch eine um so ausgiebigere Sonntagsruhe bis zu 36 Stunden) schadlos zu halten. Doch soll es, mit Genehmigung der untern Verwaltungsbehörde, genügen, wenn den betreffenden Arbeitern wenigstens der Besuch des sonntäglichen Gottesdienstes ermöglicht und wenn ihnen an Stelle des Sonntags in der Woche eine Ruhezeit von 24 Stunden gewährt wird.

Andrerseits kann durch Kaiserliche Verordnung, mit Zustimmung des Bundesrats, die Beschäftigung von Arbeitern an Sonn- und Festtagen auch für andre als die oben (S. 361) genannten Gewerbe, also namentlich auch für die sogenannte **Hausindustrie** verboten werden. Ausdehnung

Der **Bundesrat** ist ermächtigt, für die sogenannten ununterbrochnen Betriebe, für die an bestimmte Jahreszeiten (Kampagnen) gebundnen und für die Saisonbetriebe allgemeine Ausnahmen zuzulassen, doch so, daß die darin beschäftigten Arbeiter mindestens an jedem zweiten oder dritten Sonntag die ausgiebigere Ruhe (s. oben) genießen. Auf Grund dessen sind vom Bundesrat für diese nach acht großen Gruppen geordneten Betriebe sehr ausführliche Bestimmungen getroffen worden. Ausnahmebewilligungen — Bek v. 5. 2. 95 u. sp.

Den **Landeszentralbehörden** bleibt vorbehalten, für einzelne, nicht auf einen Sonntag fallende Festtage (jedoch nicht für Weihnachten, Neujahr, Ostern, Himmelfahrt und Pfingsten) Abweichungen von der Regel zu gestatten.

Die **höhern Verwaltungsbehörden** können nach Maßgabe der vom Bundesrat erlassnen näheren Bestimmungen in ihren Bezirken Ausnahmen zulassen für Gewerbe, „deren vollständige oder teilweise Ausübung an Sonn- oder Festtagen zur Befriedigung täglicher oder an diesen Tagen besonders hervortretender Bedürfnisse der Bevölkerung erforderlich ist." Ebenso, nach Erörterung des Sachverhalts in öffentlicher Bek v. 3. 4. 01

Verhandlung, für einzelne Triebwerke, die ausschließlich oder vorwiegend durch Wind oder unregelmäßige Wasserkraft bewegt werden.

Endlich ist die **untere Verwaltungsbehörde** zur Bewilligung von Ausnahmen berechtigt, „wenn zur Verhütung eines unverhältnismäßigen Schadens ein nicht vorherzusehendes Bedürfnis der Beschäftigung von Arbeitern an Sonn- und Festtagen eintritt.“ Doch können derartige Nachlässe nur auf bestimmte Zeit und nur schriftlich erteilt, auch müssen sie, nebst ihrer Begründung, in ein bei der Behörde zu führendes Verzeichnis eingetragen werden.

Schließung der Geschäfte

Das Gesetz hat bei den Vorschriften über die Sonntagsruhe zunächst nur das Interesse der Arbeiter im Auge. Die Sonntagsruhe kommt aber mittelbar auch den Gewerbetreibenden selbst und ihren Familiengliedern zu gute. Denn es ist weiter bestimmt, daß soweit im Handelsgewerbe an Sonn- und Festtagen Gehilfen, Lehrlinge und Arbeiter nicht beschäftigt werden dürfen, ein Gewerbebetrieb in offnen Verkaufsstellen, auch der Konsumanstalten, nicht stattfinden darf.

Landesgesetze

Die landesgesetzlich (S. 360) bestehenden Beschränkungen der Arbeit an Sonn- und Festtagen bleiben in Kraft, soweit sie zu gunsten der Sonntagsruhe strengere und weitergehende Bestimmungen enthalten als das Reichsgesetz.

Übersicht
der Verwaltungsorganisation und der Landesvertretungen in den deutschen Bundesstaaten

Vorbemerkung

In allen größeren deutschen Bundesstaaten ist die Staatsverwaltung dreifach gegliedert, in **Zentralbehörden** (Ministerien), **Mittelbehörden** (Provinzialbehörden, Regierungen, Kreisregierungen, Kreishauptmannschaften usw.) und **Unterbehörden** (Landratsämter, Bezirksämter, Amtshauptmannschaften, Oberämter und Gemeindebehörden).

Die Zentralbehörden, **Ministerien**, überwachen den allgemeinen Gang der Verwaltung und entscheiden auf Beschwerden über die nachgeordneten Verwaltungsbehörden. Ihnen steht die Bestätigung der wichtigeren von den untern Selbstverwaltungskörperschaften erlassenen statutarischen Anordnungen zu, soweit sie nicht dem Landesherrn vorbehalten ist. Jeder Minister handelt für seinen Dienstzweig unter eigner Verantwortung. Doch sind gewisse wichtigere Angelegenheiten der kollegialen Beschlußfassung der sämtlichen im Staats- oder Gesamtministerium vereinigten Minister vorbehalten.

In **Preußen** steht an der Spitze der zwölf einzelnen **Provinzen** der Oberpräsident. Er führt mit Unterstützung der ihm beigegebenen Räte, jedoch unter eigner Verantwortung, die Geschäfte der allgemeinen Landesverwaltung. Nur in gewissen Fällen (so bei Erlaß allgemeiner Polizeiverordnungen) ist er an die Zustimmung des Provinzialrats, der überwiegend aus Wahlen des Provinzialausschusses hervorgeht, gebunden. Unter der Leitung des Oberpräsidenten steht das Medizinalkollegium und das Provinzial-Schulkollegium. Die Geschäfte der Verwaltung der indirekten Steuern werden selbständig vom Provinzialsteuerdirektor (unter ihm Hauptzoll- und Hauptsteuerämter, Steuer- und Salzsteuerämter) wahrgenommen. Außer als staatlicher Verwaltungsbezirk kommt aber die Provinz noch als selbständiger Kommunalverband, d. h. als Korporation der Selbstverwaltung in Betracht. In dieser Eigenschaft besorgt sie unter Leitung des gewählten Landesdirektors (Landeshauptmanns), dem ein aus gewählten Abgeordneten der Stadt- und Landkreise bestehender Provinziallandtag mit einem, aus seiner Mitte abgeordneten ständigen Provinzialausschuß zur

Seite steht, die Angelegenheiten der Landeskultur, des Armen- und Versorgungswesens, des Wegebaues usw. Die Provinz verwaltet in dieser Eigenschaft ihr Vermögen selbständig, verfügt über die zu Zwecken der allgemeinen Landeswohlfahrt ihr zufließenden Staatszuschüsse und hat eignes Besteuerungsrecht.

Die Provinz zerfällt in einzelne Regierungsbezirke. An ihrer Spitze steht der Regierungspräsident, der mit Hülfe der ihm beigegebenen Beamten der Regierung die Angelegenheiten des Innern selbständig erledigt, während die Kirchen- und Schulsachen, sowie die Angelegenheiten der direkten Steuern, Domänen und Forsten, wiewohl unter Verantwortung des Regierungspräsidenten in zwei besondern Abteilungen kollegialisch bearbeitet werden. Ihm steht der überwiegend aus Wahlen des Provinzialausschusses hervorgehende Bezirksausschuß zur Seite, dessen Zustimmung auch zum Erlaß von Polizeiverordnungen erforderlich ist. Im übrigen ist der Bezirksausschuß hauptsächlich als Verwaltungsgericht (S. 110) erster und zweiter Instanz tätig. Bei Verhinderung des Regierungspräsidenten entscheidet er unter dem Vorsitz eines ständig bestellten Verwaltungsgerichtsdirektors. Sonstige Selbstverwaltungsorgane sind bei den Regierungen nicht vorhanden.

Als untere Behörden der Staatsverwaltung, zugleich aber als Leiter der Kommunalverwaltung der Kreise wirken für das platte Land einschließlich der kleineren Städte die Landräte (Einzelbeamte). Die Geschäfte der örtlichen Verwaltung werden von den leitenden Behörden der Gemeinden (Magistrate, Bürgermeister, Gemeindevorsteher) wahrgenommen. In den mittleren und kleinen Städten pflegt den Bürgermeistern auch die Handhabung der Ortspolizei übertragen zu sein. In den größeren Städten ist sie in der Regel besondern staatlichen Behörden (Polizeipräsidium, Polizeidirektion) vorbehalten. Der Stadtkreis Berlin ist aus dem Provinzialverband der Provinz Brandenburg ausgeschieden und als eigner Kommunalverband, ähnlich der Provinz besonders organisiert, untersteht aber der Aufsicht des Oberpräsidenten für die Provinz Brandenburg zu Potsdam. Als Organe der Selbstverwaltung bestehen in den Städten neben den Magistraten die Stadtverordneten (Gemeindeausschüsse, Bürgerausschüsse), in den Landkreisen die aus Wahlen der Kreiseingesessenen hervorgehenden Kreistage und die von den Kreistagen gewählten Kreisausschüsse. Diese Ausschüsse — an deren Stelle in den Städten die Stadtausschüsse — sind hauptsächlich als Verwaltungsgerichte (S. 110) erster Instanz tätig. Im übrigen ist dem Kreise, ähnlich wie der Provinz, die Verwaltung seiner Angelegenheiten, Wohlfahrtsanstalten usw. unter dem Vorsitz des Landrates und unter Aufsicht der oberen Verwaltungsbehörden selbständig überlassen. Der Kreis hat ebenfalls eignes Besteuerungsrecht.

Innerhalb der Kreise und nur für ländliche Bezirke sowie vorwiegend nur für Zwecke der Polizeiverwaltung bestehen endlich in den östlichen Provinzen noch Amtsbezirke mit dem Amtsvorsteher und dem ihm zur Seite stehenden Amtsausschuß. Als sogenannte Amtsverbände pflegen sie eine Mehrzahl von Landgemeinden und Gutsbezirken zu umfassen.

In ähnlicher Weise ist die Verwaltung auch in den übrigen deutschen Bundesstaaten organisiert. Den Provinziallandtagen und Provinzialausschüssen nahe verwandt sind in Bayern die Landräte (nicht Einzelbeamte wie der preußische Landrat!) und Landratsausschüsse. Im übrigen beschränkt sich die Einteilung der Mittel- und Unterbehörden auf die Kreisregierung (in Sachsen Kreishauptmannschaft, in Baden Landeskommissär) mit Kreisversammlung, Kreisausschuß als Organen der Selbstverwaltung, und Bezirksämter (in Sachsen Amtshauptmannschaften) mit Distriktsrat und Distriktsausschuß (Bayern), Bezirksversammlung, Bezirksausschuß, Amtsversammlung, Bezirksrat usw. Die größeren Stadtgemeinden pflegen mit eigner Verwaltung unter Bürgermeister, Beigeordneten, Stadtschultheiß, sowie Gemeinderat, Gemeindeausschuß, Bürgerausschuß usw. ausgestattet und unmittelbar der Aufsicht der staatlichen Mittelbehörden unterstellt zu sein.

1. Königreich Preußen

Staatsrat und Staatsministerium.

Ministerium der auswärtigen Angelegenheiten; Ministerium des Innern; Ministerium der geistlichen, Unterrichts- und Medizinalangelegenheiten; Ministerium für Handel und Gewerbe; Finanzministerium; Justizministerium; Kriegsministerium; Ministerium für Landwirtschaft, Domänen und Forsten; Ministerium der öffentlichen Arbeiten. Oberverwaltungsgericht.

Herrenhaus.

Haus der Abgeordneten.

Oberpräsident (Provinz) mit Provinzialrat, Provinzial-Schulkollegium, Medizinalkollegium, Provinzial-Steuerdirektion. Landesdirektor (Landeshauptmann) mit Provinziallandtag und Provinzialausschuß.

Regierung (Regierungsbezirk) unter dem Regierungspräsidenten mit Abteilung des Innern, für

Kirchen- und Schulwesen, für direkte Steuern, Domänen und Forsten. Bezirksausschuß.

Landratsamt (Kreis) unter dem Landrat. Kreistag und Kreisausschuß. Amtsvorsteher, Distriktskommissar.

Magistrat (Stadtrat, Gemeinderat, Bürgermeister, Bürgervorsteher, Kollegium, Senatoren) und Stadtverordnetenversammlung (Gemeindeausschuß, Bürgerausschuß). Stadtausschuß. Polizeidirektion, Polizeipräsidium.

Gemeindevorsteher (Schulze und Schöffen) und Gemeindeverordnete.

Provinzial-O v. 29. 6. 75. Kreis-O v. 13. 12. 72. Allgem. Landesverw.-G v. 30. 7. 83. Zuständigkeits-G v. 1. 8. 83. Städte-O f. d. östl. Provv. v. 30. 5. 53, Westf. v. 19. 3. 56, Rheinprov. v. 15. 5. 56, Hannover v. 24. 6. 58, Frankf. a. M. v. 25. 3. 67, Schlesw.-Holst. v. 14. 4. 69, Wiesbaden v. 8. 6. 91, Hessen-Nassau v. 4. 8. 97, Landgemeinde-O f. d. östl. Provv. v. 3. 7. 91 u. 20. 5. 02, Hannover v. 28. 4. 59, Schlesw.-Holst. v. 22. 9. 67, Hessen-Nassau v. 4. 8. 97.

2. Königreich Bayern

Gesamtstaatsministerium und Staatsrat.

Staatsministerium des Königlichen Hauses und des Äußern; der Justiz; des Innern; des Innern für Kirchen- und Schulangelegenheiten; der Finanzen; für Verkehrsangelegenheiten; Kriegsministerium. Verwaltungsgerichtshof.

Kammer der Reichsräte.

Kammer der Abgeordneten.

Kreisregierung (Regierungsbezirk) unter dem Regierungspräsidenten, mit Kammer des Innern, der Finanzen und der Forsten, Landrat und Landratsausschuß.

Bezirksamt (Bezirk, Distrikte) unter dem Bezirksamtmann. Distriktsrat und Distriktsratsausschuß. Rent- und Forstamt.

Magistrat, Bürgermeister, Gemeindebevollmächtigte. Polizeidirektion München. Stadtkommissäre.

Bürgermeister, Beigeordneter, Adjunkt. Gemeindeausschuß, Gemeinderat.

Staatsrat: VO v. 3. 8. 79. Gesamtministerium: A. E. v. 25. 3. 48 1. 6. 90. Ministerien: VO v. 9. 12. 25, 16. 3. 49, 14. 12. 03, 18. 12. 06, 10. 11. 04, 26. 9. 07. Kreisregierungen: VO v 17. 12. 25, 6. 5. 37, 5. 8. 40, 21. 9. 54, 27. 11. 69. 19. 2. 85. Bezirksämter: VO v. 21. 12. 08. Polizeidirektion: VO v. 2. 10. 69, 24. 6. 98. Landräte: G. v. 28. 5. 52, 19. 5. 81. Distriktsräte: G v. 28. 5. 52, 8. 8. 78, 10. 6. 99. Gemeinden-G. v. 29. 4. 69, 19. 1. 72, 14. 3. 90, 9. 6. 99. Dekr v. 17. 6. 96. 15. 8. 98. F. d. Pfalz: G. v. 29. 4. 69, 19. 1. 72, 17. 6. 96 9. 6. 99, 15. 8. 08.

3. Königreich Sachsen

Gesamtministerium.

Ministerium der Justiz; der Finanzen; des Innern; des Kultus und öffentlichen Unterrichts; der auswärtigen Angelegenheiten; des Krieges. Oberverwaltungsgericht.

Erste Ständekammer.

Zweite Ständekammer.

Kreishauptmannschaft (Regierungsbezirk) unter dem Kreishauptmann. Kreisausschuß. Kreissteuerrat.

Amtshauptmannschaft (Bezirk) unter dem Amtshauptmann. Bezirksausschuß und Bezirksversammlung. Bezirkssteuereinnahme.

Stadtrat (Bürgermeister) und Stadtverordnete. Polizeidirektion Dresden, Polizeiämter.

Gemeindevorstand und Gemeinderat.

Organisations-G v. 21. 4. 73, 9. 7. 00 u. 30. 4. 06. Revid. Städte-O v. 24. 4. 73 u. 29. 4. 06. Revid. Landgemeinde-O v. 24. 4. 73 u. 22. 4. 98. G v. 21. 3. 02.

4. Königreich Württemberg

Staatsministerium; Geheimer Rat. Ministerium der Justiz; der auswärtigen Angelegenheiten mit Verkehrsabteilung; des Innern; des Kirchen- und Schulwesens; des Kriegswesens; der Finanzen. Verwaltungsgerichtshof.

Erste Kammer.

Zweite Kammer (Kammer der Abgeordneten).

Kreisregierung (Kreis) unter dem Regierungspräsidenten.

Oberamt (Bezirk) unter dem Oberamtmann und Stadtdirektion Stuttgart. Amtsversammlung.

Gemeinderat (Oberbürgermeister, Stadtschultheiß, Schultheiß) und Bürgerausschuß.

Schultheiß und Gemeinderat.

Kreise: IV. Ed v. 18. 11. 1817, VO v. 15. 11. 89 u. 16. 6. 03. Oberämter u. Gemeinden: Gemeinde-O u. Bezirks-O v. 28. 7. 06. Gemeindeangehörigkeit: G v. 16. 6. 85.

5. Großherzogtum Baden

Staatsministerium. Ministerium des Großh. Hauses und der auswärtigen Angelegenheiten; der Justiz, des Kultus und Unterrichts; des Innern; der Finanzen. Verwaltungsgerichtshof.

Erste Kammer.

Zweite Kammer.

Landeskommissär. Kreisversammlung und Kreisausschuß.

Bezirksamt (Bezirk) unter dem Amtsvorstand (Oberamtmann, Amtmann). Bezirksrat.

Stadtrat und Stadtverordnete.

Gemeinderat und Bürgerausschuß.

Verwaltungs-G v. 5. 10. 63. Gemeinde- u. Städte-O v. 19. 10. 06.

6. Großherzogtum Hessen

Staatsministerium. Ministerium des Innern; der Justiz; der Finanzen. Verwaltungsgerichtshof.

Erste Ständekammer.
Zweite Ständekammer.

Provinzialdirektion (Provinz) unter dem Provinzialdirektor. Provinzialtag und Provinzialausschuß.

Kreisamt (Kreis) unter dem Kreisrat. Kreistag und Kreisausschuß.

Bürgermeisterei und Gemeinderat (Vorsteher der Bürgermeister).

Regentschafts-G v. 26. 3. 02. Organisations-G v. 15. 3. 79 VO v. 15. 11. 84. GO v. 1. 8. 96. Innere Verw. G v. 12. 6. 74. Städte-O v. 13. 6. 74, 15. 5. 85, 26. 5. 94 u. 1. 6. 95. G. v. 30. 8. 99. Landgemeinde-O v. 15. 6. 74, 15. 5. 85, 30. 8. 99 u. 27. 6. 08.

7. Großherzogtum Mecklenburg-Schwerin

Oberste Verwaltungsbehörde des Großh. Haushalts; Staatsministerium; Ministerium der auswärtigen Angelegenheiten und der Angelegenheiten des Großh. Hauses; des Innern; der Finanzen; für die Justiz (einschl. der geistlichen, Unterrichts- und Medizinalangelegenheiten).

Landstände (Ritterschaft und Landschaft).

Domanialamt unter dem Drost (Amtshauptmann, Amtmann).

24*

Magistrat (Bürgermeister und Ratsherren) und Bürgerausschuß: Bürgerrepräsentanten, Bürgervorsteher, Altermänner, Viertelsmänner, Ausschußbürger.

VO v. 4. 4. 53. GemeindeO v. 29. 6. 69. Stadtverfassungen.

8. Großherzogtum Sachsen

Staatsministerium. Departement des Großh. Hauses und des Kultus; der Justiz; der Finanzen; des Innern und Äußern.

Landtag.

Bezirksdirektionen und Bezirksausschüsse.
Gemeindevorstand und Gemeinderat.

Revid. Grundges. v. 15. 10. 50 u. 27. 3. 78. Gemeinde-O v. 17. 4. 95.

9. Großherzogtum Mecklenburg-Strelitz

Ministerium des Großh. Hauses. Staatsministerium mit Abteilungen für Justiz, geistliche, Unterrichts- und Medizinal-Angelegenheiten, des Innern, Finanzen mit Domänen, Forsten und Bauten.

Landstände siehe Mecklenburg-Schwerin.

Kabinetsamt, Domanialamt, Landvogtei (f. d. Fürstentum Ratzeburg) unter dem Drosten.
Magistrat s. Mecklenb.-Schwerin.

Gemeindeverhältnisse: Domanialdörfer VO v. 2. 8. 64, im Kabinetsamte VO v. 3. 6. 90. Stadtordnungen.

10. Großherzogtum Oldenburg

Staatsministerium. Ministerium des Großherzogl. Hauses und der auswärtigen Angelegenheiten; des

Innern; der Finanzen; der Kirchen und Schulen; der Justiz. Oberverwaltungsgericht.

Landtag des Großherzogtums und Provinzialräte der Fürstentümer Lübeck und Birkenfeld.

Regierung der Fürstentümer Lübeck und Birkenfeld.

Amt unter dem Amtshauptmann.

Stadtmagistrat (Bürgermeister, Stadtrat, Gemeinderat).

Gemeindevorsteher, Gemeindevorstand und Gemeinderat. Birkenfeld: Bürgermeisterei mit Bürgermeister, Bürgermeistereivorstand, Bürgermeisterbeirat.

Organisations-G v. 5. 12. 68. Revid. Staatsgrundges. v. 18. 11. 52 G v. 23. 11. 52. Ämter-G v. 7. 1. 79. Revid. Gemeinde-O für Oldenburg v. 15. 4. 73, für Lübeck v. 30. 3. 76, für Birkenfeld v. 18. 3. 76 u. 18. 12. 99. Verwaltungsgerichtsbarkeit G v. 9. 5. 06.

11. Herzogtum Braunschweig

Staatsministerium. Verwaltungsgerichtshof. Herzogliche Kammer (Domänen, Forsten, Bergwerke). Baudirektion. Finanzkollegium, Steuerkollegium, Zoll- und Steuerdirektion.

Landesversammlung.

Kreisdirektion unter dem Kreisdirektor. Polizeidirektion.

Stadtmagistrat (Bürgermeister, Stadtdirektor) und Stadtverordnete.

Gemeindevorsteher und Gemeinderat.

Neue Landschafts-O v. 12. 10. 32. Städte-O v. 18. 6. 92. Landgemeinde-O v. 18. 6. 92.

12. Herzogtum Sachsen Meiningen

Staatsministerium (Abteilung des Herzogl. Hauses und der auswärtigen Angelegenheiten; des Innern, der Justiz, für Kirchen- und Schulsachen, der Finanzen). Oberverwaltungsgericht.

Landtag.

Kreis unter dem Landrat. Steueramt und Amtseinnahme.

Gemeindevorstand (Magistrat, Bürgermeister, Schultheiß).

Grundges. v. 23. 8. 29, 20. 7. 71 u. 9. 3. 96. Landesges. Ed Nr. 6 v. 21. 1. 29. VO v. 14. 9. 48. Kreisgemeinde-G v. 15. 4. 68. Gemeinde-O. v. 16. 3. 97. Verwaltungsstreitverf. G v. 15. 3. 97.

13. Herzogtum Sachsen-Altenburg

Staatsministerium (Abteilung für Angel. des herzogl. Hauses, ausw. u. Zollver.-Angel., Mil.-Sachen u. Kultusangel.; Justizangel.; Inneres; Finanzen).

Landschaft.

Landratsamt unter dem Landrat. Amtsvorsteher.

Stadtrat (Bürgermeister, Oberbürgermeister). Bürgervorstand (Stadtgemeinderat, Gemeinderat). Gemeindevorsteher.

G v. 14. 3. 66 u. 4. 1. 69. Städte-O v. 10. 6. 97. Dorf-O v. 13. 6. 76 u. 13. 1. 00.

14. Herzogtum Sachsen-Coburg-Gotha

Staatsministerium (je eine Abteilung in Coburg und Gotha, bei letzterer Dep. f. Angel. des Herzogl. Hauses, Militärsachen, auswärtige u. Universitäts-Angel., innere Verw., Justiz, Kirchen- und Schulsachen, Finanzsachen). Verwaltungsgerichtshof.

Landtag (f. d. Herzogtum Coburg, f. d. Herzogtum Gotha, Gemeinschaftlicher Landtag).

Landratsamt unter dem Landrat. Staatskasse, Rent- und Steuerämter (Gotha), Staats- und Domänenkasse, Amtseinnahme (Coburg).

Magistrat (Stadtrat) und Stadtverordnete.

Gemeindevorstand und Gemeindeausschuß.

Staatsgrundges. v. 3. 5. 52. Staatsministerium G v. 17. 12. 57. Verwaltungsorganisations-G f. d. Herzogtum Gotha v. 11. 6. 58. f. d. Herzogtum Coburg v. 17. 6. 58. Gemeinde-G v. 11. 6. 58.

15. Herzogtum Anhalt

Staatsministerium. Regierung, Abteilung des Innern. Regierung, Abteilung für das Schulwesen. Finanzdirektion.

Landtag.

Kreisdirektion unter dem Kreisdirektor. Kreistag, Kreisausschuß. Amtsvorsteher.

Magistrat und Stadtverordnetenversammlung.

Gemeindevorstand (Ortsschulze und Ortsschöppen).

Staatsministerium VO v. 28. 4. 70. Verwaltungsorganisation VO v. 16. 11. 74. KreisO v. 18. 7. 70. Amtsbezirke G. v. 7. 4. 78. Stadt- u. Dorf-O v. 26. 5. 82.

16. Fürstentum Schwarzburg-Sondershausen

Ministerium (Abteilung für Hof, Militär und Äußeres; Inneres; Finanzen; Kirchen- und Schulsachen; Justiz).

Landtag.

Landratsamt unter dem Landrat. Steueramt.

Gemeindevorstand (Magistrat, Bürgermeister) und Gemeinderat.

Landesgrundges. v. 8. 7. 57, 4. 1. 60, 2. 8. 66, 27. 12. 71, 13. 5. 79, 13. 4. 81 u. 14. 8. 96. Ministerium VO v. 16. 8. 50. Staatsverwaltung G v. 17. 3. 50. Bezirks-O v. 10. 7. 57, 25. 1. 70, 30. 3. u. 20. 5. 04. Gemeinde-O v. 15. 1. 76, 26. 12. 91, 16. 8. 97 u. 30. 3. 04.

17. Fürstentum Schwarzburg-Rudolstadt

Ministerium (Abteilung für innere Verwaltung, Justiz, Finanzen, Kirchen- und Schulsachen).

Landtag.

Landratsamt unter dem Landrat. Rent- und Steueramt.

Gemeindevorstand (Bürgermeister, Schultheiß). Stadtrat. Gemeinderat.

Organisations-G v. 30. 4. 58, 7. 2. 68 u. 8. 8. 79. Gemeinde-O v. 9. 6. 76.

18. Fürstentum Waldeck-Pyrmont

Seit 1. Januar 1868 ist die innere Verwaltung des Landes auf Preußen übergegangen.

Landesdirektor. Landesdirektorium.

Landtag.

Kreisamt (Kreis) unter Kreisamtmann. Kreisvorstand, Kreisrenterei und Steuerbehörde.

Gemeindevorstand, Bürgermeister und Gemeinderat.

Accessionsvertrag v. 18. 7. 67, Vertrag v. 2. 3. 87. Verf. v. 17. 8. 52. Kreis-O u. Gemeinde-O v. 16. 8. 55.

19. Fürstentum Reuß ä. L.

Landesregierung. Fürstliche Hof- und Domanialverwaltung.

Landesvertretung.

Landratsamt. Landesausschuß. Zollamt.

Gemeindevorstand und Gemeinderat.

Verf. v. 28. 3. 67. Organisations-G v. 1. 9. 68. Gemeinde-O. v. 25. 1. 71. G v. 6. 5. 84, 30. 1. u. 13. 2. 92.

20. Fürstentum Reuß j. L.

Ministerium (Abt. für Inneres, Justiz, Kirchen- und Schulsachen, Finanzen).

Landesvertretung.

Landratsamt unter dem Landrat. Bezirksausschuß.

Stadtrat (Stadtgemeindevorstand) und Gemeinderat.

Obere Staatsverwaltung VO v. 16. 4. 62 u. 21. 10. 77. Revid Gemeinde-O v. 17. 6. 74.

21. Fürstentum Schaumburg-Lippe

Ministerium.

Landtag.

Landratsamt unter dem Landrat.

Magistrat und Bürgervorsteherkollegium.

Verf. v. 17. 11. 68. Städte-O v. 13. 6. 06. Gemeinde-O v. 7. 4. 70.

22. Fürstentum Lippe

Staatsministerium.

Landtag.

Regierung.

Verwaltungsamt unter dem Amtshauptmann. Steuerrendantur.

Magistrat und Stadtverordnete.

Amtsgemeinde (Amtsgemeinderat). Dorfgemeinde (Gemeindeausschuß).

Verf. v. 6. 7. 36, 8. 12. 67 u. 3. 6. 76. Thronfolge-G v. 14. 4. 05, Städte-O v. 17. 4. 86. Amtsgemeinde-O v. 2. 3. 41. Dorfgemeinde-O v. 18. 4. 93.

23. Freie und Hansestadt Lübeck

Senat (Präsident des Senats).

Bürgerschaft (Wortführer), Bürgerausschuß.

Verf. v. 7. 4. 75.

24. Freie Hansestadt Bremen

Senat (zwei Bürgermeister).

Bürgerschaft. Bürgeramt. In den Hafenstädten Vegesack und Bremerhaven: Stadtdirektor, Stadtrat, Stadtverordnete. Im Landgebiete: Landherr, Kreisausschuß und Kreistag.

Verfassungsges. v. 21. 2. 54 u. 1. 1. 94; für Vegesack: G v. 18. 9. 79, 4. 12. 94 u. 31. 1. 02; für Bremerhaven: G v. 18. 9. 79, 1. 7. 81 u. 31. 1. 02.

25. Freie und Hansestadt Hamburg

Senat (zwei Bürgermeister).

Bürgerschaft (Vorstand und Bürgerausschuß).

Verf. v. 13. 10. 79. Revid. Verwaltungs-Organisations-G v. 2. 11. 96. Landgemeinde-O v. 12. 6. 71.

26. **Reichsland Elsaß-Lothringen**

Kaiserlicher Statthalter. Ministerium. Staatsrat. Kaiserlicher Rat.

Landesausschuß.

Bezirkspräsident. Bezirkstag.

Kreisdirektor (Polizeipräsident, Polizeidirektor). Kreistag.

Bürgermeister und Gemeinderat.

Statthalter: RG v. 4. 7. 79, Kais. VO v. 23. 11. 07. Ministerium KVO v. 23. 7. 79, 5. 6. 82, 25. 4. 87, 16. 1. 95, 2. 4. 02, 31. 3. 05 u. 22. 1. 06. Kais. Rat: G v. 30. 12. 71 u. 13. 6. 98, VO v. 22. 4. 02. Bezirkspräsident: G v. 30. 12. 71. Dezentralisationsdekrete v. 25. 3. 52 u. 13. 4. 61. Kreise: Ges. v. 30. 12. 71 u. KVO v. 8. 4. 01. Gemeinde-O v. 6. 6. 95.

Sachregister

(Die Zahlen bedeuten die Seiten)

T

U

V

FSC
www.fsc.org
MIX
Papier | Fördert gute Waldnutzung
FSC® C083411

Kolibri 360 GmbH
Ferdinand-Jühlke-Straße 7
99095 Erfurt, Deutschland
produktsicherheit@kolibri360.de